Verkehr in Zahlen
2001/2002

30. Jahrgang

Erweiterte Ausgabe

Herausgeber:

Bundesministerium für Verkehr, Bau- und Wohnungswesen

Die Deutsche Bibliothek – CIP-Einheitsaufnahme

[Verkehr in Zahlen ... / Elektronische Ressource] / Hrsg.: Bundesministerium für Verkehr, Bonn.
Verantwortl. für den Inhalt: Deutsches Institut für Wirtschaftsforschung (DIW), Berlin. - 1998 -. - Hamburg: Dt. Verkehrs-Verl., 1998

Bearbeitet von: Sabine Radke
　　　　　　　　Deutsches Institut für Wirtschaftsforschung

Grafische Darstellung: Karl-Heinz Pieper

Umschlagentwurf: Walter Niemann

Redaktionsschluß: September 2000

Nachdruck, auch auszugsweise, nur mit Quellenangabe gestattet.

© 2001 Deutscher Verkehrs-Verlag GmbH, Hamburg

ISBN 3-87154-270-9 (Buch)
ISBN 3-87154-271-7 (Buch und CD-ROM)

Geographisches Institut
der Universität Kiel
ausgesonderte Dublette

Inv.-Nr. 93/M34685

Geographisches Institut
der Universität Kiel

Vorwort

Mobilität ist ein integraler Bestandteil von Gesellschaft und Wirtschaft und eine Grundlage für Wohlstand. Daher muss die Verkehrspolitik vorausschauende Konzepte entwickeln, die Mobilität und die Leistungsfähigkeit unseres Verkehrssystems unter Berücksichtigung der Umwelt dauerhaft sichern.

Die Bundesregierung setzt sich daher für ein integriertes Verkehrssystem ein, dass die verschiedenen Verkehrsträger und -netze miteinander verknüpft, damit die Kapazität des gesamten Verkehrsnetzes besser genutzt werden kann.

Schiene, Straße, Wasserwege und Luftfahrt sollen in diesem integrierten Netzwerk ihre spezifischen Vorteile einbringen, so dass jeder die Möglichkeit der freien Wahl und Kombination der Verkehrsträger hat.

Eine solche Vernetzung und Optimierung stellt politische Entscheidungsträger, Unternehmen, Institute und die gesamte Verkehrswirtschaft vor große Herausforderungen. Um diesen gerecht werden zu können, ist eine verlässliche Datenbasis hierfür unverzichtbar.

Das Taschenbuch „Verkehr in Zahlen 2001/2002" bietet hier eine zuverlässige Informationsquelle.

Ich wünsche dieser traditionsreichen Veröffentlichung eine weite Verbreitung und intensive Nutzung.

Berlin, im Oktober 2001

Der Bundesminister für Verkehr, Bau- und Wohnungswesen

Kurt Bodewig

Bearbeitung und verantwortlich für den Inhalt:

 Deutsches Institut für Wirtschaftsforschung

Sabine Radke
Deutsches Institut für Wirtschaftsforschung (DIW)
14195 Berlin, Königin-Luise-Straße 5
Telefon: 030/8 97 89-318
Telefax: 030/8 97 89-103
Internet: http://www.diw.de/
e-mail: sradke@diw.de

Gesamtproduktion:

SOFTWARE LOKALISIERUNG ANIMATION

SLA Frank Lemke
Römerweg 4
73557 Mutlangen
Telefon: 07171/77 93 96
Telefax: 07171/97 96 62
Internet: http://www.sla-software.com
e-mail: info@sla-software.com

Verlag:

Deutscher Verkehrs-Verlag

Deutscher Verkehrs-Verlag GmbH,
20097 Hamburg Nordkanalstraße 36
20010 Hamburg, Postfach 1016 09
Telefon: 040/2 37 14-101
Telefax: 040/237 14-233
Internet: http://www.dvz.de
e-mail: redaktion@dvz.de

Vorbemerkungen

In der Ausgabe 2001/2002 des Taschenbuchs *Verkehr in Zahlen* - dem 30. Jahrgang dieses statistischen Kompendiums - wird das Verkehrsgeschehen im vereinten Deutschland und in der Europäischen Gemeinschaft dargestellt. Für die Bundesrepublik Deutschland werden ab 1991 Jahreswerte, für die Jahre bis 1990 Daten in 5-Jahresschritten dargestellt.

Verkehr in Zahlen informiert durch die Ergänzung der amtlichen verkehrsstatistischen Informationen über nahezu alle Aspekte des Verkehrs einschließlich seiner Stellung in der Volkswirtschaft. Durch das breite Spektrum der Daten und die Zeitreihendarstellung lassen sich für die Verkehrsmärkte Strukturveränderungen erkennen, Entwicklungen verfolgen und Zusammenhänge aufzeigen.

Wichtigstes Ziel bei der Datenaufbereitung ist die Übereinstimmung mit den Definitionen und Abgrenzungen der Veröffentlichungen des Statistischen Bundesamtes, des Kraftfahrt-Bundesamtes und des Bundesamtes für Güterverkehr. Dadurch wird auch eine volle Vergleichbarkeit mit den von diesen Institutionen veröffentlichten disaggregierten Angaben gewährleistet.

In *Verkehr in Zahlen* wird versucht, in klarer Unterscheidung zwischen institutionellem und funktionalem Gliederungsprinzip Daten zur Verkehrsentwicklung in der Bundesrepublik Deutschland zur Verfügung zu stellen. Bestehende Lücken der amtlichen Statistiken werden durch die Einbeziehung vorhandener Unternehmens- und Verbandsstatistiken sowie eigener und fremder Untersuchungen und Berechnungen soweit wie möglich geschlossen. Der unterschiedliche Aufbau, wechselnde Abgrenzungen und Überschneidungen sowie die Diskontinuität dieser Statistiken lassen eine vergleichende Analyse ohne eine Modifizierung nicht zu. Dies kann einerseits zu Umgestaltungen in der Darstellung führen, wenn Basisdaten entfallen oder nur noch verändert ausgewiesen werden. Andererseits sind Brüche in den Zeitreihen unvermeidlich, wenn Daten nicht angepasst werden können. Hinzu kommt, dass viele für verkehrswirtschaftliche und verkehrspolitische Aussagen wichtige Daten in den amtlichen Statistiken nicht oder noch nicht für alle Verkehrsbereiche in gleicher Form vorliegen. Dies gilt vor allem für Investitionen, Anlagevermögen, Erwerbstätige, Einnahmen und die Bruttowertschöpfung sowie für den Energieverbrauch - differenziert nach Energieträgern -, die Entwicklung der Kraftfahrzeug-Fahrleistungen, des Individualverkehrs und der Fahrtzwecke im Personenverkehr. Hier kann auf Untersuchungen aufgebaut werden, die im Deutschen Institut für Wirtschaftsforschung (DIW), Berlin - im Rahmen von Forschungsvorhaben unter anderem im Auftrag des Bundesministers für Verkehr - durchgeführt wurden.

Verkehr in Zahlen bezieht sich grundsätzlich auf das Gebiet der Bundesrepublik Deutschland, d.h. ab 1991 einschl. der neuen Bundesländer. Einzelne Übersichten liegen auch für Bundesländer vor. Daten für die Jahre 1991 bis 1994 getrennt für neue und alte Bundesländer wurden letztmalig in der Ausgabe 1997 (Kapitel C1) veröffentlicht. Revisionen der gesamtdeutschen Daten in der beiden darauf folgenden Ausgaben (z.B. Fahrleistungen) müssen dabei allerdings berücksichtigt werden.

Die Datenlage, die nach der deutschen Wiedervereinigung in großen Teilen problematisch war, hat sich inzwischen erheblich verbessert. In einzelnen Bereichen ergeben sich allerdings weiterhin Probleme. Daten für die Ein- und Ausgaben der privaten Haushalte waren auch in diesem Jahr noch nicht erhältlich, da hier die Statistik (die sich bisher noch auf neue und alte Bundesländer getrennt bezog) vollständig umgestellt wird und noch nicht vorliegt. Die Volkswirtschaftliche Gesamtrechnung wurde im 1999 grundlegend revidiert; hier sind frühere und heutige Abgrenzungen zum Teil gar nicht mehr vergleichbar. Dies führte dazu, das wir einen Teil der Untergruppen bei Einnahmen, Beschäftigten und der Bruttowertschöpfung, die früher vom DIW berechnet wurden, heute nicht mehr ausweisen können. Bei der Bruttowertschöpfung mussten wir sogar auf die Ausweisung von Daten vor 1991 verzichten. Das Kraftfahrt-Bundesamt hat den Ausweis von detaillierten Daten zum Kraftfahrzeugbestand ab 2001 per Stichtag 1.7. eingestellt, diese Daten liegen jetzt nur noch zum 1.1 vor. Dies führte (neben einem Bruch in der Zeitreihendarstellung) auch dazu, dass eine Reihe von Daten schon zum 1.7. 2000 nicht mehr vorlagen.

Das institutionelle Gliederungsprinzip (Kapitel A) stellt das Unternehmen als Darstellungseinheit in den Mittelpunkt. Einbezogen werden alle Unternehmen, deren wirtschaftlicher Schwerpunkt im Verkehr liegt. Innerhalb des Sektors Verkehr erfolgt die Zuordnung der Unternehmen zu den Verkehrsbereichen nach dem Schwerpunkt ihrer verkehrswirtschaftlichen Tätigkeit. Unabhängig von der Verkehrsart werden alle Leistungen des Unternehmens erfasst. In der Regel werden jedoch nicht die Leistungen der einzelnen Unternehmen ausgewiesen, sondern die Leistungen der übergeordneten Verkehrsbereiche, sofern in einem Verkehrsbereich mehrere Unternehmen vorhanden sind. Ausgewiesen werden Daten, die für alle Verkehrsbereiche verfügbar sind und damit eine vergleichende Übersicht über die Gesamtentwicklung ermöglichen. Der Verkehrssektor war hier analog zum Aufbau der Volkswirtschaftlichen Gesamtrechnung (VGR) nach Eisenbahnen, Schifffahrt und übriger Verkehr untergliedert; heute (ab 1991) weist die VGR Landverkehr, Schiffsverkehr, Luftverkehr und Hilfs- und Nebentätigkeiten für den Verkehr aus. Dieser letzte Bereich umfasst neben der Verkehrsvermittlung und Speditionen auch die Binnen-, See- und Flughäfen. Die weitere Disaggregation nach Verkehrsbereichen orientiert sich daran, ob und inwieweit für diese die gewünschten Informationen in vergleichbarer Form verfügbar sind. Darüber hinaus werden für jeden einzelnen Verkehrsbereich im Kapitel A2 Daten ausgewiesen, die weiter gehende Informationen vermitteln.

Gesamtdeutsche Kennziffern des Verkehrs*

Jahr	Bevölkerung Mio.				Straßenlänge[1] 1 000 km		Kfz-Bestand[2] Mio.	
	insgesamt	unter 18 Jahre	18-65 Jahre	über 65 Jahre	insgesamt	dar. Autobahnen	insgesamt	dar. Pkw
1950	66,1	18,2	41,7	6,2	176	3,5	2,7	0,7
1955	68,1	18,2	42,7	7,2	178	3,5	5,8	1,8
1960	73,2	18,5	46,2	8,5	181	3,9	9,4	8,9
1965	76,3	20,5	46,2	9,6	203	4,6	14,3	10,5
1970	77,7	21,0	46,0	10,7	210	5,9	19,8	15,1
1975	78,6	20,5	46,3	11,8	217	7,8	24,8	19,8
1980	78,3	18,5	47,6	12,2	220	9,2	31,6	25,9
1981	78,4	18,1	48,3	12,0	220	9,5	32,4	26,5
1982	78,4	17,6	49,1	11,7	220	9,7	33,0	27,0
1983	78,1	17,0	49,7	11,4	221	9,9	33,7	27,6
1984	77,8	16,4	50,2	11,2	220	9,9	34,6	28,4
1985	77,7	15,9	50,5	11,3	220	10,0	35,5	29,2
1986	77,7	15,5	50,7	11,5	221	10,2	36,8	30,3
1987	77,7	15,2	51,0	11,5	221	10,3	38,1	31,5
1988	78,1	15,1	51,4	11,6	221	10,5	39,3	32,6
1989	79,1	15,1	52,2	11,8	221	10,6	40,4	33,7
1990	79,8	15,3	52,6	11,8	221	10,7	42,5	35,5

Jahr	Deutsche Bundesbahn/Deutsche Reichsbahn					Wasserstraßen		Rohrleitungen[7]
	Streckennetz		Fahrzeugbestand					
	insgesamt 1 000 km	dar. elektrifiziert	Lokomotiven 1.000	Personenwagen 1.000	Güterwagen 1.000	Benutzte Länge 1 000 km	Frachtschiffe[6] Bestand 1.000	Länge 1 000 km
1950	46,4	2,0	19,3	30,9	364	7,1	6,3	-
1955	46,6	2,6	16,6	31,6	396	6,9	7,8	-
1960	46,9	4,4	15,3	30,6	416	7,1	8,7	0,5
1965	46,3	7,5	14,4	28,6	437	7,0	8,6	1,1
1970	44,2	10,0	11,8	26,7	424	6,9	7,6	2,7
1975	43,1	11,5	11,5	26,4	435	6,9	6,0	3,0
1980	42,7	12,9	11,0	23,4	437	6,7	5,2	3,4
1981	42,6	13,0	11,1	23,3	440	6,7	5,0	3,4
1982	42,4	13,1	11,1	22,9	435	6,6	4,8	3,4
1983	42,2	13,3	11,1	22,8	430	6,6	4,7	3,5
1984	42,0	13,6	11,0	22,5	427	6,7	4,6	3,5
1985	41,7	13,9	11,1	22,0	426	6,7	4,5	3,5
1986	41,5	14,2	11,1	21,6	424	6,6	4,4	3,5
1987	41,4	14,6	10,7	20,9	411	6,7	4,3	3,5
1988	41,3	15,2	9,9	20,4	397	6,7	4,2	3,5
1989	41,0	15,5	9,9	19,9	382	6,8	4,2	3,5
1990	40,9	15,7	9,9	19,5	365	6,7	3,9	3,5

[1] Bundesautobahnen, Bundes-, Landes- und Kreisstraßen (ohne Gemeindestraßen).- [2] Ohne Mopeds, Mofas, Mokicks, Leicht- und Kleinkrafträder.- [3] Ohne Kleinlokomotiven.- [4] Ohne Triebwagen (S-Bahn).- [5] Ohne Dienstgüterwagen.- [6] Motorschiffe, Schlepp- und Schubkähne.- [7] Rohöl- und Mineralölproduktenleitungen über 40 km Länge.- *Nach dem Gebietsstand ab dem 3. 10. 1990, für die Zeit bis 1990. Daten für die folgenden Jahre sind in den jeweiligen Kapiteln ausgewiesen.

Funktionales Gliederungsprinzip (Kapitel B) bedeutet im Verkehr die Einteilung der Leistungen nach Verkehrsarten. Unter einer Verkehrsart wird die Gesamtheit der Verkehrstechniken, die sich derselben Verkehrswege bedienen, verstanden. Dabei wird innerhalb einer Verkehrsart nicht nach Zahl und Art der Unternehmen oder Haushalte differenziert, von denen diese Leistungen erbracht werden. Die Erfassung geht über den Rahmen des gewerblichen Verkehrs hinaus und bezieht z.b. die Leistungen im Werkverkehr von Industrie- oder Handelsbetrieben ebenso ein wie die ausländischen Unternehmen im grenzüberschreitenden Verkehr oder die privaten Haushalte. Diese Darstellung ermöglicht vor allem einen Überblick über die Entwicklung des Personen- und Güterverkehrs nach Verkehrsbereichen sowie Fahrtzwecken bzw. Gütergruppen. Außerdem werden hier Angaben über die Verkehrswege, Fahrzeugbestände, Straßenbelastung, Verkehrsunfälle, Verkehrsausgaben, Kosten, Belastung der privaten Haushalte durch das eigene Kraftfahrzeug, den Führerscheinbesitz, die Pkw-Verfügbarkeit, den Energieverbrauch, den Transport von Gefahrgütern, die Umweltbelastung sowie andere wichtige Aspekte des Verkehrsgeschehens zur Verfügung gestellt.

Im dritten Teil **(Kapitel C)** werden internationale Kennziffern Vor allem für die Länder der Europäischen Union (EU) dargestellt. Die hier veröffentlichten Daten sind zum überwiegenden Teil leider nur mit großer zeitlicher Verzögerung verfügbar. Die Daten für die Bundesrepublik Deutschland entsprechen aufgrund unterschiedlicher Abgrenzung hier nicht in jedem Fall den in den Kapiteln A und B ausgewiesenen Angaben.

Inhaltsübersicht

Verkehr in institutioneller Gliederung

Brutto-Anlageinvestitionen
Brutto- und Netto-Anlagevermögen **A1**
Erwerbstätige, Einnahmen, Bruttowertschöpfung

Spezifische Kennziffern der einzelnen Verkehrsbereiche **A2**

Verkehr in funktionaler Gliederung

Bevölkerung, Erwerbstätige, Private Haushalte
Verkehrsmittelbenutzung der Erwerbstätigen und Schüler
Länge der Verkehrswege, Straßenfläche **B1**
Kraftfahrzeugdichte, Straßenbelastung
Verkehrsausgaben, Transportbilanz

Kraftfahrzeuge - Bestand, Neuzulassung, Fahrleistung
Führerscheine, TÜV-Ergebnisse, Gurtanlegequoten, **B2**
Verkehrszentralregister, Luftfahrzeugbestand, Fahrradbestand

Straßenverkehrsunfälle
Getötete und verletzte Verkehrsteilnehmer **B3**
Unfallursachen

Grenzüberschreitender Verkehr, Transit
Straßenverkehr nach Ländern **B4**
Seeschifffahrt nach Fahrtgebieten

Personenverkehr: Verkehrsaufkommen und -leistung
im Öffentlichen Verkehr und Individualverkehr **B5**
Fahrtzwecke und nichtmotorisierter Verkehr

Güterverkehr: Verkehrsaufkommen und -leistung
im Güternah- und -fernverkehr, Hauptgütergruppen, **B6**
Gefahrguttransporte

Frachtraten, Kostenentwicklung im Verkehr
Belastung privater Haushalte durch den eigenen Pkw **B7**
Preisindex für die Lebenshaltung
Energieverbrauch Umweltbelastung

Internationale Kennziffern **C1**

Inhaltsverzeichnis

	Seite
Vorbemerkungen	5 - 8
Gliederung	9
Zeichenerklärung	18

Der Verkehr in institutioneller Gliederung

A1 Brutto-Anlageinvestitionen
    Zu jeweiligen Preisen

Insgesamt	22 - 23
Bauten	24 - 25
Fahrzeuge	26 - 27
Ausrüstungen	28 - 29

    Zu Preisen von 1995

Insgesamt	30 - 31

Verkehrsinfrastruktur

Brutto-Anlageinvestitionen	32 - 33
Brutto- und Netto-Anlagevermögen	34 - 35

Anlagevermögen

Altersstruktur des Brutto-Anlagevermögens	37
Brutto-Anlagevermögen	38 - 39
Netto-Anlagevermögen	40 - 41
Modernitätsgrad	42 - 43
Erwerbstätige	44 - 45
Einnahmen	46 - 47

Bruttowertschöpfung

Zu jeweiligen Preisen	50
Zu Preisen von 1995	51

A2 Deutsche Bahn

Streckenlänge, Fahrzeugbestand, Kapazitäten	52 - 53
Betriebsleistungen, Energieverbrauch	54 - 55
Personenverkehr	56 - 57
Güterverkehr	58 - 59
Kombinierter Verkehr, Gleisanschluss-Verkehr	60 - 61
Erwerbstätige, Einnahmen	62

Nichtbundeseigene Eisenbahnen

Streckenlänge, Fahrzeugbestand, Verkehrsleistung	64 - 65
Erwerbstätige, Einnahmen	66

	Seite
Binnenschifffahrt	
Verkehrsleistungen, Erwerbstätige, Einnahmen	67
Fahrzeugbestand, Kapazitäten	68 - 69
Abwrackungen von Binnenschiffen	70 - 71
Verkehrsaufkommen nach Bundesländern	72 - 73
Binnenhäfen - öffentliche	
Güterumschlag, Erwerbstätige und Einnahmen	74 - 75
Binnenhäfen - insgesamt	
Güterumschlag nach Wasserstraßengebieten	74 - 75
Nord-Ostsee-Kanal - Schiffs- und Güterverkehr	77
Seeschifffahrt - Handelsflotte	
Fahrzeugbestand, Kapazitäten, Verkehrsleistungen, Erwerbstätige, Einnahmen	78 - 79
Seehäfen	
Güterumschlag, Erwerbstätige, Einnahmen	80 - 81
Güterversand und -empfang	82 - 83
Containerverkehr	84 - 85
Öffentlicher Straßenpersonenverkehr, Taxis und Mietwagen	
Streckenlänge, Fahrzeugbestand, Kapazitäten	86 - 87
Verkehrsleistungen, Erwerbstätige, Einnahmen	88 - 89
Verkehrsverbünde für den öffentlichen Personennahverkehr	90 - 91
Gewerblicher Güterkraftverkehr	
Fahrzeugbestand, Verkehrsleistungen, Erwerbstätige, Einnahmen	92 - 93
Fluggesellschaften der Bundesrepublik	
Luftfahrzeugbestand, Verkehrsleistungen, Erwerbstätige, Einnahmen	94 - 95
Flughäfen	
Gestartete und gelandete Flugzeuge, Fluggäste	96 - 97
Fracht und Post, Erwerbstätige, Einnahmen	98 - 99
Rohrleitungen	
Streckenlänge, Verkehrsleistungen, Erwerbstätige, Einnahmen	100 - 101
Versand und Empfang nach Verkehrsbezirken	102

Der Verkehr in funktionaler Gliederung

Seite

B1 Bevölkerung, Erwerbstätige, Schüler und Studierende, Private
    Haushalte   103
Erwerbstätige, Schüler und Studierende nach Pendlereigenschaft   104
Erwerbstätige, Schüler und Studierende nach Zeitaufwand für
    den Weg zur Arbeits- bzw. Ausbildungsstätte   105
Erwerbstätige, Schüler und Studierende nach Entfernung für den
    Weg zur Arbeits- bzw. Ausbildungsstätte   106
Erwerbstätige, Schüler und Studierende   107
Verkehrswege
    Öffentliche Straßen - Länge insgesamt   108
    Öffentliche Straßen - nach Bundesländern   109
    Öffentliche Straßen - nach Fahrbahnbreiten   110
    Befestigte Flächen der öffentlichen Straßen   111
    Länge der mit Radwegen versehenen Straßen   112 - 113
    Zählabschnittslänge der freien Strecken überörtlicher
        Straßen nach der Verkehrsstärke (DTV)   114
    Kraftfahrzeugverkehr (DTV) auf Bundesfernstraßen nach
        Zeitbereichen und Fahrzeugarten   115 - 117
Transportbilanz mit dem Ausland   118 - 119
Wasserstraßenlänge   120
Verkehrsausgaben
    Nettoausgaben des Bundes, der Länder und der Gemeinden
        für das Straßenwesen   121
    Ist-Ausgaben des Bundes für den Verkehr   122
Luftfahrzeugbestand   124

B2 Allgemeine Fahrerlaubnisse - Führerscheine
    Erteilungen und Entziehungen   125
    Besitz nach Altersgruppen   126
    Besitz nach Erlaubnisklassen   127
    Pkw-Verfügbarkeit nach Altersgruppen   127
    Fahrerlaubnisse auf Probe   131
Im Verkehrszentralregister erfasste Personen und Eintragungen   132 - 133
Ergebnisse der Hauptuntersuchungen von Straßenfahrzeugen   134 - 137
Fahrräder - Produktion und Bestand   138

	Seite
Kraftfahrzeugverkehr	
Bestand an Kraftfahrzeugen und Kfz-Anhängern	140 - 141
Zulassungen von fabrikneuen Kfz und Kfz-Anhängern (Neuzulassungen)	142 - 143
Pkw: Bestand und Neuzulassungen nach Höchstgeschwindigkeitsklassen	144
Pkw: Bestand und Neuzulassungen nach Hubraumklassen, Löschungen	146 - 147
Pkw: Bestand und Neuzulassungen schadstoffreduzierter Pkw	149
Pkw: Bestand nach kW- und PS-Klassen	150 - 151
Kfz: Bestand und Neuzulassungen nach Bundesländern	152 - 153
Lastkraftwagen, Kfz-Anhänger und Sattelzugmaschinen nach Nutzlast bzw. kW-Klassen	154 - 155
Fahrleistungen nach Kraftfahrzeugarten	156 - 159
Gurtanlegequoten von Fahrern/Beifahrern in Pkw	160
B3 Straßenverkehrsunfälle	
Unfälle mit Personen- und Sachschaden	161
Getötete und Verletzte im Straßenverkehr	162
Getötete im Straßenverkehr nach Bundesländern	164
Verletzte im Straßenverkehr nach Bundesländern	165
Unfälle, Getötete, Verletzte nach Straßenkategorien	166 - 167
Unfälle, Getötete und Verletzte bezogen auf die Fahrleistungen nach Straßenkategorien	169
Getötete und Verletzte nach der Art der Verkehrsbeteiligung	170
Unfallursachen bei Unfällen mit Personenschaden	172 - 173
Unfallursachen bei Unfällen mit Personenschaden nach Bundesländern	174 - 175
Getötete und Verletzte nach Altersgruppen	176
Beteiligte Pkw nach Höchstgeschwindigkeitsklassen	177
B4 Grenzüberschreitender Verkehr	
Kraftfahrzeugverkehr - Ein- und Durchfahrten nach Fahrzeugarten	178
der Lkw nach Heimatländern	179 - 183
Luftverkehr	
Reisende nach Zielländern	184 - 187

	Seite
Güterverkehr nach Verkehrsbereichen	
Versand und Empfang	188 - 189
Versand	190 - 191
Empfang	192 - 193
Güterverkehr nach Hauptgütergruppen	
Eisenbahn - Versand und Empfang	194 - 195
Straßengüterverkehr - Versand und Empfang	196
Binnenschifffahrt - Versand und Empfang	197 - 199
Seeschifffahrt - Versand und Empfang	200 - 201
Seeschifffahrt nach Fahrtgebieten	
Versand	202 - 203
Empfang	204 - 205
Durchgangsverkehr - von Ausland zu Ausland	206 - 207

B5 Personenverkehr nach Verkehrsbereichen

Verkehrsaufkommen - Beförderte Personen	210 - 211
Verkehrsleistung - Personenkilometer	212 - 213
Verkehrsaufkommen und -leistung, Anteile in vH	214 - 215
Öffentlicher Straßenpersonenverkehr nach Bundesländern	216 - 217
Personenverkehr - motorisierter und nichtmotorisierter Verkehr -	
Fahrtzwecke nach Verkehrsbereichen	218 - 219
Personenverkehr - motorisierter und nichtmotorisierter Verkehr -	
Verkehrsbereiche nach Fahrtzwecken	220 - 221
Haushaltspanel zum Verkehrsverhalten	222 - 223

B6

Güterverkehr nach Verkehrsbereichen	
Verkehrsaufkommen - Beförderte Güter	226 - 227
Anteile - in vH	228 - 229
Verkehrsleistung - Tonnenkilometer	230 - 231
Anteile - in vH	232 - 233
Güterverkehr nach Hauptgütergruppen	
Eisenbahn - Aufkommen	234
- Leistung und Transportweite	235
Binnenschifffahrt - Aufkommen	236
- Leistung und Transportweite	237
Straßengüterverkehr - Aufkommen	238 - 239
- Leistung und Transportweite	240 - 241
- nach Entfernungsstufen	242
Seeschifffahrt - Aufkommen	243

		Seite
	Transport gefährlicher Güter	246 - 251
	Außenhandel - Einfuhr nach Verkehrsbereichen	252 - 253
B7	Frachtraten	254
	Beförderungssätze im Personenverkehr	255 - 256

Kostenentwicklung
    Lohn- und Betriebskosten   257 - 258
    Individualverkehr   259 - 261
    Anteil der monatlichen Pkw-Belastung am ausgabefähigen
        Einkommen privater Haushalte   264 - 266
    Preisindex für die Lebenshaltung   267
    Käufe privater Haushalte für Verkehrszwecke   268
    Ausgaben privater Haushalte für Kraftstoffe   269
    Steuerbelastung des Kraftfahrzeugverkehrs   270
    Mineralölsteueraufkommen der Pkw   271

Energieverbrauch
    in der Bundesrepublik insgesamt   272
    nach Wirtschafts- und Verkehrsbereichen   273
    im Verkehr nach Energieträgern   274 - 277

Kraftstoffverbrauch, Fahrleistungen und Kraftstoffpreise im
    Straßenverkehr   278 - 279
Umweltbelastung - Luftverunreinigung   280 - 284

Internationale Kennziffern

C1 Europäische Gemeinschaft
    Bevölkerung, Erwerbstätige   285
    Energieverbrauch   286
    Eisenbahn - Streckenlänge   287
    Binnenwasserstraßen - Länge   288
    Straßennetz - Länge   289
    Kraftfahrzeuge   290 - 291
    Straßenverkehrsunfälle   292 - 294
    Eisenbahn - Personenverkehr   295
               - Güterverkehr   296
    Straßengüterverkehr   297
    Binnenschifffahrt   298
    Rohrfernleitungen   299

	Seite
Güterumschlag niederländischer Seehäfen	300
Güterumschlag belgischer Seehäfen	301
Containerumschlag belgischer und niederländischer Seehäfen	302
Transitgüterverkehr Österreichs	303 - 304
Transalpiner Güterverkehr der Schweiz	305
Verkehrsaufkommen europäischer Flughäfen	306
Mineralölverbrauch pro Kopf	307
Alphabetisches Sachregister	309 - 323
Quellennachweis	325 - 331

Zeichenerklärung

- = nichts vorhanden
- 0 = mehr als nichts, aber weniger als die Hälfte der kleinsten Einheit, die in der Tabelle zur Darstellung gebracht werden kann
- . = kein Nachweis vorhanden
- X = Aussage nicht sinnvoll
- ABL = Alte Bundesländer
- NBL = Neue Bundesländer

Abweichungen in den Summen sind die Folge von Rundungsdifferenzen.

Grundsätzlich beziehen sich die Angaben bis einschließlich 1990 auf den Gebietsstand der Bundesrepublik Deutschland vor dem 3.10.1990 (einzige Ausnahme ist die Übersicht auf Seite 7). Daten für die DDR wurden - soweit verfügbar - in den Ausgaben bis 1994 veröffentlicht.

Die Daten für die Jahre ab 1991 beziehen sich grundsätzlich auf die Bundesrepublik Deutschland mit dem Gebietsstand nach dem 3.10.1990. Ausnahmen sind aus methodischen Gründen oder aufgrund der Datenlage notwendig und betreffen vor allem die Angaben zu den privaten Haushalten und verschiedene Ausgaben. Die Ausnahmen sind entsprechend gekennzeichnet.

Für die Jahre 1991 bis 1994 wurden Daten getrennt für alte und neue Bundesländer in der Ausgabe *Verkehr in Zahlen 1997* veröffentlicht.

Der institutionell abgegrenzte Wirtschaftsbereich Verkehr

Analog der Volkswirtschaftlichen Gesamtrechnung, ausgehend vom wirtschaftlichen Schwerpunkt des Unternehmens, umfassen die Angaben zu den

- Brutto-Anlageinvestitionen,
- Brutto- und Netto-Anlagevermögen,
- Erwerbstätigen,
- Einnahmen,
- Bruttowertschöpfungen

nur die jeweiligen Werte der dem Verkehr institutionell zugeordneten Unternehmen.

Nicht berücksichtigt sind dabei die entsprechenden Angaben für den

- Individualverkehr = der den privaten Haushalten zugerechnet wird

und für den

- Werkverkehr = der von Unternehmen mit Schwerpunkt außerhalb des Verkehrs durchgeführt wird.

Die volkswirtschaftliche Bedeutung dieser beiden Bereiche hat in den letzten zwei Jahrzehnten stark zugenommen.

Brutto-Anlageinvestitionen - Anlagevermögen

Brutto-Anlageinvestitionen und Anlagevermögen sind monetäre Wertgrößen für das technische Angebotspotenzial der Volkswirtschaft. Ihre jährliche nach Wirtschaftsbereichen differenzierte Berechnung ermöglicht einen laufenden zeitlichen und sektoralen Vergleich des unterschiedlichen Kapitaleinsatzes. In Verbindung mit der Zahl der Erwerbstätigen vermitteln diese Daten einen Überblick über die Investitions- und Kapitalintensität je Arbeitsplatz und Wirtschaftsbereich.

Brutto-Anlageinvestitionen

Zu den Brutto-Anlageinvestitionen gehören sowohl Erweiterungs- und Rationalisierungsinvestitionen als auch Ersatz- bzw. Erhaltungsinvestitionen.

Nach der Abgrenzung der Volkswirtschaftlichen Gesamtrechnung umfassen die Brutto-Anlageinvestitionen - im Folgenden wird zur Vereinfachung nur von Anlageinvestitionen gesprochen - die Käufe neuer und gebrauchter Anlagen (abzüglich der Verkäufe) sowie die selbst erstellten Anlagen der Investoren. Nicht berücksichtigt wird der Erwerb von Grundstücken. Als Anlagen gelten dauerhafte Güter, Bauten, Fahrzeuge, Ausrüstungen -, die zur Erhaltung, Erweiterung oder Verbesserung des Produktionsapparates eingesetzt werden. Dazu zählen auch die werterhöhenden Großreparaturen und Umbauten, nicht jedoch die Aufwendungen für die laufende Unterhaltung, von der in der Regel keine Wertsteigerung bzw. Erhöhung der Nutzungsdauer ausgeht.

Die Anlageinvestitionen der institutionell abgegrenzten Verkehrsbereiche werden bisher in der amtlichen Statistik nicht nachgewiesen. Aus diesem Grund hat das Deutsche Institut für Wirtschaftsforschung (DIW) mehrere Strukturuntersuchungen auf diesem Gebiet durchgeführt. Grundlagen dieser Berechnungen sind die von den Fachabteilungen des BMVBW erhobenen Investitionsangaben der Verkehrsunternehmen bzw. Unternehmensgruppen und Verbände. Die für einige Verkehrsbereiche fehlenden oder unvollständigen Daten werden durch eigene Befragungen und Berechnungen ergänzt. Da einige Verkehrsunternehmen, u. a. die Deutsche Bahn AG, einen Teil der Aufwendungen für die Erhaltung der Anlagen und Fahrzeuge nicht zu den Investitionen zählen, müssen diese Angaben entsprechend der Abgrenzung der Volkswirtschaftlichen Gesamtrechnung modifiziert werden.

Für die Berechnung der Anlageinvestitionen zu konstanten Preisen müssen die Investitionsausgaben nach Hochbau und Tiefbau, nach Fahrzeugarten und bereichsspezifischen Ausrüstungsgütern differenziert werden. Die Preisbereinigung dieser disaggregierten Werte erfolgt anhand der für diese Investitionsaggregate aus der amtlichen Statistik zur Verfügung stehenden Preisindizes.

Anlagevermögen

Das Brutto-Anlagevermögen quantifiziert den Wiederbeschaffungswert, das Netto-Anlagevermögen den Zeitwert der zeitlich verschieden installierten Verkehrsanlagen und Verkehrsmittel auf einheitlicher Preisbasis.

Da das Anlagevermögen der einzelnen Verkehrsbereiche von der amtlichen Statistik bisher nicht explizit berechnet wird, ist im DIW eine Anlagevermögensrechnung entwickelt worden, mit der diese Vermögenswerte jährlich ermittelt werden können. In dieser Modellrechnung wird unter Annahme spezifischer Nutzungszeiten für die einzelnen Investitionsaggregate das Brutto-Anlagevermögen eines Jahres als gewichtete Summe der kumulierten Investitionsjahrgänge - die ihre Nutzungszeit nicht überschritten haben - errechnet. Das Netto-Anlagevermögen ergibt sich durch Abzug der linear über die Nutzungszeit berechneten Abschreibungen. Verkehrsanlagen und Verkehrsmittel, die in größerem Umfang vor dem Ablauf der vorgegebenen Nutzungszeit stillgelegt wurden (Dampflokomotiven, Straßenbahnen, Binnenschiffe), werden als Sonderabgänge berücksichtigt. Nach diesen Berechnungsverfahren können der Brutto- und der Nettowert der Verkehrsanlagen und Verkehrsmittel zu jeder gewünschten Preisbasis bestimmt werden. Der als Modernitätsgrad bezeichnete Quotient aus Netto- und Brutto-Anlagevermögen stellt eine mittelbare Messgröße für den Altersaufbau des Anlagevermögens dar. Er ist besonders für sektorale Vergleiche von Interesse, da mittels dieser Größe die Altersstruktur von Anlagenbeständen mit unterschiedlicher Nutzungsdauer normiert wird.

Nach der deutschen Vereinigung musste auch für Ostdeutschland eine Anlagevermögensrechnung für den Verkehrsbereich erstellt werden. Hierzu wurden die im Rahmen einer Strukturuntersuchung des DIW erarbeiteten Anlagevermögenswerte für die Verkehrsinfrastruktur in den neuen Bundesländern („Beiträge zur Strukturforschung", Heft 149/1994) um entsprechende Werte für das nicht in der Infrastruktur gebundene Anlagevermögen im Verkehr ergänzt, mit der Anlagevermögensrechnung für die alten Bundesländer zusammengeführt und mit gesamtdeutschen Investitionen fortgeschrieben. Bei der Erarbeitung gesamtdeutscher Anlageinvestitionen wurden einerseits die Investitionen für die neuen Bundesländer um fehlende Werte ergänzt und andererseits die vorhandenen Investitionswerte für die alten Bundesländer ab 1991 einer kritischen Überprüfung unterzogen. Aufgrund der erforderlichen Revision können die vorliegenden gesamtdeutschen Anlageinvestitionen nicht additiv aus den in vorangegangenen Ausgaben von „Verkehr in Zahlen" enthaltenen Werten für die alten und neuen Bundesländer abgeleitet werden.

Die Anlagevermögensrechnung des DIW ist außerdem die Grundlage bei der Ermittlung des Ersatzinvestitionsbedarfs für die Verkehrswege der Bundesrepublik. Die aktuellsten Untersuchungen für die Vorausschätzung des Ersatzinvestitionsbedarfs der Bundesverkehrswege werden in der DIW-Reihe „Beiträge zur Strukturforschung" Heft 109/1988 (für die kommunalen Verkehrswege) und Heft 187/2001 (für die Bundesverkehrswege) dokumentiert.

Brutto-Anlageinvestitionen[1] - Insgesamt - Mio. € zu jeweiligen Preisen

(1955 ohne Saarland und Berlin-West)	1955	1960	1965	1970	1975	1980	1985	1990	1991
Deutsche Bundesbahn*	1 089	1 549	1 493	1 989	2 838	2 602	2 848	2 940	5 824
dar. Verkehrsweg	407	748	648	962	1 436	1 621	2 020	1 529	3 354
Nichtbundeseigene Eisenbahnen[2]	31	41	56	66	123	118	215	378	332
Eisenbahnen	1 120	1 590	1 549	2 055	2 960	2 720	3 063	3 318	6 156
Binnenschiffahrt[3]	77	66	61	102	61	77	92	77	72
Binnenhäfen[4]	15	51	51	41	72	51	61	128	102
Seeschiffahrt[5]	419	215	368	1 084	828	849	1 299	879	1 048
Seehäfen	72	77	118	210	205	332	235	358	435
Schiffahrt	583	409	598	1 437	1 166	1 309	1 687	1 442	1 657
Öffentl. Straßenpersonenverkehr[6]	174	256	363	736	1 253	2 030	1 795	2 014	2 516
Güterkraftverkehr[7]	312	486	680	787	741	1 242	1 263	1 646	2 781
Fluggesellschaften[8]	31	87	189	286	373	383	1 150	1 820	1 810
Flughäfen[9]	15	46	97	343	210	297	302	1 273	1 744
Rohrfernleitungen[10]	-	15	107	26	26	41	61	102	133
Übriger Verkehr	532	890	1 437	2 178	2 602	3 993	4 571	6 856	8 983
Straßen und Brücken[12]	746	1 749	3 722	6 013	6 672	8 728	7 127	7 966	10 891
Wasserstraßen[11]	82	128	184	251	409	389	460	445	537
Staatlicher Verkehrsbereich	828	1 876	3 906	6 263	7 081	9 116	7 588	8 411	11 427
Verkehr insgesamt	3 063	4 765	7 490	11 934	13 810	17 139	16 908	20 027	28 223
Zum Vergleich:									
Brutto-Anlageinvestitionen aller									
Wirtschaftsbereiche[12]**	22 021	38 066	61 933	89 011	108 777	171 666	185 088	265 202	356 871
Anteil des Verkehrs in vH	13,9	12,5	12,1	13,4	12,7	10,0	9,1	7,6	7,9

[1] Ohne Grunderwerb.- [2] Eisenbahnen des öffentlichen Verkehrs. 1984 bis 1993 einschl. S-Bahn Berlin (West).- [3] Binnenflotte der Bundesrepublik.- [4] Öffentliche Binnenhäfen.- [5] Handelsflotte der Bundesrepublik.- [6] Stadtschnellbahn- (U-Bahn), Straßenbahn-, Obus- und Kraftomnibusverkehr kommunaler und gemischtwirtschaftlicher sowie privater Unternehmen; einschl. Taxis und Mietwagen.- [7] Gewerblicher Verkehr einschl. Verkehrsnebengewerbe (Spedition, Lagerei und Verkehrsvermittlung).- [8] Unternehmen der Bundesrepublik.- [9] Einschl. Flugsicherung.- [10] Rohöl- und Mineralölproduktenleitungen über 40 km Länge.- [11] Bis zur Seegrenze.- Weitere Anmerkungen siehe folgende Seite.

Brutto-Anlageinvestitionen[1] - Insgesamt - Mio. € zu jeweiligen Preisen

	1992	1993	1994	1995	1996	1997	1998	1999	2000
Deutsche Bahn AG*	6 003	6 248	6 381	6 458	5 701	5 404	4 750	8 045	6 151
dar. Verkehrsweg	3 717	3 916	4 372	4 709	4 147	3 891	3 477	5 757	4 458
Nichtbundeseigene Eisenbahnen[2]	353	322	199	184	210	286	378	486	440
Eisenbahnen	6 355	6 570	6 580	6 642	5 911	5 691	5 128	8 531	6 591
Binnenschifffahrt[3]	123	118	102	82	77	82	82	82	82
Binnenhäfen[4]	82	87	97	92	92	87	112	105	112
Seeschifffahrt[5]	1 130	1 329	1 432	1 437	2 592	3 727	3 630	2 337	2 551
Seehäfen	476	481	419	506	491	562	450	409	562
Schifffahrt	1 810	2 014	2 050	2 117	3 252	4 458	4 274	2 932	3 308
Öffentl. Straßenpersonenverkehr[6]	3 799	3 395	2 930	2 955	3 042	2 572	2 705	2 771	2 899
Güterkraftverkehr[7]	2 705	1 774	1 651	2 183	2 132	2 715	3 385	3 830	3 886
Fluggesellschaften[8]	1 258	920	1 007	1 007	1 104	1 115	1 263	1 232	2 035
Flughäfen[9]	1 580	1 309	1 002	1 156	895	977	1 115	1 314	1 365
Rohrfernleitungen[10]	138	164	164	164	164	164	179	179	179
Übriger Verkehr	9 479	7 562	6 754	7 465	7 337	7 542	8 646	9 326	10 364
Straßen und Brücken[12]	12 159	10 512	10 420	10 216	11 126	9 674	9 827	9 617	9 326
Wasserstraßen[11]	511	608	588	619	665	654	716	744	716
Staatlicher Verkehrsbereich	12 670	11 121	11 008	10 834	11 790	10 328	10 543	10 361	10 042
Verkehr insgesamt	30 314	27 267	26 393	27 058	28 290	28 019	28 591	31 150	30 304
Zum Vergleich:									
Brutto-Anlageinvestitionen aller Wirtschaftsbereiche**	387 815	381 025	401 466	404 212	399 058	401 134	412 546	426 008	438 075
Anteil des Verkehrs in vH	7,8	7,2	6,6	6,7	7,1	7,0	6,9	7,3	6,9

Beginn der Anmerkungen siehe vorige Seite.- [12] Ab 1991 ohne Verwaltung.- * Bis 1990 Deutsche Bundesbahn, 1991 bis 1993 Deutsche Bundesbahn und Deutsche Reichsbahn. Ab 1994 wurden verschiedene Bereiche aus der Deutschen Bahn AG ausgegliedert. Ab 1999 Konzern der Deutschen Bahn.-
** Ab 1991 revidierte Daten nach Abgrenzung der ESVG 1995.

A 1

Brutto-Anlageinvestitionen[1] - Bauten - Mio. € zu jeweiligen Preisen

(1955 ohne Saarland und Berlin-West)	1955	1960	1965	1970	1975	1980	1985	1990	1991
Deutsche Bundesbahn*	483	895	772	1 135	1 697	1 790	2 132	1 728	3 610
Nichtbundeseigene Eisenbahnen[2]	15	23	31	38	69	56	123	220	205
Eisenbahnen	499	918	803	1 173	1 767	1 846	2 255	1 948	3 814
Binnenschifffahrt[3]	5	10	10	10	10	13	10	10	13
Binnenhäfen[4]	10	41	41	31	56	38	46	92	82
Seeschifffahrt[5]	5	3	5	10	10	13	13	13	13
Seehäfen	59	61	92	169	164	266	176	271	332
Schifffahrt	79	115	148	220	240	330	245	386	440
Öffentl. Straßenpersonenverkehr[6]	54	95	138	373	215	1 099	859	946	1 110
Güterkraftverkehr[7]	41	59	84	100	92	143	148	189	312
Fluggesellschaften[8]	0	3	3	13	10	15	15	51	102
Flughäfen[9]	10	31	72	286	128	220	230	1 181	1 616
Rohrfernleitungen[10]	-	10	77	15	15	26	41	72	89
Übriger Verkehr	105	197	373	787	971	1 503	1 294	2 439	3 229
Straßen und Brücken[12]	736	1 720	3 663	5 926	6 575	8 595	6 994	7 813	10 635
Wasserstraßen[11]	77	120	174	235	389	371	437	424	506
Staatlicher Verkehrsbereich	813	1 841	3 837	6 161	6 964	8 966	7 432	8 237	11 141
Verkehr insgesamt	1 496	3 070	5 161	8 342	9 942	12 644	11 225	13 010	18 624

Anmerkungen siehe Seite 22/23.

Brutto-Anlageinvestitionen[1] - Bauten - Mio. € zu jeweiligen Preisen

	1992	1993	1994	1995	1996	1997	1998	1999	2000
Deutsche Bahn AG*	4 039	4 187	4 888	5 113	4 632	4 198	3 855	6 726	4 893
Nichtbundeseigene Eisenbahnen[2]	261	205	87	102	118	169	174	194	179
Eisenbahnen	4 300	4 392	4 975	5 215	4 750	4 366	4 029	6 920	5 072
Binnenschifffahrt[3]	13	10	5	5	5	5	5	5	5
Binnenhäfen[4]	66	72	79	74	72	72	95	87	87
Seeschifffahrt[5]	15	20	20	15	20	26	31	20	26
Seehäfen	353	368	327	424	368	435	343	307	337
Schifffahrt	447	470	432	519	465	537	473	419	455
Öffentl. Straßenpersonenverkehr[6]	1 692	1 442	1 288	1 345	1 345	1 166	1 133	1 166	1 140
Güterkraftverkehr[7]	317	205	189	225	220	266	332	373	383
Fluggesellschaften[8]	66	51	56	56	61	61	66	66	72
Flughäfen[9]	1 375	1 161	864	1 012	767	839	977	1 166	1 212
Rohrfernleitungen[10]	95	107	107	107	107	107	118	118	118
Übriger Verkehr	3 546	2 965	2 505	2 746	2 500	2 439	2 625	2 889	2 925
Straßen und Brücken[12]	11 882	10 262	10 170	9 970	10 860	9 438	9 592	9 385	9 101
Wasserstraßen[11]	481	570	552	565	603	593	644	667	644
Staatlicher Verkehrsbereich	12 363	10 832	10 722	10 535	11 463	10 032	10 236	10 052	9 745
Verkehr insgesamt	20 656	18 660	18 634	19 015	19 179	17 374	17 363	20 280	18 197

Anmerkungen siehe Seite 22/23.

Brutto-Anlageinvestitionen[1] - Fahrzeuge - Mio. € zu jeweiligen Preisen

(1955 ohne Saarland und Berlin-West)	1955	1960	1965	1970	1975	1980	1985	1990	1991
Deutsche Bundesbahn*	547	562	639	731	961	614	578	1 028	1 846
Schienenfahrzeuge	532	496	598	665	874	532	460	977	1 754
Straßenfahrzeuge	15	66	41	66	87	82	118	51	92
Nichtbundeseigene Eisenbahnen[2]	13	15	20	23	46	51	77	138	112
Schienenfahrzeuge	8	8	8	8	20	8	41	61	82
Straßenfahrzeuge	5	8	13	15	26	43	36	77	31
Eisenbahnen	560	578	660	754	1 007	665	654	1 166	1 958
Binnenschifffahrt[3]	72	51	46	87	46	56	77	61	54
Binnenhäfen[4]	-	-	-	-	-	-	-	-	-
Seeschifffahrt[5]	409	210	358	1 063	808	823	1 273	854	1 023
Seehäfen	-	-	-	-	-	-	-	-	-
Schifffahrt	481	261	404	1 150	854	879	1 350	915	1 076
Öffentl. Straßenpersonenverkehr[6]	112	148	210	343	496	890	885	1 012	1 309
Schienenfahrzeuge	31	41	46	66	123	118	153	215	297
Straßenfahrzeuge	82	107	164	276	373	772	731	798	1 012
Güterkraftverkehr[7]	251	138	547	634	588	1 012	1 033	1 345	2 301
Fluggesellschaften[8]	26	77	179	251	337	322	1 089	1 636	1 534
Flughäfen[9]	-	-	-	-	-	-	-	-	-
Rohrfernleitungen[10]	-	-	-	-	-	-	-	-	-
Übriger Verkehr	389	619	936	1 227	1 421	2 224	3 006	3 993	5 144
Verkehr insgesamt	1 429	1 457	1 999	3 132	3 282	3 768	5 011	6 074	8 178
Schienenfahrzeuge	570	545	652	739	1 017	657	654	1 253	2 132
Straßenfahrzeuge	353	575	764	992	1 074	1 910	1 917	2 270	3 436
Wasserfahrzeuge	481	291	404	1 150	854	879	1 350	915	1 076
Luftfahrzeuge	26	77	179	251	337	322	1 089	1 636	1 534

Anmerkungen siehe Seite 22/23.

Brutto-Anlageinvestitionen[1] - Fahrzeuge - Mio. € zu jeweiligen Preisen

	1992	1993	1994	1995	1996	1997	1998	1999	2000
Deutsche Bahn AG*	1 605	1 621	1 012	828	634	849	522	915	1 002
Schienenfahrzeuge	1 534	1 549	1 002	823	629	844	516	910	997
Straßenfahrzeuge	72	72	10	5	5	5	5	5	5
Nichtbundeseigene Eisenbahnen[2]	77	102	97	66	77	97	184	261	230
Schienenfahrzeuge	51	56	61	31	51	82	164	235	205
Straßenfahrzeuge	26	46	36	36	26	15	20	26	26
Eisenbahnen	1 682	1 723	1 110	895	711	946	706	1 176	1 232
Binnenschifffahrt[3]	105	102	92	72	66	72	72	72	72
Binnenhäfen[4]	-	-	-	-	-	-	-	-	-
Seeschifffahrt[5]	1 099	1 294	1 396	1 406	2 556	3 681	3 579	2 301	2 505
Seehäfen	-	-	-	-	-	-	-	-	-
Schifffahrt	1 204	1 396	1 488	1 478	2 623	3 753	3 651	2 372	2 577
Öffentl. Straßenpersonenverkehr[6]	1 984	1 866	1 549	1 493	1 575	1 263	1 429	1 462	1 631
Schienenfahrzeuge	741	527	706	685	741	598	583	716	404
Straßenfahrzeuge	1 242	1 340	844	808	833	665	846	746	1 227
Güterkraftverkehr[7]	2 199	1 457	1 360	1 820	1 774	2 280	2 848	3 226	3 267
Fluggesellschaften[8]	1 069	777	854	854	936	946	1 074	1 048	1 841
Flughäfen[9]	-	-	-	-	-	-	-	-	-
Rohrfernleitungen[10]	-	-	-	-	-	-	-	-	-
Übriger Verkehr	5 251	4 101	3 763	4 167	4 285	4 489	5 351	5 737	6 739
Verkehr insgesamt	8 137	7 219	6 360	6 539	7 618	9 188	9 707	9 285	10 548
Schienenfahrzeuge	2 326	2 132	1 769	1 539	1 421	1 524	1 263	1 861	1 605
Straßenfahrzeuge	3 538	2 914	2 250	2 669	2 638	2 965	3 720	4 003	4 525
Wasserfahrzeuge	1 204	1 396	1 488	1 478	2 623	3 753	3 651	2 372	2 577
Luftfahrzeuge	1 069	777	854	854	936	946	1 074	1 048	1 841

Anmerkungen siehe Seite 22/23.

Brutto-Anlageinvestitionen[1] **- Ausrüstungen - Mio. € zu jeweiligen Preisen**

(1955 ohne Saarland und Berlin-West)	1955	1960	1965	1970	1975	1980	1985	1990	1991
Deutsche Bundesbahn*	.	.	.	123	179	199	138	184	368
Nichtbundeseigene Eisenbahnen [2]	.	.	.	5	8	10	15	20	15
Eisenbahnen	.	.	.	128	187	210	153	205	383
Binnenschifffahrt [3]	.	.	.	5	5	8	5	5	5
Binnenhäfen [4]	.	.	.	10	15	13	15	36	20
Seeschifffahrt [5]	.	.	.	10	10	13	13	13	13
Seehäfen	.	.	.	41	41	66	59	87	102
Schifffahrt	.	.	.	66	72	100	92	141	141
Öffentl. Straßenpersonenverkehr [6]	.	.	.	20	31	41	51	56	97
Güterkraftverkehr [7]	.	.	.	54	61	87	82	112	169
Fluggesellschaften [8]	.	.	.	23	26	46	46	133	174
Flughäfen [9]	.	.	.	56	82	77	72	92	128
Rohrfernleitungen [10]	.	.	.	10	10	15	20	31	43
Übriger Verkehr	.	.	.	164	210	266	271	424	611
Straßen und Brücken [12]	.	.	.	87	97	133	133	153	256
Wasserstraßen [11]	.	.	.	15	20	18	23	20	31
Staatlicher Verkehrsbereich	.	.	.	102	118	151	156	174	286
Verkehr insgesamt	.	.	.	460	585	726	672	943	1 421

Anmerkungen siehe Seite 22/23.

Brutto-Anlageinvestitionen[1] - Ausrüstungen - Mio. € zu jeweiligen Preisen

	1992	1993	1994	1995	1996	1997	1998	1999	2000
Deutsche Bahn AG*	358	440	481	516	435	358	373	404	256
Nichtbundeseigene Eisenbahnen[2]	15	15	15	15	15	20	20	31	31
Eisenbahnen	373	455	496	532	450	378	394	435	286
Binnenschifffahrt[3]	5	5	5	5	5	5	5	5	5
Binnenhäfen[4]	15	15	18	18	20	15	18	18	26
Seeschifffahrt[5]	15	15	15	15	15	20	20	15	20
Seehäfen	123	112	92	82	123	128	107	102	225
Schifffahrt	159	148	130	120	164	169	151	141	276
Öffentl. Straßenpersonenverkehr[6]	123	87	92	118	123	143	143	143	128
Güterkraftverkehr[7]	189	112	102	138	138	169	205	230	235
Fluggesellschaften[8]	123	92	97	97	107	107	123	118	123
Flughäfen[9]	205	148	138	143	128	138	138	148	153
Rohrfernleitungen[10]	43	56	56	56	56	56	61	61	61
Übriger Verkehr	683	496	486	552	552	614	670	700	700
Straßen und Brücken[12]	276	251	251	245	266	235	235	235	225
Wasserstraßen[11]	31	38	36	54	61	61	72	77	72
Staatlicher Verkehrsbereich	307	289	286	299	327	297	307	312	297
Verkehr insgesamt	1 245	1 388	1 398	1 503	1 493	1 457	1 521	1 588	1 559

Anmerkungen siehe Seite 22/23.

Brutto-Anlageinvestitionen[1] - Insgesamt - Mio. € zu Preisen von 1995

(1955 ohne Saarland und Berlin-West)	1955	1960	1965	1970	1975	1980	1985	1990	1991
Deutsche Bundesbahn*	4 530	4 594	3 841	4 212	4 418	3 694	3 814	3 359	6 329
dar. Verkehrsweg	1 844	2 365	1 776	2 095	2 429	2 257	2 772	1 793	3 710
Nichtbundeseigene Eisenbahnen[2]	134	147	181	174	235	184	282	433	359
Eisenbahnen	4 665	4 741	4 022	4 385	4 653	3 878	4 095	3 791	6 689
Binnenschifffahrt[3]	301	237	189	230	111	114	114	83	75
Binnenhäfen[4]	80	199	164	104	138	76	83	149	114
Seeschifffahrt[5]	1 576	698	1 054	2 340	1 448	1 232	1 558	927	1 074
Seehäfen	344	312	392	547	403	501	319	417	486
Schifffahrt	2 302	1 446	1 799	3 221	2 100	1 922	2 073	1 575	1 748
Öffentl. Straßenpersonenverkehr[6]	765	912	1 158	1 926	2 435	3 097	2 413	2 325	2 735
Güterkraftverkehr[7]	1 341	1 819	2 355	2 340	1 507	1 996	1 665	1 855	3 019
Fluggesellschaften[8]	132	339	641	850	939	816	1 558	2 808	2 052
Flughäfen[9]	73	189	322	938	408	458	405	1 521	1 967
Rohrfernleitungen[10]	0	56	330	65	47	60	78	114	142
Übriger Verkehr	2 311	3 315	4 806	6 119	5 336	6 427	6 119	8 622	9 917
Straßen und Brücken[12]	2 987	5 649	10 833	14 485	12 695	12 059	9 438	9 275	11 979
Wasserstraßen[11]	365	477	563	598	793	557	639	547	603
Staatlicher Verkehrsbereich	3 352	6 126	11 396	15 083	13 488	12 616	10 077	9 822	12 582
Verkehr insgesamt	12 629	15 628	22 023	28 808	25 577	24 842	22 364	23 811	30 936
Zum Vergleich:									
Brutto-Anlageinvestitionen aller									
Wirtschaftsbereiche	.	.	.	.	.	.	.	.	391 946
Anteil des Verkehrs in vH	.	.	.	.	.	.	.	.	7,9

Anmerkungen siehe Seite 22/23.

Brutto-Anlageinvestitionen[1] - Insgesamt - Mio. € zu Preisen von 1995

	1992	1993	1994	1995	1996	1997	1998	1999	2000
Deutsche Bahn AG*	6 268	6 336	5 986	6 458	5 707	5 400	4 732	8 003	6 071
dar. Verkehrsweg	3 893	3 968	3 951	4 709	4 164	3 903	3 482	5 759	4 429
Nichtbundeseigene Eisenbahnen[2]	370	328	201	184	209	285	373	475	428
Eisenbahnen	6 638	6 665	6 187	6 642	5 916	5 685	5 105	8 478	6 499
Binnenschifffahrt[3]	122	116	106	82	75	80	79	79	79
Binnenhäfen[4]	86	89	98	92	93	87	112	105	111
Seeschifffahrt[5]	1 103	1 301	1 443	1 437	2 532	3 648	3 599	2 267	2 450
Seehäfen	504	494	425	506	506	573	468	418	597
Schifffahrt	1 816	2 000	2 072	2 117	3 206	4 387	4 259	2 868	3 236
Öffentl. Straßenpersonenverkehr[6]	4 093	3 580	3 085	2 955	3 030	2 550	2 659	2 711	2 819
Güterkraftverkehr[7]	2 830	1 812	1 678	2 183	2 114	2 676	3 307	3 719	3 752
Fluggesellschaften[8]	1 387	997	1 096	1 007	1 081	1 092	1 222	1 185	1 955
Flughäfen[9]	1 678	1 350	1 019	1 156	891	971	1 106	1 306	1 349
Rohrfernleitungen[10]	144	166	165	164	162	161	175	175	174
Übriger Verkehr	10 131	7 904	7 043	7 465	7 278	7 451	8 469	9 096	10 049
Straßen und Brücken[12]	13 866	11 272	11 136	10 216	11 428	9 964	10 213	10 023	9 545
Wasserstraßen[11]	541	623	594	619	668	658	718	746	713
Staatlicher Verkehrsbereich	14 407	11 895	11 730	10 834	12 096	10 622	10 931	10 770	10 259
Verkehr insgesamt	32 992	28 464	27 031	27 058	28 496	28 145	28 764	31 213	30 042
Zum Vergleich:									
Brutto-Anlageinvestitionen aller Wirtschaftsbereiche	409 499	391 210	406 871	404 212	400 858	403 103	415 195	432 430	442 170
Anteil des Verkehrs in vH	8,1	7,3	6,6	6,7	7,1	7,0	6,9	7,2	6,8

Anmerkungen siehe Seite 22/23.

Brutto-Anlageinvestitionen - Verkehrsinfrastruktur[1] - Mio. €

(1955 ohne Saarland und Berlin-West)

	1955	1960	1965	1970	1975	1980	1985	1990	1991
Brutto-Anlageinvestitionen [2]									
- zu jeweiligen Preisen -									
Verkehrswege	1 535	3 139	5 260	8 495	10 149	12 803	11 371	16 144	20 009
Eisenbahnen, S-Bahn	1 275	2 718	4 774	7 590	9 187	11 715	10 492	13 935	17 039
Stadtschnellbahn, Straßenbahn [3]	416	764	669	989	1 477	1 648	2 127	1 703	3 513
	31	61	92	312	603	910	716	798	1 005
Straßen und Brücken [9]	746	1 749	3 722	6 013	6 672	8 728	7 127	10 888	10 891
dar. Bundesfernstraßen	184	616	1 329	2 201	2 306	2 776	2 275	2 577	3 477
Wasserstraßen [4]	82	128	184	251	409	389	460	445	537
Rohrfernleitungen [5]	-	15	107	26	26	41	61	102	133
Umschlagplätze	261	422	486	905	962	1 088	879	2 209	2 971
Eisenbahnen, S-Bahn [6]	159	248	220	312	477	407	281	450	690
Binnenhäfen [7]	15	51	51	41	72	51	61	128	102
Seehäfen	72	77	118	210	205	332	235	358	435
Flughäfen [8]	15	46	97	343	210	297	302	1 273	1 744
Brutto-Anlageinvestitionen [2]	6 778	10 423	15 421	20 391	18 952	17 929	15 213	15 470	21 037
- zu Preisen von 1995 -									
Verkehrswege	5 408	8 834	13 847	18 057	17 204	16 266	14 038	12 867	17 714
Eisenbahnen, S-Bahn	1 883	2 426	1 838	2 160	2 507	2 296	2 915	1 995	3 883
Stadtschnellbahn, Straßenbahn [3]	174	226	283	749	1 162	1 295	968	936	1 106
Straßen und Brücken [9]	2 987	5 649	10 833	14 485	12 695	12 059	9 438	9 275	11 979
dar. Bundesfernstraßen	741	1 998	3 872	5 310	4 389	3 837	3 012	3 001	3 792
Wasserstraßen [4]	365	477	563	598	793	557	639	547	603
Rohrfernleitungen [5]	-	56	330	65	47	60	78	114	142
Umschlagplätze	1 370	1 590	1 574	2 335	1 748	1 663	1 175	2 602	3 323
Eisenbahnen, S-Bahn [6]	873	890	696	746	799	629	369	516	757
Binnenhäfen [7]	80	199	164	104	138	76	83	149	114
Seehäfen	344	312	392	547	403	501	319	417	486
Flughäfen [8]	73	189	322	938	408	458	405	1 521	1 967

[1] Die Investitionen in die Verkehrsinfrastruktur sind in den Brutto-Anlageinvestitionen der institutionell abgegrenzten einzelnen Verkehrsbereiche auf den Seiten 22 bis 31 enthalten. Die Investitionen für die Umschlagplätze beziehen sich auf Infra- und Suprastruktur.- [2] Ohne Grunderwerb.- [3] Fahrweg einschl. zugehöriger Anlagen.- [4] Bis zur Seegrenze.- [5] Rohöl- und Mineralölproduktenleitungen über 40 km Länge.- [6] Bahnhöfe einschl. sonstiger Bauten und Ausrüstungen.- [7] Öffentliche Binnenhäfen.- [8] Einschl. Flugsicherung.- [9] Ab 1991 ohne Verwaltung.

Brutto-Anlageinvestitionen - Verkehrsinfrastruktur[1] - Mio. €

	1992	1993	1994	1995	1996	1997	1998	1999	2000
Brutto-Anlageinvestitionen[2]									
- zu jeweiligen Preisen -									
Verkehrswege	22 228	19 194	19 214	19 562	19 818	17 905	17 783	20 761	18 639
Eisenbahnen, S-Bahn	19 391	16 566	16 676	16 847	17 376	15 574	15 308	17 494	15 845
Stadtschnellbahn, Straßenbahn[3]	3 973	4 101	4 451	4 786	4 236	4 039	3 625	5 911	4 607
Straßen und Brücken[9]	1 455	1 181	1 053	1 063	1 186	1 043	961	1 043	1 017
dar. Bundesfernstraßen	12 159	10 512	10 420	10 216	11 126	9 674	9 827	9 617	9 326
Wasserstraßen[4]	4 625	4 121	4 203	4 274	3 963	4 034	4 131	4 093	3 916
Rohrfernleitungen[5]	511	608	588	619	665	654	716	744	716
Umschlagplätze	138	164	164	164	164	164	179	179	179
Eisenbahnen, S-Bahn[6]	2 838	2 628	2 539	2 715	2 441	2 331	2 475	3 267	2 794
Binnenhäfen[7]	700	752	1 020	961	964	706	798	1 439	754
Seehäfen	82	87	97	92	92	87	112	105	112
Flughäfen[8]	476	481	419	506	491	562	450	409	562
	1 580	1 309	1 002	1 156	895	977	1 115	1 314	1 365
Brutto-Anlageinvestitionen[2]									
- zu Preisen von 1995 -									
Verkehrswege	23 362	20 243	19 689	19 562	20 144	18 202	18 163	21 150	18 809
Eisenbahnen, S-Bahn	20 355	17 538	17 109	16 847	17 697	15 873	15 690	17 893	16 010
Stadtschnellbahn, Straßenbahn[3]	4 157	4 153	4 030	4 786	4 253	4 051	3 630	5 914	4 573
Straßen und Brücken[9]	1 647	1 323	1 184	1 063	1 186	1 039	954	1 034	1 004
dar. Bundesfernstraßen	13 866	11 272	11 136	10 216	11 428	9 964	10 213	10 023	9 545
Wasserstraßen[4]	4 761	4 160	4 197	4 274	4 068	4 154	4 291	4 262	4 006
Rohrfernleitungen[5]	541	623	594	619	668	658	718	746	713
Umschlagplätze	144	166	165	164	162	161	175	175	174
Eisenbahnen, S-Bahn[6]	3 007	2 705	2 580	2 715	2 447	2 329	2 473	3 257	2 799
Binnenhäfen[7]	739	772	1 038	961	957	698	786	1 428	742
Seehäfen	86	89	98	92	93	87	112	105	111
Flughäfen[8]	504	494	425	506	506	573	468	418	597
	1 678	1 350	1 019	1 156	891	971	1 106	1 306	1 349

[1] Die Investitionen in die Verkehrsinfrastruktur sind in den Brutto-Anlageinvestitionen der institutionell abgegrenzten einzelnen Verkehrsbereiche auf den Seiten 22 bis 31 enthalten. Die Investitionen für die Umschlagplätze beziehen sich auf Infra- und Suprastruktur.- [2] Ohne Grunderwerb.- [3] Fahrweg einschl. zugehöriger Anlagen.- [4] Bis zur Seegrenze.- [5] Rohöl- und Mineralölproduktenleitungen über 40 km Länge.- [6] Bahnhöfe einschl. sonstiger Bauten und Ausrüstungen.- [7] Öffentliche Binnenhäfen.- [8] Einschl. Flugsicherung.- [9] Ohne Verwaltung.

Brutto- und Netto-Anlagevermögen - Verkehrsinfrastruktur[1] - Mio. zu Preisen von 1995

(1955 ohne Saarland und Berlin-West)

	1955	1960	1965	1970	1975	1980	1985	1990	1991
Brutto-Anlagevermögen[2]	212 171	252 787	315 755	397 280	485 825	559 163	606 326	648 107	659 219
Verkehrswege	178 950	213 496	270 923	346 680	428 405	498 507	545 461	585 161	594 471
Eisenbahnen, S-Bahn	58 246	67 454	76 347	82 232	89 577	96 204	100 943	105 996	107 309
Stadtschnellbahn, Straßenbahn[3]	6 936	7 572	8 229	11 667	16 669	21 924	26 740	30 457	31 291
Straßen und Brücken[9]	93 845	115 803	159 520	221 934	287 246	342 732	378 614	408 158	415 138
dar. Bundesfernstraßen	31 172	39 342	54 983	79 771	103 932	124 294	136 869	147 451	149 909
Wasserstraßen[4]	19 904	21 550	24 062	26 445	29 546	32 460	34 358	36 174	36 432
Rohrfernleitungen[5]	19	1 117	2 764	4 403	5 368	5 188	4 806	4 377	4 301
Umschlagplätze	33 222	39 291	44 832	50 600	57 420	60 656	60 865	62 946	64 748
Eisenbahnen, S-Bahn[6]	20 045	23 970	26 707	27 988	29 394	30 244	29 493	28 227	28 228
Binnenhäfen[7]	5 752	6 198	6 601	6 801	7 082	7 054	6 919	6 850	6 841
Seehäfen	5 804	7 147	8 690	10 331	12 500	14 219	15 554	16 255	16 481
Flughäfen[8]	1 621	1 977	2 834	5 481	8 443	9 138	8 899	11 614	13 198
Netto-Anlagevermögen[2]	145 000	178 569	230 781	297 021	364 083	410 331	428 894	444 472	450 896
Verkehrswege	124 359	152 762	200 984	263 672	326 859	372 807	393 064	407 650	412 493
Eisenbahnen, S-Bahn	36 937	44 437	50 243	52 405	56 020	58 762	60 191	63 594	64 777
Stadtschnellbahn, Straßenbahn[3]	4 779	5 318	5 852	9 134	13 952	18 874	23 185	26 235	26 912
Straßen und Brücken[9]	69 183	87 563	126 452	181 358	233 850	270 958	285 151	292 791	295 748
dar. Bundesfernstraßen	25 352	31 995	45 903	68 276	88 324	102 722	107 770	110 077	110 914
Wasserstraßen[4]	13 454	14 412	16 137	17 593	19 660	21 476	22 275	23 050	23 109
Rohrfernleitungen[5]	6	1 030	2 301	3 182	3 378	2 736	2 262	1 980	1 947
Umschlagplätze	20 640	25 807	29 797	33 349	37 224	37 524	35 830	36 822	38 403
Eisenbahnen, S-Bahn[6]	11 757	15 226	17 074	17 239	17 557	17 378	15 875	14 385	14 388
Binnenhäfen[7]	3 742	4 101	4 385	4 406	4 485	4 268	4 018	3 910	3 901
Seehäfen	4 032	5 161	6 344	7 474	8 986	9 952	10 531	10 615	10 740
Flughäfen[8]	1 110	1 320	1 994	4 230	6 196	5 926	5 406	7 912	9 374

[1] Das Anlagevermögen für die Verkehrsinfrastruktur ist im Anlagevermögen der institutionell abgegrenzten einzelnen Verkehrsbereiche auf den Seiten 38 bis 41 enthalten. Die Vermögenswerte für die Umschlagplätze beziehen sich auf Infra- und Suprastruktur.- [2] Jahresendbestand. Ohne Grundbesitz.- [3] Fahrweg einschl. zugehöriger Anlagen.- [4] Bis zur Seegrenze.- [5] Rohöl- und Mineralölproduktenleitungen über 40 km Länge.- [6] Bahnhöfe einschl. sonstiger Bauten und Ausrüstungen.- [7] Öffentliche Binnenhäfen.- [8] Einschl. Flugsicherung.- [9] Ab 1991 ohne Verwaltung.

Brutto- und Netto-Anlagevermögen - Verkehrsinfrastruktur[1] - Mio. € zu Preisen von 1995

	1992	1993	1994	1995	1996	1997	1998	1999	2000
Brutto-Anlagevermögen[2]	672 310	681 938	690 684	698 966	707 248	713 166	718 641	726 789	732 451
Verkehrswege	606 085	614 554	622 282	629 418	636 861	642 089	646 768	653 393	658 024
Eisenbahnen, S-Bahn	108 840	110 321	111 647	113 673	114 890	115 771	116 113	118 719	120 096
Stadtschnellbahn, Straßenbahn[3]	32 659	33 697	34 589	35 354	36 235	36 963	37 598	38 306	38 977
Straßen und Brücken[9]	423 738	429 478	434 814	438 968	444 076	447 471	450 876	453 864	456 162
dar. Bundesfernstraßen	153 260	155 936	158 571	161 207	163 561	165 924	168 352	170 678	172 680
Wasserstraßen[4]	36 622	36 887	37 115	37 362	37 651	37 924	38 251	38 599	38 909
Rohrfernleitungen[5]	4 226	4 172	4 116	4 061	4 009	3 960	3 930	3 904	3 880
Umschlagplätze	66 225	67 384	68 402	69 548	70 387	71 077	71 873	73 396	74 427
Eisenbahnen, S-Bahn[6]	28 206	28 214	28 486	28 681	28 873	28 808	28 832	29 500	29 483
Binnenhäfen[7]	6 804	6 769	6 744	6 712	6 682	6 646	6 637	6 622	6 614
Seehäfen	16 720	16 943	17 092	17 331	17 553	17 836	18 012	18 121	18 419
Flughäfen[8]	14 495	15 458	16 081	16 824	17 280	17 787	18 391	19 153	19 912
Netto-Anlagevermögen[2]	459 560	464 998	469 816	474 396	479 248	481 899	484 209	489 355	492 020
Verkehrswege	419 936	424 513	428 628	432 406	436 808	439 179	441 099	445 109	447 126
Eisenbahnen, S-Bahn	66 278	67 817	69 271	71 471	72 959	74 154	74 838	77 778	79 346
Stadtschnellbahn, Straßenbahn[3]	28 112	28 956	29 637	30 173	30 813	31 283	31 623	32 017	32 353
Straßen und Brücken[9]	300 522	302 644	304 583	305 560	307 723	308 332	309 059	309 544	309 504
dar. Bundesfernstraßen	112 691	113 840	115 006	116 231	117 234	118 290	119 431	120 495	121 287
Wasserstraßen[4]	23 103	23 175	23 214	23 275	23 381	23 471	23 617	23 785	23 913
Rohrfernleitungen[5]	1 920	1 920	1 923	1 927	1 932	1 939	1 962	1 986	2 010
Umschlagplätze	39 625	40 486	41 188	41 989	42 440	42 720	43 111	44 246	44 894
Eisenbahnen, S-Bahn[6]	14 379	14 409	14 707	14 925	15 132	15 078	15 114	15 793	15 779
Binnenhäfen[7]	3 867	3 837	3 818	3 795	3 773	3 747	3 748	3 743	3 745
Seehäfen	10 884	11 017	11 082	11 243	11 393	11 607	11 716	11 763	12 000
Flughäfen[8]	10 495	11 223	11 580	12 027	12 142	12 287	12 533	12 948	13 370

[1] Das Anlagevermögen für die Verkehrsinfrastruktur ist im Anlagevermögen der institutionell abgegrenzten einzelnen Verkehrsbereiche auf den Seiten 38 bis 41 enthalten. Die Vermögenswerte für die Umschlagplätze beziehen sich auf Infra- und Suprastruktur.- [2] Jahresendbestand. Ohne Grundbesitz.- [3] Fahrweg einschl. zugehöriger Anlagen.- [4] Bis zur Seegrenze.- [5] Rohöl- und Mineralölproduktenleitungen über 40 km Länge.- [6] Bahnhöfe einschl. sonstiger Bauten und Ausrüstungen.- [7] Einschl. Flugsicherung.- [8] Öffentliche Binnenhäfen.- [9] Ohne Verwaltung.

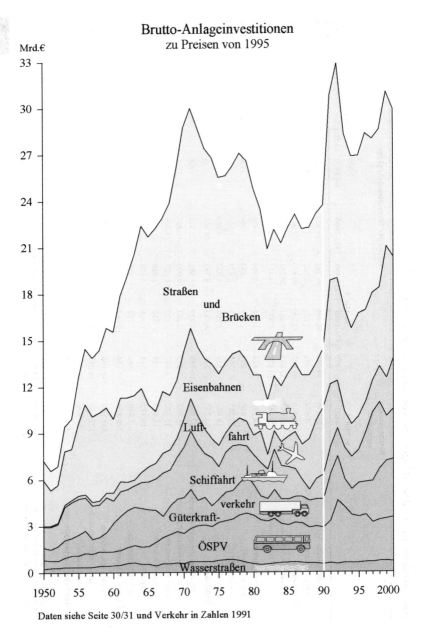

Altersstruktur des Brutto-Anlagevermögens 2000 - zu Preisen von 1995

	Brutto-Anlage-vermögen[1]	in Mio. €				Anteile der Investitionsjahrgänge			
	in Mio. € insgesamt	bis 1970	1971-1980	1981-1990	1991-2000	bis 1970	1971-1980	in vH 1981-1990	1991-2000
Deutsche Bahn AG*	174 336	44 445	31 208	38 761	59 922	25,5	17,9	22,2	34,4
Nichtbundeseigene Eisenbahnen[2]	7 674	1 450	1 031	2 052	3 140	18,9	13,4	26,7	40,9
Eisenbahnen	182 010	45 895	32 240	40 813	63 062	25,2	17,7	22,4	34,6
dar. Verkehrswege	120 097	32 098	19 461	26 261	42 277	26,7	16,2	21,9	35,2
Umschlagplätze	29 482	10 871	5 373	4 425	8 814	36,9	18,2	15,0	29,9
Binnenschifffahrt[3]	4 938	1 822	1 145	1 084	888	36,9	23,2	22,0	18,0
Binnenhäfen[4]	6 614	3 807	929	893	984	57,6	14,1	13,5	14,9
Seeschifffahrt[5]	23 285	361	315	2 873	19 736	1,6	1,4	12,3	84,8
Seehäfen	18 420	5 534	3 994	3 932	4 960	30,0	21,7	21,3	26,9
Schifffahrt	53 257	11 523	6 383	8 782	26 568	21,6	12,0	16,5	49,9
Öffentl. Straßenpersonenverkehr[6]	67 509	10 353	13 327	15 841	27 988	15,3	19,7	23,5	41,5
dar. Verkehrswege	38 977	7 235	10 267	10 050	11 424	18,6	26,3	25,8	29,3
Güterkraftverkehr[7]	35 122	4 627	2 822	4 227	23 446	13,2	8,0	12,0	66,8
Fluggesellschaften[8]	14 400	94	319	2 980	11 007	0,7	2,2	20,7	76,4
Flughäfen[9]	19 912	1 514	1 866	4 420	12 112	7,6	9,4	22,2	60,8
Rohrfernleitungen[10]	3 880	546	733	990	1 611	14,1	18,9	25,5	41,5
Übriger Verkehr	140 824	17 134	19 067	28 459	76 164	12,2	13,5	20,2	54,1
Straßen und Brücken[12]	456 164	131 100	116 481	99 059	109 523	28,7	25,5	21,7	24,0
dar. Bundesfernstraßen	172 680	54 037	44 274	32 441	41 927	31,3	25,6	18,8	24,3
Wasserstraßen[11]	38 909	18 295	7 575	6 569	6 471	47,0	19,5	16,9	16,6
Staatlicher Verkehrsbereich	495 073	149 395	124 056	105 628	115 994	30,2	25,1	21,3	23,4
Verkehr insgesamt	871 163	223 947	181 746	183 682	281 788	25,7	20,9	21,1	32,3

[1] Jahresendbestand. Ohne Grundbesitz. - Übrige Anmerkungen siehe folgende Seite.

A 1

Brutto-Anlagevermögen[1] - Insgesamt - Mio. € zu Preisen von 1995

(1955 ohne Saarland und Berlin-W.)	1955	1960	1965	1970	1975	1980	1985	1990	1991
Deutsche Bundesbahn **	97 087	119 424	139 194	148 554	160 716	166 880	167 210	167 025	168 171
dar. Verkehrswege	56 673	65 754	74 511	80 265	87 362	93 892	98 516	102 957	104 155
Nichtbundeseigene Eisenbahnen[2]	3 168	3 493	3 812	4 087	4 596	5 017	5 232	6 194	6 389
Eisenbahnen	100 255	122 917	143 006	152 642	165 312	171 896	172 442	173 219	174 560
Binnenschifffahrt[3]	4 187	5 684	6 762	7 206	7 951	7 611	7 194	6 586	6 373
Binnenhäfen[4]	5 752	6 198	6 601	6 801	7 082	7 054	6 919	6 850	6 841
Seeschifffahrt[5]	9 018	14 463	14 643	19 058	24 660	26 107	23 960	17 470	16 679
Seehäfen	5 804	7 147	8 690	10 331	12 500	14 219	15 554	16 255	16 481
Schifffahrt	24 760	33 492	36 696	43 395	52 193	54 990	53 628	47 162	46 374
Öffentl. Straßenpersonenverkehr[6]	16 316	18 650	21 425	27 656	35 843	46 251	54 274	57 685	58 253
Güterkraftverkehr[7]	13 053	16 901	25 813	28 394	27 392	28 934	28 663	27 692	28 631
Fluggesellschaften[8]	189	1 008	2 592	5 132	7 508	9 288	10 787	16 972	17 838
Flughäfen[9]	1 621	1 977	2 834	5 481	8 443	9 138	8 899	11 614	13 198
Rohrfernleitungen[10]	19	1 117	2 764	4 403	5 368	5 188	4 806	4 377	4 301
Übriger Verkehr	31 199	39 652	55 428	71 065	84 554	98 799	107 428	118 340	122 222
Straßen und Brücken[12]	93 845	115 803	159 520	221 934	287 246	342 732	378 614	408 158	415 138
Wasserstraßen[11]	19 904	21 550	24 062	26 445	29 546	32 460	34 358	36 174	36 442
Staatlicher Verkehrsbereich	113 749	137 353	183 582	248 378	316 792	375 192	412 972	444 332	451 570
Verkehr insgesamt	269 962	333 414	418 713	515 480	618 851	700 878	746 470	783 052	794 726
Zum Vergleich:									
Brutto-Anlagevermögen aller Wirtschaftsbereiche*	.	.	.	.	.	.	.	.	8 126 550
Anteil des Verkehrs in vH	.	.	.	.	.	.	.	.	9,8

[1] Jahresendbestand. Ohne Grundbesitz.- [2] Eisenbahnen des öffentlichen Verkehrs. 1985 bis 1993 einschl. S-Bahn Berlin (West).- [3] Binnenflotte der Bundesrepublik. [4] Öffentliche Binnenhäfen.- [5] Handelsflotte der Bundesrepublik. Einschl. Schiffe der Bundesrepublik unter fremder Flagge (Bareboat-verchartert) gem. § 7 FLRG.- [6] Stadtschnellbahn (U-Bahn), Straßenbahn-, Obus- und Kraftomnibusverkehr kommunaler und gemischtwirtschaftlicher sowie privater Unternehmen; einschl. Taxis und Mietwagen. Ab 1990 einschl. des ausgegliederten Kraftomnibusverkehr der Deutschen Bahn.- [7] Gewerblicher Verkehr einschl. Verkehrsnebengewerbe (Spedition, Lagerei und Verkehrsvermittlung).- Weitere Anmerkungen siehe folgende Seite.

Brutto-Anlagevermögen[1] - Insgesamt - Mio. € zu Preisen von 1995

	1992	1993	1994	1995	1996	1997	1998	1999	2000
Deutsche Bahn AG**	169 216	170 308	171 048	172 239	172 436	172 239	171 312	173 699	174 334
dar. Verkehrswege	105 481	106 837	108 145	110 157	111 347	112 142	112 401	114 916	116 214
Nichtbundeseigene Eisenbahnen[2]	6 592	6 752	6 782	6 794	6 828	6 936	7 130	7 425	7 673
Eisenbahnen	175 808	177 060	177 830	179 033	179 265	179 175	178 443	181 124	182 008
Binnenschifffahrt[3]	6 208	6 083	5 946	5 781	5 608	5 440	5 270	5 103	4 938
Binnenhäfen[4]	6 804	6 769	6 744	6 712	6 682	6 646	6 637	6 622	6 614
Seeschifffahrt[5]	16 010	15 623	15 471	15 391	16 510	18 806	21 107	22 101	23 285
Seehäfen	16 720	16 943	17 092	17 331	17 553	17 836	18 012	18 121	18 419
Schifffahrt	45 741	45 419	45 252	45 216	46 353	48 729	51 026	51 946	53 256
Öffentl. Straßenpersonenverkehr[6]	60 206	61 690	62 721	63 647	64 665	65 219	65 903	66 648	67 509
Güterkraftverkehr[7]	29 445	29 308	29 089	29 388	29 604	30 357	31 713	33 431	35 122
Fluggesellschaften[8]	17 956	17 595	17 234	16 679	16 099	15 459	14 878	14 239	14 400
Flughäfen[9]	14 495	15 458	16 081	16 824	17 280	17 787	18 391	19 153	19 912
Rohrfernleitungen[10]	4 226	4 172	4 116	4 061	4 009	3 960	3 930	3 904	3 880
Übriger Verkehr	126 328	128 223	129 241	130 599	131 656	132 782	134 816	137 375	140 823
Straßen und Brücken[12]	423 738	429 478	434 814	438 968	444 076	447 471	450 876	453 864	456 162
Wasserstraßen[11]	36 622	36 887	37 115	37 362	37 651	37 924	38 251	38 599	38 909
Staatlicher Verkehrsbereich	460 361	466 365	471 930	476 329	481 727	485 395	489 126	492 464	495 071
Verkehr insgesamt	808 238	817 066	824 253	831 177	839 000	846 082	853 412	862 909	871 157
Zum Vergleich:									
Brutto-Anlagevermögen aller Wirtschaftsbereiche*	8 394 717	8 628 168	8 868 301	9 093 940	9 312 916	9 530 787	9 754 401	9 985 592	10 221 671
Anteil des Verkehrs in vH	9,6	9,5	9,3	9,1	9,0	8,9	8,7	8,6	8,5

Beginn der Anmerkungen siehe vorige Seite.- [8] Unternehmen der Bundesrepublik.- [9] Einschl. Flugsicherung.- [10] Rohöl- und Mineralölproduktenleitungen über 40 km Länge.- [11] Bis zur Seegrenze.- [12] Ab 1991 ohne Verwaltung.- *Nach neuer Abgrenzung ESVG 1995.- **1991 bis 1993 Deutsche Bundesbahn und Deutsche Reichsbahn. Ab 1994 wurden verschieden Bereiche aus der Deutschen Bahn AG ausgegliedert. Ab 1999 Konzern der Deutschen Bahn.

Netto-Anlagevermögen[1] - Insgesamt - Mio. zu Preisen von 1995

(1955 ohne Saarland und Berlin-West)	1955	1960	1965	1970	1975	1980	1985	1990	1991
Deutsche Bundesbahn**	61 686	79 969	92 210	93 289	97 987	97 905	94 442	93 780	95 193
dar. Verkehrsweg	35 876	43 302	49 041	51 145	54 584	57 312	58 699	61 531	62 610
Nichtbundeseigene Eisenbahnen[2]	1 971	2 192	2 404	2 556	2 919	3 158	3 213	4 066	4 221
Eisenbahnen	63 656	82 161	94 614	95 845	100 906	101 063	97 655	97 846	99 415
Binnenschiffahrt[3]	2 631	4 003	4 725	4 705	5 042	4 266	3 635	3 051	2 894
Binnenhäfen[4]	3 742	4 101	4 385	4 406	4 485	4 268	4 018	3 910	3 901
Seeschiffahrt[5]	7 138	8 975	7 493	11 891	14 818	13 726	12 332	8 083	7 826
Seehäfen	4 032	5 161	6 344	7 474	8 986	9 952	10 531	10 615	10 740
Schiffahrt	17 543	22 240	22 948	28 475	33 331	32 213	30 516	25 659	25 361
Öffentl. Straßenpersonenverkehr[6]	10 455	12 260	14 242	19 382	25 787	34 210	39 479	41 550	42 020
Güterkraftverkehr[7]	8 474	10 983	16 859	17 087	15 951	17 375	16 341	15 538	16 580
Fluggesellschaften[8]	176	779	1 805	3 350	4 580	5 502	6 391	11 113	11 362
Flughäfen[9]	1 110	1 320	1 994	4 230	6 196	5 926	5 406	7 912	9 374
Rohrfernleitungen[10]	6	1 030	2 301	3 182	3 378	2 736	2 262	1 980	1 947
Übriger Verkehr	20 221	26 371	37 201	47 231	55 892	65 749	69 878	78 094	81 283
Straßen und Brücken[12]	69 183	87 563	126 452	181 358	233 850	270 958	285 151	292 791	295 748
Wasserstraßen[11]	13 454	14 412	16 137	17 593	19 660	21 476	22 275	23 050	23 109
Staatlicher Verkehrsbereich	82 637	101 976	142 589	198 951	253 510	292 434	307 427	315 841	318 857
Verkehr insgesamt	184 058	232 748	297 350	370 502	443 639	491 459	505 476	517 439	524 915

Anmerkungen siehe Seite 38/39.

Netto-Anlagevermögen[1] - Insgesamt - Mio. € zu Preisen von 1995

	1992	1993	1994	1995	1996	1997	1998	1999	2000
Deutsche Bahn AG*	96 662	98 312	99 703	101 570	102 527	103 109	102 979	106 143	107 394
dar. Verkehrswege	63 919	65 349	66 800	69 002	70 481	71 611	72 232	75 103	76 616
Nichtbundeseigene Eisenbahnen[2]	4 384	4 506	4 497	4 470	4 466	4 538	4 701	4 967	5 186
Eisenbahnen	101 046	102 818	104 200	106 040	106 993	107 647	107 680	111 110	112 580
Binnenschifffahrt[3]	2 794	2 715	2 635	2 537	2 437	2 347	2 261	2 181	2 105
Binnenhäfen[4]	3 867	3 837	3 818	3 795	3 773	3 747	3 748	3 743	3 745
Seeschifffahrt[5]	7 661	7 746	7 995	8 237	9 585	11 910	13 951	14 431	15 002
Seehäfen	10 884	11 017	11 082	11 243	11 393	11 607	11 716	11 763	12 000
Schifffahrt	25 206	25 315	25 530	25 812	27 188	29 611	31 676	32 117	32 853
Öffentl. Straßenpersonenverkehr[6]	43 874	45 164	45 915	46 543	47 261	47 496	47 844	48 238	48 733
Güterkraftverkehr[7]	17 343	17 013	16 583	16 702	16 730	17 306	18 431	19 821	21 056
Fluggesellschaften[8]	10 874	10 014	9 330	8 630	8 092	7 645	7 408	7 197	7 819
Flughäfen[9]	10 495	11 223	11 580	12 027	12 142	12 287	12 533	12 948	13 370
Rohrfernleitungen[10]	1 920	1 920	1 923	1 927	1 932	1 939	1 962	1 986	2 010
Übriger Verkehr	84 506	85 335	85 332	85 829	86 158	86 674	88 178	90 190	92 989
Straßen und Brücken[12]	300 522	302 644	304 583	305 560	307 723	308 332	309 059	309 544	309 504
Wasserstraßen[11]	23 103	23 175	23 214	23 275	23 381	23 471	23 617	23 785	23 913
Staatlicher Verkehrsbereich	323 625	325 819	327 797	328 835	331 104	331 803	332 676	333 329	333 417
Verkehr insgesamt	534 382	539 287	542 859	546 516	551 443	555 735	560 209	566 731	571 839

Anmerkungen siehe Seite 38.

Modernitätsgrad - Netto-Anlagevermögen[1] in vH des Brutto-Anlagevermögens[1]

(1955 ohne Saarland und Berlin-West)

	1955	1960	1965	1970	1975	1980	1985	1990	1991
Deutsche Bundesbahn	64	67	66	63	61	59	56	56	57
dar. Verkehrsweg	63	66	66	64	62	61	60	60	60
Nichtbundeseigene Eisenbahnen[2]	62	63	63	63	64	63	61	66	66
Eisenbahnen	63	67	66	63	61	59	57	56	57
Binnenschiffahrt[3]	63	70	70	65	63	56	51	46	45
Binnenhäfen[4]	65	66	66	65	63	61	58	57	57
Seeschiffahrt[5]	79	62	51	62	60	53	51	46	47
Seehäfen	69	72	73	72	72	70	68	65	65
Schiffahrt	71	66	63	66	64	59	57	54	55
Öffentl. Straßenpersonenverkehr[6]	64	66	66	70	72	74	73	72	72
Güterkraftverkehr[7]	65	65	65	60	58	60	57	56	58
Fluggesellschaften[8]	93	77	70	65	61	59	59	65	64
Flughäfen[9]	68	67	70	77	73	65	61	68	71
Rohrfernleitungen[10]	32	92	83	72	63	53	47	45	45
Übriger Verkehr	65	67	67	66	66	67	65	66	67
Straßen und Brücken[12]	74	76	79	82	81	79	75	72	71
Wasserstraßen[11]	68	67	67	67	67	66	65	64	63
Staatlicher Verkehrsbereich	73	74	78	80	80	78	74	71	71
Verkehr insgesamt	68	70	71	72	72	70	68	66	66

Anmerkungen siehe Seite 38/39.

Modernitätsgrad - Netto-Anlagevermögen[1] in vH des Brutto-Anlagevermögens[1]

	1992	1993	1994	1995	1996	1997	1998	1999	2000
Deutsche Bahn AG**	57	58	58	59	59	60	60	61	62
dar. Verkehrswege	61	61	62	63	63	64	64	65	66
Nichtbundeseigene Eisenbahnen[2]	67	67	66	66	65	65	66	67	68
Eisenbahnen	57	58	59	59	60	60	60	61	62
Binnenschifffahrt[3]	45	45	44	44	43	43	43	43	43
Binnenhäfen[4]	57	57	57	57	56	56	56	57	57
Seeschifffahrt[5]	48	50	52	54	58	63	66	65	64
Seehäfen	65	65	65	65	65	65	65	65	65
Schifffahrt	55	56	56	57	59	61	62	62	62
Öffentl. Straßenpersonenverkehr[6]	73	73	73	73	73	73	73	72	72
Güterkraftverkehr[7]	59	58	57	57	57	57	58	59	60
Fluggesellschaften[8]	61	57	54	52	50	49	50	51	54
Flughäfen[9]	72	73	72	71	70	69	68	67	67
Rohrfernleitungen[10]	45	46	47	47	48	49	50	51	52
Übriger Verkehr	67	67	66	66	65	65	65	66	66
Straßen und Brücken[12]	71	70	70	70	69	69	69	68	68
Wasserstraßen[11]	63	63	63	62	62	62	62	62	61
Staatlicher Verkehrsbereich	70	70	69	69	69	68	68	68	67
Verkehr insgesamt	66	66	66	66	66	66	66	66	66

Anmerkungen siehe Seite 38.

Erwerbstätige[1] - in 1 000

	1955	1960	1965	1970	1975	1980	1985	1990	1991
Deutsche Bahn[2]	498	498	465	401	421	343	297	249	451
Nichtbundeseigene Eisenbahnen[3]	21	20	15	13	12	11	12	14	15
Eisenbahnen	519	518	480	414	433	354	309	263	466
Öffentl. Straßenpersonenverkehr[4]	118	148	152	146	162	175	178	204	257
Güterkraftverkehr[5]	168	259	273	279	296	350	352	462	.
Rohrleitungen	-	0	0	1	1	1	1	1	1
Landverkehr[6]	805	925	905	840	892	880	840	930	.
Binnenschifffahrt[7]	32	32	27	18	15	12	11	9	.
Seeschifffahrt[8]	29	47	44	48	32	28	23	16	21
Schifffahrt	61	79	71	66	47	40	34	25	.
Luftverkehr[9]	3	10	17	23	28	35	38	53	.
Flughäfen	1	3	4	8	11	14	15	22	25
Übriger Verkehr[10]	35	47	47	47	50	53	53	60	.
Verkehr insgesamt	904	1 061	1 040	976	1 017	1 008	965	1 068	1 681
Zum Vergleich:									
Erwerbstätige aller Wirtschaftsbereiche[11]	22 790	26 063	26 755	26 560	26 020	26 980	26 489	28 479	37 759
Anteil des Verkehrs in vH	4,0	4,1	3,9	3,7	3,9	3,7	3,6	3,8	4,5

[1] Jahresdurchschnitt.- [2] Einschl. Nachwuchskräfte. 1991 Deutsche Bundesbahn und Deutsche Reichsbahn.- [3] Eisenbahnen des öffentlichen Verkehrs. Ab 1985 einschl. S-Bahn Berlin (West).- [4] Stadtschnellbahn (U-Bahn), Straßenbahn-, Obus- und Kraftomnibusverkehr kommunaler und gemischtwirtschaftlicher sowie privater Unternehmen, einschl. Taxis und Mietwagen.- [5] Gewerblicher Verkehr; bis 1990 einschl. Verkehrsnebengewerbe.- [6] Einschl. Transport in Rohrfernleitungen.- [7] Handelsflotte der Bundesrepublik.- [8] Unternehmen der Bundesrepublik.- [9] Einschl. Verkehrsnebengewerbe (Spedition, Lagerei und Verkehrsvermittlung).- [10] Einschl. Binnen- und Seehäfen, sowie Hilfs- und Nebentätigkeiten für den Verkehr. 1991 einschl. Verkehrsnebengewerbe (Spedition, Lagerei und Verkehrsvermittlung).- [11] Erwerbstätige im Inland.

Erwerbstätige[1] - in 1 000

	1992	1993	1994	1995	1996	1997	1998	1999*	2000*
Eisenbahnen	437	379	390	364	326	306	287	272	257
Deutsche Bahn[2]	422	365	376	350	312	293	274	258	242
Nichtbundeseigene Eisenbahnen[3]	15	14	14	14	14	13	13	14	15
Öffentl. Straßenpersonenverkehr[4]	256	250	240	237	184	165	163	162	163
Güterkraftverkehr[5]	398	392	382	383	346	383	385	381	385
Rohrleitungen	1	1	1	1	1	1	1	1	1
Landverkehr[6]	1 092	1 022	1 012	985	857	855	836	816	806
Binnenschifffahrt[7]	11	10	9	9	9	8	8	8	9
Seeschifffahrt[8]	19	18	16	15	14	15	14	12	12
Schifffahrt	30	28	25	24	23	23	23	19	21
Luftverkehr[9]	61	56	55	45	47	47	47	48	50
Flughäfen	26	26	26	27	28	27	28	28	29
Übriger Verkehr[10]	459	515	479	485	589	558	609	667	714
Verkehr insgesamt	1 642	1 621	1 571	1 538	1 516	1 483	1 515	1 550	1 590
Zum Vergleich:									
Erwerbstätige aller Wirtschaftsbereiche[11]	37 155	37 365	37 304	37 382	37 270	37 208	37 611	38 081	38 706
Anteil des Verkehrs in vH	4,4	4,3	4,2	4,1	4,1	4,0	4,0	4,1	4,1

[1] Jahresdurchschnitt.- [2] Einschl. Nachwuchskräfte. 1991 bis 1994 Deutsche Bundesbahn und Deutsche Reichsbahn. Ab 1994 Konzern der Deutschen Bahn.
[3] Eisenbahnen des öffentlichen Verkehrs. Ab 1985 einschl. S-Bahnverkehr in Berlin (West).- [4] Stadtschnellbahn (U-Bahn), Straßenbahn-, Obus- und Kraftomnibusverkehr kommunaler und gemischtwirtschaftlicher sowie privater Unternehmen, bis 1995 einschl. Taxis und Mietwagen.- [5] Gewerblicher Verkehr.-
[6] Einschl. Transport in Rohrleitungen.- [7] Binnenflotte der Bundesrepublik.- [8] Handelsflotte der Bundesrepublik.- [9] Unternehmen der Bundesrepublik.-
[10] Einschl. Binnen-, See- und Flughäfen, Spedition, Lagerei und Verkehrsvermittlung, sowie Hilfs- und Nebentätigkeiten für den Verkehr.-
[11] Erwerbstätige im Inland.- * Vorläufige Werte.

Einnahmen[1] - in Mio. €

	1955	1960	1965	1970	1975	1980	1985	1990	1991
Deutsche Bahn[2]	3 093	4 162	4 668	6 412	8 672	11 208	11 990	11 739	17 865
Nichtbundeseigene Eisenbahnen[3]	128	169	164	205	312	414	496	527	560
Eisenbahnen	3 221	4 331	4 832	6 616	8 983	11 622	12 486	12 266	18 424
Öffentl. Straßenpersonenverkehr[4]	721	1 186	1 667	2 219	3 421	5 292	6 355	8 288	9 986
Güterkraftverkehr[5]	1 217	2 214	3 487	6 222	8 958	16 259	17 839	26 326	.
Rohrleitungen	-	26	66	97	194	307	327	302	.
Landverkehr[6]	5 159	7 756	10 052	15 155	21 556	33 479	37 007	47 182	.
Binnenschifffahrt[7]	302	404	450	757	1 196	1 508	1 636	1 386	1 570
Seeschifffahrt[8]	787	1 299	1 805	2 562	3 513	4 233	4 729	3 998	4 147
Schifffahrt	1 089	1 703	2 255	3 318	4 709	5 742	6 366	5 384	5 716
Luftverkehr[9]	15	189	537	1 196	2 234	4 193	6 984	9 183	10 497
Flughäfen	10	31	87	235	522	818	1 217	2 004	.
Übriger Verkehr[10]	854	1 503	2 265	5 072	7 813	11 719	16 295	21 934	.
Verkehr insgesamt	7 117	11 151	15 109	24 741	36 312	55 133	66 652	83 683	.

[1] Einschl. Beförderungs- und Umsatzsteuer bzw. Mehrwertsteuer.- [2] 1991 Deutsche Bundesbahn und Deutsche Reichsbahn.- [3] Eisenbahnen des öffentlichen Verkehrs.- [4] Stadtschnellbahn (U-Bahn)-,Straßenbahn-, Obus- und Kraftomnibusverkehr kommunaler und gemischtwirtschaftlicher sowie privater Unternehmen, einschl. Taxis und Mietwagen.- [5] Gewerblicher Verkehr. Frachteinnahmen einschl. sonstiger Betriebserträge.- [6] Einschl. Transport in Rohrleitungen.- [7] Binnenflotte der Bundesrepublik.- [8] Handelsflotte der Bundesrepublik.- [9] Unternehmen der Bundesrepublik.- [10] Einschl. Binnen- und Seefen, Spedition, Lagerei und Verkehrsvermittlung sowie Hilfs- und Nebentätigkeiten für den Verkehr.- * Vorläufige Werte.

Einnahmen[1] - in Mio. €

	1992	1993	1994	1995	1996	1997	1998	1999*	2000*
Eisenbahnen	18 040	17 250	19 300	19 710	20 870	20 260	23 610	24 370	23 730
Deutsche Bahn[11]	17 500	16 700	18 720	19 110	20 250	19 630	22 980	23 730	23 060
Nichtbundeseigene Eisenbahnen[3]	540	550	580	600	620	630	630	640	670
Öffentl. Straßenpersonenverkehr[4]	10 790	11 100	11 390	11 920	12 120	12 550	12 750	13 070	13 400
Güterkraftverkehr[5]	30 680	29 710	29 830	28 220	24 070	25 310	25 620	25 720	26 000
Rohrleitungen	360	370	400	410	430	800	790	780	790
Landverkehr[6]	59 870	58 430	60 920	60 260	57 490	58 920	62 770	63 940	63 921
Binnenschifffahrt[7]	1 490	1 460	1 420	1 390	1 480	1 480	1 400	1 430	1 420
Seeschifffahrt[8]	4 150	4 610	5 040	5 240	5 660	6 360	6 220	6 650	9 010
Schifffahrt	5 640	6 070	6 460	6 630	7 140	7 840	7 620	8 080	10 430
Luftverkehr[9]	11 400	11 950	13 580	13 600	14 050	14 340	14 980	15 780	16 100
Flughäfen	2 140	2 560	3 090	3 380	3 710	4 860	5 700	6 380	6 800
Übriger Verkehr[10]	36 830	38 360	40 150	43 190	47 510	52 110	58 630	67 780	71 550
Verkehr insgesamt	113 740	114 810	121 110	123 680	126 190	133 210	144 000	155 580	162 000

[1] Einschl. Beförderungs- und Umsatzsteuer bzw. Mehrwertsteuer.- [2] 1991 bis 1994 Deutsche Bundesbahn und Deutsche Reichsbahn. Ab 1994 Konzern der Deutschen Bahn.- [3] Eisenbahnen des öffentlichen Verkehrs.- [4] Stadtschnellbahn (U-Bahn)-, Straßenbahn-, Obus- und Kraftomnibusverkehr kommunaler und gemischtwirtschaftlicher sowie privater Unternehmen, einschl. Taxis und Mietwagen.- [5] Gewerblicher Verkehr. Frachteinnahmen einschl sonstiger Betriebserträge.- [6] Einschl. Transport in Rohrleitungen.- [7] Binnenflotte der Bundesrepublik.- [8] Handelsflotte der Bundesrepublik. Ab 1998 ohne Passagierfahrt.- [9] Unternehmen der Bundesrepublik.- [10] Einschl. Binnen-, See- und Flughäfen, Spedition, Lagerei und Verkehrsvermittlung, sowie Hilfs- und Nebentätigkeiten für den Verkehr.- [11] Ab 2000 neue Konzernstruktur.- * Zum Teil vorläufige Werte.

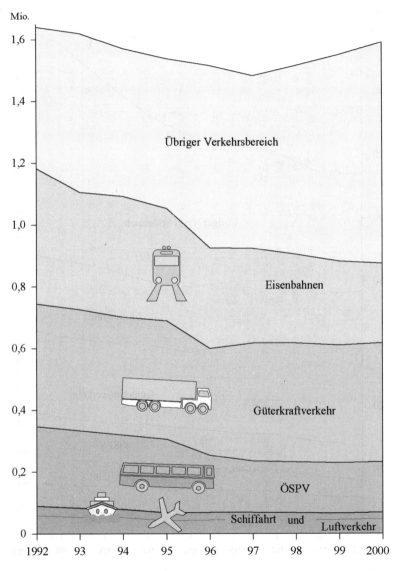

Daten und Anmerkungen siehe Seite 45

Einnahmen im Verkehrsbereich

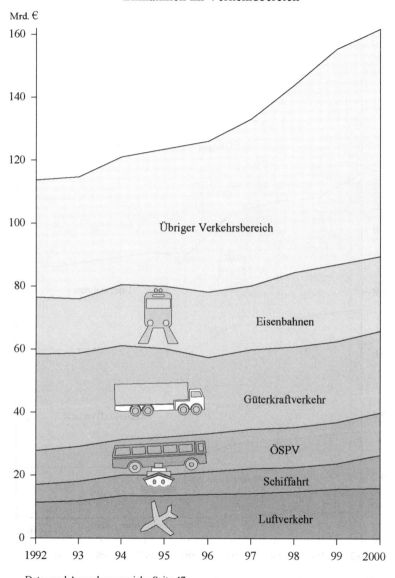

Daten und Anmerkungen siehe Seite 47

Bruttowertschöpfung der Verkehrsbereiche - Mrd. € zu jeweiligen Preisen

	1992	1993	1994	1995	1996	1997	1998	1999	2000*
Eisenbahnen[1]	.	.	.	9,15	9,20	8,38	7,81	.	.
Öffentl. Straßenpersonenverkehr[2]	.	.	.	7,85	7,36	7,16	6,78	.	.
Straßengüterverkehr[3]	.	.	.	12,27	11,04	12,56	13,55	.	.
Rohrfernleitungen	.	.	.	0,26	0,27	0,51	0,51	.	.
Landverkehr[4]	31,31	29,59	29,00	29,53	27,88	28,61	28,65	30,52	31,47
Seeschifffahrt[5]	.	.	.	1,75	1,91	2,18	2,32	.	.
Binnenschifffahrt[6]	.	.	.	0,58	0,61	0,60	0,56	.	.
Schifffahrt	2,13	2,25	2,35	2,33	2,51	2,79	2,88	3,04	3,13
Luftfahrt[7]	4,60	4,80	4,90	6,06	6,78	7,58	7,78	8,13	8,62
Hilfs- und Nebentätigkeiten für den Verkehr[8]	12,60	14,09	15,75	17,17	17,58	19,13	20,32	21,26	22,05
Verkehr insgesamt	50,64	50,73	52,00	55,10	54,75	58,11	59,63	62,95	65,26
Zum Vergleich:									
Bruttowertschöpfung aller Wirtschaftsbereiche - unbereinigt	1 524,87	1 552,12	1 620,76	1 684,93	1 718,12	1 756,75	1 808,55	1 838,76	1 888,38
Anteil des Verkehrs in vH	3,3	3,3	3,2	3,3	3,2	3,3	3,3	3,4	3,5
Bruttowertschöpfung aller Wirtschaftsbereiche - bereinigt	1 458,77	1 491,94	1 558,60	1 624,15	1 655,37	1 691,14	1 741,83	1 772,14	1 819,26
Bruttoinlandsprodukt	1 613,23	1 654,23	1 735,53	1 801,28	1 833,75	1 871,64	1 929,41	1 974,20	2 025,53

[1] Eisenbahnen des öffentlichen Verkehrs.- [2] Stadtschnellbahn (U-Bahn)-, Straßenbahn-, Obus- und Kraftomnibusverkehr kommunaler und gemischtwirtschaftlicher sowie privater Unternehmen, einschl. Taxis und Mietwagen.- [3] Gewerblicher Verkehr.- [4] Einschl. Transport in Rohrfernleitungen.- [5] Handelsflotte der Bundesrepublik.- [6] Binnenflotte der Bundesrepublik.- [7] Unternehmen der Bundesrepublik.- [8] Einschl. Verkehrsvermittlung, Binnen-, See- und Flughäfen, Spedition und Lagerei.-* Vorläufige Werte.

Bruttowertschöpfung der Verkehrsbereiche - Mrd. € zu Preisen von 1995

	1992	1993	1994	1995	1996	1997	1998	1999	2000*
Eisenbahnen[1]	.	.	.	9,15	9,46	9,16	8,95	.	.
Öffentl. Straßenpersonenverkehr[2]	.	.	.	7,85	7,62	6,87	6,48	.	.
Straßengüterverkehr[3]	.	.	.	12,27	12,72	12,93	13,45	.	.
Rohrfernleitungen	.	.	.	0,26	0,27	0,51	0,51	.	.
Landverkehr[4]	31,08	28,73	28,86	29,53	30,07	29,47	29,38	31,56	32,44
Seeschifffahrt[5]	.	.	.	1,75	2,11	2,36	2,70	.	.
Binnenschifffahrt[6]	.	.	.	0,58	0,63	0,69	0,67	.	.
Schifffahrt	1,99	2,32	2,43	2,33	2,75	3,05	3,37	4,09	4,13
Luftfahrt[7]	3,79	3,87	5,13	6,06	6,84	7,27	7,37	7,27	7,63
Hilfs- und Nebentätigkeiten für den Verkehr[8]	13,34	14,16	15,91	17,18	17,49	19,01	19,96	21,02	21,51
Verkehr insgesamt	50,20	49,08	52,34	55,10	57,15	58,79	60,09	63,94	65,71
Zum Vergleich:									
Bruttowertschöpfung aller Wirtschaftsbereiche - unbereinigt	1 638,48	1 614,28	1 649,80	1 684,93	1 703,65	1 735,63	1 775,54	1 811,15	1 876,76
Anteil des Verkehrs in vH	3,1	3,0	3,2	3,3	3,4	3,4	3,4	3,5	3,5
Bruttowertschöpfung aller Wirtschaftsbereiche - bereinigt	1 576,60	1 558,42	1 591,18	1 624,15	1 637,63	1 663,68	1 697,35	1 726,23	1 785,68
Bruttoinlandsprodukt	1 749,13	1 730,11	1 770,71	1 801,28	1 815,09	1 840,45	1 876,44	1 911,11	1 968,52

[1] Eisenbahnen des öffentlichen Verkehrs.- [2] Stadtschnellbahn (U-Bahn)-, Straßenbahn-, Obus- und Kraftomnibusverkehr kommunaler und gemischtwirtschaftlicher sowie privater Unternehmen, einschl. Taxis und Mietwagen.- [3] Gewerblicher Verkehr.- [4] Einschl. Transport in Rohrfernleitungen.- [5] Handelsflotte der Bundesrepublik.- [6] Binnenflotte der Bundesrepublik.- [7] Unternehmen der Bundesrepublik.- [8] Einschl. Verkehrsvermittlung, Binnen-, See- und Flughäfen, Spedition und Lagerei.- * Vorläufige Werte.

Deutsche Bundesbahn[1)13)] - Streckenlänge, Fahrzeugbestand, Kapazitäten

(1955 ohne Saarland und Berlin -West)

		1955	1960	1965	1970	1975	1980	1985	1990	1991
Streckenlänge[2)]										
Schienenverkehr[3)]	1 000 km	30,5	30,7	30,4	29,5	28,8	28,5	27,6	26,9	41,1
dar. Hauptstrecken	1 000 km	18,1	18,6	18,6	18,5	18,4	18,4	18,1	18,2	26,0
mehrgleisige Strecken	1 000 km	12,6	12,7	12,4	12,2	12,2	12,2	12,2	12,3	16,9
elektrifizierte Strecken	1 000 km	2,1	3,7	6,5	8,6	10,0	11,2	11,4	11,7	16,2
mit S-Bahnbetrieb	1 000 km	.	.	.	0,4	.	1,0	1,2	1,3	1,8
mit Personenverkehr	1 000 km	0,3	0,3	0,3	0,4	0,5	0,6	0,6	0,7	1,1
mit Güterverkehr	1 000 km	2,0	2,4	3,0	3,9	4,6	5,3	6,3	6,1	7,5
mit Personen- und Güterverkehr	1 000 km	28,2	28,0	27,1	25,2	23,7	22,6	20,7	20,1	32,5
Kraftomnibusverkehr[4)]	1 000 km	42,9	56,2	100,3	108,2	110,0	89,1	118,3	-	-
Fahrzeugbestand										
Schienenverkehr[3)]										
Lokomotiven[5)]	Anzahl	10 222	9 206	8 080	6 446	5 982	5 807	5 552	4 367	8 060
Dampf-	Anzahl	9 575	7 219	4 172	1 636	256	-	-	-	170
Diesel-	Anzahl	142	977	1 996	2 550	3 097	3 095	2 940	1 834	4 005
Elektro-	Anzahl	505	1 010	1 912	2 260	2 629	2 712	2 612	2 533	3 885
Kleinloks (Diesel und Akku)[5)]	Anzahl	759	1 237	1 500	1 606	1 666	1 287	1 050	1 587	3 438
Triebwagen[5)6)]	Anzahl	1 098	1 357	1 499	1 623	2 212	2 404	2 177	2 170	3 004
Triebwagenanhänger[5)7)]	Anzahl	1 195	1 727	1 899	1 759	1 656	1 222	695	568	1 812
Personenwagen[5)8)]	Anzahl	22 420	20 851	19 155	18 131	17 726	14 731	13 531	11 717	19 168
Sitzplatzkapazität	1 000	1 219	1 225	1 245	1 221	1 212	1 044	977	850	1 376
Gepäckwagen[5)]	Anzahl	8 922	5 309	3 576	2 855	1 698	1 281	1 000	832	1 305
Güterwagen[5)9)]	1 000	250,0	267,3	285,1	278,4	287,4	282,1	254,5	203,6	314,4
Ladekapazität[10)]	Mio. t	5,6	6,9	7,8	7,9	8,7	9,0	8,8	7,2	2,7
Private Güterwagen[11)]	1 000	36,9	42,4	45,8	42,7	47,8	50,1	50,2	52,1	63,6
Ladekapazität[10)]	Mio. t	0,8	1,0	1,2	1,3	1,8	2,1	2,2	2,4	11,2
Kraftomnibusverkehr[4)]										
Kraftomnibusse[12)]	Anzahl	2310	3 021	3 935	5 271	6 405	6 646	10 885	-	-
Platzkapazität	1 000	.	230	321	432	574	596	1 000	-	-
Wagenkilometer	Mio.	124	151	198	255	293	279	478	-	-

Fußnoten siehe folgende Seite.

Deutsche Bahn AG[1)12)] - Streckenlänge, Fahrzeugbestand, Kapazitäten

		1992	1993	1994	1995	1996	1997	1998	1999*	2000*
Streckenlänge[2)]										
Schienenverkehr[3)]	1 000 km	40,8	40,4	41,3	41,7	40,8	38,4	38,1	37,5	36,6
dar. Hauptstrecken	1 000 km	26,1	26,0	26,5	27,0	27,0	26,5	26,7	.	.
mehrgleisige Strecken	1 000 km	16,9	17,0	17,2	17,6	17,6	17,3	17,4	.	.
elektrifizierte Strecken	1 000 km	16,5	16,4	17,0	17,4	17,8	18,0	18,2	18,9	19,1
mit S-Bahnbetrieb	1 000 km	1,9	1,9	.	.	.	.	.	.	.
mit Personenverkehr	1 000 km	1,2	1,0	1,0	0,9	1,8	1,7	1,7	.	.
mit Güterverkehr	1 000 km	7,2	6,7	7,5	6,9	7,1	5,6	5,2	.	.
mit Personen- und Güterverkehr	1 000 km	32,4	32,6	32,9	33,9	31,8	31,1	31,1	.	.
Fahrzeugbestand										
Schienenverkehr[3)]										
Lokomotiven[5)]	Anzahl	8 074	7 573	7 067	6 612	6 430	6 397	6 087	5 867	5 774
Dampf-	Anzahl	196	101	74	66	31	22	16	16	12
Diesel-	Anzahl	3 972	3 741	3 397	2 984	2 864	2 796	2 466	2 308	2 248
Elektro-	Anzahl	3 906	3 731	3 596	3 562	3 535	3 579	3 605	3 543	3 514
Kleinloks (Diesel und Akku)[5)]	Anzahl	3 424	3 183	2 915	2 373	2 244	2 024	1 621	1 408	1 262
Triebwagen[5)6)13)]	Anzahl	3 121	3 252	2 751	2 836	2 828	3 101	1 968	1 975	2 588
Triebwagenanhänger[5)7)]	Anzahl	1 975	2 112	1 538	1 512	.	.	.	.	.
Personenwagen[5)8)]	Anzahl	17 226	16 069	15 333	14 565	17 497	17 633	17 961	18 276	.
Sitzplatzkapazität	1 000	1 314	1 150	1 099	1 008	.	1 318	1 291	1 446	1 463
Gepäckwagen[5)]	Anzahl	1 121	938	455	373	.	261	295,0	.	.
Güterwagen[5)9)]	1 000	277,1	232,8	195,9	175,1	163,8	147,2	141,8	134,1	136,7
Ladekapazität[10)]	Mio. t	10,2	8,8	7,6	7,0	6,7	6,3	6,0	5,2	5,8
Private Güterwagen[11)]	1 000	66,2	81,7	83,2	77,5	71,2	65,8	61,1	58,8	60,6
Ladekapazität[10)].	Mio. t	3,1	3,2	.	.	.	.	.	.	.

[1)] Ohne S-Bahn Berlin, 1991 bis 1993 einschl. S-Bahn Berlin (Ost).- [2)] Betriebslänge.- [3)] Stand 31. 12.- [4)] Stand 30. 9. (Streckenlänge = Linienlänge. Bis 1989 anschl. Eigene handelsrechtliche Gesellschaften.- [5)] Eigentumsbestand.- [6)] Einschl. ICE-Triebköpfe (1999: 183).-
[7)] Zur Personenbeförderung.- [8)] Einschl. Sonder-, Speise-, Gesellschafts- und Schlafwagen (1998: 340).-[9)] Einschl. angemieteter Wagen (1998: 4 594).-
[10)] Lastgrenze "C" Ohne Schmalspurwagen.- [11)] Bei der Bahn eingestellte Güterwagen.- [12)] 1991 bis 1993 Deutsche Bundesbahn und Deutsche Reichsbahn.-
[13)] Ab 1998ohne Triebfahrzeuge der S-Bahn.- * Vorläufige Werte.

Deutsche Bundesbahn[1] - Betriebsleistungen, Energieverbrauch
(bis 1955 ohne Saarland und Berlin-West)

		1955	1960	1965	1970	1975	1980	1985	1990	1991
Triebfahrzeugkilometer[2]	Mio.	758	748	746	792	808	867	822	821	1 191
nach Fahrzeugarten										
Dampflokomotiven	Mio.	570	421	213	71	12	-	-	-	2
Diesellokomotiven	Mio.	9	54	129	185	197	193	175	132	288
Elektrische Lokomotiven	Mio.	57	127	239	360	375	421	434	442	564
Kleinlokomotiven	Mio.	8	14	20	26	21	15	12	24	25
Elektrische Triebwagen[3]	Mio.	18	20	35	42	111	171	155	168	247
Akkumulatortriebwagen	Mio.	8	12	21	22	19	16	10	2	2
Dieseltriebwagen	Mio.	25	19	15	23	29	30	27	47	48
Schienenomnibusse	Mio.	63	81	74	62	43	22	9	7	15
nach Antriebsarten										
Dampfbetrieb	vH	75	56	29	9	1	-	-	-	0
Dieselbetrieb	vH	14	23	30	37	36	30	27	26	32
Elektrischer Betrieb	vH	11	21	41	54	63	70	73	74	68
Zahl der Züge an einem Stichtag										
Reisezüge	Anzahl	.	21 076	19 122	21 376	21 915	21 645	20 583	21 827	32 699
Schnellzüge[4]	Anzahl	.	410	449	605	587	585	967	986	.
Eilzüge	Anzahl	.	1 382	1 574	2 117	2 813	3 538	3 888	4 550	.
Fernverkehrszüge	Anzahl	.	-	-	-	-	-	-	-	7 122
Nahverkehrszüge	Anzahl	.	18 595	16 522	17 366	15 573	13 320	11 092	11 444	25 577
S-Bahnzüge	Anzahl	.	689	577	960	2 598	3 950	4 311	4 644	.
sonstige Züge	Anzahl	.	.	.	328	344	252	325	203	.
Güterzüge	Anzahl	12 182	13 333	13 338	13 453	11 305	11 242	9 978	8 084	9 475
Güterwagenumlaufzeit	Tage	4,3	4,5	5,0	5,3	5,5	5,9	6,2	6,3	.
Bruttotonnenkilometer[5]	Mrd.	194	212	228	269	236	267	261	260	356
im Dampfbetrieb	vH	84,5	66,5	37,2	13,3	2,7	-	-	-	0,0
im Dieselbetrieb	vH	2,6	6,0	10,4	14,9	18,9	16,3	14,1	12,8	19,7
im elektrischen Betrieb	vH	12,9	27,5	52,4	71,8	78,4	83,7	85,9	87,2	80,3
Energieverbrauch[6]	Petajoule	275,4	229,8	148,5	87,2	51,8	47,3	43,9	42,5	65,4

[1] Ohne S-Bahn Berlin/West. Ab 1991 Deutsche Bundesbahn und Deutsche Reichsbagn, einschl. S-Bahn Berlin/Ost.- [2] Streckenleistungen einschl. Vorspann- und Schiebedienst sowie Rangierdienst.- [3] Mit Stromzuführung.- [4] ICE-, IC-, EC-, IR- und D- und E-Züge.- [5] Ohne Dienstzüge.- [6] End-Energieverbrauch der Schienentriebfahrzeuge (1 Mio. t SKE = 29,308 Petajoule).

Deutsche Bahn AG[1] - Betriebsleistungen, Energieverbrauch

		1992	1993	1994	1995	1996	1997	1998*	1999*	2000*
Triebfahrzeugkilometer[2]	Mio.	1 219	1 237	1 190	1 191	1 065	1 104	.	.	.
nach Fahrzeugarten										
Dampflokomotiven	Mio.	1	1	1	1	1	0	0	0	0
Diesellokomotiven	Mio.	248	242	225	202	172	153	148	.	.
Elektrische Lokomotiven	Mio.	563	555	546	549	529	490	527	.	.
Kleinlokomotiven	Mio.	45	40	36	31	7	4	4	.	.
Elektrische Triebwagen[3]	Mio.	292	320	289	296	244	336	.	.	.
Akkumulatortriebwagen	Mio.	2	2	1	1	1	0	0	.	.
Dieseltriebwagen	Mio.	53	63	79	99	102	97	91	.	.
Schienenomnibusse	Mio.	15	13	11	11	11	10	10	.	.
nach Antriebsarten										
Dampfbetrieb	vH	0	0	0	0	0	0	.	.	.
Dieselbetrieb	vH	30	29	30	29	27	24	.	.	.
Elektrischer Betrieb	vH	70	71	70	71	73	75	.	.	.
Zahl der Züge an einem Stichtag										
Reisezüge	Anzahl	32 739	31 989	.	27 819	28 000	31 500	29 904	30 477	30 552
Fernverkehrszüge[4]	Anzahl	6 679	6 945	.	926	1 000	1 000	1 370	1 441	1 557
Nahverkehrszüge[7]	Anzahl	26 060	25 044	.	26 893	27 000	30 500	28 534	29 036	28 995
Güterzüge	Anzahl	8 085	9 103	7 253	6 970	7 000	7 300	7 000	6 500	6 220
Güterwagenumlaufzeit	Tage			8	7	8	7	.	.	.
Bruttotonnenkilometer[5]	Mrd.	340,0	320,0	327,6	327,2	314,4	320,5	334,0	.	.
im Dampfbetrieb	vH	0,0	0,0	0,0	0,0	0,0	0,0	.	.	.
im Dieselbetrieb	vH	18,9	18,0	16,8	15,9	16,5	16,2	.	.	.
im elektrischen Betrieb	vH	81,1	81,9	83,2	84,1	83,5	83,8	.	.	.
Energieverbrauch[6]	Petajoule	65,0	68,8	60,8	60,1	61,8	61,8	61,6	.	.

[1] 1991 bis 1993 Deutsche Bundesbahn und Deutsche Reichsbahn, einschl. S-Bahn Berlin (Ost).- [2] Streckenleistungen einschl. Vorspann- und Schiebedienst sowie Rangierdienst.- [3] Mit Stromzuführung.- [4] Bis 1993 ICE-, IC-, EC-, IR- D-und E-Züge. Ab 1994 Geschäftsbereich Reise und Touristik.- [5] Ohne Dienstzüge. - [6] Endenergieverbrauch der Schienentriebfahrzeuge (1 Mio. t SKE = 29,308 Petajoule). Seit 1994 nur Verbrauch für Zugförderung und -heizung.- [7] Ab 1994 Geschäftsbereich Regio.- * Vorläufige Werte.

Deutsche Bundesbahn[1] - Personenverkehr, Gepäckverkehr, Autoreisezugverkehr

(1955 ohne Saarland und Berlin-West)		1955	1960	1965	1970	1975	1980	1985	1990	1991
Personenverkehr										
Beförderte Personen	Mio.	1 573	1 551	1 480	1 519	1 612	1 673	1 793	1 072	1 399
Schienenverkehr	Mio.	1 389	1 282	1 075	984	1 017	1 107	1 048	1 043	1 387
dar. Berufs- und Schülerverkehr[2]	Mio.	892	773	590	513	566	593	529	493	599
Fernverkehr[3]	Mio.	132	130	134	134	133	152	140	114	137
Nahverkehr	Mio.	1 257	1 152	941	850	884	955	908	929	1 249
dar. S-Bahnverkehr	Mio.	130	135	116	151	345	545	611	678	901
Kraftomnibusverkehr[4]	Mio.	180	264	400	530	589	560	736	18	-
Schiffsverkehr	Mio.	4	5	5	5	7	6	9	11	12
Personenkilometer	Mio. Pkm	38 975	43 238	45 190	45 458	46 562	47 690	51 729	44 215	56 419
Schienenverkehr	Mio. Pkm	36 382	39 769	39 687	38 483	38 586	40 499	42 707	43 560	55 936
dar. Berufs- und Schülerverkehr[2]	Mio. Pkm	13 645	12 582	9 717	8 522	9 923	9 452	8 997	8 880	11 088
Fernverkehr[3]	Mio. Pkm	16 920	21 716	24 067	23 599	23 079	26 373	27 733	27 405	33 689
Nahverkehr	Mio. Pkm	19 462	18 053	15 620	14 884	15 507	14 126	14 974	16 155	22 247
dar. S-Bahnverkehr	Mio. Pkm	1 429	1 435	1 308	1 780	4 393	6 735	8 910	9 936	13 725
Kraftomnibusverkehr[4]	Mio. Pkm	2 466	3 320	5 355	6 826	7 751	6 941	8 669	220	-
Schiffsverkehr	Mio. Pkm	127	149	148	149	226	250	353	435	474
Gepäckverkehr[5]										
Beförderte Tonnen	1 000 t	171	179	150	137	113	111	89	72	80
Tariftonnenkilometer	Mio. tkm	32	43	39	48	47	44	35	28	.
Autoreisezugverkehr[6]										
Beförderte Personenkraftwagen	1 000	.	10	36	137	171	160	122	162	172
Beförderte Tonnen	1 000 t	.	10	44	164	210	198	153	202	211
Tariftonnenkilometer	Mio. tkm	.	5	27	104	127	130	101	125	.

[1] 1991 Deutsche Bundesbahn und Deutsche Reichsbahn, einschl. S-Bahn Berlin/Ost.- [2] Zu ermäßigten Tarifen.- [3] Verkehr im Regeltarif über 50 km Reiseweite und zu Sondertarifen des Militärverkehrs.- [4] 1976 wurde ein Teil des Kraftomnibusverkehrs auf neugegründete Regionalverkehrsgesellschaften übertragen. 1982 bis 1985 wurde der Kraftomnibusverkehr der Deutschen Bundespost auf die DB übertragen. 1989/1990 wurde der Kraftomnibusverkehr in handelsrechtliche Gesellschaften übertragen.- [5] Auf Gepäckkarte, Gepäckschein und Fahrradkarten.- [6] Ohne Niebüll-Westerland.

Deutsche Bahn AG[1] - Personenverkehr, Gepäckverkehr, Autoreisezugverkehr

		1992	1993	1994	1995	1996	1997	1998	1999*	2000*
Personenverkehr[7]										
Beförderte Personen	Mio.	1 427	1 429	1 313	.	.	.	1 670	1 682	1 714
Schienenverkehr	Mio.	1 416	1 426	1 310	.	.	.	1 668	1 680	1 712
dar. Berufs- und Schülerverkehr[2]	Mio.	628	684	693	.	.	.	.	.	.
Fernverkehr[3]	Mio.	130	138	139	149	151	152	149	146	144
Nahverkehr	Mio.	1 286	1 288	1 171	.	.	.	1 520	1 534	1 568
dar. S-Bahnverkehr[4]	Mio.	958	1 012	814	.	.	.	.	.	.
Schiffsverkehr	Mio.	11	4	3	4	1	2	2	2	2
Personenkilometer										
Schienenverkehr	Mio. Pkm	56 711	57 673	63 003	.	.	.	71 566	72 542	74 015
	Mio. Pkm	56 239	57 540	62 918	.	.	.	71 538	72 514	73 987
dar. Berufs- und Schülerverkehr[2]	Mio. Pkm	11 921	13 714	14 728	.	.	.	.	.	.
Fernverkehr[3]	Mio. Pkm	32 587	33 671	34 845	36 156	35 596	34 827	34 247	34 565	35 825
Nahverkehr	Mio. Pkm	23 652	23 868	28 073	.	.	.	37 291	37 949	38 162
dar. S-Bahnverkehr[4]	Mio. Pkm	14 653	15 268	11 817	.	.	.	.	.	.
Schiffsverkehr	Mio. Pkm	472	133	85	121	24	27	28	28	28
Gepäckverkehr[5]										
Beförderte Tonnen	1 000 t	71	68	73	27	21	4	4	.	.
Tariftonnenkilometer	Mio. tkm	.	21	23	3	4	1	1	.	.
Autoreisezugverkehr[6]										
Beförderte Personenkraftwagen	1 000	162	175	139	132	.	187	340	.	.
Beförderte Tonnen	1 000 t	199	214	180	160	.	236	429	.	.
Tariftonnenkilometer	Mio. tkm	.	.	110	94	.	19	50	.	.

[1] Bis 1993 Deutsche Bundesbahn und Deutsche Reichsbahn, einschl. S-Bahn Berlin (Ost). Ohne Doppelzählungen im Wechselverkehr. Ab 1994 wurden verschiedene Bereiche aus der Deutschen Bahn AG ausgegliedert.- [2] Zu ermäßigten Tarifen. - [3] Verkehr zu Sondertarifen des Militärverkehrs und (bis 1993) im Regeltarif über 50 km Reiseweite.- [4] Einschl. Verkehr in Verkehrsverbünden.- [5] Auf Gepäckkarte, Gepäckschein und auf Fahrradkarten.- [6] Ohne Niebüll-Westerland: 1998 = 425 Tsd. Kfz.- [7] Ab 1995 Neuberechnung der Personenverkehrszahlen.- * Vorläufige Werte.

Deutsche Bundesbahn[1] - Güterverkehr, Kfz-Übersetzverkehr
(1955 ohne Saarland und Berlin-West)

		1955	1960	1965	1970	1975	1980	1985	1990	1991
Güterverkehr[2]										
Beförderte Tonnen	Mio. t	285,9	332,9	325,2	376,3	313,1	347,9	325,7	299,5	404,5
Schienenverkehr	Mio. t	282,8	327,3	317,1	366,3	301,8	332,5	304,1	282,1	386,9
Frachtpflichtiger Verkehr	Mio. t	256,1	298,7	298,5	351,7	287,3	318,0	293,5	275,1	373,9
Wagenladungsverkehr	Mio. t	250,1	291,9	291,8	345,9	283,4	314,1	290,4	272,1	371,0
dar. Ganzzüge	Mio. t	.	.	.	95,8	.	160,8	172,5	166,8	.
Stückgutverkehr	Mio. t	5,3	5,9	5,9	4,9	3,3	3,4	2,7	2,8	2,8
Expressgutverkehr	Mio. t	0,7	0,9	0,8	0,9	0,6	0,5	0,4	0,2	0,2
Dienstgutverkehr	Mio. t	26,7	28,6	18,6	14,6	14,5	14,5	10,6	7,0	13,0
Güterkraftverkehr[3]	Mio. t	3,1	5,6	8,1	10,0	11,3	15,4	21,6	17,4	17,6
Tariftonnenkilometer	Mio. tkm	52 941	57 577	62 381	75 509	59 551	70 068	68 427	66 788	86 255
Schienenverkehr	Mio. tkm	52 188	56 154	60 210	72 795	56 498	65 919	64 531	62 581	81 790
Frachtpflichtiger Verkehr	Mio. tkm	48 060	52 261	57 319	70 497	54 341	63 804	62 961	61 418	79 792
Wagenladungsverkehr	Mio. tkm	46 731	50 689	55 628	68 912	53 188	62 553	61 985	60 384	78 763
Stückgutverkehr	Mio. tkm	1 190	1 367	1 493	1 345	985	1 078	857	968	975
Expressgutverkehr	Mio. tkm	139	205	198	240	168	173	119	66	54
Dienstgutverkehr	Mio. tkm	4 128	3 893	2 891	2 298	2 157	2 115	1 570	1 163	1 998
Güterkraftverkehr	Mio. tkm	753	1 423	2 171	2 714	3 053	4 149	3 896	4 207	4 465
Kfz-Übersetzverkehr[4]										
Beförderte Kraftfahrzeuge	1 000	.	.	.	.	626	845	1 097	1 409	.
Beförderte Tonnen	1 000 t	.	.	.	1 146	1 953	3 353	3 916	5 579	7 006
Tariftonnenkilometer	Mio. tkm	.	.	.	43	61	90	111	153	203

[1] Ab 1991 Deutsche Bundesbahn und Deutsche Reichsbahn. Ohne Doppelzählungen im Wechselverkehr.- [2] Einschl. kombinierter Ladungsverkehr (Container- und Huckepackverkehr) und Gleisanschlussverkehr, jedoch ohne Kfz-Übersetzverkehr, Autoreisezugverkehr und Gepäckverkehr.- [3] Darunter Güterfernverkehr: 1990 = 13,8 Mio. t.- [4] Schiffsverkehr und Fährverkehr.

Deutsche Bahn AG[1] - Güterverkehr, Kfz-Übersetzverkehr

		1992	1993	1994	1995	1996	1997	1998	1999*	2000*
Güterverkehr[2]										
Beförderte Tonnen	Mio. t	364,1	313,9	321,9	315,4	299,5	300,4	291,6	279,7	282,4
Schienenverkehr	Mio. t	350,0	305,1	321,9	315,4	299,5	300,4	291,6	279,7	282,4
Frachtpflichtiger Verkehr	Mio. t	333,0	292,2	309,1	302,4	289,4	295,5	288,7	279,3	282,2
Wagenladungsverkehr	Mio. t	330,5	290,0	306,9	300,4	287,9	294,9	288,7	279,3	282,2
Stückgutverkehr	Mio. t	2,4	2,1	2,1	2,0	1,5	0,6	-	-	-
Expressgutverkehr	Mio. t	0,1	0,1	0,1	0,0	0,0	0,0	-	-	-
Dienstgutverkehr	Mio. t	17,0	12,9	12,8	13,0	10,1	4,9	2,9	0,4	0,3
Güterkraftverkehr	Mio. t	14,1	8,8	-	-	-	-	-	-	-
Tariftonnenkilometer	Mio. tkm	75 712	68 820	71 428	69 685	69 854	73 672	73 764	71 195	75 829
Schienenverkehr	Mio. tkm	71 978	66 295	71 428	69 685	69 854	73 672	73 764	71 195	75 829
Frachtpflichtiger Verkehr	Mio. tkm	69 400	64 515	69 488	67 609	67 882	72 612	73 273	71 097	75 752
Wagenladungsverkehr	Mio. tkm	68 566	63 751	68 692	66 867	67 369	72 388	73 273	71 097	75 752
Stückgutverkehr	Mio. tkm	797	740	779	732	506	220	-	-	-
Expressgutverkehr	Mio. tkm	37	24	17	10	7	4	-	-	-
Dienstgutverkehr	Mio. tkm	2 578	1 780	1 940	2 076	1 972	1 060	491	98	77
Güterkraftverkehr	Mio. tkm	3 734	2 525	-	-	-	-	-	-	-
Kfz-Übersetzverkehr[3]										
Beförderte Kraftfahrzeuge	1 000	9 745	5 491	.	.	-	-	-	-	-
Beförderte Tonnen	1 000 t	192	41	97	69	-	-	-	-	-
Tariftonnenkilometer	Mio. tkm			1	1	-	-	-	-	-

[1] Ab 1991 Deutsche Bundesbahn und Deutsche Reichsbahn.- [2] Einschl. kombinierter Ladungsverkehr (Container- und Huckepackverkehr) und Gleisanschlussverkehr, jedoch ohne Kfz-Übersetzverkehr, Autoreisezugverkehr und Gepäckverkehr.- [3] Schiffsverkehr und Fährverkehr. Die Strecke Puttgarden - Rødby wurde im April 1993, der Bodenseeverkehr 1996 ausgegliedert.- * Vorläufige Werte.

Deutsche Bundesbahn[1] - Kombinierter Ladungsverkehr, Gleisanschlussverkehr

		1955	1960	1965	1970	1975	1980	1985	1990	1991
Kombinierter Ladungsverkehr[2]										
Beförderte Tonnen	1 000	.	.	.	.	.	.	1 887	26 012	27 814
Tonnenkilometer	Mio. tkm	.	.	.	.	.	.	11 098	12 136	.
Anzahl der Ladeeinheiten	1 000	.	.	.	.	.	1 079	1 412	2 087	.
Privatgleisanschlussverkehr										
Gleisanschlüsse	Anzahl	.	.	.	.	.	.	10 586	9 668	.
Beförderte Güterwagen	1 000	.	.	.	.	.	.	7 040	5 722	.
Beförderte Güter	Mio. t	.	.	.	.	.	.	244,7	215,3	.
2-seitig[3]	Mio. t	.	.	.	.	.	.	149,1	121,1	.
1-seitig[4]	Mio. t	.	.	.	.	.	.	95,6	94,2	.
Tariftonnenkilometer (Güter)	Mrd. tkm	.	.	.	.	.	.	46,2	39,8	.

[1] Ab 1991 Deutsche Bundesbahn und Deutsche Reichsbahn. Ohne Doppelzählungen im Wechselverkehr.- [2] Huckepack- und Großcontainerverkehr (Container mit mehr als 2 m³ Inhalt bzw. ab 6 m Länge (20 Fuß und darüber). - [3] 2-seitig = Gleisanschluß im Versand und Empfang.- [4] 1-seitig = Gleisanschluss im Versand oder Empfang. - Daten in vergleichbarer Abgrenzung für Aufkommen und Leistung liegen im Kombinierten Ladungsverkehr liegen erst ab 1985, Daten für den Gleisanschlussverkehr ab 1980 vor.

Deutsche Bahn AG[1] - Kombinierter Ladungsverkehr, Gleisanschlussverkehr

		1992	1993	1994	1995	1996	1997	1998	1999*	2000*
Kombinierter Ladungsverkehr[2]										
Beförderte Tonnen	1 000	27 335	26 796	31 928	30 007	30 787	33 700	34 235	.	.
Tonnenkilometer	Mio. tkm	11 772	12 390	14 491	13 489	13 190	14 400	15 101	.	.
Anzahl der Ladeeinheiten	1 000	2 450	2 376	2 840	2 848	2 841	3 028	3 063	.	.
Privatgleisanschlussverkehr										
Gleisanschlüsse	Anzahl	13 629	13 026	11 913	11 111	9 264	7 524	7 024	6 252	5 724
Beförderte Güterwagen	1 000	.	4 449	4 693	4 562	.	.	.	.	.
Beförderte Güter	Mio. t	.	182,2	193,2	189,6	.	.	.	.	.
2-seitig[3]	Mio. t	.	95,2	94,4	92,0	.	.	.	.	.
1-seitig[4]	Mio. t	.	87,0	98,8	97,6	.	.	.	.	.
Tariftonnenkilometer (Güter)	Mrd. tkm	.	34,2	36,4	36,2	.	.	.	.	.

[1] Bis 1993 Deutsche Bundesbahn und Deutsche Reichsbahn. Ohne Doppelzählungen im Wechselverkehr.- [2] Huckepack- und Großcontainerverkehr (Container mit mehr als 2 m³ Inhalt bzw. ab 6 m Länge (20 Fuß und darüber).- [3] 2-seitig = Gleisanschluß im Versand und Empfang.- [4] 1-seitig = Gleisanschluss im Versand oder Empfang.- * Vorläufige Werte.

Deutsche Bahn[1)]
Erwerbstätige, Einnahmen

Jahr	Erwerbs-tätige[2)]	Ein-nahmen[3)5)]	darunter Personenverkehr[4)5)]			Kraft-omnibus-verkehr[7)]	Güter-verkehr[8)]
			insgesamt	Schienen-verkehr[4)5)]	darunter Ausgleichs-zahlungen des Bundes[6)]		
	in 1 000	in Mio. €					
1960	498	4 160	1 185	1 101	-	84	2 610
1965	465	4 670	1 467	1 327	61	140	2 780
1970	401	6 410	2 024	1 830	440	194	3 720
1975	421	8 670	3 478	3 165	1 273	313	4 210
1980	343	11 210	4 353	3 979	1 556	374	5 530
1985	297	11 990	5 156	4 461	1 665	695	5 560
1990	249	11 740	5 132	5 110	1 875	22	4 940
1991	451	17 860	7 130	7 130	3 128	-	6 590
1992	422	17 500	7 566	7 566	3 269	-	5 690
1993	365	16 700	8 127	8 127	3 653	-	4 910
1994	376	18 720	9 999	9 999	3 811	-	4 930
1995	350	19 110	10 447	10 447	3 723	-	4 600
1996	312	20 250	11 285	11 285	3 815	-	4 250
1997	293	19 630	12 170	12 170	3 988	-	4 210
1998	274	22 980	13 073	13 073	4 250	-	4 620
1999	258	23 730	13 522	13 522	4 300	-	4 840
2000*	242	23 060	12 655	12 655	4 300	-	5 390

1) Bis 1990 Deutsche Bundesbahn, ohne S-Bahn Berlin. 1991 - 1993 Deutsche Bundesbahn und Deutsche Reichsbahn, einschl. S-Bahn Berlin (Ost). Ab 1994 Konzern der Deutschen Bahn.-
2) Jahresdurchschnitt, einschl. Nachwuchskräfte.- 3) Betriebserträge (einschl. Mehrwertsteuer) und Ausgleichszahlungen des Bundes für Belastungen im Schienenpersonennah- und -fernverkehr, für die Erstattung von Fahrgeldausfällen nach dem Schwerbehindertengesetz, für Fahrgeldausfälle und Saldenausgleich im DB/DR-Verkehr (bis 1990), für die Aufrechterhaltung von Strecken, für den kombinierten Verkehr und den Betrieb und die Unterhaltung höhengleicher Kreuzungen mit Straßen aller Baulastträger. Ab 1998 einschl. Einnahmen der Umternehmensbereiche Fahrweg und Personenbahnhöfe.- 4) Einschl. Gepäckverkehr.- 5) Ab 2000 neue Konzernstruktur. Personenverkehr ohne die verkaufte Deutsche Reisebüro GmbH (DER).- 6) Für den Schienenpersonennah- und -fernverkehr.-
7) Einschl. tarifliche Abgeltungszahlungen und Einnahmen aus dem freigestellten Schülerverkehr.-
8) Schienenverkehr (Wagenladungsverkehr und - bis 1997 - Stückgut- und Expreßgutverkehr), Güterkraftverkehr und Schiffsverkehr.- * Vorläufige Werte.

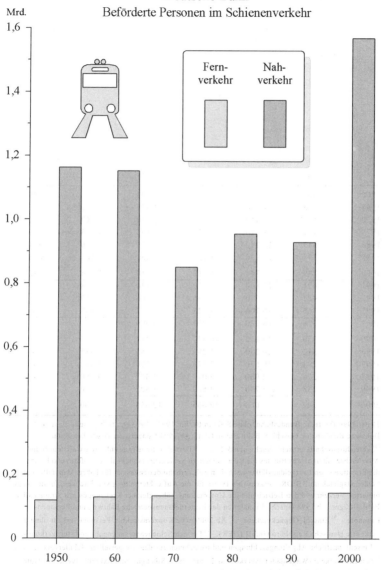

Daten siehe Seite 56/57 und Verkehr in Zahlen 1991

Nichtbundeseigene Eisenbahnen[1] - Streckenlänge, Fahrzeugbestand, Verkehrsleistungen
(1955 ohne Saarland und Berlin-West)

		1955	1960	1965	1970	1975	1980	1985	1990	1991
Streckenlänge[2]										
Schienenverkehr[3]	1 000 km	6,1	5,3	4,6	3,6	3,2	3,1	3,1	3,0	3,0
dar. elektrifizierte Strecken	1 000 km	0,6	0,5	0,4	0,3	0,3	0,3	0,4	0,4	0,4
Kraftomnibusverkehr[4]	1 000 km	7,8	9,1	12,0	17,7	19,1	19,0	19,5	21,0	21,5
Fahrzeugbestand										
Schienenverkehr[3]										
Lokomotiven[5]	Anzahl	944	858	684	486	481	411	446	420	429
Dampf-	Anzahl	701	423	131	17	5	2		9	14
Diesel-	Anzahl	163	375	510	433	442	389	419	390	392
Elektro-	Anzahl	80	60	43	36	34	20	18	21	23
Triebwagen[5,6]	Anzahl	506	543	500	330	287	249	350	332	301
Personenwagen[7,8]	Anzahl	1495	995	610	275	205	145	126	103	101
Gepäckwagen[8]	Anzahl	392	265	175	83	53	38	29	30	30
Güterwagen[8]	1 000	7,0	5,4	4,3	4,1	3,8	3,3	3,6	3,3	3
Kraftomnibusverkehr[4]										
Kraftomnibusse[9]	Anzahl	850	1 157	1 147	1 524	2 101	2 495	2 562	2 506	2 504
Platzkapazität	1 000	.	81	88	134	191	231	235	231	228
Wagenkilometer	Mio.	36	47	53	65	83	98	98	102	104
Verkehrsaufkommen										
Beförderte Personen	Mio.	238	222	208	226	257	268	268	295	302
Schienenverkehr	Mio.	164	118	90	69	64	60	86	129	132
Kraftomnibusverkehr	Mio.	74	104	118	157	193	208	182	166	170
Beförderte Tonnen	Mio. t	59	70	73	77	63	71	71	64	59
Schienenverkehr[10]	Mio. t	59	70	72	76	62	70	70	63	58
Güterkraftverkehr	Mio. t	.	0	1	1	1	0,7	0,5	0,5	0,5
Verkehrsleistung										
Personenkilometer	Mio. Pkm	2 240	2 180	2 005	2 216	2 537	2 659	2 747	2 898	2 942
Schienenverkehr	Mio. Pkm	1520	1 140	865	667	605	509	744	1 028	1 072
Kraftomnibusverkehr	Mio. Pkm	720	1 040	1 140	1 549	1 932	2 150	2 003	1 870	1 870
Tarifonnenkilometer	Mio. tkm	700	860	960	1 079	989	1 107	1 086	459	463
Schienenverkehr	Mio. tkm	700	840	910	1 024	924	1 057	1 040	415	419
Güterkraftverkehr	Mio. tkm	.	20	50	55	65	50	46	44	44

[1] Eisenbahnen des öffentlichen Verkehrs. Ab 1985 einschl. S-Bahn in Berlin (West), ab 1994 einschl. S-Bahn Berlin (Ost).- [2] Betriebslänge.- [3] Stand 31.12.- [4] Stand 30.9. (Streckenlänge = Linienlänge).- [5] Einsatzbestand.- [6] Triebköpfe.- [7] Ohne Triebwagenanhänger zur Personenbeförderung (1990 = 175).- Weitere Anmerkungen siehe folgende Seite.

Nichtbundeseigene Eisenbahnen[1] - Streckenlänge, Fahrzeugbestand, Verkehrsleistungen

		1992	1993	1994	1995	1996	1997	1998	1999*	2000*
Streckenlänge[2]										
Schienenverkehr[3]	1 000 km	3,2	3,5	3,3	3,4	3,7	3,8	3,8	4,1	.
dar. elektrifizierte Strecken	1 000 km	0,4	0,4	0,4	0,4	0,4	0,4	0,4	0,4	.
Kraftomnibusverkehr[4]	1 000 km	21,5	21,8	21,9	21,7	21,1	22,2	22,9	23,0	23,4
Fahrzeugbestand										
Schienenverkehr[3]										
Lokomotiven[5]	Anzahl	424	465	464	474	.	.	.	.	.
Dampf-	Anzahl	11	26	33	40	.	.	.	.	.
Diesel-	Anzahl	391	416	410	413	.	.	.	.	.
Elektro-	Anzahl	22	23	21	21	.	.	.	.	.
Triebwagen[5)6]	Anzahl	326	497	1 198	1 137	1 013	.	.	.	.
Personenwagen[7)8]	Anzahl	104	110	171	226	.	.	.	.	.
Gepäckwagen[8]	Anzahl	31	31	37	46	.	.	.	.	.
Güterwagen[8]	1 000	3	3	3	3	.	.	.	.	.
Kraftomnibusverkehr[4]										
Kraftomnibusse[9]	Anzahl	2 522	2 592	2 571	2 560	2 498	2 504	2 643	2 707	2 799
Platzkapazität	1 000	225	238	231	234	229	234	239	244	256
Wagenkilometer	Mio.	104	105	106	105	105	105	110	118	116
Verkehrsaufkommen										
Beförderte Personen										
Schienenverkehr	Mio.	309	335	.	.	.	.	460	481	488
Kraftomnibusverkehr	Mio.	135	153	.	.	.	.	271	283	290
Beförderte Tonnen	Mio.	174	182	186	186	185	184	189	198	199
Schienenverkehr[10]	Mio. t	57	55	57	50	52	52	47	40	45
Güterkraftverkehr	Mio. t	56	54	47	49	51	52	47	40	45
	Mio. t	0,5	0,4	0,4	0,4	0,4	0,4	0,4	0,4	0,4
Verkehrsleistung										
Personenkilometer	Mio. Pkm	2 859	3 068	.	.	.	.	2 741	3 002	3 075
Schienenverkehr	Mio. Pkm	982	1 166	.	.	.	.	851	1 073	1 093
Kraftomnibusverkehr	Mio. Pkm	1 877	1 902	1 913	1 897	1 889	.	1 890	1 929	1 982
Tarifonnenkilometer	Mio. tkm	454	427	426	401	372	355	329	302	323
Schienenverkehr	Mio. tkm	410	387	386	360	330	314	287	260	280
Güterkraftverkehr	Mio. tkm	44	40	40	41	42	41	42	42	43

Beginn der Anmerkungen siehe vorige Seite.- [8]) Eigentumsbestand. - [9]) Ohne vermietete, einschl. angemietete Fahrzeuge.- [10]) Einschl. Wechselverkehr mit der Deutschen Bundesbahn (1998 = 30 Mio. t). - *Zum Teil vorläufige Werte.

Nichtbundeseigene Eisenbahnen[1]
Erwerbstätige, Einnahmen

Jahr	Erwerbs-tätige[2]	Ein-nahmen[3]	davon Personenverkehr			Güter-verkehr
			insgesamt	Schienen-verkehr[4]	Kraft-omnibus-verkehr[5]	
	in 1 000		in Mio. €			
1950[6]	23	80	36	30	6	44
1955[6]	21	130	50	35	15	80
1960	20	170	55	30	25	115
1965	15	170	64	30	34	106
1970	13	210	77	27	50	133
1975	12	315	125	35	90	190
1980	11	410	181	50	131	229
1985	12	480	228	73	155	252
1990	14	520	275	109	166	245
1991	15	550	292	114	178	258
1992	15	540	311	123	188	229
1993	14	550	340	143	197	210
1994	14	580	355	155	200	225
1995	14	600	370	178	192	230
1996	14	620	386	188	198	234
1997	13	630	401	196	205	229
1998	13	630	410	200	210	220
1999	13	640	424	210	214	216
2000*	14	670	442	222	220	225

[1] Eisenbahnen des öffentlichen Verkehrs. Ab 1985 einschl. S-Bahn in Berlin (West). Ohne ausgegliederte Unternehmen der Deutschen Bahn AG.- [2] Jahresdurchschnitt.- [3] Betriebserträge einschl. Beförderungs- und Umsatz- bzw. Mehrwertsteuer.- [4] Einschl. Ausgleichszahlungen des Bundes für Belastungen im sozialbegünstigten Personennahverkehr.- [5] Einschl. tarifliche Abgeltungszahlungen und Einnahmen aus dem freigestellten Schülerverkehr.- [6] Bis 1955 ohne Saarland.- * Vorläufige Werte.

Binnenschifffahrt[1]
Verkehrsleistungen, Erwerbstätige, Einnahmen

Jahr	Beförderte Tonnen[2] in Mio.	Tonnenkilometer[3] in Mrd.	dar. außerhalb der BRD	Erwerbs- tätige[4] in 1 000	Einnahmen[5] in Mio. €	dar. aus Beförderungs- leistungen[6]
1950[7]	45,0	10,1	.	30	150	90
1955[7]	80,7	20,7	2,7	32	300	190
1960	103,4	27,7	3,6	32	400	260
1965	116,7	30,4	5,2	27	450	280
1970	137,5	35,5	7,5	18	760	460
1975	122,4	34,2	7,7	15	1 200	540
1980	126,4	35,7	8,0	12	1 510	760
1985	105,3	30,9	7,4	11	1 640	780
1990	102,7	31,9	7,2	9	1 390	690
1991	104,5	31,4	6,5	.	1 570	770
1992	102,9	31,1	6,4	11	1 490	770
1993	96,3	29,7	6,0	10	1 460	740
1994	101,6	31,7	6,9	9	1 420	660
1995	99,9	31,6	6,4	9	1 390	690
1996	92,7	29,3	6,1	9	1 480	670
1997	94,1	29,7	6,5	8	1 480	730
1998	95,7	30,9	6,9	8	1 400	670
1999	91,8	29,7	6,5	8	1 430	770
2000*	91,4	30,2	6,8	9	1 420	820

[1] Binnenflotte der Bundesrepublik.- [2] Ab 1970 einschl. Seeverkehr der Binnenhäfen mit Häfen außerhalb des Bundesgebietes (1990 = 2,5 Mio. t).- [3] Einschl. der Leistungen der Binnenflotte im Ausland, jedoch ohne Verkehr zwischen ausländischen Häfen, der nicht das Bundesgebiet berührt hat.- [4] Jahresdurch- schnitt.- [5] Einschl. Beförderungs- und Umsatzsteuer bzw. Mehrwertsteuer.- [6] Güter- und Tankschifffart 1999 = 540 €, Personenschifffahrt 1999 = 230 € DM. Ohne Doppelzählungen (Fremdfrachten) innnerhalb des Verkehrsbereichs.- [7] Ohne Saarland und Berlin-West.- *Vorläufige Werte.

Binnenschifffahrt[1] - Fahrzeugbestand, Kapazitäten
(1955 ohne Saarland und Berlin-West)

		1955	1960	1965	1970	1975	1980	1985	1990	1991
Frachtschiffe[2]	Anzahl	6 708	7 611	7 517	6 336	4 786	3 812	3 143	2 723	.
dar. Tanker	Anzahl	445	746	909	914	763	625	496	468	.
Tragfähigkeit	1 000 t	4 015	4 902	4 946	4 524	4 222	3 672	3 277	3 056	.
dar. Tanker	1 000 t	249	493	662	719	860	745	609	634	.
Motorschiffe[3]	Anzahl	3 094	4 622	5 664	5 190	3 967	3 190	2 616	2 207	.
dar. Tanker	Anzahl	281	565	739	747	638	534	430	409	.
Tragfähigkeit	1 000 t	1 364	2 424	3 387	3 448	3 245	2 825	2 554	2 337	.
dar. Tanker	1 000 t	152	385	561	612	732	649	546	557	.
Maschinenleistung	1 000 kW	543	1 018	1 411	1 443	1 391	1 211	1 094	997	.
dar. Tanker	1 000 kW	66	174	249	267	322	285	238	244	.
Schleppkähne[3]	Anzahl	3 614	2 959	1 731	927	419	213	128	98	.
dar. Tanker	Anzahl	164	181	163	145	65	36	29	22	.
Tragfähigkeit	1 000 t	2 651	2 448	1 430	766	331	154	90	65	.
dar. Tanker	1 000 t	97	108	94	76	34	15	12	8	.
Schubkähne-Schubleichter[4]	Anzahl	-	30	122	219	400	409	399	418	.
dar. Tanker	Anzahl	-	-	7	22	60	55	37	37	.
Tragfähigkeit	1 000 t	-	30	129	310	645	693	633	654	.
dar. Tanker	1 000 t	-	-	8	31	94	81	51	69	.
Schlepper[5]										
Maschinenleistung	1 000 kW	834	798	654	395	289	245	178	165	.
Schubboote, Schub-Schleppboote		235	212	174	103	73	56	40	37	.
Maschinenleistung	1 000 kW	-	5	33	53	98	96	107	102	.
		-	4	18	32	84	75	75	67	.
Schuten und Leichter	Anzahl	2 487	2 846	2 929	2 725	2 212	1 851	1 201	943	.
Tragfähigkeit	1 000 t	328	419	477	494	434	386	270	200	.
Fahrgastschiffe[6]	Anzahl	628	565	606	515	487	470	435	471	.
Personenkapazität	1 000	168	135	156	146	136	138	132	138	.

[1] Binnenflotte der Bundesrepublik: Stand 31.12.- [2] Ohne Frachtschiffe mit einer Tragfähigkeit unter 20 t.- [3] Ohne Tanker-Bunkerboote.- [4] Ohne Trägerschiffsleichter.- [5] Ohne Hafenschlepper.- [6] Ohne Fahrgastkabinenschiffe sowie ohne Schiffe auf geschlossenen Gewässern.

Binnenschifffahrt[1] - Fahrzeugbestand, Kapazitäten

		1992	1993	1994	1995	1996	1997	1998	1999	2000
Frachtschiffe[2]	Anzahl	3 282	3 355	3 285	3 123	3 033	2 926	2 804	2 663	2 448
dar. Tanker	Anzahl	455	452	441	412	410	397	388	362	358
Tragfähigkeit	1 000 t	3 329	3 328	3 242	3 081	3 019	2 952	2 852	2 783	2 647
dar. Tanker	1 000 t	616	599	591	557	563	554	540	538	505
Motorschiffe[3]	Anzahl	2 094	2 064	1 972	1 833	1 756	1 653	1 574	1 466	1 333
dar. Tanker	Anzahl	395	387	383	355	354	342	332	307	305
Tragfähigkeit	1 000 t	2 257	2 211	2 132	2 008	1 955	1 878	1 796	1 737	1 645
dar. Tanker	1 000 t	546	528	526	496	501	492	476	478	446
Maschinenleistung	1 000 kW	957	937	903	856	734	807	779	750	728
dar. Tanker	1 000 kW	239	234	244	220	224	222	218	209	212
Schleppkähne[4]	Anzahl	95	115	108	97	90	87	84	74	87
dar. Tanker	Anzahl	21	18	17	17	15	14	14	12	12
Tragfähigkeit	1 000 t	62	70	65	57	54	53	52	48	55
dar. Tanker	1 000 t	8	7	6	6	5	5	5	3	4
Schubkähne-Schubleichter[5]	Anzahl	1 093	1 176	1 205	1 193	1 187	1 186	1 146	1 123	1 028
dar. Tanker	Anzahl	39	47	41	40	41	41	42	43	41
Tragfähigkeit	1 000 t	1 010	1 047	1 045	1 016	1 010	1 021	1 004	998	947
dar. Tanker	1 000 t	62	65	59	56	57	57	60	57	55
Schlepper[6]	Anzahl	156	162	157	153	145	129	130	127	164
Maschinenleistung	1 000 kW	34	35	34	32	30	26	27	27	34
Schubboote, Schub-Schleppboote	Anzahl	263	310	298	303	306	315	314	307	286
Maschinenleistung	1 000 kW	109	121	110	111	111	118	117	116	107
Schuten und Leichter	Anzahl	868	857	846	825	784	594	523	489	605
Tragfähigkeit	1 000 t	184	178	174	166	157	116	101	97	146
Fahrgastschiffe[7]	Anzahl	578	644	671	674	686	698	703	880	899
Personenkapazität	1 000	139	177	179	180	179	182	182	222	223

[1]) Binnenflotte der Bundesrepublik: Stand 31.12.- [2]) Ohne Frachtschiffe mit einer Tragfähigkeit unter 20 t.- [3]) Ohne Tanker-Bunkerboote (Motorschiffe: 1999: 108 = 14 775 t Tragfähigkeit).- [4]) Ohne Tanker-Bunkerboote (1999 : 0).- [5]) Ohne Trägerschiffsleichter (2000: 121 = 94 260 t Tragfähigkeit). [6]) Bis 1999 ohne Hafenschlepper (1999 : 45 = 8 579 kW Maschinenleistung).- [7]) Ohne Fahrgastkabinenschiffe (2000 : 25 = 2 833 Bettenkapazität sowie bis 1998 ohne Schiffe auf geschlossenen Gewässern (1999 : 160 = 38 702 Personenkapazität).

Binnenschifffahrt[1] - Abwrackungen von Binnenschiffen[2]

	1955	1960	1965	1970	1975	1980	1985	1990	1991
					Anzahl				
Frachtschiffe	-	-	-	484	160	164	89	221	.
Trockengüterschiffe	-	-	-	481	123	146	85	183	.
Tanker	-	-	-	3	37	18	4	38	.
Motorgüterschiffe	-	-	-	305	119	105	81	202	.
Trockengüterschiffe	-	-	-	304	92	96	78	171	.
Tanker	-	-	-	1	27	9	3	31	.
Schleppkähne	-	-	-	174	35	50	7	8	.
Trockengüterschiffe	-	-	-	172	27	42	6	7	.
Tanker	-	-	-	2	8	8	1	1	.
Schubkähne-Schubleichter[3]	-	-	-	5	6	9	1	11	.
Trockengüterschiffe	-	-	-	5	4	8	1	5	.
Tanker	-	-	-	-	2	1	-	6	.
Schlepper[4]	-	-	-	52	10	18	14	3	.
Schubboote, Schub-Schleppboote[4]	-	-	-	-	-	1	1	2	.
				Tragfähigkeit in 1 000 t					
Frachtschiffe	-	-	-	228,7	111,7	84,3	46,2	167,4	.
Trockengüterschiffe	-	-	-	228,2	81,2	71,3	43,9	128,8	.
Tanker	-	-	-	0,5	30,5	13,0	2,3	38,5	.
Motorgüterschiffe	-	-	-	92,2	72,4	47,8	41,6	150,7	.
Trockengüterschiffe	-	-	-	92,2	50,3	39,3	39,6	115,0	.
Tanker	-	-	-	0,0	22,1	8,5	2,0	35,7	.
Schleppkähne	-	-	-	130,5	31,9	28,5	3,7	7,6	.
Trockengüterschiffe	-	-	-	130,0	25,3	25,0	3,4	7,4	.
Tanker	-	-	-	0,5	6,6	3,5	0,3	0,2	.
Schubkähne-Schubleichter[3]	-	-	-	6,0	7,5	8,0	0,9	9,1	.
Trockengüterschiffe	-	-	-	6,0	5,6	7,0	0,9	6,5	.
Tanker	-	-	-	-	1,9	1,0	-	2,6	.
Schlepper[4]	-	-	-	12,0	3,0	5,4	2,4	0,9	.
Schubboote, Schub-Schleppboote[4]	-	-	-	-	-	0,1	2,5	0,6	.

[1] Binnenflotte der Bundesrepublik.- [2] Gemäß der Verordnung über die Gewährung von Abwrackprämien in der Binnenschifffahrt (seit 1. 1. 1969).- [3] Ohne Trägerschiffsleichter.- [4] Schlepper, Schubboote, Schub-Schleppboote: Maschinenleistung in 1 000 kW.

Binnenschifffahrt[1] - Abwrackungen von Binnenschiffen[2]

	1992	1993	1994	1995	1996	1997	1998	1999	2000	1992-2000
					Anzahl					
Frachtschiffe	50	26	40	92	26	78	84	29	64	489
Trockengüterschiffe	42	19	36	77	19	63	71	16	60	403
Tanker	8	7	4	15	7	15	13	13	4	86
Motorgüterschiffe	35	22	31	87	22	60	60	22	18	357
Trockengüterschiffe	28	16	27	72	16	46	48	12	15	280
Tanker	7	6	4	15	6	14	12	10	3	77
Schleppkähne	2	2	5	3	2	2	1	-	-	17
Trockengüterschiffe	1	1	5	3	1	1	1	-	-	13
Tanker	1	1	-	-	1	1	-	-	-	4
Schubkähne-Schubleichter[3]	13	2	4	2	2	16	23	7	46	115
Trockengüterschiffe	13	2	4	2	2	16	22	4	45	110
Tanker	-	-	-	-	-	-	1	3	1	5
Schlepper[4]	4	2	4	3	2	5	3	-	-	23
Schubboote, Schub-Schleppboote[4]	1	-	-	3	-	2	1	4	21	32
					Tragfähigkeit in 1 000 t					
Frachtschiffe	39,4	17,5	28,0	71,1	17,5	56,6	70,5	24,7	46,6	371,9
Trockengüterschiffe	32,7	10,2	23,2	56,1	10,2	40,5	55,9	10,8	40,6	280,2
Tanker	6,7	7,2	4,8	15,1	7,2	16,1	14,6	13,9	6,1	91,6
Motorgüterschiffe	27,1	16,3	22,3	64,5	16,3	48,1	54,5	20,8	17,3	287,1
Trockengüterschiffe	20,6	9,2	17,5	49,5	9,2	32,6	40,3	8,1	12,2	199,1
Tanker	6,5	7,1	4,8	15,1	7,1	15,5	14,2	12,7	5,1	88,0
Schleppkähne	1,1	0,4	2,6	2,3	0,4	0,7	0,3	-	-	7,7
Trockengüterschiffe	0,9	0,2	2,6	2,3	0,2	0,1	0,3	-	-	6,5
Tanker	0,2	0,2	-	-	0,2	0,6	-	-	-	1,2
Schubkähne-Schubleichter[3]	11,2	0,8	3,1	4,4	0,8	7,8	15,8	4,0	47,8	95,6
Trockengüterschiffe	11,2	0,8	3,1	4,4	0,8	7,8	15,4	2,8	28,4	74,5
Tanker	-	-	-	-	-	-	0,4	1,2	1,0	2,6
Schlepper[4]	0,8	0,2	0,2	0,4	0,2	0,4	0,2	-	-	2,4
Schubboote, Schub-Schleppboote[4]	0,3	-	-	1,4	-	1,5	0,1	1,6	6,6	11,5

[1] Binnenflotte der Bundesrepublik.- [2] Gemäß der Verordnung über die Gewährung von Abwrackprämien in der Binnenschifffahrt (seit 1. 1. 1969).- [3] Ohne Trägerschiffsleichter.- [4] Schlepper, Schubboote, Schub-Schleppboote: Maschinenleistung in 1 000 kW.

Binnenschifffahrt - Güterbeförderung nach Bundesländern

Jahr	Baden-Württemberg	Bayern	Berlin	Brandenburg	Bremen	Hamburg	Hessen	Mecklenb.-Vorpommern	Niedersachsen
					Insgesamt - in Mio. t				
1992	43,3	14,0	8,0	4,7	5,8	8,6	16,1	0,2	23,1
1993	41,2	13,7	9,0	5,4	5,4	7,8	15,6	0,1	22,0
1994	40,7	14,1	8,8	5,0	5,6	9,4	16,3	0,2	23,4
1995	40,4	14,8	8,9	5,9	6,3	10,2	16,1	0,1	23,8
1996	40,4	12,4	7,5	5,5	5,7	9,2	16,3	0,2	19,6
1997	37,5	11,8	8,5	5,6	5,2	8,6	15,5	0,2	22,5
1998	36,6	13,1	6,2	4,5	5,1	9,6	14,9	0,2	23,7
1999	35,4	12,3	5,3	4,4	5,0	9,8	15,6	0,2	24,7
2000	36,8	12,8	4,6	5,0	4,9	9,5	16,1	0,2	24,2
					- in vH -				
1992	15,2	4,9	2,8	1,7	2,0	3,0	5,7	0,1	8,1
1993	15,3	5,1	3,4	2,0	2,0	2,9	5,8	0,0	8,2
1994	14,1	4,9	3,0	1,7	1,9	3,2	5,6	0,1	8,1
1995	13,9	5,1	3,1	2,0	2,2	3,5	5,5	0,0	8,2
1996	14,8	4,5	2,7	2,0	2,1	3,3	5,9	0,1	7,1
1997	13,4	4,2	3,1	2,0	1,9	3,1	5,5	0,1	8,1
1998	13,1	4,7	2,2	1,6	1,8	3,4	5,3	0,1	8,5
1999	13,1	4,6	2,0	1,6	1,8	3,6	5,8	0,1	9,1
2000	13,1	4,6	1,6	1,8	1,7	3,4	5,7	0,1	8,7
					darunter: Einladungen - in Mio. t				
1992	20,1	5,7	2,4	2,5	2,1	4,1	2,7	0,0	9,5
1993	19,5	5,4	2,9	2,4	2,0	3,9	2,6	0,0	9,2
1994	19,2	5,6	2,0	2,4	2,0	4,7	2,9	0,0	9,3
1995	18,4	5,5	2,3	2,7	2,4	5,6	3,0	0,0	9,3
1996	18,2	4,2	2,0	1,8	2,1	5,2	3,1	0,0	7,4
1997	16,3	4,1	2,7	2,3	2,1	5,5	2,7	0,0	9,4
1998	15,2	4,7	1,4	2,2	1,8	5,5	2,4	0,1	9,8
1999	15,8	4,5	1,0	2,4	1,7	5,2	2,4	0,1	10,6
2000	16,9	5,0	0,7	3,0	1,7	5,0	2,6	0,1	10,6

Binnenschifffahrt - Güterbeförderung nach Bundesländern

Jahr	Nordrhein-Westfalen	Rheinland-Pfalz	Saarland	Sachsen	Sachsen-Anhalt	Schleswig-Holstein	Thüringen	Deutschland insgesamt
				Insgesamt - in Mio. t				
1992	121,0	29,0	4,0	0,1	3,5	3,6	-	285,0
1993	111,0	26,4	4,1	0,2	3,3	4,0	-	269,1
1994	122,0	30,0	4,1	0,3	5,3	4,6	-	289,9
1995	121,1	28,1	3,7	0,6	6,6	4,5	-	291,1
1996	116,9	25,5	3,8	0,6	6,5	4,0	-	274,1
1997	123,5	25,9	3,4	0,5	6,8	3,6	-	279,2
1998	125,3	25,0	3,5	0,5	6,9	4,2	-	279,3
1999	118,1	24,9	3,2	0,4	7,2	4,2	-	270,8
2000	124,4	26,6	4,0	0,3	6,6	4,0	-	279,8
				- in vH -				
1992	42,4	10,2	1,4	0,0	1,2	1,3	-	100
1993	41,3	9,8	1,5	0,1	1,2	1,5	-	100
1994	42,1	10,3	1,4	0,1	1,8	1,6	-	100
1995	41,6	9,6	1,3	0,2	2,3	1,5	-	100
1996	42,6	9,3	1,4	0,2	2,4	1,5	-	100
1997	44,3	9,3	1,2	0,2	2,4	1,3	-	100
1998	44,9	9,0	1,3	0,2	2,5	1,5	-	100
1999	43,6	9,2	1,2	0,1	2,7	1,6	-	100
2000	44,4	9,5	1,4	0,1	2,4	1,4	-	100
				darunter: Einladungen - in Mio. t				
1992	51,1	11,9	0,8	0,1	2,5	1,9	-	117,5
1993	63,2	15,8	3,1	0,1	1,0	1,9	-	133,3
1994	47,8	10,6	0,9	0,1	2,2	2,1	-	111,9
1995	49,5	11,1	0,6	0,2	4,4	2,3	-	117,3
1996	48,1	9,5	0,9	0,1	4,3	2,2	-	109,1
1997	48,4	9,5	0,7	0,1	4,1	1,7	-	109,7
1998	46,7	8,9	0,7	0,2	4,6	2,4	-	106,6
1999	46,2	9,4	0,7	0,2	5,0	2,3	-	107,5
2000	46,0	10,6	0,6	0,2	4,6	2,1	-	109,6

A 2

Binnenhäfen
(1955 ohne Saarland und Berlin-West)

		1955	1960	1965	1970	1975	1980	1985	1990	1991
Öffentliche Binnenhäfen										
Güterumschlag	Mio. t	80,4	114,1	124,5	147,4	132,2	146,7	134,6	140,3	140,0
Erwerbstätige[1]	1 000	12	17	15	13	13	14	14	14	.
Einnahmen[2]	Mio. €	41	66	82	118	82	112	143	174	.
Binnenhäfen insgesamt										
Güterumschlag[3]	Mio. t	181,1	257,5	288,0	333,5	294,8	310,6	274,2	275,8	283,3
dar. Einladungen	Mio. t	85,7	121,1	132,6	154,9	130,1	135,6	111,6	114,5	115,4
nach Wasserstraßengebieten										
Rheingebiet	Mio. t	111,6	164,7	190,4	236,2	210,6	215,9	190,4	198,3	193,3
dar. Einladungen	Mio. t	48,3	70,9	80,4	103,1	88,0	88,8	73,3	80,4	76,2
Westdeutsches Kanalgebiet	Mio. t	37,4	52,4	47,0	44,6	39,3	39,2	35,3	34,4	33,9
dar. Einladungen	Mio. t	22,3	31,3	27,4	23,5	19,3	19,2	15,3	14,5	13,9
Elbegebiet	Mio. t	10,4	11,9	15,7	19,3	16,1	17,6	14,1	13,9	17,2
dar. Einladungen	Mio. t	5,3	6,4	8,3	10,9	8,8	9,7	7,4	7,0	8,3
Mittellandkanalgebiet	Mio. t	8,0	11,8	13,7	12,0	11,3	11,9	12,1	12,7	14,6
dar. Einladungen	Mio. t	3,0	5,0	6,2	6,0	4,9	5,4	5,1	5,4	6,7
Wesergebiet	Mio. t	10,8	13,5	16,9	17,4	14,3	14,7	11,9	9,0	11,0
dar. Einladungen	Mio. t	4,9	5,8	8,0	8,9	7,3	7,1	5,7	4,4	5,1
Gebiet Berlin[4]	Mio. t	-	4,0	5,5	7,3	6,3	7,9	7,0	4,3	7,8
dar. Einladungen	Mio. t	-	0,4	0,4	0,5	1,3	3,4	3,1	1,4	2,0
Donaugebiet	Mio. t	2,9	3,2	4,3	4,0	3,2	3,4	3,3	3,2	2,8
dar. Einladungen	Mio. t	1,9	1,7	2,3	2,5	1,8	2,0	1,7	1,4	1,2
Gebiet Brandenburg/Binnengebiet Mecklenburg-Vorp.	Mio. t	-	-	-	-	-	-	-	-	2,6
dar. Einladungen	Mio. t	-	-	-	-	-	-	-	-	2,1
Küstengebiet Mecklenburg-Vorpommern	Mio. t	-	-	-	-	-	-	-	-	0,1
dar. Einladungen	Mio. t	-	-	-	-	-	-	-	-	0,0

[1] Jahresdurchschnitt.- [2] Lt. Umsatzsteuerstatistik; einschl. Mehrwertsteuer.- [3] Ohne Ortsverkehr.- [4] Bis 1990 Berlin (West).

Binnenhäfen

		1992	1993	1994	1995	1996	1997	1998	1999	2000
Öffentliche Binnenhäfen										
Güterumschlag	Mio. t	142,1	136,9	143,7	143,3	137,3	137,2	135,5	127,1	135,5
Erwerbstätige	1 000	.	.	.	.	.	.	.	.	.
Einnahmen	Mio. €	.	.	.	.	.	.	.	.	.
Binnenhäfen insgesamt										
Güterumschlag[1]	Mio. t	283,4	270,5	290,6	290,0	274,1	279,0	280,5	270,7	278,9
dar. Einladungen	Mio. t	115,9	113,1	120,4	116,2	109,1	109,6	107,8	107,4	108,7
nach Wasserstraßengebieten										
Rheingebiet	Mio. t	191,7	176,3	188,7	183,6	176,5	178,6	177,2	172,1	182,5
dar. Einladungen	Mio. t	76,3	72,0	77,0	71,6	68,1	66,3	63,4	64,2	67,3
Westdeutsches Kanalgebiet	Mio. t	36,4	34,1	36,6	36,2	35,7	36,9	39,3	35,3	35,8
dar. Einladungen	Mio. t	14,8	14,4	15,0	14,1	14,4	14,5	15,0	14,1	13,4
Elbegebiet	Mio. t	17,8	18,3	21,4	23,4	21,2	21,2	21,7	21,5	20,6
dar. Einladungen	Mio. t	8,6	8,9	11,3	12,1	11,3	11,9	12,6	12,0	11,4
Mittellandkanalgebiet	Mio. t	13,8	13,3	14,5	15,2	12,7	13,5	14,0	14,0	13,5
dar. Einladungen	Mio. t	6,0	5,6	5,9	6,3	5,3	5,2	5,3	5,8	5,5
Wesergebiet	Mio. t	11,3	10,9	11,0	11,9	10,4	10,8	11,2	12,0	11,2
dar. Einladungen	Mio. t	5,4	5,3	4,9	5,4	4,6	5,3	5,4	5,6	5,3
Gebiet Berlin	Mio. t	7,5	9,0	8,6	8,7	7,5	7,8	5,9	5,2	4,1
dar. Einladungen	Mio. t	1,9	2,8	1,8	2,1	2,0	2,0	1,1	0,8	0,3
Donaugebiet	Mio. t	2,5	6,0	6,7	7,2	6,4	6,1	7,2	6,6	7,0
dar. Einladungen	Mio. t	1,2	2,3	2,5	2,4	2,1	2,2	2,7	2,3	2,5
Gebiet Brandenburg/Binnengebiet Mecklenburg-Vorp.	Mio. t	2,2	2,4	2,9	3,6	3,5	4,0	3,7	3,8	4,0
dar. Einladungen	Mio. t	1,6	1,7	1,8	2,1	1,3	2,1	2,3	2,5	2,7
Küstengebiet Mecklenburg-Vorpommern	Mio. t	0,1	0,2	0,1	0,1	0,2	0,2	0,2	0,2	0,2
dar. Einladungen	Mio. t	0,0	0,0	0,0	0,0	0,0	0,0	0,1	0,1	0,1

[1] Ohne Ortsverkehr.

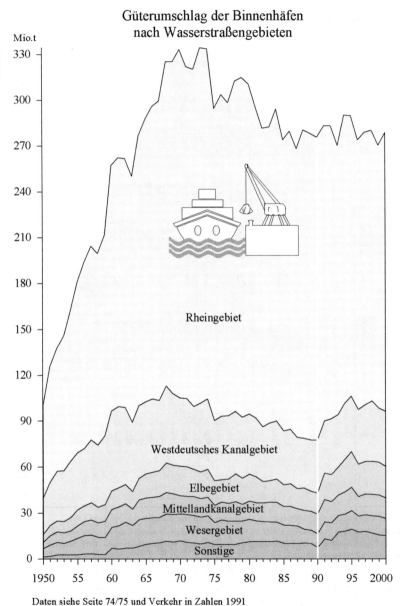
Daten siehe Seite 74/75 und Verkehr in Zahlen 1991

Schiffs- und Güterverkehr auf dem Nord-Ostsee-Kanal[1]

Jahr	Schiffsverkehr			dar. Handelsschiffe		Güterverkehr insgesamt	Richtung	
	in 1 000	dar. Transit	in Mio. BRT/ BRZ/ NRZ[2]	in 1 000	in Mio. BRT/ BRZ/ NRZ[2]	in Mio. t	West-Ost in Mio. t	Ost-West in Mio. t
1950	47,3	.	.	44,0	.	29,9	13,5	16,4
1955	62,9	.	56,7	56,4	55,8	46,6	23,5	23,1
1960	77,7	.	75,7	71,7	74,0	57,6	29,2	28,4
1965	85,0	.	80,0	76,7	77,8	60,0	29,6	30,4
1970	75,2	.	81,9	69,4	79,7	58,1	24,4	33,7
1975	68,5	.	77,9	54,8	75,5	51,2	23,3	27,9
1980	56,7	.	93,1	51,7	90,6	62,1	27,2	34,9
1985	48,4	36,1	94,0	44,0	92,0	65,7	26,1	39,7
1990	47,8	32,8	82,1	43,5	80,0	61,7	20,8	40,9
1991	45,0	31,9	76,6	41,2	74,8	59,2	19,7	39,5
1992	42,8	31,0	71,7	39,0	70,0	58,5	21,1	37,4
1993	43,3	30,9	70,3	39,4	68,7	57,7	20,6	37,2
1994	43,7	31,4	72,4	39,7	70,5	57,2	19,0	38,1
1995	43,4	30,4	69,5	39,4	67,7	55,2	19,0	36,2
1996	37,1	24,8	68,5	33,4	66,7	47,9	17,4	30,5
1997	36,9	24,8	86,6	33,3	84,6	49,3	18,4	30,8
1998	37,6	24,6	84,3	34,4	82,5	48,6	18,7	29,9
1999	35,5	.	36,6	32,0	35,9	46,0	17,5	28,5
2000	38,4	.	44,1	34,7	43,4	57,9	20,8	37,1

[1] Abgabepflichtige Schiffe der Tarifgruppen A und B ohne Sport- und Kleinfahrzeuge (1998: 16 902 Fahrzeuge).- [2] Ab 1996 Bruttoraumzahl (BRZ). Für viele Schiffe ergibt sich durch die BRZ-Vermessung ein höheres Ergebnis als bei der BRT (Bruttoregistertonn)-Zahl. Ab 1999 Nettoregisterzahl (1999: Schiffsinsgesamt 80,2 BRZ, Handelsschiffe 78,3).

Seeschiffahrt - Handelsflotte

		1955	1960	1965	1970	1975	1980	1985	1990	1991
Bestand an Handelsschiffen[1)2)]	Anzahl	2 311	2 331	2 439	2 537	1 535	1 477	1 383	907	1 035
Tonnage	1 000 BRT/BRZ[8)]	2 898	4 738	5 732	8 435	8 686	7 604	5 286	4 360	5 619
Trockenfrachter	Anzahl	2 115	2 118	2 203	2 270	1 265	1 211	1 125	732	841
Tonnage	1 000 BRT/BRZ	2 428	3 939	4 674	6 416	5 364	4 747	4 189	3 841	5 065
Tonnage	1 000 tdw	.	5 899	6 771	9 642	8 164	7 103	5 802	4 790	6 354
Tanker[2)]	Anzahl	99	103	120	133	140		115	67	74
Tonnage	1 000 BRT/BRZ	327	633	885	1 828	3 224	2 763	995	422	434
Tonnage	1 000 tdw	.	943	1 377	3 307	6 069	5 402	1 723	668	685
Schiffe für Personenbeförderung	Anzahl	97	110	116	134	130	146	143	108	120
Tonnage	1 000 BRT/BRZ	143	166	173	191	98	94	101	97	120
Verkehrsaufkommen[3)]										
Beförderte Tonnen	Mio. t	41,6	63,2	76,0	86,2	71,7	57,7	41,3	.	-
zwischen Häfen der Bundesrepublik	Mio. t	2,4	2,8	2,4	2,8	2,6	4,4	2,3	.	2,4
von und nach fremden Häfen	Mio. t	19,6	31,7	34,8	40,3	28,7	23,8	20,9	.	24,3
zwischen fremden Häfen - Crosstrade	Mio. t	19,6	28,7	38,8	43,1	40,4	29,5	18,2	.	-
Anteile der Einsatzbereiche[4)]										
Linienfahrt	vH	.	32	28	24	16	24	32	23	27
Trampfahrt	vH	.	51	51	49	49	41	39	42	40
Massengutfahrt	vH	.	-	-	-	-	-	-	-	14
Tankfahrt	vH	.	17	21	27	35	35	29	22	19
Verkehrsleistung[5)]										
Tonnenkilometer	Mrd. tkm	83	141	133	165	146	95	55	50	.
Erwerbstätige[6)]	1 000	29	47	44	48	32	28	23	16	21
Einnahmen[7)]	Mio.	787	1 296	1 803	2 564	3 513	4 231	4 731	3 998	4 146
Passagierfahrt	Mio.	15	56	64	93	67	77	81	132	129
Frachtfahrt	Mio.	772	1 240	1 739	2 471	3 445	4 154	4 650	3 866	4 017
Linienfahrt	Mio.	.	710	881	1 144	1 837	2 009	2 427	2 183	2 258
Tramp- und Tankfahrt	Mio.	.	530	858	1 327	1 608	2 145	2 223	1 683	1 759

1) Schiffe ab 100 BRT/BRZ (1955 ab 50 m³); Stand 31. 12. Schiffe unter der Flagge der Bundesrepublik, bis 1970 einschl. Schiffe der bundesdt. Reedereien unter fremder Flagge (2000: 1 318 = 16 434 Tsd. BRZ).- 2) Ohne Tanker-Bunkerboote (2000: 15 = 3 Tsd. BRZ).- 3) Einschl. Fährverkehr. Ohne die Güterbeförderung der auf Zeit ins Ausland vercharterten Handelsschiffe unter der Flagge der Bundesrepublik im Verkehr zwischen fremden Häfen. Ohne Eigengewichte der Reise- und Transportfahrzeuge, Container, Trailer, Trägerschiffsleichter.- Weitere Anmerkungen siehe folgende Seite.

Seeschifffahrt - Handelsflotte

		1992	1993	1994	1995	1996	1997	1998	1999	2000
Bestand an Handelsschiffen[1)2)]										
Tonnage	Anzahl	927	854	807	757	733	752	831	701	677
Trockenfrachter	1 000 BRT/BRZ[8)]	5 097	4 915	5 370	5 279	5 595	6 542	8 011	6 447	6 519
Tonnage	Anzahl	739	660	617	570	552	588	671	544	522
Tonnage	1 000 BRT/BRZ	4 641	4 453	4 919	4 894	5 331	6 347	7 827	6 329	6 390
Tonnage	1 000 tdw	5 676	5 558	.	5 828	6 326	.	.	.	.
Tanker[2)]	Anzahl	59	62	55	51	45	32	31	25	23
Tonnage	1 000 BRT/BRZ	336	342	331	264	264	195	184	118	129
Tonnage	1 000 tdw	.	.	.	.	.	.	.	.	.
Schiffe für Personenbeförderung	Anzahl	129	132	135	136	136	132	129	132	132
Tonnage	1 000 BRT/BRZ	121	121	120	121	159	101	85	86	83
Verkehrsaufkommen[3)]										
zwischen Häfen der Bundesrepublik	Mio. t	28,2	28,0	30,3	30,6	29,0	29,6	28,6	32,8	35,0
von und nach fremden Häfen	Mio. t	4,4	3,3	3,2	3,4	3,5	3,8	3,7	4,9	.
	Mio. t	23,8	24,7	27,1	27,2	25,5	25,8	24,9	27,9	.
Anteile der Einsatzbereiche[4)]										
Linienfahrt	vH	27	25	.	.	.	.	.	.	.
Trampfahrt	vH	43	49	.	.	.	.	.	.	.
Massengutfahrt	vH	11	10	.	.	.	.	.	.	.
Tankfahrt	vH	18	17	.	.	.	.	.	.	.
Verkehrsleistung[5)]										
Tonnenkilometer	Mrd. tkm	.	.	.	.	.	.	.	.	.
Erwerbstätige[6)]	1 000	19	18	16	15	14	15	14	12	12
Einnahmen[7)]										
Passagierfahrt	Mio. €	4 152	4 614	5 036	5 240	5 661	6 356	6 224	6 653	9 007
Frachtfahrt	Mio. €	139	245	270	356	352	310	.	.	.
Linienfahrt	Mio. €	4 013	4 368	4 766	4 883	5 309	6 046	6 224	6 653	9 007
Tramp- und Tankfahrt	Mio. €	2 372	2 521	2 772	2 684	2 873	3 220	3 182	3 678	4 956
	Mio. €	1 641	1 848	1 994	2 199	2 436	2 825	3 042	2 975	4 051

Beginn der Anmerkungen siehe vorige Seite.- [4)] Ohne Küstenschiffe. Bis 1980 Handelsschiffe, eingetragen in deutschen Seeschiffsregistern bzw. eingesetzt unter deutscher Flagge. Ab 1985 Seeschiffe deutscher Reedereien, einschl. der Schiffe unter ausländischer Flagge.- [5)] Nur Verkehr zwischen den Häfen der Bundesrepublik, sowie von und nach fremden Häfen. Einschl. Fährverkehr.- [6)] Bordpersonal. Jahresdurchschnitt.- [7)] Einschl. Mehrwertsteuer.- [8)] Bis 1993 Bruttoregistertonnen (BRT), ab 1994 Bruttoraumzahl (BRZ).

Seehäfen - Güterumschlag, Erwerbstätige, Einnahmen

		1955	1960	1965	1970	1975	1980	1985	1990	1991
Güterumschlag insgesamt[1]	Mio. t	53,7	79,4	101,1	134,6	135,0	159,0	141,4	145,6	163,9
Massengut	Mio. t		55,9	74,8	101,1	101,7	116,1	90,1	82,0	95,8
Stückgut	Mio. t		23,5	26,3	33,5	33,3	42,9	51,3	63,6	68,1
Nordseehäfen	Mio. t	49,3	74,3	94,7	124,0	124,4	146,6	124,4	123,6	129,5
dar. Hamburg	Mio. t	24,0	30,8	35,2	46,8	47,5	60,7	56,9	56,8	60,3
dar. Sack- und Stückgut	Mio. t	8,7	11,1	12,2	11,2	12,9	16,4	18,8	24,6	25,4
Bremen-Bremerhaven	Mio. t	12,0	15,1	17,5	23,1	21,0	25,4	27,7	27,7	28,1
dar. Sack- und Stückgut	Mio. t	5,9	8,3	9,3	13,8	11,5	15,0	16,3	16,9	17,6
Bremen Stadt	Mio. t	10,8	13,4	12,7	15,5	13,7	15,0	15,3	13,4	14,1
Bremerhaven	Mio. t	1,2	1,7	4,8	7,6	7,3	10,4	12,4	14,3	14,0
Wilhelmshaven	Mio. t	0,1	10,5	18,5	22,3	23,7	32,0	17,1	15,9	17,8
Emden	Mio. t	7,5	10,3	11,5	15,2	10,7	7,1	3,6	1,8	2,0
Brunsbüttel	Mio. t	0,5	1,4	2,6	3,5	5,8	5,5	5,4	7,3	7,4
Nordenham	Mio. t	2,4	2,4	3,4	4,2	5,3	5,1	2,8	2,3	2,6
Brake	Mio. t	1,7	1,6	2,0	4,2	4,0	4,2	4,0	4,5	4,3
Cuxhafen	Mio. t	0,1	0,2	0,3	0,3	0,3	0,4	0,4	0,9	0,9
Ostseehäfen	Mio. t	4,4	5,1	6,4	10,6	10,6	12,4	17,0	22,0	34,4
dar. Lübeck	Mio. t	2,9	3,0	3,5	5,7	5,6	6,4	9,9	12,3	11,3
Puttgarden	Mio. t	-		1,1	2,4	2,1	2,9	3,6	5,0	5,5
Kiel	Mio. t	0,8	1,0	0,9	1,2	1,3	1,3	1,7	2,9	3,4
Flensburg	Mio. t	0,4	0,5	0,4	0,6	0,7	0,7	0,8	0,7	0,7
Rendsburg	Mio. t	0,2	0,3	0,2	0,6	0,6	0,5	0,5	0,6	0,5
Rostocker Häfen[2]	Mio. t									9,7
Wismar	Mio. t									2,1
Außerdem Eigengewichte der Reise- und Transportfahrzeuge[3]	Mio. t	0,9	1,7	4,4	6,3	9,3	12,5	16,5	32,5	25,6
Erwerbstätige[4]	1 000	22	27	28	26	26	25	24	23	.
Einnahmen[5]	Mio.	164	240	271	404	936	1 227	1 294	1 370	.

[1] Ohne Eigengewichte der Reise- und Transportfahrzeuge, Container, Trailer, Trägerschiffsleichter.- [2] Rostock, Warnemünde, Petersdorf.- [3] Sowie Container, Trailer, Trägerschiffsleichter.- [4] Jahresdurchschnitt.- [5] Lt. Umsatzsteuerstatistik; einschl. Mehrwertsteuer.

Seehäfen - Güterumschlag, Erwerbstätige, Einnahmen

		1992	1993	1994	1995	1996	1997	1998	1999	2000
Güterumschlag insgesamt[1]	Mio. t	182,8	184,0	196,5	204,3	206,0	213,3	217,4	221,6	242,5
Massengut[4]	Mio. t	108,0	107,9	114,1	116,6	117,5	120,7	125,3	122,6	131,6
Stückgut	Mio. t	74,8	76,2	82,3	87,7	88,5	92,6	92,1	99,0	111,0
Nordseehäfen	Mio. t	143,0	141,8	149,1	152,1	153,3	162,0	169,4	171,5	187,0
dar. Hamburg	Mio. t	59,9	60,3	62,5	66,0	64,5	69,6	66,9	73,4	77,0
dar. Sack- und Stückgut	Mio. t	28,2	29,8	32,2				33,1	36,6	
Bremen-Bremerhaven	Mio. t	27,3	25,6	27,9	28,5	28,4	30,6	30,9	31,6	39,2
dar. Sack- und Stückgut	Mio. t	16,8	16,6	17,6				20,5	22,7	
Bremen Stadt	Mio. t	13,6	13,4	14,6	14,2	13,8	14,0	13,7	11,5	14,4
Bremerhaven	Mio. t	13,6	12,2	13,3	14,3	14,6	16,6	17,1	20,1	24,8
Wilhelmshaven	Mio. t	31,6	32,7	34,5	33,1	36,1	36,4	44,0	39,7	43,4
Emden	Mio. t	1,7	1,6	2,0	2,2	2,4	2,6	2,9	3,3	3,4
Brunsbüttel	Mio. t	7,8	7,9	7,3	7,5	7,7	7,4	7,8	7,3	7,7
Nordenham	Mio. t	3,3	2,2	2,3	2,3	1,8	2,5	2,0	2,6	.
Brake	Mio. t	4,6	4,2	4,3	4,1	4,3	4,3	4,7	5,0	5,4
Ostseehäfen	Mio. t	39,8	42,2	47,3	52,2	52,7	51,3	47,9	50,2	52,6
dar. Rostocker Häfen[2]	Mio. t	10,0	11,7	14,3	16,2	16,7	16,8	15,4	17,4	18,6
Lübeck	Mio. t	12,3	12,5	13,9	15,0	15,0	16,8	17,4	17,5	18,0
Puttgarden	Mio. t	5,4	6,5	7,0	9,7	8,9	5,8	3,9	3,8	3,5
Kiel	Mio. t	2,6	2,5	2,6	3,3	3,7	3,6	2,9	2,7	3,3
Saßnitz	Mio. t	2,5	2,9	3,1	2,5	2,4	2,6	2,9	2,9	2,9
Wismar	Mio. t	2,0	1,8	1,8	1,9	2,0	2,0	1,8	2,4	.
Außerdem Eigengewichte der Reise- und Transportfahrzeuge[3]	Mio. t	28,6	28,6	29,9	31,5	32,3	32,8	32,5	34,1	38,5
Erwerbstätige	1.000	.	.	.	.	.	.	.	.	.
Einnahmen	Mio. €	.	.	.	.	.	.	.	.	.

[1] Ohne Eigengewichte der Reise- und Transportfahrzeuge, Container, Trailer, Trägerschiffsleichter.- [2] Rostock, Warnemünde, Petersdorf.- [3] Sowie Container, Trailer, Trägerschiffsleichter.- [4] Ab 1992 nur unverpacktes Massengut.-

Seehäfen - Güterversand und Güterempfang

		1955	1960	1965	1970	1975	1980	1985	1990	1991
Güterversand[1]	Mio. t	16,8	18,9	20,0	25,3	31,6	40,0	46,9	46,1	51,0
ausgewählter Häfen										
Hamburg	Mio. t	7,4	7,8	8,5	10,8	13,6	16,7	19,9	19,7	20,6
Bremen-Bremerhaven	Mio. t	4,9	6,2	5,9	7,3	7,5	9,3	11,6	10,0	10,1
Rostock	Mio. t	.	.	.	.	.	.	.	.	3,2
nach Häfen außerhalb der BRD	Mio. t	15,3	16,5	18,0	22,5	28,0	38,5	44,5	46,7	48,5
dar. unter Flagge der BRD	vH	48	49	48	39	27	24	20	20	.
europäische Häfen	Mio. t	9,4	10,4	11,1	12,8	16,7	23,4	25,0	26,5	26,6
außereuropäische Häfen[2]	Mio. t	5,9	6,1	6,9	9,7	11,3	15,1	19,5	20,2	21,9
Anteile der Einsatzarten										
Linienfahrt	vH	.	41	52	52	45	48	50	60	.
Trampfahrt	vH	.	47	36	40	42	36	38	28	.
Tankfahrt	vH	.	12	12	8	13	16	12	12	.
Güterempfang[1]	Mio. t	36,8	60,5	81,1	109,3	103,4	119,0	94,5	99,5	112,8
dar. Erdöl	Mio. t	5,2	19,8	29,9	39,1	37,4	39,2	20,5	21,6	.
ausgewählter Häfen										
Hamburg	Mio. t	16,5	23,0	26,7	36,0	33,9	44,0	37,0	37,0	39,7
Bremen-Bremerhaven	Mio. t	7,1	8,9	11,6	15,8	13,5	16,1	16,1	17,7	18,0
Wilhelmshaven	Mio. t	0,0	10,5	18,5	22,3	23,2	28,2	15,8	15,5	17,1
Rostock	Mio. t	.	.	.	.	.	.	.	.	6,8
von Häfen außerhalb der BRD	Mio. t	35,2	57,8	78,6	106,3	99,8	114,0	91,9	97,5	109,7
dar. unter Flagge der BRD	vH	35	35	28	25	18	13	13,0	12	.
europäische Häfen	Mio. t	12,7	17,5	23,3	43,7	39,6	51,3	52,0	61,4	70,4
außereuropäische Häfen[2]	Mio. t	22,5	40,3	55,3	62,6	60,2	62,7	39,9	36,1	39,3
Anteile der Einsatzarten										
Linienfahrt	vH	.	17	17	13	11	13	17	26	.
Trampfahrt	vH	.	43	39	41	42	44	47	39	.
Tankfahrt	vH	.	40	44	46	47	43	36	36	.

[1] Ohne Eigengewichte der Reise- und Transportfahrzeuge, Container, Trailer, Trägerschiffsleichter.- [2] Einschl. nichtermittelte Länder.

Seehäfen - Güterversand und Güterempfang

		1992	1993	1994	1995	1996	1997	1998	1999	2000
Güterversand[1]	Mio. t	60,2	61,0	68,1	71,3	72,7	72,9	72,5	78,5	90,3
ausgewählter Häfen										
Hamburg	Mio. t	21,0	21,3	23,8	24,8	24,0	25,0	25,4	28,1	30,9
Bremen-Bremerhaven	Mio. t	9,7	9,7	10,8	10,9	10,8	11,4	11,6	12,7	16,2
Rostock	Mio. t	3,2	4,9	6,5	7,2	8,3	7,8	5,9	7,1	7,6
nach Häfen außerhalb der BRD	Mio. t	55,5	57,5	65,0	68,4	69,1	69,1	69,0	73,9	86,0
dar. unter Flagge der BRD	vH	18	18	19	17	16	17	17	21	.
europäische Häfen	Mio. t	33,3	32,7	36,5	39,8	40,4	41,3	41,0	40,5	46,8
außereuropäische Häfen[2]	Mio. t	22,2	24,8	28,5	28,6	28,7	27,7	28,0	33,4	39,2
Güterempfang[1]	Mio. t	122,6	123,0	128,3	133,0	133,3	140,5	144,9	143,1	152,2
dar. Erdöl	Mio. t	31,9	32,8	33,9	32,5	35,3	35,0	41,9	35,3	.
ausgewählter Häfen										
Hamburg	Mio. t	38,9	39,1	38,7	41,2	40,5	44,6	43,5	45,3	46,1
Bremen-Bremerhaven	Mio. t	17,6	15,8	17,0	17,6	17,7	19,2	19,3	18,9	23,0
Wilhelmshaven	Mio. t	24,9	26,0	27,6	25,7	28,6	28,3	35,0	30,0	31,4
Rostock	Mio. t	6,8	6,9	7,8	9,0	8,3	9,0	9,5	10,3	11,0
von Häfen außerhalb der BRD	Mio. t	117,9	119,3	124,8	128,9	129,5	136,2	140,7	137,7	147,2
dar. unter Flagge der BRD	vH	12	12	12	11	11	10	9	14	.
europäische Häfen	Mio. t	78,9	84,3	89,6	91,7	92,8	94,8	97,5	94,0	100,2
außereuropäische Häfen[2]	Mio. t	39,0	35,0	35,2	37,1	36,7	41,4	43,2	43,7	47,0

[1] Ohne Eigengewichte der Reise- und Transportfahrzeuge, Container, Trailer, Trägerschiffsleichter. - [2] Einschl. nichtermittelte Länder.

Seehäfen - Containerverkehr

	1955	1960	1965	1970	1975	1980	1985	1990	1991
				Beladene und leere Container in 1 000					in 1000 TEU[2]
Containerumschlag[1]	.	.	.	172,8	515,2	1 112,3	1 635,2	2 450,0	3 731
dar. Bremen-Bremerhaven	.	.	.	112,1	246,3	451,8	644,7	778,0	1 277
Hamburg	.	.	.	60,6	268,8	616,7	914,3	1 478,6	2 175
Versand	.	.	.	92,4	272,0	559,0	822,2	1 200,0	1 863
dar. Bremen-Bremerhaven	.	.	.	56,4	131,0	236,9	345,7	414,0	672
Hamburg	.	.	.	36,0	140,9	299,5	439,1	701,1	1 068
Empfang	.	.	.	80,4	243,3	553,3	813,0	1 250,0	1 868
dar. Bremen-Bremerhaven	.	.	.	55,8	115,2	214,9	298,9	364,0	605
Hamburg	.	.	.	24,6	128,0	317,2	475,1	777,4	1 107
				Beladene Container - Gewicht der Ladung in 1 000 t					
Containerumschlag[1][3]	.	.	.	1 613	4 582	10 502	16 220	26 332	28 407
dar. Bremen-Bremerhaven	.	.	.	1 079	2 443	4 596	6 600	8 918	9 474
Hamburg	.	.	.	534	2 138	5 559	8 924	16 160	17 677
Versand	.	.	.	898	2 204	5 399	9 458	14 180	15 081
dar. Bremen-Bremerhaven	.	.	.	556	1 219	2 471	4 204	5 090	5 264
Hamburg	.	.	.	342	985	2 728	4 904	8 493	9 193
Empfang	.	.	.	716	2 378	5 103	6 762	12 152	13 326
dar. Bremen-Bremerhaven	.	.	.	523	1 225	2 125	2 456	3 828	4 211
Hamburg	.	.	.	192	1 152	2 831	4 020	7 667	8 484

[1] Container (ohne Trailer) von 20 Fuß und darüber.- [2] Twenty-Feet-Equivalent-Unit.- [3] Ohne Verkehr zwischen Häfen der Bundesrepublik sowie ohne Container auf Lastkraftwagen oder Eisenbahnwagen im Fährverkehr.

Seehäfen - Containerverkehr

	1992	1993	1994	1995	1996	1997	1998	1999	2000
	\multicolumn{9}{c}{Beladene und leere Container - in 1 000 TEU[2]}								
Containerumschlag[1]	3 835	4 114	4 559	4 553	4 948	5 305	5 402	5 446	7 173
dar. Bremen-Bremerhaven	1 315	1 352	1 503	1 445	1 532	1 705	1 738	2 097	.
Hamburg	2 247	2 467	2 721	2 872	3 042	3 337	3 467	3 620	.
Versand	1 897	2 059	2 255	2 235	2 447	2 651	2 674	2 897	3 541
dar. Bremen-Bremerhaven	683	705	786	750	799	898	913	1 087	.
Hamburg	1 088	1 216	1 314	1 380	1 475	1 621	1 667	1 741	.
Empfang	1 937	2 055	2 305	2 319	2 500	2 654	2 728	2 549	3 631
dar. Bremen-Bremerhaven	633	647	717	695	733	807	825	1 009	.
Hamburg	1 159	1 251	1 407	1 493	1 567	1 716	1 800	1 879	.
	\multicolumn{9}{c}{Beladene Container - Gewicht der Ladung in 1 000 t}								
Containerumschlag[1][3]	29 706	34 123	38 228	40 114	41 419	43 812	43 865	49 763	58 420
dar. Bremen-Bremerhaven	9 877	10 388	11 830	12 736	12 583	13 586	13 865	15 507	.
Hamburg	18 594	21 028	23 345	24 357	25 824	28 054	28 434	31 701	.
Versand	15 697	18 280	20 331	21 184	21 707	23 401	22 764	26 234	30 573
dar. Bremen-Bremerhaven	5 398	5 909	6 728	7 213	6 942	7 675	7 810	8 251	.
Hamburg	9 725	11 132	12 191	12 613	13 286	14 589	14 082	16 091	.
Empfang	14 009	15 843	17 897	18 930	19 713	20 410	21 101	23 529	27 847
dar. Bremen-Bremerhaven	4 479	4 479	5 102	5 523	5 641	5 912	6 055	7 256	.
Hamburg	8 869	9 896	11 154	11 744	12 538	13 465	14 352	15 610	.

[1] Container (ohne Trailer) von 20 Fuß und darüber.- [2] Twenty-Feet-Equivalent-Unit.- [3] Ohne Verkehr zwischen Häfen der Bundesrepublik sowie ohne Container auf Lastkraftwagen oder Eisenbahnwagen im Fährverkehr.

Öffentlicher Straßenpersonenverkehr[1] - Streckenlänge, Fahrzeugbestand, Kapazitäten

(1955 ohne Saarland und Berlin-West)		1955	1960	1965	1970	1975	1980	1985	1990	1991
Streckenlänge[2]										
Stadtschnellbahnen[3]	km	81	139	163	191	256	325	425	588	679
Straßenbahnen[4]	km	3 239	3 018	2 414	1 962	1 759	1 603	1 477	1 309	2 267
Obusverkehr	km	671	708	448	144	56	58	40	40	68
Kraftomnibusverkehr[5]										
Kommunale Unternehmen[6]	1 000 km	19,1	23,9	33,5	49,5	56,4	76,9	99,8	226,2	453,0
Private Unternehmen	1 000 km	112,3	162,7	242,1	391,7	385,5	336,2	294,1	277,4	326,3
Fahrzeugbestand										
Stadtschnellbahnwagen[2]	Anzahl	463	1 420	1 527	1 628	1 988	2 445	3 009	3 477	3 897
Triebwagen	Anzahl	463	1 052	1 259	1 536	1 965	2 445	3 009	3 477	-
Anhänger	Anzahl	.	368	268	92	23	-	-	-	-
Straßenbahnwagen[2]	Anzahl	11 764	11 739	8 968	6 636	5 275	4 355	3 469	2 854	7 373
Triebwagen	Anzahl	.	6 228	5 208	4 315	3 756	3 252	2 723	2 285	5 500
Anhänger	Anzahl	.	5 511	3 760	2 321	1 519	1 103	746	569	1 873
Obusse[2]	Anzahl	928	1 022	595	204	115	106	101	78	132
Kraftomnibusse[2][7]										
Kommunale Unternehmen[6]	1 000	5,0	8,2	10,7	13,4	16,0	19,2	19,1	30,7	42,1
Private Unternehmen	1 000	10,5	15,3	18,4	20,6	26,8	31,5	33,5	34,1	36,3
Taxis und Mietwagen[8]	1 000	24,2	27,3	40,7	44,2	47,9	57,0	58,7	65,0	72,0
Platzkapazität[2]										
Stadtschnellbahnen	1 000	.	152	222	240	317	421	555	666	679
Straßenbahnen	1 000	.	1 045	999	881	790	742	601	519	914
Obusverkehr	1 000	.	77	58	23	13	15	15	9	18
Kraftomnibusverkehr										
Kommunale Unternehmen[6]	1 000	.	670	975	1 355	1 614	1 906	1 955	3 036	3 953
Private Unternehmen	1 000	.	620	867	1 209	1 733	2 071	2 158	2 121	2 279

[1] Kommunale und gemischtwirtschaftliche sowie private Unternehmen; einschl. Taxis und Mietwagen. Ohne Kraftomnibusverkehr der Eisenbahnen und der Deutschen Bundespost.- [2] Stand 30. 9.- [3] U-Bahnen, Hoch- und Schwebebahnen sowie Straßenbahnen mit überwiegend vom Individualverkehr unabhängiger Gleisführung und mit Einrichtungen zur automatischen Zugbeeinflussung.-
Weitere Anmerkungen siehe folgende Seite.

Öffentlicher Straßenpersonenverkehr[1] - Streckenlänge, Fahrzeugbestand, Kapazitäten

		1992	1993	1994	1995	1996	1997	1998	1999	2000
Streckenlänge[2]										
Stadtschnellbahnen[3]	km	766	777	828	854	881	909	942	958	978
Straßenbahnen[4]	km	2 153	2 106	2 067	2 077	2 086	2 057	2 119	2 124	2 146
Obusverkehr	km	69	92	112	97	97	97	98	98	98
Kraftomnibusverkehr[5]										
Kommunale Unternehmen[6]	1 000 km	375,5	386,8	385,5	360,5	348,5	350,2	355,9	374,7	372,8
Private Unternehmen	1 000 km	338,1	348,1	391,7	357,0	350,3	450,9	454,9	471,2	495,4
Fahrzeugbestand										
Stadtschnellbahnwagen[2]	Anzahl	3 933	4 048	3 912	4 079	4 302	4 289	4 308	4 341	4 403
Straßenbahnwagen[2]	Anzahl	7 706	6 729	6 417	6 186	6 063	5 676	5 335	5 159	4 852
Triebwagen	Anzahl	5 967	5 177	5 059	4 957	4 995	.	4 570	4 431	1
Anhänger	Anzahl	1 739	1 552	1 358	1 229	1 068	.	765	728	641
Obusse[2]	Anzahl	139	129	122	97	100	93	90	90	90
Kraftomnibusse[2][7]										
Kommunale Unternehmen[6]	1 000	41,3	41,2	41,4	41,1	41,7	42,0	41,2	42,2	41,7
Private Unternehmen	1 000	36,8	37,2	38,4	38,4	38,0	38,7	39,3	39,4	40,8
Taxis und Mietwagen[8]	1 000	72,4	73,0	72,5	72,0	71,5	.	.	.	.
Platzkapazität[2]										
Stadtschnellbahnen	1 000	649	660	585	613	548	545	553	562	586
Straßenbahnen	1 000	862	756	729	716	673	660	640	631	621
Obusverkehr	1 000	16	16	14	12	13	12	11	11	12
Kraftomnibusverkehr										
Kommunale Unternehmen[6]	1 000	3 791	3 771	3 827	3 787	3 508	3 838	3 810	3 931	3 872
Private Unternehmen	1 000	2 302	2 343	2 446	2 444	2 442	2 492	2 051	2 559	2 656

Beginn der Anmerkungen siehe vorige Seite.- [4] Ohne Straßenbahnen mit überwiegend vom Individualverkehr unabhängiger Gleisführung und mit Einrichtungen zur automatischen Zugbeeinflussung.- [5] Linienlänge.- [6] Einschl. gemischtwirtschaftl. Unternehmen; seit 1989 einschl. des ausgegliederten Omnibusverkehrs der Deutschen Bundesbahn.- [7] Ohne vermietete, einschl. angemietete Fahrzeuge.- [8] Stand 1. 3.-

Öffentlicher Straßenpersonenverkehr[1)2)] - Betriebs- und Verkehrsleistungen, Erwerbstätige, Einnahmen

(1955 ohne Saarland und Berlin-West)		1955	1960	1965	1970	1975	1980	1985	1990	1991
Betriebsleistung - Wagenkilometer[3)]										
Kommunale Unternehmen[4)]	Mio.	893	1 057	1 020	1 063	1 149	1 246	1 270	1 775	2 575
Stadtschnellbahnen[5)]	Mio.	37	75	90	106	132	160	192	231	268
Straßenbahnen[6)]	Mio.	554	500	349	284	249	211	178	154	358
Obusse	Mio.	49	52	28	10	5	4	4	3	6
Kraftomnibusse	Mio.	253	430	553	663	763	871	897	1 387	1 943
Private Unternehmen[7)]	Mio.	352	518	623	791	1 059	1 371	1 063	1 185	1 239
Verkehrsaufkommen - Beförderte Personen										
Kommunale Unternehmen[4) 8)]	Mio.	4077	4 981	4 684	4 411	4 703	4 760	4 280	5 176	7 121
Private Unternehmen[7)]	Mio.	346	474	523	686	819	892	607	545	570
Taxi- und Mietwagenverkehr	Mio.	101	123	207	290	310	365	335	380	435
Verkehrsleistung - Personenkilometer[3)]										
Kommunale Unternehmen[4)]	Mio. Pkm	19960	25 860	24 279	23 773	24 650	26 550	24 551	33 191	47 745
Private Unternehmen[7)]	Mio. Pkm	8750	14 660	16 812	21 450	27 701	34 289	27 087	29 898	32 002
Taxi- und Mietwagenverkehr	Mio. Pkm	490	790	1 230	1 650	1 800	2 200	2 040	2 460	2 840
Erwerbstätige[9)]	1 000	118	148	152	146	162	175	178	204	257
Einnahmen[10)]										
Kommunale Unternehmen[11)]	Mio.	495	763	937	1 087	1 515	2 160	2 669	3 625	4 224
Private Unternehmen[11)]	Mio.	155	256	380	613	1 123	1 790	2 188	2 644	2 899
Taxi- und Mietwagenverkehr	Mio.	70	170	350	520	780	1 340	1 500	2 020	2 860

[1)] Kommunale und gemischtwirtschaftliche sowie private Unternehmen; einschl. Taxis und Mietwagen. Ohne Kraftomnibusverkehr der Eisenbahnen und der Deutschen Bundespost.- [2)] Seit 1970 einschl. des freigestellten Schülerverkehrs.- [3)] Im Bundesgebiet sowie (bis 1990) von und nach Berlin-West.- [4)] Stadtschnellbahn-, Straßenbahn-, Obus- und Kraftomnibusverkehr kommunaler und gemischtwirtschaftlicher Unternehmen. Ab 1980 einschl. des ausgegliederten Omnibusverkehrs der Deutschen Bundesbahn.- [5)] U-Bahnen, Hoch- und Schwebebahnen sowie (seit 1980) Straßenbahnen mit überwiegend vom Individualverkehr unabhängiger Gleisführung und mit Einrichtungen zur automatischen Zugbeeinflussung.- Weitere Anmerkungen siehe folgende Seite.

Öffentlicher Straßenpersonenverkehr[1)2)] - Betriebs- und Verkehrsleistungen, Erwerbstätige, Einnahmen

		1992	1993	1994	1995	1996	1997	1998	1999	2000*
Betriebsleistung - Wagenkilometer[3)]										
Kommunale Unternehmen[4)]	Mio.	2 529	2 532	2 522	2 510	2 558	2 611	2 604	2 574	2 618
Stadtschnellbahnen[5)]	Mio.	272	289	302	310	323	332	335	343	361
Straßenbahnen[6)]	Mio.	346	336	316	305	296	288	282	269	268
Obusse	Mio.	6	6	6	5	5	5	4	4	4
Kraftomnibusse	Mio.	1 906	1 901	1 898	1 891	1 935	1 987	1 983	1 958	1 984
Private Unternehmen[7)]	Mio.	1 291	1 265	1 221	1 213	1 219	1 227	1 223	1 225	1 256
Verkehrsaufkommen - Beförderte Personen										
Kommunale Unternehmen[4)8)]	Mio.	7 094	7 151	7 177	7 093	7 058	7 087	6 964	6 985	7 859
Private Unternehmen[7)]	Mio.	579	586	585	594	591	577	609	611	7 042
Taxi- und Mietwagenverkehr	Mio.	445	445	445	440	.	.	.	.	619
Verkehrsleistung - Personenkilometer[3)]										
Kommunale Unternehmen[4)]	Mio. Pkm	46 116	45 401	44 443	43 918	43 614	44 085	43 764	43 945	44 321
Private Unternehmen[7)]	Mio. Pkm	32 431	32 331	31 036	31 135	31 152	30 287	30 049	30 312	31 486
Taxi- und Mietwagenverkehr	Mio. Pkm	2 900	2 940	2 950	2 900	.	.	.	.	.
Erwerbstätige[9)]	1 000	256	250	240	237	184	165	163	162	163
Einnahmen[10)]										
Kommunale Unternehmen[11)]	Mio. €	10 793	11 104	11 387	11 922	12 119	12 552	12 745	13 074	13 400
Private Unternehmen[11)]	Mio. €	4 609	4 693	4 883	5 340	5 444	5 781	5 870	5 953	6 100
Kraftomnibusverkehr	Mio. €	3 093	3 301	3 384	3 441	3 545	3 701	3 755	3 931	4 030
Taxi- und Mietwagenverkehr	Mio. €	3 090	3 110	3 120	3 140	3 130	3 070	3 120	3 190	3 270

Beginn der Anmerkungen siehe vorige Seite.- [6)] Ohne Straßenbahnen mit überwiegend vom Individualverkehr unabhängiger Gleisführung und mit Einrichtungen zur automatischen Zugbeeinflussung.- [7)] Kraftomnibusverkehr. Seit 1985 ohne Verkehr der Kleinunternehmen mit weniger als 6 Kraftomnibussen.- [8)] Ohne Mehrfachzählungen durch Wechsel der Transportmittel.- [9)] Jahresdurchschnitt. Ab 1996 ohne Taxi- und Mietwagenverkehr.- [10)] Betriebserträge einschl. Mehrwertsteuer.- [11)] Einschl. tarifliche Abgeltungszahlungen und Einnahmen aus dem freigestellten Schülerverkehr. - *Vorläufige Werte.

Verkehrsverbünde für den öffentlichen Personennahverkehr[1] - Verkehrsleistungen, Einnahmen

Verkehrsverbund	1955	1960	1965	1970	1975	1980	1985	1990	1991
				Beförderte Personen[2] **- in Mio**					
Hamburg	-	-	-	435	430	436	417	436	451
München	-	-	-	-	405	451	485	507	521
Frankfurt[4]	-	-	-	-	201	212	207	226	238
Stuttgart	-	-	-	-	-	182	190	208	222
Rhein-Ruhr	-	-	-	-	-	901	817	849	981
Rhein-Sieg	-	-	-	-	-	-	-	328	337
Hannover	-	-	-	123	135	158	158	163	171
Berlin[5]	-	-	-	528	550	572	519	705	982
				Personenkilometer - in Mio.					
Hamburg	-	-	-	3 808	3 603	3 664	3 660	3 396	3 510
München	-	-	-	-	3 231	3 701	4 399	4 846	4 987
Frankfurt[4]	-	-	-	-	1 700	1 772	1 946	1 977	2 025
Stuttgart	-	-	-	-	-	.	1 480	1 617	1 720
Rhein-Ruhr	-	-	-	-	-	.	.	5 580	6 379
Rhein-Sieg	-	-	-	-	-	-	-	.	.
Hannover	-	-	-	957	1 159	1 292	1 314	1 335	1 404
Berlin[5]	-	-	-	3 649	3 668	3 957	3 870	5 527	7 704
				Einnahmen[3] **- in Mio.**					
Hamburg	-	-	-	125	179	219	276	280	310
München	-	-	-	-	133	217	256	283	324
Frankfurt[4]	-	-	-	-	82	126	163	187	190
Stuttgart	-	-	-	-	-	96	137	156	168
Rhein-Ruhr	-	-	-	-	-	445	528	549	524
Rhein-Sieg	-	-	-	-	-	-	-	209	221
Hannover	-	-	-	32	44	63	86	109	113
Berlin[5]	-	-	-	128	150	218	295	369	450

[1] Die Angaben der einzelnen Verkehrsverbünde sind nur bedingt miteinander vergleichbar.- [2] Ohne Mehrfachzählungen durch Wechsel der Transportmittel.-
[3] Tarifeinnahmen einschl. Mehrwertsteuer sowie Ausgleichszahlungen nach dem Schwerbehindertengesetz, jedoch ohne Finanzierungsbeiträge nach
§ 45 a PBefG und § 6 a Allg. Eisenbahngesetz.- Weitere Anmerkungen siehe folgende Seite.

Verkehrsverbünde für den öffentlichen Personennahverkehr[1] - Verkehrsleistungen, Einnahmen

Verkehrsverbund	1992	1993	1994	1995	1996	1997	1998	1999	2000
Beförderte Personen[1] - in Mio									
Hamburg	458	470	476	481	478	477	482	489	494
München	535	538	529	529	533	.	540	541	547
Frankfurt[4]	238	244	224	.	.	.	560	575	.
Stuttgart	230	240	280	261	277	273	282	287	293
Rhein-Ruhr	1 003	1 064	1 081	1 077	1 072	1 056	1 068	1 058	1 065
Rhein-Sieg	339	356	382	384	379	383	391	398	400
Hannover	170	174	174	174	167	.	186	173	183
Berlin[5]	1 002	1 017	923	872	.	.	.	.	.
Personenkilometer - in Mio.									
Hamburg	3 570	3 658	3 701	3 738	3 717	3 708	3 685	3 738	3 735
München	5 135	5 043	4 991	4 978	5 038	.	5 042	5 800	5 249
Frankfurt[4]	2 005	2 032	1 903	.	.	.	5 800	.	.
Stuttgart	1 794	.	2 141	2 131	2 387	2 352	2 900	2 957	3 014
Rhein-Ruhr	6 573	6 919	7 026	8 998	6 967	6 863	6 940	6 896	6 873
Rhein-Sieg	.	.	.	3 114	.	.	.	.	.
Hannover	1 393	1 427	1 430	1 428	1 373	.	1 520	1 418	1 504
Berlin[5]	6 573	6 663	4 825	4 216	.	.	.	.	.
Einnahmen[3] - in Mio. €									
Hamburg	318	312	326	336	340	339	345	352	359
München	347	379	394	405	378	.	394	402	423
Frankfurt[4]	193	201	202	.	.	.	481	483	.
Stuttgart	180	.	239	246	248	250	242	250	260
Rhein-Ruhr	527	554	587	619	574	590	616	627	651
Rhein-Sieg	230	243	251	260	272	277	284	293	299
Hannover	114	122	128	132	114	.	119	118	129
Berlin[5]	464	513	487	469	.	.	.	.	.

Beginn der Anmerkungen siehe vorige Seite.- [4] Ab 1998 Rhein-Main-Verkehrsverbund.- [5] Bis 1990 Berlin (West) - BVG. Ab 1984 einschl. S-Bahn. (1990 Berlin-Ost: 376 Mio. beförderte Personen; 2 016 Mio. Pkm). Bis 1996 Verkehrsgemeinschaft Berlin-Brandenburg.

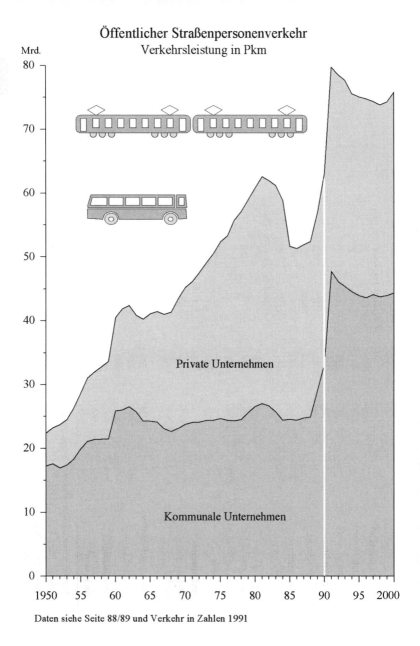

Gewerblicher Güterkraftverkehr

		1994	1995	1996	1997	1998	1999*	2000*
Fahrzeugbestand[1)2)]								
Lastkraftwagen	1 000	151,6	.	130,6	130,3	147,1	.	.
mit Spezialaufbau	1 000	40,9	.	34,0	36,8	51,3	.	.
Lastkraftfahrzeuganhänger	1 000	138,1	.	125,2	134,4	177,1	.	.
Sattelanhänger	1 000	55,1	.	57,1	65,9	88,1	.	.
Lastkraftwagen nach Nutzlastklassen								
bis 3,5 t	1 000	46,4	.	41,7	.	35,1		
über 3,5 bis 7,5 t	1 000	32,7	.	20,0	21,8	28,2		
über 7,5 bis 9 t	1 000	23,5	.	18,0	16,3	18,3		
über 9 bis 14 t	1 000	33,3	.	33,2	31,4	35,6		
über 14 t	1 000	15,8	.	17,6	.	29,9		
Ladekapazität[1)2)]	1000 t	3 462	.	3 360	3 918	4 613	.	.
Lastkraftwagen	1000 t	1 101	.	1 047	1 376	1 278	.	.
Lastkraftfahrzeuganhänger	1000 t	2 361	.	2 313	2 542	3 335	.	.
Verkehrsaufkommen[3)]	Mio. t	1 604	1 646	1 595	1 541	1 506	1 603	1 539
Verkehrsleistung[3)]	Mrd. tk	137,7	145,1	146,0	151,3	160,2	173,2	177,6
Erwerbstätige[1)4)6)]	1 000	309	294	251	266	355	360	340
Einnahmen[1)5)6)]	Mio. €	25 550	24 690	21 100	21 530	27 240	27 580	.

[1)] Unternehmen mit wirtschaftlichem Schwerpunkt im Straßengüternah- und fernverkehr und Umzugsverkehr.- [2)] Eingesetzte Fahrzeuge. Ohne Zugmaschinen. Stand Ende Oktober.- [3)] Ohne Transporte mit Lastkraftfahrzeugen bis 6 t zulässiges Gesamtgewicht oder 3,5 t Nutzlast.- [4)] Jahresdurchschnitt.- [5)] Frachteinnahmen einschl. sonstiger Betriebseinnahmen. Einschl. Mehrwertsteuer.- [6)] Unternehmensbereiche "Gewerblicher Straßengüterverkehr.- * Zum Teil vorläufige Werte.

Fluggesellschaften[1]

(1955 ohne Saarland und Berlin-West)		1955	1960	1965	1970	1975	1980	1985	1990	1991
Luftfahrzeugbestand[2]	Anzahl	34	214	295	519	536	621	710	851	1 030
Flugzeuge[3]	Anzahl	32	208	279	487	480	505	547	707	863
Startgewicht										
bis 20 t	Anzahl	24	173	216	375	345	357	372	439	556
über 20 t bis 75 t	Anzahl	8	35	63	57	47	35	66	111	156
über 75 t bis 175 t	Anzahl	}	}	}	52	72	84	70	107	88
über 175 t	Anzahl				3	16	29	39	50	63
Hubschrauber[4]	Anzahl	2	6	16	32	56	116	163	144	167
Verkehrsaufkommen										
Beförderte Personen	1 000	75	1 290	3 820	9 450	14 370	19 540	24 267	34 782	.
Inlandsverkehr	1 000	15	370	1 340	2 890	3 950	5 673	6 449	9 309	.
Auslandsverkehr	1 000	60	920	2 480	6 560	10 420	13 867	17 818	25 473	.
Beförderte Güter[5]	1 000 t	1	20	80	210	298	479	653	1 080	.
Inlandsverkehr	1 000 t	0	5	32	67	76	132	161	266	.
Auslandsverkehr	1 000 t	1	15	48	143	222	347	492	814	.
Verkehrsleistung										
Personenkilometer	Mio. Pkm	150	1 450	5 845	14 610	24 230	35 750	45 800	73 180	.
Tonnenkilometer[5]	Mio. tkm	5	45	135	550	1 028	1 730	2 740	4 545	.
Erwerbstätige[6]	1 000	3	10	17	23	28	35	38	53	.
Einnahmen[7]	Mio.	15	189	537	1 196	2 234	4 193	6 984	9 183	10 497
dar. aus Beförderungsleistungen[8]	Mio.	.	.	.	1 066	1 985	3 598	6 006	8 034	9 195
Personenverkehr[8]	Mio.	.	.	.	860	1 615	2 964	4 694	6 509	7 361
Güterverkehr[8]	Mio.	.	.	.	206	370	635	1 312	1 525	1 835

[1] Unternehmen der Bundesrepublik; ohne Berlin (West).- [2] Stand 1. 7. Ohne vermietete, einschl. angemietete Luftfahrzeuge.- [3] Die Flugzeuge mit einem Startgewicht über 20 t sind bis 1986 ausschließlich mit Strahlturbinenantrieb ausgerüstet.- [4] Einschl. sonstiger Luftfahrzeuge.- [5] Fracht einschl. Post.- [6] Jahresdurchschnitt.- [7] Einschl. Mehrwertsteuer.- [8] Ohne Mehrwertsteuer.

Fluggesellschaften[1]

		1992	1993	1994	1995	1996	1997	1998	1999	2000*
Luftfahrzeugbestand[2]										
Flugzeuge	Anzahl	1 281	1 045	1 277	1 454	1 724	1 665	1 706	1 720	.
Startgewicht		1 035	856	954	1 080	1 142	1 088	1 132	1 158	.
bis 20 t	Anzahl	633	490	518	657	690	714	708	644	.
über 20 t bis 75 t	Anzahl	208	227	243	227	253	230	230	240	.
über 75 t bis 175 t	Anzahl	112	75	121	134	148	109	128	181	.
über 175 t	Anzahl	82	64	72	62	51	35	66	93	.
Hubschrauber[3]	Anzahl	246	189	323	374	582	577	574	562	.
Verkehrsaufkommen										
Beförderte Personen	1 000	45 110	48 190	54 400	59 270	60 980	59 090	57 950	63 050	67 060
Inlandsverkehr	1 000	.	15 750	15 640	16 750	17 060	16 630	17 540	18 310	19 340
Auslandsverkehr	1 000	.	32 440	38 759	42 520	43 920	42 459	40 410	44 740	47 720
Beförderte Güter[4]	1 000 t	1 230	1 300	1 470	1 650	1 730	1 740	1 740	1 790	1 840
Inlandsverkehr	1 000 t	315	305	510	650	680	685	685	705	.
Auslandsverkehr	1 000 t	915	995	960	1 000	1 050	1 055	1 055	1 085	.
Verkehrsleistung										
Personenkilometer	Mio. Pkm	89 720	98 780	114 530	124 870	128 950	125 560	122 470	135 780	144 430
Tonnenkilometer[4]	Mio. tkm	4 970	5 250	5 690	6 235	6 450	6 550	6 700	7 070	7 670
Erwerbstätige[5]	1 000	61	56	55	45	47	47	47	48	50
Einnahmen[6]										
dar. aus Beförderungsleistungen[7]	Mio. €	11 400	11 950	13 580	13 600	14 050	14 340	14 980	15 780	16 100
Personenverkehr[7]	Mio. €	10 470	10 840	12 320	12 670	13 470	14 100	14 730	15 690	16 000
Güterverkehr[7]	Mio. €	8 890	9 420	10 750	11 030	11 690	12 140	12 790	13 540	13 810
	Mio. €	1 580	1 420	1 570	1 640	1 780	1 960	1 940	2 150	2 190

[1] Unternehmen der Bundesrepublik.- [2] Stand 1. 7. Ohne vermietete, einschl. angemietete Luftfahrzeuge.- [3] Einschl. sonstiger Luftfahrzeuge.- [4] Fracht einschl. Post.- [5] Jahresdurchschnitt.- [6] Einschl. Mehrwertsteuer.- [7] Ohne Mehrwertsteuer.- * Vorläufige Werte.

Flughäfen[1] - Gestartete und gelandete Luftfahrzeuge, Fluggäste - in 1 000

(1955 ohne Saarland)	1955	1960	1965	1970	1975	1980	1985	1990	1991
Gestartete und gelandete Luftfahrzeuge[2]									
dar. Berlin Tegel/Tempelhof	191	364	499	806	809	822	1 545	2 173	2 300
Berlin Schönefeld	29	35	69	78	55	56	57	101	126
Bremen	6	.	.	.	.	.	.	.	26
Dresden	.	9	12	18	13	15	34	38	37
Düsseldorf	24	46	57	72	80	88	99	137	19
Frankfurt-Main	40	81	126	176	194	212	223	311	138
Hamburg	32	38	49	64	63	65	78	113	304
Hannover	18	27	34	45	33	32	46	66	109
Köln-Bonn	3	15	24	33	35	34	60	97	67
Leipzig	.	.	.	.	.	.	.	.	101
München	16	34	49	73	76	86	124	163	21
Nürnberg	5	9	11	11	14	16	28	41	156
Stuttgart	18	26	36	47	49	50	64	89	44
									92
Fluggäste									
Einsteiger[3]	3 248	7 818	16 264	32 076	38 170	49 003	55 580	80 647	79 750
Aussteiger[3]	958	3 521	7 679	15 381	18 131	23 456	26 788	39 369	39 070
	1 071	3 499	7 635	15 399	18 228	23 683	26 897	39 530	39 298
Durchreisende[3]	383	798	950	1 296	1 811	1 864	1 895	1 749	1 382
dar. Berlin Tegel/Tempelhof	836	1 535	3 152	5 538	3 990	4 480	4 553	6 710	6 777
Berlin Schönefeld									892
Bremen	31	84	283	530	552	675	749	1 105	1 023
Dresden									.
Düsseldorf	344	941	1 791	3 600	5 218	7 226	8 227	11 912	11 291
Frankfurt-Main	813	2 171	4 796	9 366	12 757	17 605	20 225	29 368	27 872
Hamburg	450	947	1 748	3 129	3 645	4 554	4 854	6 843	6 454
Hannover	275	555	1 062	2 399	1 857	2 066	2 040	2 781	2 822
Köln-Bonn	52	270	684	1 363	1 825	2 009	2 042	3 078	3 032
Leipzig	.	.	.	.	.	.	.	.	.
München	270	808	1 667	3 559	4 540	6 037	8 049	11 364	10 763
Nürnberg	56	113	268	517	717	806	928	1 477	1 426
Stuttgart	120	316	749	1 663	2 332	2 767	3 042	4 402	4 228

[1] Verkehrsflughäfen einschl. sonstiger Flugplätze.- [2] Passagier- und Nichtpassagierflüge. Bis 1980 ohne gewerbliche Schulflüge.- [3] 1955 ohne Berlin-West.

Flughäfen[1] - Gestartete und gelandete Luftfahrzeuge, Fluggäste - in 1 000

	1992	1993	1994	1995	1996	1997	1998	1999	2000
Gestartete und gelandete Luftfahrzeuge[2]	2 441	2 473	2 548	2 610	2 633	2 742	2 766	3 031	3 158
dar. Berlin-Tegel/Tempelhof[3]	147	140	137	144	153	160	157	153	162
Berlin-Schönefeld	29	29	36	31	32	30	31	29	34
Bremen	40	40	38	37	39	35	37	38	40
Dresden	28	31	34	37	35	35	34	34	30
Düsseldorf	147	153	162	170	166	173	173	178	179
Frankfurt-Main	328	336	353	370	377	386	406	426	447
Hamburg	111	116	114	120	122	127	126	130	137
Hannover	69	73	75	71	73	77	71	78	87
Köln-Bonn	108	106	106	118	126	136	122	130	135
Leipzig	30	36	41	44	42	41	37	39	36
München	175	180	187	199	218	254	260	277	301
Nürnberg	46	50	50	56	57	62	61	62	67
Stuttgart	98	99	99	97	109	110	115	118	124
Fluggäste	89 240	96 050	103 044	111 766	115 013	121 009	128 986	137 914	147 676
Einsteiger	43 711	47 079	50 530	54 892	56 546	59 502	63 647	68 148	73 132
Aussteiger	43 989	47 402	50 883	55 234	56 893	59 874	63 523	68 128	73 050
Durchreisende	1 540	1 569	1 631	1 640	1 575	1 633	1 817	1 638	1 493
dar. Berlin-Tegel/Tempelhof[3]	7 614	8 155	8 361	9 139	9 038	9 578	9 706	10 352	11 102
Berlin-Schönefeld	1 414	1 589	1 870	1 925	1 815	1 929	1 829	1 819	2 091
Bremen	1 155	1 272	1 332	1 494	1 563	1 592	1 688	1 728	1 853
Dresden	.	1 209	1 464	1 648	1 641	1 657	1 616	1 525	1 735
Düsseldorf	12 202	13 001	13 923	15 210	14 288	15 437	15 609	14 468	15 978
Frankfurt-Main	30 634	32 328	34 978	38 413	38 621	40 142	40 063	43 557	49 278
Hamburg	6 907	7 330	7 656	8 272	8 138	8 601	8 944	8 741	9 904
Hannover	3 049	3 370	3 849	4 270	4 362	4 747	4 718	4 168	4 626
Köln-Bonn	3 491	3 836	3 920	4 803	5 160	5 318	5 305	5 330	5 597
Leipzig	.	1 381	1 858	2 036	2 116	2 200	1 973	1 623	2 240
München	11 988	12 692	13 422	14 952	15 547	17 803	19 043	20 983	23 057
Nürnberg	1 668	1 819	1 853	2 265	2 185	2 384	2 435	2 548	3 133
Stuttgart	4 757	5 119	5 523	5 194	6 440	6 857	7 070	7 095	7 180

[1] Verkehrsflughäfen einschl. sonstiger Flugplätze.- [2] Passagier- und Nichtpassagierflüge.- [3] Dar. Berlin-Tempelhof 2000: 35 Tsd. Flugbewegungen und 467 Tsd. Fluggäste

Flughäfen[1] - Fracht und Post, Erwerbstätige, Einnahmen

(1955 ohne Saarland)

		1955	1960	1965	1970	1975	1980	1985	1990	1991
Fracht und Post	1 000 t	115	139	306	636	750	1 011	1 251	1 777	1 745
dar. Berlin-Tegel/Tempelhof	1 000 t	37,0	15,1	22,9	37,2	23,4	22,5	23,0	29,9	29,4
Berlin-Schönefeld	1 000 t	.	.	.	.	.	.	.	.	5,5
Bremen	1 000 t	0,8	2,0	3,1	6,0	5,7	6,4	6,9	6,6	7,0
Dresden	1 000 t	.	.	.	.	.	.	.	.	.
Frankfurt-Main	1 000 t	20,2	58,6	159,5	385,2	526,0	721,8	917,1	1 274,4	1 221,3
Hamburg	1 000 t	17,1	14,1	22,2	42,6	39,8	52,8	48,5	61,3	55,3
Hannover	1 000 t	23,4	6,6	9,4	16,3	14,8	16,0	15,9	22,8	25,2
Köln-Bonn	1 000 t	0,7	4,3	13,1	22,0	25,6	60,0	91,9	183,6	206,9
Leipzig	1 000 t	.	.	.	.	.	.	.	.	.
München	1 000 t	3,6	9,1	21,5	40,7	45,7	50,6	56,0	82,1	77,7
Nürnberg	1 000 t	1,7	3,9	6,9	6,7	8,6	9,8	12,0	21,0	22,8
Stuttgart	1 000 t	2,9	6,7	18,6	39,6	24,6	27,5	22,0	31,2	29,1
Fracht[2]	1 000 t	68	114	234	526	623	854	1 059	1 515	1 449
Versand	1 000 t	15	44	93	239	265	389	570	718	685
Empfang	1 000 t	41	42	100	220	282	400	419	729	711
Durchgang	1 000 t	12	28	41	67	76	65	70	68	52
Post[2]	1 000 t	10	25	72	110	127	157	192	262	297
Versand	1 000 t	4	10	33	50	61	77	94	127	149
Empfang	1 000 t	4	11	33	52	60	75	89	125	142
Durchgang	1 000 t	2	4	6	8	6	5	9	9	6
Erwerbstätige[2)3)]	1 000	1	3	4	8	11	14	15	22	25
Einnahmen[2)4)]	Mio.	10	31	87	235	522	818	1 217	2 004	.

[1] Verkehrsflughäfen.— [2] 1955 ohne Berlin-West.— [3] Jahresdurchschnitt.— [4] Einschl. Mehrwertsteuer.

Flughäfen[1] - Fracht und Post, Erwerbstätige, Einnahmen

		1992	1993	1994	1995	1996	1997	1998	1999	2000*
Fracht und Post										
dar. Berlin-Tegel/Tempelhof[2]	1 000 t	1 815	1 897	2 097	2 232	2 312	2 404	2 297	2 343	2 605
Berlin-Schönefeld	1 000 t	37,5	35,9	35,7	35,0	36,4	37,3	32,1	32,0	46,3
Bremen	1 000 t	6,8	11,2	9,6	16,6	16,2	17,4	16,0	13,5	13,6
Dresden	1 000 t	7,6	8,0	7,6	9,1	8,2	7,7	7,2	7,1	7,3
Düsseldorf	1 000 t	.	.	6,9	7,0	7,9	7,3	7,4	6,9	5,0
Frankfurt-Main	1 000 t	58,2	54,7	55,4	62,6	62,5	71,2	67,6	62,0	59,9
Hamburg	1 000 t	1 250,0	1 299,3	1 427,5	1 489,3	1 518,1	1 537,0	1 485,4	1 561,5	1 724,0
Hannover	1 000 t	59,1	57,5	58,3	59,1	57,2	53,8	51,7	52,7	48,7
Köln-Bonn	1 000 t	26,1	22,4	23,0	24,5	22,4	19,7	19,5	15,9	17,6
Leipzig	1 000 t	210,5	220,4	263,2	308,4	345,8	403,4	374,6	412,0	443,5
München	1 000 t	.	.	22,0	24,1	20,5	15,7	11,5	14,1	13,9
Nürnberg	1 000 t	82,8	94,7	100,5	103,7	115,0	129,6	127,3	147,4	157,0
Stuttgart	1 000 t	24,9	32,3	40,9	51,2	53,5	60,0	43,6	28,0	30,2
	1 000 t	31,7	31,5	33,9	31,7	37,5	36,2	35,6	39,1	37,7
Fracht	1 000 t	1 492	1 552	1 742	1 859	1 958	2 101	2 023	2 126	2 331
Versand	1 000 t	718	757	884	942	1 000	1 086	1 026	1 083	1 206
Empfang	1 000 t	723	746	805	870	913	970	944	995	1 082
Durchgang	1 000 t	50	49	54	47	45	45	53	48	42
Post	1 000 t	324	346	354	373	353	303	274	275	274
Versand	1 000 t	160	171	174	183	172	148	133	133	133
Empfang	1 000 t	155	167	172	183	173	145	130	134	132
Durchgang	1 000 t	8	8	8	7	8	9	11	8	9
Erwerbstätige[3]	1 000	26	26	26	27	28	27	28	28	29
Einnahmen[4]	Mio. €	2 140	2 560	3 090	3 380	3 710	4 860	5 700	6 380	6 800

[1] Verkehrsflughäfen.- [2] Dar. Berlin-Tempelhof (1999: 143 t Fracht und 0 t Post).- [3] Jahresdurchschnitt.- [4] Einschl. Mehrwertsteuer.- * Zum Teil vorläufige Werte.

Rohrfernleitungen[1]

		1955	1960	1965	1970	1975	1980	1985	1990	1991
Länge der Rohrfernleitungen[2)3)]	km	.	455	1 070	2 058	2 086	2 086	2 222	2 222	3 289
Rohölleitungen	km	.	455	1 070	1 579	1 579	1 579	1 715	1 715	2 704
Mineralölproduktenleitungen	km	-	-	-	479	507	507	507	507	585
Verkehrsaufkommen										
Beförderte Tonnen	Mio. t	.	13,3	46,3	89,2	80,3	84,0	69,2	74,1	90,7
dar. im grenzüberschreitenden Verkehr	Mio. t	.	2,4	27,9	67,0	59,6	65,0	55,2	59,9	73,9
Rohöl	Mio. t	.	13,3	46,3	80,7	71,8	76,1	56,8	64,4	79,3
dar. im grenzüberschreitenden Verkehr	Mio. t	-	-	.	.	.	.	.	.	64,8
Mineralölerzeugnisse	Mio. t	-	-	-	8,5	8,5	7,9	12,4	9,7	11,4
Verkehrsleistung[4)]										
Tonnenkilometer	Mrd. tkm	.	3,0	8,9	16,9	14,6	14,3	10,5	13,3	15,7
dar. im grenzüberschreitenden Verkehr	Mrd. tkm	.	3,0	8,9	15,1	13,1	13,1	8,7	11,7	14,0
Rohöl	Mrd. tkm	.	.	.	.	.	.	.	.	10,8
Mineralölerzeugnisse	Mrd. tkm	-	-	-	1,8	1,5	1,2	1,8	1,6	1,7
Erwerbstätige[5)]	1 000	.	0	0	1	1	1	1	1	1
Einnahmen[6)]	Mio.	.	15	66	97	194	307	327	302	.

[1)] Rohöl- und Mineralölproduktenleitungen über 40 km Länge.- [2)] Stand 31. 12.- [3)] Einschl. der 244 km des seit Mitte 1982 vorübergehend stilliegenden zweiten Rohrstranges der Nord-West-Ölleitung Wilhelmshaven-Hünxe.- [4)] Im Bundesgebiet.- [5)] Jahresdurchschnitt.- [6)] Lt. Umsatzsteuerstatistik; einschl. Mehrwertsteuer.

Rohrleitungen[1]

		1992	1993	1994	1995	1996	1997	1998	1999
Länge der Rohrleitungen[2)3)]									
Rohölleitungen	km	3 289	3 289	3 045	3 056	3 056	3 056	2 966	2 966
Mineralölproduktenleitungen	km	2 704	2 704	2 460	2 460	2 460	2 460	2 370	2 370
	km	585	585	585	596	596	596	596	596
Verkehrsaufkommen[4)]									
Beförderte Tonnen	Mio. t	92,6	94,7	98,7	98,4	.	.	.	.
dar. im grenzüberschreitenden Verkehr[5)]	Mio. t	76,0	77,2	80,7	77,1	.	.	.	.
Rohöl	Mio. t	81,5	83,4	87,4	87,2	89,4	87,4	90,7	89,3
dar. im grenzüberschreitenden Verkehr[5)]	Mio. t	66,9	68,0	71,5	68,1	68,6	66,6	68,7	68,4
Mineralölerzeugnisse	Mio. t	11,1	11,3	11,3	11,2	.	.	.	.
Verkehrsleistung[4)6)]									
Tonnenkilometer	Mrd. tkm	15,7	16,1	16,8	16,6	.	.	.	.
Rohöl	Mrd. tkm	13,9	14,3	15,1	14,8	14,5	13,2	14,8	15,0
dar. im grenzüberschreitenden Verkehr[5)]	Mrd. tkm	10,5	10,6	11,2	11,0	10,2	8,8	10,4	10,5
Mineralölerzeugnisse	Mrd. tkm	1,8	1,8	1,7	1,8	.	.	.	.
Erwerbstätige[7)]	1 000	1	1	1	1	1	1	1	1
Einnahmen[8)]	Mio. €	360	370	400	410	430	800	790	780

[1)] Rohöl- und Mineralölproduktenleitungen.- [2)] Stand 31. 12.- [3)] Einschl. der 244 km des seit Mitte 1982 vorübergehend stilliegenden zweiten Rohrstranges der Nord-West-Ölleitung Wilhelmshaven-Hünxe.- [4)] Ab 1996 nur Rohöl.- [5)] Ab 1996 einschl. Transit (1997 = 2 Mio. t, 0,4 Mrd. tkm).- [6)] Im Bundesgebiet.- [7)] Jahresdurchschnitt.- [8)] Lt. Umsatzsteuerstatistik, einschl. Mehrwertsteuer.

Rohrleitungen
Versand und Empfang von rohem Erdöl nach Verkehrsregionen 1999 und 2000 - in 1 000 t

Versand- verkehrsregion	Binnen- verkehr	Rotterdam	Marseille	Genua	Triest	Russische Föderation	Grenzüber- schreitender Empfang	Empfang insgesamt[4]
Empfangsregionen								
1999								
Nord[1]	20 895	15 929	-	-	-	-	15 929	36 824
Süd[2]	-	-	8 159	-	24 414	-	32 573	32 573
Ost[3)4)]	-	-	-	-	-	19 899	19 899	19 899
Versand insgesamt[4]	20 895	15 929	8 159	-	24 414	19 899	68 401	89 296
2000								
Nord[1]	20 789	15 158	-	-	-	-	15 158	35 946
Süd[2]	-	-	8 087	-	24 453	-	32 540	32 540
Ost[3)4)]	-	-	-	-	-	20 912	20 912	20 912
Versand insgesamt[4]	20 789	15 158	8 087	-	24 453	20 912	68 609	89 398
Veränderung 2000/1999 in vH	-0,5	-4,8	-0,9	X	0,2	5,1	0,3	0,1

[1] Hamburg, Emsland, Duisburg, Essen, Köln.- [2] Kaiserslautern, Mannheim, Karlsruhe, Regensburg, Ingolstadt, Rosenheim.-
[3] Rostock, Frankfurt/Oder, Halle, Naumburg.- [4] Gesamtsumme einschl. Durchgangsverkehr aus der Russischen Föderation.

Bevölkerung, Erwerbstätige, Schüler und Studenten, Private Haushalte

Jahr	Bevölkerung[1] insgesamt in 1 000	davon im Alter von ... bis unter ... Jahren			Erwerbstätige[2] in 1 000	Schüler[3] und Studenten[4] in 1 000	Private Haushalte[5] in Mio.
		unter 18	18-65	über 65			
1950	47 696	13 384	29 888	4 424	20 376	9 250	15,4
1955	50 318	13 471	31 827	5 020	23 230	8 792	16,4
1960	55 958	14 182	35 676	6 100	26 247	8 894	19,1
1965	59 297	15 787	36 375	7 135	26 887	9 829	20,7
1970	60 651	16 451	36 209	7 991	26 668	11 537	22,2
1975	61 829	16 067	36 825	8 937	26 110	13 158	23,6
1980	61 566	14 368	37 647	9 551	27 059	12 829	24,6
1985	61 024	12 036	39 936	9 052	26 593	11 271	25,9
1990	63 726	11 693	42 289	9 744	28 495	10 763	27,8
1991	80 275	15 522	52 720	12 033	36 564	13 520	35,3
1992	80 975	15 713	53 085	12 176	35 854	13 763	35,7
1993	81 338	15 840	53 137	12 360	35 186	13 875	36,2
1994	81 539	15 872	53 125	12 542	34 881	14 056	36,7
1995	81 818	15 903	53 183	12 732	34 817	14 226	36,9
1996	82 012	15 921	53 234	12 857	36 089	14 387	37,3
1997	82 057	15 887	53 204	12 966	35 797	14 450	37,5
1998	82 037	15 745	53 225	13 067	37 479	14 521	37,5
1999	82 163	15 642	53 170	13 351	37 879	14 911	37,8
2000*	.	.	.	.	38 466	14 456	38,0

[1] Wohnbevölkerung.- [2] Erwerbstätige Inländer Jahresdurchschnitt (Erwerbstätige im Inland s. S. 44/45).-
[3] Schulen der allgemeinen Ausbildung, der allgemeinen Fortbildung, der beruflichen Aus- und Fortbildung. Schuljahr (Beginn: Herbst).- [4] Universitäten, Kunst- und Fachhochschulen (jeweils zum Wintersemester).-
[5] Ergebnisse des Mikrozensus.- * Vorläufige Zahlen.

Erwerbstätige, Schüler und Studierende - nach Pendlereigenschaft - 1994 und 2000[1]

	Erwerbstätige[2]				Schüler und Studenten[2]				Erwerbstätige, Schüler und Studenten[2]			
	1994		2000		1994		2000		1994		2000	
	in 1 000	in vH	in 1 000	in vH	in 1 000	in vH	in 1 000	in vH	in 1 000	in vH	in 1 000	in vH
männlich												
Innergemeindliche Pendler	8 993	51,0	9 523	52,7	3 835	76,0	4 569	71,8	12 828	56,6	14 092	57,7
Pendler zwischen Gemeinden des Landes	7 760	44,0	7 410	41,0	1 145	22,7	1 660	26,1	8 905	39,3	9 070	37,1
Pendler über die Landesgrenze	866	4,9	1 122	6,2	64	1,3	132	2,1	930	4,1	1 254	5,1
insgesamt	17 619	100	18 055	100	5 044	100	6 361	100,0	22 663	100	24 416	100,0
weiblich												
Innergemeindliche Pendler	7 899	63,1	8 810	62,7	3 537	76,5	4 328	72,1	11 436	66,8	13 138	65,5
Pendler zwischen Gemeinden des Landes	4 273	34,2	4 729	33,6	1 040	22,5	1 556	25,9	5 313	31,0	6 285	31,3
Pendler über die Landesgrenze	337	2,7	515	3,7	45	1,0	122	2,0	382	2,2	637	3,2
insgesamt	12 509	100	14 054	100,0	4 622	100	6 006	100,0	17 131	100	20 060	100,0
Pendler insgesamt												
Innergemeindliche Pendler	16 891	56,1	18 333	57,1	7 372	76,3	8 897	71,9	24 263	61,0	27 230	61,2
Pendler zwischen Gemeinden des Landes	12 033	39,9	12 139	37,8	2 185	22,6	3 216	26,0	14 218	35,7	15 355	34,5
Pendler über die Landesgrenze	1 202	4,0	1 637	5,1	109	1,1	254	2,1	1 311	3,3	1 891	4,3
insgesamt	30 128	100	32 109	100,0	9 666	100	12 367	100,0	39 792	100	44 476	100,0

[1] Daten für 1996 siehe "Verkehr in Zahlen 2000".- [2] Ohne Personen, die keine Angaben zum Pendlerverhalten gemacht haben (1994: 1 366, 2000: 6 630).
Quelle: Mikrozensus, Statistisches Bundesamt.

Erwerbstätige, Schüler und Studierende
nach Zeitaufwand für den Weg zur Arbeits- bzw. Ausbildungsstätte - 1994 und 2000[1)]

	Erwerbstätige[2)]						Schüler und Studierende[2)]					
	Insgesamt		männlich		weiblich		Insgesamt		männlich		weiblich	
	1 000	in vH	1 000	in vH	1 000	in vH	1 000	in vH	1 000	in vH	1 000	in vH
Zeitaufwand für den Hinweg von ... bis unter ... Minuten												
1994												
unter 10	7 736	24,8	4 080	22,4	3 656	28,0	3 733	38,9	1 956	39,0	1 777	38,7
10-30	14 544	46,6	8 289	45,6	6 255	47,9	4 641	48,3	2 395	47,8	2 246	48,9
30-60	5 399	17,3	3 385	18,6	2 014	15,4	993	10,3	527	10,5	466	10,1
60 und mehr	1 257	4,0	890	4,9	367	2,8	202	2,1	114	2,3	88	1,9
Ohne oder wechselnder Weg	2 306	7,4	1 550	8,5	756	5,8	35	0,4	18	0,4	18	0,4
Insgesamt	31 242	100	18 194	100	13 048	100	9 604	100	5 010	100	4 595	100
2000												
unter 10	8 125	26,5	4 125	24,0	4 000	29,7	3 816	31,5	1 997	32,0	1 819	30,9
10-30	14 594	47,6	8 076	47,0	6 518	48,3	6 204	51,2	3 174	50,9	3 030	51,4
30-60	5 319	17,3	3 274	19,0	2 045	15,2	1 654	13,6	829	13,3	825	14,0
60 und mehr	1 491	4,9	1 070	6,2	421	3,1	424	3,5	222	3,6	202	3,4
Ohne oder wechselnder Weg	1 160	3,8	655	3,8	505	3,7	28	0,2	12	0,2	16	0,3
Insgesamt	30 689	100	17 200	100	13 489	100	12 126	100	6 234	100	5 892	100

[1)] Daten für 1996 siehe "Verkehr in Zahlen 2000". - [2)] Ohne Personen, die keine Angaben zum Pendlerverhalten oder zum Zeitaufwand gemacht haben (1994: 7 097, 2000: 8 286). Quelle: Mikrozensus, Statistisches Bundesamt.

B 1

Erwerbstätige, Schüler und Studierende
nach Entfernung für den Weg zur Arbeits- bzw. Ausbildungsstätte - 1994 und 2000[1]

	Erwerbstätige[2]						Schüler und Studierende[2]					
	Insgesamt		männlich		weiblich		Insgesamt		männlich		weiblich	
	1 000	in vH	1 000	in vH	1 000	in vH	1 000	in vH	1 000	in vH	1 000	in vH
Entfernung für den Hinweg von ... bis unter ... km												
1994												
unter 10	16 446	52,6	8 556	47,0	7 890	60,4	7 847	81,5	4 071	81,1	3 776	82,0
10-25	8 775	28,1	5 399	29,6	3 376	25,9	1 326	13,8	686	13,7	640	13,9
25-50	2 760	8,8	1 924	10,6	836	6,4	290	3,0	167	3,3	123	2,7
50 und mehr	983	3,1	782	4,3	201	1,5	125	1,3	78	1,6	47	1,0
Ohne oder wechselnder Weg	2 306	7,4	1 550	8,5	756	5,8	36	0,4	18	0,4	18	0,4
Insgesamt	31 270	100	18 211	100	13 059	100	9 624	100	5 020	100	4 604	100
2000												
unter 10	15 751	50,2	7 918	44,3	7 833	57,9	9 122	74,6	4 679	74,8	4 443	74,5
10-25	9 683	30,8	5 943	33,3	3 740	27,7	2 189	17,9	1 091	17,4	1 098	18,4
25-50	3 366	10,7	2 241	12,5	1 125	8,3	603	4,9	315	5,0	288	4,8
50 und mehr	1 434	4,6	1 114	6,2	320	2,4	279	2,3	158	2,5	121	2,0
Ohne oder wechselnder Weg	1 160	3,7	655	3,7	505	3,7	28	0,2	12	0,2	16	0,3
Insgesamt	31 394	100	17 871	100	13 523	100	12 221	100	6 255	100	5 966	100

[1] Daten für 1996 siehe "Verkehr in Zahlen 2000".- [2] Ohne Personen, die keine Angaben zum Pendlerverhalten oder zur Entfernung gemacht haben (1994: 7 049, 2000: 1 520). Quelle: Mikrozensus, Statistisches Bundesamt.

Erwerbstätige, Schüler und Studierende
nach der Art der benutzten Verkehrsmittel[1] - 1994 und 2000

	Erwerbstätige						Schüler und Studierende						Erwerbstätige, Schüler und Studierende					
	1994			2000			1994			2000			1994			2000		
	insgesamt	insgesamt	männlich	weiblich	insgesamt	männlich	weiblich	insgesamt	männlich	weiblich	insgesamt	männlich	weiblich	insgesamt	männlich	weiblich	insgesamt	männlich	weiblich
	in 1 000																		
Eisenbahn	509	534	310	224	202	385	192	193	711	919	502	417							
U-Bahn, S-Bahn, Straßenbahn	2 116	1 787	756	1 031	686	1 077	468	609	2 802	2 864	1 224	1 640							
Kraftomnibus	1 894	1 512	584	928	2 775	3 698	1 839	1 859	4 669	5 210	2 423	2 787							
Öffentliche Verkehrsmittel	4 519	3 833	1 650	2 183	3 663	5 160	2 499	2 661	8 182	8 993	4 149	4 844							
Selbstfahrer	17 429	18 634	11 557	7 077	409	1 102	627	475	17 838	19 736	12 184	7 552							
Mitfahrer	1 352	1 023	472	551	361	495	244	251	1 713	1 518	716	802							
Personenkraftwagen	18 781	19 657	12 029	7 628	770	1 597	871	726	19 551	21 254	12 900	8 354							
Kraftrad, Moped, Mofa	353	386	327	59	57	110	84	26	410	496	411	85							
Fahrrad	2 559	2 379	1 113	1 266	1 564	1 664	907	757	4 123	4 043	2 020	2 023							
Sonstige Verkehrsmittel	277	159	118	41	62	38	21	17	339	197	139	58							
Fußgänger	3 388	3 094	1 327	1 767	3 447	3 558	1 802	1 756	6 835	6 652	3 129	3 523							
Ohne oder wechselnder Weg	250	1 160	655	505	136	28	12	16	386	1 188	667	521							
Insgesamt	30 127	30 668	17 219	13 449	9 699	12 155	6 196	5 959	39 826	42 823	23 415	19 408							
	in vH																		
Eisenbahn	1,7	1,7	1,8	1,7	2,1	3,2	3,1	3,2	1,8	2,1	2,1	2,1							
U-Bahn, S-Bahn, Straßenbahn	7,0	5,8	4,4	7,7	7,1	8,9	7,6	10,2	7,0	6,7	5,2	8,5							
Kraftomnibus	6,3	4,9	3,4	6,9	28,6	30,4	29,7	31,2	11,7	12,2	10,3	14,4							
Öffentliche Verkehrsmittel	15,0	12,5	9,6	16,2	37,8	42,5	40,3	44,7	20,5	21,0	17,7	25,0							
Selbstfahrer	57,9	60,8	67,1	52,6	4,2	9,1	10,1	8,0	44,8	46,1	52,0	38,9							
Mitfahrer	4,5	3,3	2,7	4,1	3,7	4,1	3,9	4,2	4,3	3,5	3,1	4,1							
Personenkraftwagen	62,3	64,1	69,9	56,7	7,9	13,1	14,1	12,2	49,1	49,6	55,1	43,0							
Kraftrad, Moped, Mofa	1,2	1,3	1,9	0,4	0,6	0,9	1,4	0,4	1,0	1,2	1,8	0,4							
Fahrrad	8,5	7,8	6,5	9,4	16,1	13,7	14,6	12,7	10,4	9,4	8,6	10,4							
Sonstige Verkehrsmittel	0,9	0,5	0,7	0,3	0,6	0,3	0,3	0,3	0,9	0,5	0,6	0,3							
Fußgänger	11,2	10,1	7,7	13,1	35,5	29,3	29,1	29,5	17,2	15,5	13,4	18,2							
Ohne oder wechselnder Weg	0,8	3,8	3,8	3,8	1,4	0,2	0,2	0,3	1,0	2,8	2,8	2,7							
Insgesamt	100	100	100	100	100	100	100	100	100	100	100	100							

[1] Für die längste Wegstrecke zwischen Wohnung und Arbeitsstätte bzw. Ausbildungsstätte benutztes Verkehrsmittel. Quelle: Mikrozensus, Statistisches Bundesamt.

Länge der öffentlichen Straßen[1] - in 1 000 km

Jahr	Straßen des überörtlichen Verkehrs[2]					Gemeindestraßen[3]		
	insgesamt	Bundesautobahnen	Bundesstraßen	Landesstraßen	Kreisstraßen	insgesamt	innerorts	außerorts
1950	.	.	.	.	.	.	.	.
1955	129,3	2,175	24,4	53,4	49,3	220	101,1	118,9
1960	135,3	2,515	25,0	57,7	50,1	227	110,1	116,9
1965	155,6	3,204	29,9	66,2	56,3	246	132,1	113,9
1970	162,4	4,110	32,2	65,4	60,7	270	151,7	118,3
1975	169,1	6,213	32,5	65,5	65,0	297	176,6	120,1
1980	172,4	7,538	32,6	65,6	66,7	310	187,9	122,1
1985	173,2	8,350	31,4	63,3	70,2	318	194,0	124,0
1990	174,0	8,959	30,9	63,2	71,0	327	199,4	127,6
1991	226,3	10,955	42,1	84,9	88,3	410	.	.
1992	226,8	11,013	42,2	85,2	88,4	413	.	.
1993	227,2	11,080	42,0	88,1	86,1	.	.	.
1994	228,6	11,143	41,8	86,5	89,2	.	.	.
1995	228,9	11,190	41,7	86,7	89,3	.	.	.
1996	231,1	11,246	41,5	86,8	91,6 [4]	.	.	.
1997	231,1	11,309	41,4	86,8	91,5	.	.	.
1998	230,7	11,427	41,4	86,8	91,1	.	.	.
1999	230,7	11,515	41,3	86,8	91,1	.	.	.
2000	230,8	11,712	41,3	86,8	91,0	.	.	.

[1] Stand 31. 12. Ohne Privatstraßen des öffentlichen Verkehrs (31. 12. 1975: 3 131 km).- [2] Einschl. Ortsdurchfahrten (1970: 32,7 Tsd. km, 1975: 33,9 Tsd. km, 1980: 34,2 Tsd. km, 1985: 35,3 Tsd. km, 1990: 35,7 Tsd. km). Die Angaben bis 1980 enthalten die Strecken einiger Fahrbahnäste.- [3] Mit Ausnahme der Jahre 1970 und 1975 Schätzungen. Ohne Ortsdurchfahrten der Straßen des überörtlichen Verkehrs (1970: 32,7 Tsd. km, 1975: 33,9 Tsd. km, 1980: 34,2 Tsd. km, 1985: 35,3 Tsd. km, 1990: 35,7 Tsd. km).-
[4] Kreisstraßen in Thüringen wurden 1996 erstmalig erfasst.

Länge der Straßen des überörtlichen Verkehrs[1] - nach Bundesländern - in 1 000 km

	Insgesamt		Bundesautobahnen		Bundesstraßen		Landesstraßen		Kreisstraßen	
	1995	2000	1995	2000	1995	2000	1995	2000	1995	2000
Baden-Württemberg	27,47	27,45	1,020	1,029	4,48	4,43	9,91	9,94	12,05	12,06
Bayern	41,60	41,71	2,178	2,283	6,93	6,80	13,90	13,95	18,60	18,68
Berlin	0,25	0,25	0,061	0,062	0,19	0,19	-	-	-	-
Brandenburg	12,70	12,51	0,766	0,766	2,81	2,80	5,80	5,79	3,33	3,15
Bremen	0,11	0,10	0,048	0,059	0,06	0,04	-	-	-	-
Hamburg	0,23	0,24	0,081	0,081	0,15	0,16	-	-	-	-
Hessen	16,33	15,94	0,957	0,956	3,16	3,13	7,16	7,19	5,05	4,67
Mecklenburg-Vorpommern	9,71	9,78	0,237	0,336	2,07	2,08	3,22	3,24	4,18	4,12
Niedersachsen	28,24	28,16	1,325	1,349	4,84	4,82	8,36	8,31	13,73	13,68
Nordrhein-Westfalen	29,82	29,61	2,153	2,178	5,13	5,05	12,60	12,57	9,94	9,81
Rheinland-Pfalz	18,42	18,44	0,816	0,839	3,07	3,02	7,13	7,19	7,39	7,40
Saarland	2,03	2,03	0,226	0,236	0,35	0,35	0,82	0,83	0,62	0,62
Sachsen	13,75	13,55	0,425	0,452	2,44	2,42	4,73	4,73	6,15	5,95
Sachsen-Anhalt	10,52	10,91	0,199	0,320	2,33	2,36	3,85	3,83	4,15	4,40
Schleswig-Holstein	9,89	9,88	0,448	0,481	1,77	1,71	3,60	3,60	4,07	4,09
Thüringen[2]	7,83	10,23	0,250	0,285	1,94	1,94	5,64	5,65	-[2]	2,36
Deutschland insgesamt[2]	228,86	230,77	11,190	11,712	41,70	41,28	86,72	86,80	89,25	90,98

[1] Stand 31.12.; einschl. Ortsdurchfahrten, ohne Fahrbahnäste. - [2] Kreisstraßen wurden 1995 in Thüringen nicht erfasst.

Länge der öffentlichen Straßen nach Fahrbahnbreiten - km

Fahrbahnbreite von ... bis unter ... m	Bundes- autobahnen	Bundes- straßen	Landes- straßen	Kreis- straßen	Gemeindestraßen innerorts	Gemeindestraßen außerorts
31.12.1975						
unter 4	-	15	716	4 594	33 479	68 838
4 - 5	-	138	8 143	16 989	45 001	34 499
5 - 6	-	1 644	24 237	25 316	50 163	12 422
6 - 7	-	9 237	20 620	14 557	27 594	3 043
7 - 9	80*	15 772	9 048	2 675		
9 - 12	-	3 020	1 823	532	20 389	1 310
12 und mehr	6 127	2 656	867	300		
insgesamt[1]	6 213	32 490	65 484	64 959	176 625	120 112
31.12.1980						
unter 4	-	105	526	3 575	.	.
4 - 5	-	104	5 914	14 204	.	.
5 - 6	-	1 116	21 869	26 173	.	.
6 - 7	-	7 447	22 343	18 248	.	.
7 - 9	136*	17 161	11 575	3 455	.	.
9 - 12	-	3 436	2 284	662	.	.
12 und mehr	7 402	3 189	1 126	342	.	.
insgesamt	7 538	32 558	65 637	66 659	188 000**	122 000**
31. 12. 1985						
unter 5	-	55	4 378	15 814	.	.
5 - 6	-	749	19 145	27 684	.	.
6 - 7	-	6 229	23 098	21 032	.	.
7 - 9	94*	16 882	12 630	4 145	.	.
9 - 12	-	3 665	2 519	862	.	.
12 und mehr	8 256	3 596	1 207	421	.	.
insgesamt[2]	8 350	31 372	63 296	70 222	194 000**	124 000**
31. 12. 1995* **						
unter 5			503	.	.	.
5 - 7		229	10 335	.	.	.
7 - 11[3]			25 463	.	.	.
11[3] - 20	1 851	4 106		.	.	.
20 und mehr	9 132	-		.	.	.
insgesamt	11 212	40 407	86 717	89 253	.	.

[1] Durch Runden der Messergebnisse für die einzelnen Teilstücke gleicher Deckenart weichen die nach Fahrbahnbreiten differenzierten Werte in der Summe geringfügig ab. - [2] In der jeweiligen Summe enthalten, aber nicht nach Fahrbahnbreiten nachgewiesen sind: 196 km Bundesstraßen, 319 km Landesstraßen, 264 km Kreisstraßen. - [3] Bei Bundesstraßen 12 m. - * Einbahnige Strecken. - ** Schätzung. - *** Die Werte weichen geringfügig von denen auf den Seiten 111/112 ausgewiesenen Werten ab, da nicht in allen Bundesländern 100 vH der Straßen erfasst wurden.

Befestigte Flächen der öffentlichen Straßen - (Fahrbahnen ohne Mittelstreifen, Bankette, Böschungen usw.)

Straßenklassen	Straßenfläche in km²				Anteile der Straßenarten an der Straßenfläche insgesamt in vH				Anteile der Straßenflächen an der Fläche des Bundesgebietes[1] in vH			
	1971	1981	1986	1996	1971	1981	1986	1996	1971	1981	1986	1996
Bundesautobahnen	108,5	200,5	223,2	245,5	4,3	6,8	7,3	.	0,04	0,08	0,09	0,07
Bundesstraßen	252,0	271,8	273,7	342,0	9,9	9,2	8,9	.	0,10	0,11	0,11	0,10
außerorts[2]	196,2	212,5	213,9	.	7,7	7,2	7,0	.	0,08	0,09	0,09	.
innerorts[3]	55,8	59,3	59,8	.	2,2	2,0	1,9	.	0,02	0,02	0,02	.
Landesstraßen	390,3	425,8	420,6	.	15,4	14,4	13,7	.	0,16	0,17	0,17	.
außerorts[2]	308,6	334,9	328,2	.	12,2	11,3	10,7	.	0,13	0,13	0,13	.
innerorts[3]	81,7	90,9	92,4	.	3,2	3,1	3,0	.	0,03	0,04	0,04	.
Kreisstraßen	327,4	380,0	409,4	.	12,9	12,8	13,4	.	0,13	0,15	0,16	.
außerorts[2]	265,2	305,2	324,6	.	10,4	10,3	10,6	.	0,11	0,12	0,13	.
innerorts[3]	62,2	74,8	84,8	.	2,5	2,5	2,8	.	0,02	0,03	0,03	.
Gemeindestraßen	1 436,2	1 666,9	1 720,0	.	56,6	56,3	56,2	.	0,58	0,67	0,69	.
Privatstraßen des öffentlichen Verkehrs	23,6	16,4	15,0	.	0,9	0,5	0,5	.	0,01	0,01	0,01	.
Öffentliche Straßen insgesamt	2 538,0	2 961,4	3 061,9	.	100	100	100	.	1,02	1,19	1,23	.

[1] Fläche des Bundesgebietes bis 1990 249 469 km², ab 1991 356 959 km². - [2] Freie Strecken. - [3] Ortsdurchfahrten in der Baulast des Bundes, der Länder, der Kreise und der Gemeinden. - Quelle: Berechnungen des Bundesministers für Verkehr und des Deutschen Instituts für Wirtschaftsforschung.

Länge der mit Radwegen[1] versehenen Straßen des überörtlichen Verkehrs[2] nach Bundesländern - in km

| | 1995 | | | | 2000 | | | |
| | Insgesamt | | darunter: Ortsdurchfahrten | | Insgesamt | | darunter: Ortsdurchfahrten | |
	Radwege	Fuß- und Radwege[3]	Radwege	Fuß- und Radwege[3]	Radwege	Fuß- und Radwege[3]	Radwege	Fuß- und Radwege[3]
Baden-Württemberg[4]	.	.	.	.	257	1 901	86	310
Bayern	302	3 301	267	720	322	4 188	282	856
Berlin	107	19	97	6	107	19	97	6
Brandenburg	313	151	143	92	695	534	381	283
Bremen	27	2	24	1	13	2	10	1
Hamburg	121	16	118	13	126	21	119	19
Hessen[4]	197	883	149	119	199	938	151	131
Mecklenburg-Vorpommern	222	286	88	131	247	637	89	196
Niedersachsen	1 001	10 563	726	1 795	3 621	9 384	873	1 862
Nordrhein-Westfalen	1 359	6 123	1 195	1 139	1 391	6 909	1 239	1 322
Rheinland-Pfalz	76	829	64	88	.	.	.	.
Saarland	60	235	40	40	34	272	22	61
Sachsen	148	125	53	89	289	321	122	142
Sachsen-Anhalt[5]	177	45	89	11	329	426	146	134
Schleswig-Holstein	424	3 763	332	805	1 505	2 137	691	500
Thüringen[6]	52	91	31	41	38	187	23	102
Deutschland insgesamt	.	.	.	.	.	.	.	.

[1] Ein- und beidseitige Wege.- [2] Stand 31. 12.; Bundesstraßen, Landesstraßen, Kreisstraßen.- [3] Ohne Mehrzweckstreifen, die auch von Radfahrern mitbenutzt werden.- [4] Daten für 2000 liegen nicht vor, ausgewiesen ist 1999.- [5] Daten für 1995 liegen nicht vor, ausgewiesen ist 1994.- [6] Ohne Kreisstraßen.

Anteil der mit Radwegen[1] versehenen Straßen an den Straßen des überörtlichen Verkehrs[2] nach Bundesländern - in vH

	1995			2000		
	Insgesamt	darunter: Radwege	Fuß- und Radwege[3]	Insgesamt	darunter: Radwege	Fuß- und Radwege[3]
Baden-Württemberg[4]	.	.	.	7,9	0,9	6,9
Bayern	8,7	0,7	7,9	10,8	0,8	10,0
Berlin	50,6	43,0	7,6	50,2	42,6	7,6
Brandenburg	3,7	2,5	1,2	9,8	5,6	4,3
Bremen	26,4	24,5	1,8	15,3	13,3	2,0
Hamburg	59,6	52,6	7,0	62,3	53,4	8,9
Hessen[4]	6,6	1,2	5,4	7,1	1,2	5,9
Mecklenburg-Vorpommern	5,2	2,3	2,9	9,0	2,5	6,5
Niedersachsen	41,0	3,5	37,4	46,2	12,9	33,3
Nordrhein-Westfalen	25,1	4,6	20,5	28,0	4,7	23,3
Rheinland-Pfalz	4,9	0,4	4,5	.	.	.
Saarland	14,5	2,9	11,5	15,1	1,7	13,4
Sachsen	2,0	1,1	0,9	4,5	2,1	2,4
Sachsen-Anhalt[5]	2,2	1,7	0,4	6,9	3,0	3,9
Schleswig-Holstein	42,4	4,3	38,1	36,8	15,2	21,6
Thüringen[6]	1,8	0,7	1,2	2,2	0,4	1,8
Deutschland insgesamt	.	.	.	.	.	.

[1] Ein- und beidseitige Wege.- [2] Stand 31. 12.; Bundesstraßen, Landesstraßen, Kreisstraßen.- [3] Ohne Mehrzweckstreifen, die auch von Radfahrern mitbenutzt werden.- [4] Daten für 2000 liegen nicht vor, ausgewiesen ist 1999.- [5] Daten für 1995 liegen nicht vor, ausgewiesen ist 1994.- [6] Ohne Kreisstraßen.

B 1

Straßenbelastung - Zählabschnittslänge der freien Strecken überörtlicher Straßen nach der Verkehrsstärke - 1995*

DTV-Klasse[1] Kfz/24 h	Bundesautobahnen km 1995	Anteil in vH 1995	Anteil in vH 1990	Bundesstraßen km 1995	Anteil in vH 1995	Anteil in vH 1990	Landesstraßen km 1995	Anteil in vH 1995	Anteil in vH 1990	Kreisstraßen[2] km 1995	Anteil in vH 1995	Anteil in vH 1990	Straßen insgesamt km 1995	Anteil in vH 1995	Anteil in vH 1990
bis unter 1 000	-	-	-	72	0,2	0,2	6 700	9,8	12,4	.	.	45,9	.	.	21,0
1 000 bis unter 2 000	-	-	-	848	2,4	2,4	15 563	22,8	24,8	.	.	28,1	.	.	20,1
2 000 bis unter 3 000	1	0,0	0,1	2 066	5,9	5,7	13 368	19,6	19,6	.	.	12,3	.	.	13,3
3 000 bis unter 4 000	29	0,3	0,1	2 627	7,5	8,1	9 837	14,4	13,9	.	.	5,6	.	.	9,1
4 000 bis unter 5 000	9	0,1	0,3	3 293	9,4	10,1	6 650	9,7	8,4	.	.	2,9	.	.	6,3
5 000 bis unter 6 000	24	0,2	0,6	3 740	10,6	10,6	4 267	6,2	6,1	.	.	2,1	.	.	5,2
6 000 bis unter 8 000	122	1,1	1,3	6 474	18,4	17,5	5 669	8,3	7,2	.	.	1,7	.	.	6,9
8 000 bis unter 10 000	101	0,9	1,2	5 059	14,4	14,3	2 905	4,2	3,4	.	.	0,7	.	.	4,4
10 000 bis unter 12 000	139	1,3	1,7	3 545	10,1	10,0	1 530	2,2	1,9	.	.	0,3	.	.	2,9
12 000 bis unter 14 000	174	1,6	2,2	2 381	6,8	6,4	744	1,1	1,0	.	.	0,2	.	.	1,8
14 000 bis unter 16 000	320	2,9	2,6	1 427	4,1	4,6	452	0,7	0,5	.	.	0,1	.	.	1,2
16 000 bis unter 18 000	287	2,6	2,5	1 146	3,3	3,0	285	0,4	0,3	.	.	0,1	.	.	0,9
18 000 bis unter 20 000	347	3,1	4,2	716	2,0	1,9	146	0,2	0,3	.	.	0,0	.	.	0,7
20 000 bis unter 25 000	846	7,7	9,3	836	2,4	2,5	166	0,2	0,2	.	.	0,0	.	.	1,1
25 000 bis unter 30 000	1 001	9,1	8,2	337	1,0	1,0	36	0,1	0,0	.	.	0,0	.	.	0,7
30 000 bis unter 35 000	828	7,5	7,6	208	0,6	0,6	16	0,0	0,0	.	.	0,0	.	.	0,6
35 000 bis unter 40 000	1 147	10,4	7,1	155	0,4	0,4	11	0,0	0,0	.	.	0,0	.	.	0,5
40 000 bis unter 45 000	883	8,0	9,4	95	0,3	0,2	8	0,0	0,0	.	.	-	.	.	0,6
45 000 bis unter 50 000	710	6,4	7,3	59	0,2	0,1	3	0,0	0,0	.	.	-	.	.	0,5
50 000 bis unter 60 000	1 668	15,1	15,3	71	0,2	0,3	8	0,0	0,0	.	.	-	.	.	1,0
60 000 bis unter 70 000	981	8,9	9,0	49	0,1	0,1	2	0,0	0,0	.	.	-	.	.	0,6
70 000 bis unter 80 000	631	5,7	4,5	4	0,0	0,0	-	-	-	.	.	-	.	.	0,3
80 000 bis unter 90 000	360	3,3	3	1	0,0	0,0	-	-	-	.	.	-	.	.	0,1
90 000 und mehr	417	3,8	3	-	-	-	-	-	-	.	.	-	.	.	0,1
insgesamt	11 023	100	100	35 208	100	100	68 367	100	100	.	.	100	.	.	100

[1] Durchschnittliche tägliche Verkehrsstärke aller Tage des Jahres für den Kraftfahrzeugverkehr in beiden Richtungen.- [2] Keine Angaben wegen zu geringer Anzahl der Zählstellen in den neuen Bundesländern.- * Vergleichszahlen für 1990: alte Bundesländer. Angaben für 1973 siehe Verkehr in Zahlen 1975, für 1975 Verkehr in Zahlen 1979, für 1980 Verkehr in Zahlen 1981, für 1985 Verkehr in Zahlen 1991, für 1990 Verkehr in Zahlen 1996.
Quelle: Bundesanstalt für Straßenwesen.

Straßenbelastung - Kraftfahrzeugverkehr auf den freien Strecken der überörtlichen Straßen
Durchschnittliche tägliche Verkehrsstärke (DTV) in Kfz je 24 Stunden[1]

Jahr	Bundesautobahnen			Bundesstraßen			Landesstraßen			Kreisstraßen		
	DTV in Kfz/24 h	Personen-verkehr in vH	Güter-verkehr in vH	DTV Kfz/24 h	Personen-verkehr in vH	Güter-verkehr in vH	DTV Kfz/24 h	Personen-verkehr in vH	Güter-verkehr in vH	DTV Kfz/24 h	Personen-verkehr in vH	Güter-verkehr in vH
1953	4 578	.	.	1 640	73,1	26,9	567[2]	75,3	24,7	.	.	.
1958	9 291	.	.	3 047	.	.	.	.	.	.	.	.
1960	10 710	75,5	24,5	3 548	75,6	24,4	1 262[2]	74,1	25,9	453[4]	.	.
1963	13 626	75,5	24,5	4 099	77,0	23,0	.	.	.	.	.	.
1965	16 568	75,3	24,7	4 551	79,7	20,3	1 524[3]	76,2	23,8	663[4]	.	.
1968	18 234	77,0	23,0	4 784	79,5	20,5	1 633[3]	80,0	20,0	880[5]	80,5	19,5
1970	22 385	80,8	19,2	5 660	84,6	15,4	1 885[3]	85,9	14,1	964[6]	85,9	14,1
1973	23 531	80,3	19,7	6 016	85,2	14,8	2 153[3]	87,8	12,2	1 079[6]	87,8	12,2
1975	25 687	85,3	14,7	6 108	88,9	11,1	2 166[3]	90,3	9,7	1 132[7]	89,6	10,4
1978	29 120	84,4	15,6	6 601	89,3	10,7	.	.	.	.	.	.
1980	29 917	84,3	15,7	6 785	88,9	11,1	2 566	90,3	9,7	1 325[7]	90,1	9,9
1985	31 385	84,6	15,4	7 238	90,1	9,9	2 837	91,4	8,6	1 415[7]	91,0	9,0
1990	41 967	85,4	14,6	9 005	90,7	9,3	3 527	92,1	7,9	1 655[7]	91,7	8,3
1995	43 940	83,9	16,1	9 135	89,6	10,4	3 789	91,2	8,8	.[8]	.[8]	.[8]

[1] Bezogen auf die Straßenlängen zum 1. 1. des jeweiligen Jahres.- [2] Landesstraßen soweit von der Zählung erfasst.- [3] Erfasst wurden rund 90 vH der Landesstraßen.- [4] Erfasst wurden nur einzelne Abschnitte des Kreisstraßennetzes in einem Teil der Bundesrepublik.- [5] Erfasst wurden rund ein Sechstel der Kreisstraßen.- [6] Erfasst wurden rund die Hälfte der Kreisstraßen.- [7] Erfasst wurden rund zwei Drittel der Kreisstraßen.- [8] Keine Angabe wegen zu geringer Anzahl der Zählstellen in den neuen Bundesländern.- Quelle: Bundesanstalt für Straßenwesen.

Straßenbelastung - Kraftfahrzeugverkehr auf Bundesautobahnen und Bundesstraßen
Durchschnittliche tägliche Verkehrsstärke (DTV) in Kfz je 24 Stunden nach Zeitbereichen und Fahrzeugarten[1]

Kraftfahrzeugart Straßenart	Zeit-bereiche[2]	1981	1982	1983	1984	1985	1986	1987	1988	1989	1990
Kraftfahrzeuge insgesamt											
Bundesautobahnen	AT	29 125	29 587	30 360	31 092	31 300	33 600	35 400	37 800	39 800	41 800
	WT	28 151	28 759	29 454	30 424	30 500	33 200	34 700	37 500	40 000	42 200
	FT	32 115	32 234	33 249	33 803	34 200	36 100	38 500	40 600	42 400	44 200
	SF	26 816	27 420	28 035	28 493	28 300	30 200	31 900	33 900	34 800	36 400
Bundesstraßen - außerörtlich	AT	6 692	6 839	7 035	7 186	7 240	7 690	8 030	8 420	8 730	9 010
	WT	6 783	6 928	7 100	7 285	7 340	7 880	8 160	8 640	9 060	9 390
	FT	7 021	7 125	7 390	7 522	7 630	8 030	8 500	8 770	9 120	9 410
	SF	5 851	6 059	6 181	6 266	6 270	6 520	6 760	6 990	7 080	7 190
Personenkraftwagen[3]											
Bundesautobahnen	AT	24 985	25 514	26 221	26 935	27 100	29 300	30 900	33 100	34 900	36 500
	WT	23 213	23 858	24 515	25 413	25 550	28 000	29 400	32 000	34 300	36 100
	FT	27 476	27 753	28 630	29 195	29 600	31 400	33 500	35 400	36 900	38 300
	SF	26 816	27 420	28 035	28 493	28 300	30 200	31 900	33 900	34 800	36 400
Bundesstraßen - außerörtlich	AT	6 101	6 263	6 458	6 608	6 670	7 090	7 430	7 800	8 100	8 350
	WT	6 071	6 228	6 409	6 587	6 650	7 160	7 450	7 930	8 320	8 610
	FT	6 351	6 484	6 730	6 865	6 970	7 360	7 810	8 060	8 390	8 670
	SF	6 851	6 059	6 181	6 266	6 270	6 520	6 760	6 990	7 080	7 190
Lastkraftfahrzeuge, Omnibusse[4]											
Bundesautobahnen	AT	4 139	4 072	4 139	4 159	4 190	4 320	4 420	4 660	4 880	5 260
	WT	4 980	4 927	4 955	5 017	5 060	5 190	5 230	5 460	5 710	6 110
	FT	4 631	4 481	4 616	4 608	4 630	4 760	5 040	5 250	5 540	5 920
Bundesstraßen - außerörtlich	AT	591	576	577	578	570	590	600	610	640	660
	WT	718	704	693	699	690	720	710	710	740	770
	FT	670	641	660	657	660	670	690	700	730	740

[1] Bezogen auf die Straßenlängen zum 1. 7. des jeweiligen Jahres.- [2] AT = alle Tage, WT = Werktage (Mo-Sa) außerhalb der Ferienzeit, FT = Werktage (Mo-Sa) innerhalb der Ferienzeit, SF = Sonn- und Feiertage.- [3] "Pkw-ähnliche" Kfz.- [4] "Lkw-ähnliche" Kfz.

Quelle: Bundesanstalt für Straßenwesen.

Straßenbelastung - Kraftfahrzeugverkehr auf Bundesautobahnen und Bundesstraßen
Durchschnittliche tägliche Verkehrsstärke (DTV) in Kfz je 24 Stunden nach Zeitbereichen und Fahrzeugarten[1]

Kraftfahrzeugart / Straßenart	Zeit-bereiche[2]	1991*	1992*	1993*	1994*	1995*	1996*	1997	1998	1999	2000**
Kraftfahrzeuge insgesamt											
Bundesautobahnen	AT	42 800	44 000	45 300	45 900	46 500	46 800	45 600	46 800	48 000	.
	WT	43 200	44 700	46 000	47 000	47 600	47 900	46 700	47 700	48 700	.
	FT	45 200	46 500	47 800	48 000	49 000	49 100	48 000	49 900	50 600	.
	SF	37 300	38 200	38 800	38 700	39 000	39 500	38 800	39 600	40 700	.
Bundesstraßen - außerörtlich	AT	9 120	9 250	9 380	9 670	9 850	9 930	9 400	9 530	9 710	.
	WT	9 510	9 680	9 800	10 170	10 370	10 470	9 900	10 010	10 180	.
	FT	9 510	9 640	9 790	10 050	10 230	10 320	9 770	10 040	10 180	.
	SF	7 230	7 260	7 330	7 410	7 570	7 540	7 120	7 140	7 310	.
Personenkraftwagen[3]											
Bundesautobahnen	AT	37 300	38 400	39 500	39 900	40 300	40 500	39 000	39 900	40 900	.
	WT	36 800	38 000	39 200	39 900	40 300	40 500	38 900	39 600	40 400	.
	FT	39 000	40 000	41 400	41 300	42 100	42 200	40 600	42 200	42 700	.
	SF	37 300	38 200	38 800	38 700	39 000	39 500	37 100	37 800	38 800	.
Bundesstraßen - außerörtlich	AT	8 430	8 560	8 700	8 930	9 100	9 170	8 610	8 710	8 880	.
	WT	8 700	8 860	9 000	9 310	9 490	9 580	8 970	9 060	9 210	.
	FT	8 710	8 820	9 010	9 210	9 370	9 460	8 880	9 120	9 250	.
	SF	7 230	7 260	7 330	7 410	7 570	7 540	6 900	6 910	7 080	.
Lastkraftfahrzeuge, Omnibusse[4]											
Bundesautobahnen	AT	5 550	5 740	5 780	6 000	6 200	6 300	6 700	6 950	7 140	.
	WT	6 530	6 670	6 760	7 100	7 300	7 400	7 800	8 100	8 300	.
	FT	6 120	6 450	6 360	6 700	6 900	6 900	7 300	7 740	7 880	.
	SF							1 800	1 850	1 920	.
Bundesstraßen - außerörtlich	AT	680	690	690	740	750	760	790	810	830	.
	WT	790	800	800	860	880	890	930	945	965	.
	FT	780	820	780	840	860	860	890	920	935	.
	SF							210	225	230	.

[1] Bezogen auf die Straßenlängen zum 1. 7. des jeweiligen Jahres.- [2] AT = alle Tage, WT = Werktage (Mo-Sa) außerhalb der Ferienzeit, FT = Werktage (Mo-Sa) innerhalb der Ferienzeit, SF = Sonn- und Feiertage.- [3] "Pkw-ähnliche" Kfz.- [4] "Lkw-ähnliche" Kfz.- * Alte Bundesländer. Für die neuen Bundesländer liegen nur Werte für Kraftfahrzeuge insgesamt vor. Autobahnen: 1993 30 100, 1994 30 400, 1995 31 200, 1996 32 300. Außerörtliche Bundesstraßen: 1993 6 670, 1994 6 870, 1995 6 990.- ** Daten für 2000 lagen bei Redaktionsschluss nicht vor.- Quelle: Bundesanstalt für Straßenwesen.

Transportbilanz / Leistungsbilanz der Bundesrepublik* - in Mio.

(Mit dem Ausland)	1955	1960	1965	1970	1975	1980	1985	1990*	1991
Transport insgesamt									
Einnahmen	1 116	1 755	2 727	4 080	6 375	9 327	13 098	13 571	14 695
Ausgaben	1 274	2 082	3 110	5 124	6 711	9 796	13 329	10 490	11 491
Saldo	-158	-328	-382	-1 044	-336	-468	-231	3 081	3 204
Frachten	-185	-263	-173	525	441	541	427	4 310	4 452
Personenbeförderung	-5	112	26	33	-77	-306	-103	-137	-293
Sonstige Transportleistungen	31	-177	-235	-1 602	-700	-704	-556	-1 093	-954
dar. Seehäfendienste	} -39	} -213	} -199	-301	-515	-497	-455	-511	-674
dar. Flughäfendienste								-111	85
Zum Vergleich:									
Saldo der Leistungsbilanz der Bundesrepublik[1]	1 368	2 869	-2 575	2 446	5 444	-12 846	24 709	41 633	-14 507
Warenhandel	1 655	4 319	2 659	10 645	22 248	9 430	43 297	51 921	9 763
Dienstleistungen[2]	140	334	-1 973	-3 209	-7 959	-10 278	-3 714	-9 055	-12 702
Reiseverkehr	144	-501	-1 414	-2 749	-7 285	-11 524	-12 134	-16 098	-18 637
Transport(-bilanz)	-158	-328	-382	-1 044	-336	-468	-231	3 081	3 204
Versicherungen[3]	-33	-74	-135	-1 044	-472	-524	-853	-469	-642
Sonstige Dienstleistungen[4]	186	1 236	-41	1 628	133	2 238	9 504	4 430	3 373
Übertragungen[5]	-426	-1 783	-3 261	-4 990	-8 845	-11 998	-14 874	-1 232	-11 569

[1] Erfassung Warenhandel und Dienstleistungen auf Basis Ausfuhr (fob)/Einfuhr (cif), d.h. einschl. Fracht- und Versicherungskosten der Einfuhr.-
[2] Ohne die im cif-Wert der Einfuhr enthaltenen Fracht- und Versicherungskosten.- [3] In den Prämienzahlungen enthaltene Dienstleistungskomponenten.- [4] Transithandelserträge, Finanzdienstleistungen und sonstige Dienstleistungen.- [5] Erwerbs- und Vermögenseinkommen, Versicherungsleistungen (ohne Dienstleistungskomponenten), laufende öffentliche und private Übertragungen.- * Ab Juli 1990 einschl. Transaktionen der neuen Bundesländer mit dem Ausland.

Transportbilanz / Leistungsbilanz der Bundesrepublik* - in Mio. €

(Mit dem Ausland)	1992	1993	1994	1995	1996	1997	1998*	1999*	2000*
Transport insgesamt									
Einnahmen	14 717	14 737	15 199	15 844	16 728	18 901	20 079	20 646	23 594
Ausgaben	12 302	12 229	12 662	13 255	14 237	15 975	17 289	17 765	19 636
Saldo	2 415	2 508	2 538	2 589	2 492	2 926	2 790	2 882	3 958
Frachten	3 960	4 165	4 313	4 580	4 675	4 722	4 723	5 009	7 035
Personenbeförderung	-386	-373	-393	-516	282	1 052	1 173	1 395	1 632
Sonstige Transportleistungen	-1 160	-1 284	-1 382	-1 476	-2 465	-2 848	-3 106	-3 522	-4 708
dar. Seehäfendienste	-831	-794	-1 080	-1 163	-1 633	-1 688	-1 912	-2 085	-2 751
dar. Flughäfendienste	41	153	210	276	-133	-307	-224	-176	-212
Zum Vergleich:									
Saldo der Leistungsbilanz									
der Bundesrepublik[1]	-11 721	-8 260	-19 841	-15 171	-6 115	-2 417	-6 051	-16 819	-23 008
Warenhandel	17 208	30 833	36 691	43 615	50 382	59 549	64 919	65 211	55 881
Dienstleistungen[2]	-19 375	-23 049	-27 801	-27 978	-28 290	-30 021	-34 128	-41 091	-44 321
Reiseverkehr	-21 126	-22 625	-26 373	-26 282	-27 111	-26 954	-27 989	-29 947	-32 000
Transport(-bilanz)	2 415	2 508	2 538	2 589	2 492	2 926	2 790	2 882	3 958
Versicherungen[3]	-492	-320	13	-4	470	134	-804	671	968
Sonstige Dienstleistungen[4]	-172	-2 613	-3 978	-4 281	-4 140	-6 127	-8 124	-14 697	-17 247
Übertragungen[5]	-9 554	-16 044	-28 731	-30 807	-28 206	-31 945	-36 842	-40 939	-34 568

[1] Werte nicht saisonbereinigt. Erfassung Warenhandel und Dienstleistungen auf Basis Ausfuhr (fob) / Einfuhr (cif), d.h. einschl. Fracht- und Versicherungskosten der Einfuhr.- [2] Ohne die im cif-Wert der Einfuhr enthaltenen Fracht- und Versicherungskosten.- [3] In den Prämienzahlungen enthaltene Dienstleistungskomponenten.- [4] Transithandelserträge, Finanzdienstleistungen und sonstige Dienstleistungen.- [5] Erwerbs- und Vermögenseinkommen, Versicherungsleistungen (ohne Dienstleistungskomponenten) laufende öffentliche und private Übertragungen.- * Vorläufige Werte.

Länge der Binnenwasserstraßen des Bundes[1] - in km

	Insgesamt	Fluss-/Kanalstrecken			klassifizierte Wasserstraßen		sonstige Wasserstraßen[4]
		freie/ geregelte	staugeregelte	Kanalstrecken	nationaler Bedeutung[2]	internationaler Bedeutung[3]	
1950	.	.	.	.	.	.	.
1955	.	.	.	.	.	.	.
1960	.	.	.	.	.	.	.
1965	.	.	.	.	.	.	.
1970	.	.	.	.	.	.	.
1975	.	.	.	.	.	.	.
1980	.	.	.	.	.	.	.
1985	.	.	.	.	.	.	.
1990	.	.	.	.	.	.	.
1991	7 341	2 869	2 742	1 730	1 473	4 733	1 135
1992	7 341	2 869	2 742	1 730	1 473	4 733	1 135
1993	7 681	2 960	2 942	1 779	1 613	4 778	1 290
1994	7 681	2 960	2 942	1 779	1 613	4 778	1 290
1995	7 343	2 870	2 740	1 733	1 575	4 787	981
1996	7 339	2 829	2 781	1 729	1 378	4 983	978
1997	7 339	2 829	2 781	1 729	1 378	4 983	978
1998	7 300	2 533	3 032	1 735	1 252	5 068	980
1999	7 300	2 533	3 032	1 735	1 252	5 068	980
2000	7 300	2 533	3 032	1 735	1 256	5 085	959

[1] Stand 31.12. Ohne Delgationsstrecke Hamburg.- [2] Wasserstraßen nationaler Bedeutung = Wasserstraßenklassen I bis III.- [3] Wasserstraßen internationaler Bedeutung = Wasserstraßenklassen IV bis VIc.- [4] Nicht klassifizierte Binnenwasserstraßen und solche, die nicht dem allgemeinen Verkehr dienen.

Verkehrsausgaben
Nettoausgaben des Bundes, der Länder und der Gemeinden für das Straßenwesen[1] - in Mio. €

Jahr	Insgesamt	Bundes-autobahnen	Bundes- und Landes-straßen	Kreis-straßen	Gemeinde-straßen	Verwaltung und Sonstiges
			Unmittelbare Ausgaben			
1950/1951[2]	555	29	185	65	276	.
1955/1956[2]	1 427	138	405	161	723	.
			Nettoausgaben			
1960	3 068	414	828	281	1 403	141
1965	5 102	542	1 746	454	2 091	269
1970	7 614	1 293	2 254	466	3 216	385
1975[3]	8 980	2 002	2 323	563	3 691	401
1980	7 614	1 293	2 254	466	3 216	385
1975	8 980	2 002	2 323	563	3 691	401
1980	11 804	1 910	3 205	898	5 212	579
1985	10 413	1 656	2 942	766	4 468	581
1990	11 584	1 783	3 266	831	4 968	736
1991*	13 656	2 226	3 699	872	5 851	1 008
1992**	17 867	2 702	4 706	787	7 750	1 923
1993	16 437	2 846	4 697	725	6 939	1 229
1994	16 661	2 814	4 824	794	6 963	1 266
1995	16 397	3 008	4 747	820	6 597	1 226
1996	16 192	3 088	4 228	821	6 677	1 377
1997	16 080	3 215	3 949	857	6 681	1 378
1998	15 828	3 295	3 940	809	6 677	1 107
1999						
2000	.	.	.	.	.	

[1] Einschl. der durch die "Deutsche Gesellschaft für öffentliche Arbeiten" (Öffa) über den Kreditmarkt finanzierten Ausgaben.- [2] Rechnungsjahre (1.4. bis 31.3.), ohne Saarland.- [3] Ab 1975 sind die Ergebnisse infolge der Erweiterung des finanzstatistischen Berichtskreises sowie der Neufassung der kommunalen Haushaltssystematik mit denen früherer Rechnungsjahre nicht voll vergleichbar. In den Angaben nach der neuen Abgrenzung und Methode fehlen u.a. die Ausgaben für die Tiefbauverwaltungen und die Bauhöfe der Gemeinden.- * Alte Bundesländer.- ** 1992 wurden zusätzlich 760 Mio. € aus Mitteln des "Aufschwungs Ost" für Bundesstraßen verwendet, die in den oben angegebenen Zahlen nicht enthalten sind.

Verkehrsausgaben - Ist-Ausgaben des Bundes für den Verkehr - in Mio. €

Jahr	Verkehr insgesamt	dar. Investitionen	davon: Bundesfernstraßen	Verbesserung der Verkehrsverhältnisse der Gemeinden[1]	Bundeswasserstraßen	Eisenbahnen	Luftfahrt[2]	Übrige Verkehrsausgaben	Zum Vergleich: Ausgaben des Bundes insgesamt	dar. Investitionen		Anteil des Verkehrs an den Ausgaben des Bundes	an den Investitionen des Bundes
		in vH									in vH	in vH	in vH
1950/1951[4]	269	.	105	-	147	-	1	16	6 445	.	.	4,2	.
1955/1956[4]	900	.	251	-	152	419	34	44	11 583	.	.	7,8	.
1960	1 841	68	869	-	193	564	86	128	21 193	17	17	8,7	35
1965	3 657	46	1 695	-	270	1 441	98	152	30 243	17	17	9,5	33
1970	5 722	57	2 612	496	406	1 717	158	334	45 100	17	17	12,7	43
1975	9 819	46	2 978	1 094	743	4 122	288	594	81 823	16	16	12,0	35
1980	12 416	49	3 492	1 238	828	5 827	283	748	110 994	15	15	11,2	38
1985	12 920	49	3 149	1 344	937	6 698	231	562	132 294	13	13	9,8	37
1990	13 273	50	3 438	1 345	993	6 336	493	667	162 255	13	13	8,2	30
1991	18 099	48	4 277	1 682	1 192	9 955	501	491	205 422	15	15	8,8	28
1992	20 426	56	5 041	2 438	1 250	10 536	625	535	218 408	15	15	9,4	34
1993	22 423	57	5 332	3 155	1 382	11 623	350	582	233 896	15	15	9,6	38
1994	26 966	45	5 471	3 139	1 365	15 995	359	637	241 212	13	13	11,2	43
1995	26 879	47	5 449	3 080	1 481	15 747	482	641	237 768	14	14	11,3	37
1996	25 425	46	5 200	3 070	1 535	14 649	425	546	232 919	13	13	10,9	37
1997	21 905	43	5 197	1 682	1 524	12 521	442	540	225 950	13	13	10,0	33
1998	21 995	43	5 292	1 650	1 594	12 473	488	497	233 774	12	12	9,0	34
1999	20 563	49	5 212	1 625	1 649	11 115	503	459	246 869	12	12	8,3	35
2000	19 986	48	5 070	1 631	1 616	10 715	491	463	244 405	12	12	8,2	35

[1] In 1997 Wegfall von 3 Mrd. DM, die im Rahmen des GVFG bereitgestellt wurden. Stattdessen standen den Ländern 1997 ca. 12 Mrd. DM gem. Regionalisierungsgesetz für den ÖPNV zur Verfügung.- [2] Einschl. Luftfahrt-Bundesamt; bis 1994 einschl. Flugsicherung, ab 1995 einschl. Deutscher Wetterdienst.- [3] Einschl. Ergänzungszuweisungen an finanzschwache Länder im Rahmen des Finanzausgleichs.- [4] Rechnungsjahre (1.4. bis 31.3.), ohne Saarland.

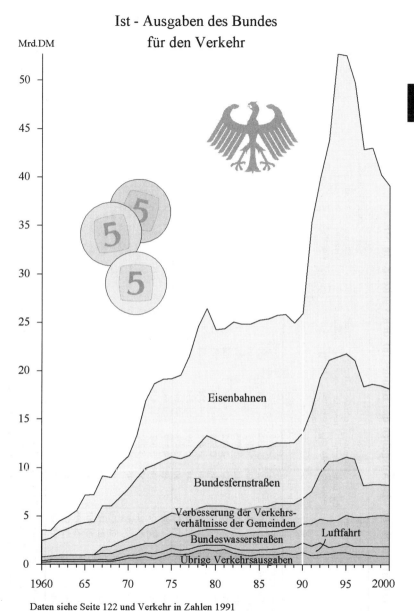

Luftfahrt - Bestand an Luftfahrzeugen[1]

Jahr	Ins- gesamt[2]	Flugzeuge	mit einem Startgewicht			Hub- schrauber	nachrichtl.: Segel- flugzeuge[3]
			bis 2 t[2]	über 2 t bis 20 t	über 20 t		
1950	-	-	-	-	-	-	.
1955	99	97	77	12	8	2	.
1960	1 111	1 096	975	83	38	15	.
1965	2 052	1 982	1 729	187	66	70	.
1970	3 792	3 666	3 263	288	115	126	.
1975	5 998	5 754	5 165	449	140	244	.
1980	7 769	7 403	6 565	685	153	366	.
1985	7 958	7 544	6 823	543	178	414	6 536
1990	9 158	8 690	7 702	682	306	468	6 961
1991	9 929	9 398	8 228	815	355	531	7 465
1992	10 691	10 069	8 791	884	394	622	7 608
1993	11 124	10 460	9 046	983	431	664	7 724
1994	11 435	10 748	9 333	980	435	687	7 767
1995	11 631	10 927	9 508	979	440	704	7 777
1996	11 718	11 011	9 612	939	460	707	7 845
1997	11 638	10 958	9 696	796	466	680	7 862
1998	11 645	10 973	9 698	782	493	672	7 805
1999	11 668	10 975	9 647	801	527	693	7 811
2000	11 623	10 923	9 551	800	572	700	7 778

[1] Im Bundesgebiet (bis 1990 ohne Berlin-West). Stand 31. 12.- [2] Ohne Segelflugzeuge. Einschl. Motorsegler (2000 = 2 413). Ohne Luftschiffe und Ballone (2000 = 1 447).- [3] Klasse S.

Allgemeine Fahrerlaubnisse[1] - in 1 000

Jahr	Erteilungen[2] insgesamt	1/1 a[3]	1 b	Klasse 2	3	4	5	Entziehungen[4] insgesamt	dar. infolge Trunkenheit
1950	732	101	-	105	215	311	-	.	.
1955	885	252	-	81	458	95	-	22,7	14,0
1960	1 505	282	-	83	989	124	27	63,6	51,6
1965	1 598	119	-	111	1 177	136	55	100,4	81,3
1970	1 603	93	-	115	1 260	120	15	150,3	133,8
1975	1 701	226	-	117	1 187	163	8	179,6	156,2
1980	2 110	380	115	143	1 343	122	7	204,0	174,4
1985	1 788	294	110	132	1 230	5	16	176,2	150,0
1990	1 724	298	49	180	1 170	16	12	182,2	146,7
1991*	2 223	254	61	139	1 636	20	13	198,3	160,7
1992*	1 927	262	86	137	1 412	19	11	214,7	172,1
1993	1 977	415	95	126	1 314	18	9	227,2	178,3
1994	1 887	362	105	113	1 277	21	9	245,4	193,3
1995	1 869	362	106	118	1 253	22	8	239,8	186,0
1996	1 842	349	118	117	1 223	27	8	234,5	179,9
1997	1 778	357	102	104	1 172	35	7	231,5	177,0
1998	1 760	334	97	112	1 170	41	7	217,2	162,6
1999	.	.	.	.	.	.	.	187,3	140,4
2000	.	.	.	.	.	.	.	188,3	135,7

[1] Ohne Erteilungen und Entziehungen von Bundeswehr, Bundesbahn, Bundespost, Bundesgrenzschutz und Polizei.-
[2] Abgrenzung der Fahrerlaubnisklassen nach der jeweiligen Rechtslage.[3] Seit 1986 unterteilt in Klasse 1 und 1a.

Klasse 1:	1986 = 197 Tsd.	Klasse 1 a:	1986 = 56 Tsd.
	1987 = 102 Tsd.		1987 = 78 Tsd.
	1988 = 71 Tsd.		1988 = 88 Tsd.
	1989 = 107 Tsd.		1989 = 112 Tsd.
	1990 = 160 Tsd.		1990 = 139 Tsd.
	1991 = 93 Tsd.		1991 = 161 Tsd.
	1992 = 90 Tsd.		1992 = 172 Tsd.
	1993 = 210 Tsd.		1993 = 204 Tsd.
	1994 = 149 Tsd.		1994 = 213 Tsd.
	1995 = 154 Tsd.		1995 = 207 Tsd.
	1996 = 150 Tsd.		1996 = 199 Tsd.
	1997 = 161 Tsd.		1997 = 196 Tsd.
	1998 = 149 Tsd.		1998 = 185 Tsd.

[4] Einschl. isolierte Sperren nach § 69 b StGB sowie Aberkennung nach § 69 b Abs. 1 StGB und §11 Abs. 2 IntKfzVo.-
* Ohne Umschreibungen von Fahrerlaubnissen aus der DDR (1991: 158 Tsd., 1992: 171 Tsd.).

Allgemeine Fahrerlaubnisse - Besitz von Pkw-Fahrerlaubnissen[1] nach Altersgruppen - 1998

Einwohner im Alter von ... bis ... Jahren	Einwohner ab 18 Jahre insgesamt in 1 000	mit Pkw-Fahrerlaubnisbesitz in 1 000	in vH	davon ohne Pkw-Fahrerlaubnisbesitz in 1 000	in vH	keine Angabe[2] in 1 000	in vH
Insgesamt	63 385	49 620	78,3	12 817	20,2	948	1,5
Männer	31 114	27 675	88,9	3 275	10,5	165	0,5
18 - 25	3 716	3 212	86,4	457	12,3	47	1,3
26 - 30	3 308	3 068	92,8	239	7,2	0	0,0
31 - 40	7 172	6 775	94,5	384	5,4	13	0,2
41 - 60	10 969	9 756	88,9	1 165	10,6	49	0,4
61 - 80	5 949	4 864	81,8	1 030	17,3	56	0,9
Frauen	32 271	21 945	68,0	9 542	29,6	783	2,4
18 - 25	3 544	2 643	74,6	840	23,7	60	1,7
26 - 30	3 098	2 696	87,0	371	12,0	32	1,0
31 - 40	6 732	5 838	86,7	864	12,8	31	0,5
41 - 60	10 804	7 805	72,2	2 712	25,1	287	2,7
61 - 80	8 092	2 964	36,6	4 754	58,8	374	4,6

[1] Fahrerlaubnisse der Klassen 2 oder 3.- [2] Zum Fahrerlaubnisbesitz. Quellen: Sozio-Ökonomisches Panel, Statistisches Bundesamt, Berechnungen des DIW.

Allgemeine Fahrerlaubnisse - Besitz von Fahrerlaubnissen nach Erlaubnisklassen[1] - 1998

	Einwohner ab 16 Jahre insgesamt	mit Fahrerlaubnisbesitz					ohne Fahrerlaubnisbesitz	keine Angabe[2]
		Klasse 1/1a	Klasse 1+2	Klasse 1+3	Klasse 2	Klasse 3	Klasse 4/1b		
	in 1 000								
Insgesamt	66 500	199	3 231	6 678	2 547	37 687	531	14 488	1 139
Männer	32 423	125	3 144	5 267	2 353	17 167	364	3 790	212
Frauen	34 077	74	87	1 411	194	20 520	166	10 698	927

[1] Personen mit mehrfachem Fahrerlaubnisbesitz sind in der jeweils höchsten Fahrerlaubnisklasse enthalten.- [2] Zum Fahrerlaubnisbesitz.-
Quelle: Sozio-Ökonomisches Panel, Statistisches Bundesamt, Berechnungen des DIW.

Pkw-Verfügbarkeit nach Altersgruppen - 1998

Einwohner im Alter von ... bis ... Jahren	Einwohner ab 18 Jahre insgesamt	mit Pkw-Verfügbarkeit				keine Pkw-Verfügbarkeit		keine Angabe[1]	
		ständig		zeitweise					
	in 1 000	in 1 000	in vH	in 1 000	in vH	in 1 000	in vH	in 1 000	in vH
Insgesamt	63 385	38 553	60,8	7 015	11,1	17 558	27,7	259	0,4
Männer	31 114	23 354	75,1	2 425	7,8	5 244	16,9	91	0,3
18 - 25	3 716	2 198	59,1	725	19,5	791	21,3	3	0,1
26 - 40	10 480	8 416	80,3	952	9,1	1 100	10,5	12	0,1
41 - 60	10 969	8 508	77,6	639	5,8	1 777	16,2	45	0,4
60 - 80	5 949	4 233	71,1	110	1,8	1 576	26,5	31	0,5
Frauen	32 271	15 199	47,1	4 589	14,2	12 314	38,2	168	0,5
18 - 25	3 544	1 569	44,3	831	23,5	1 143	32,2	1	0,0
26 - 40	9 831	6 248	63,6	1 828	18,6	1 712	17,4	42	0,4
41 - 60	10 804	5 437	50,3	1 613	14,9	3 744	34,7	10	0,1
60 - 80	8 092	1 945	24,0	317	3,9	5 715	70,6	116	1,4

[1] Zur Pkw-Verfügbarkeit.- Quelle: Sozio-Ökonomisches Panel, Statistisches Bundesamt, Berechnungen des DIW.

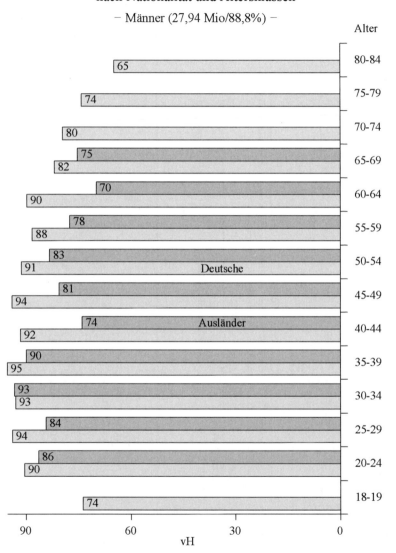

PKW-Fahrerlaubnis 1998 nach Nationalität und Altersklassen

– Frauen (22,16 Mio/66,8 %) –

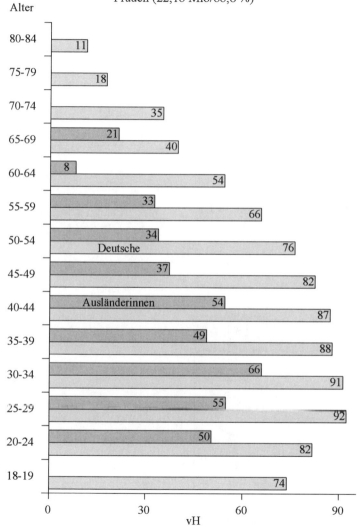

Quelle: Sozio-ökonomisches Panel, Berechnungen des DIW.

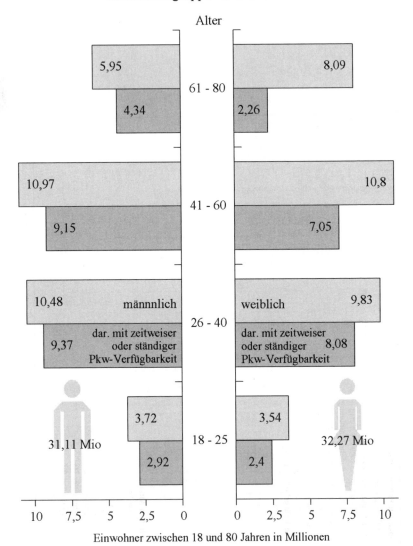

Personen mit Fahrerlaubnis auf Probe

	1991	1992	1993	1994	1995	1996	1997	1998*
Personen mit Fahrerlaubnis auf Probe[1)]	1 795 179	2 077 450	1 944 137	1 862 178	1 803 074	1 793 033	1 782 432	1 755 267
ohne Eintragungen im VZR[2)]	1 735 279	2 011 152	1 876 469	1 788 705	1 728 602	1 716 085	1 703 216	1 676 691
mit Eintragungen im VZR[2)]	59 900	66 298	67 668	73 473	74 472	76 948	79 216	78 576
dar. Kategorie A (schwere Verstöße)	50 265	55 111	55 006	58 822	59 591	62 845	64 892	64 413
dar. mit 2 und mehr Eintragungen	4 032	4 149	4 216	4 794	4 977	5 601	5 800	5 790
dar. Kategorie B (leichte Verstöße)	7 675	9 022	10 259	12 011	12 043	11 375	11 525	11 597
dar. mit 2 und mehr Eintragungen	216	243	292	365	363	332	343	329
dar. Kategorie A + B	1 960	2 165	2 403	2 640	2 838	2 728	2 799	2 566
dar. mit 2 und mehr Eintragungen	549	640	694	786	827	841	839	733
nach Fahrerlaubnisklassen								
Klasse 1	239	138	49	-	-	-	-	-
1a	5 601	5 942	5 808	5 569	5 167	4 483	3 993	3 503
1b	86 532	119 349	156 139	176 339	186 036	192 442	195 992	179 877
2	3 249	3 647	2 421	1 503	1 325	1 358	1 181	1 004
3	1 648 457	1 895 141	1 728 525	1 626 343	1 564 271	1 556 114	1 546 083	1 535 635
1 und 2	277	321	240	40	-	-	-	-
1 und 3	1 538	1 034	734	200	-	-	-	-
1a und 2	89	142	112	28	47	42	32	45
1a und 3	30 968	31 964	34 545	32 881	28 895	24 945	21 609	19 684
1b und 2	6	47	33	8	12	1	5	8
1b und 3	1 189	1 737	1 149	727	574	484	416	357
sonstige	17 034	17 988	14 382	18 540	16 747	13 164	13 121	15 154
nach dem Alter der Personen								
unter 18	75 838	106 570	138 173	154 934	160 400	169 372	168 546	156 339
18	297 132	326 787	359 142	365 698	377 733	385 057	394 978	417 162
19	479 207	461 018	485 202	504 337	515 759	527 786	533 640	540 052
20 bis unter 22	302 392	320 548	272 320	259 236	246 163	248 191	249 459	239 651
22 bis unter 26	228 869	279 624	217 844	183 053	157 407	143 706	133 385	124 052
26 bis unter 30	174 523	232 713	180 141	150 299	131 084	120 358	111 738	101 302
30 bis unter 40	170 285	249 902	201 119	166 965	146 805	138 674	133 872	123 479
40 bis unter 50	25 764	50 194	54 067	51 837	49 822	48 268	49 634	49 932
50 und mehr	41 169	50 194	36 129	25 819	17 901	11 621	7 180	3 298

[1)] Stand 31.12. – [2)] VZR = Verkehrszentralregister. – * Daten für 1999 und 2000 lagen bei Redaktionsschluss nicht vor.

Im Verkehrszentralregister erfasste Personen und Eintragungen - in 1 000

	1955	1960	1965	1970	1975	1980	1985	1990	1991
Im Verkehrszentralregister erfasste Personen									
Stand 1. 1.	-	-	-	3 144	4 141	4 609	3 920	4 601	4 739
Zugang	-	-	-	971	1 270	1 701	1 330	1 812	1 969
Namenslöschungen	-	-	-	800	928	1 599	1 318	1 674	1 737
Stand 31. 12.	-	-	-	3 315	4 483	4 711	3 933	4 739	4 971
Eintragungen im Verkehrszentralregister Mitteilungen von:									
Gerichten	-	-	-	521,0	554,0	645,3	473,6	460,8	472,6
Verurteilungen[1]	-	-	-	386,3	389,2	390,1	335,0	319,7	330,9
Bußgeldentscheidungen	-	-	-	43,2	67,5	82,2	46,0	42,5	43,2
Einstellungen nach § 153 a StPO[2]	-	-	-	-	3,7	66,2	-	-	-
Vorläufige Entziehungen[3] und Aufhebungen	-	-	-	91,5	93,7	106,8	92,7	98,7	98,6
Bußgeldbehörden[4]	-	-	-	1 079,6	1 396,7	1 988,6	1 440,2	2 113,2	2 237,1
anderen Behörden[5]	-	-	-	49,3	145,6	183,5	164,4	157,2	170,8
Mitteilungen insgesamt	-	-	-	1 649,9	2 096,4	2 817,4	2 078,2	2 731,2	2 880,5
dar. Bußgeldentscheidungen[6]	-	-	-	1 122,8	1 464,2	2 070,9	1 486,2	2 155,7	2 280,3

[1] Einschl. ergänzender Mitteilungen (z.B. über Gnadenentscheidungen, Gestattungen, vorzeitig eine neue Fahrerlaubnis zu erteilen, Wiederaufnahmeverfahren in geringer Anzahl). - [2] Einstellung des Verfahrens bei Erfüllung von Auflagen und Weisungen; auch von Staatsanwaltschaften (werden aufgrund der VZR-Reform ab 1. 6. 1983 nicht mehr erfasst). - [3] Der Fahrerlaubnis nach § 111 a StPO. - [4] Bußgeldentscheidungen. - [5] Versagung, Entziehung, Aberkennung, Widerruf/Rücknahme (Fahrlehrerlaubnis), Wiedererteilung, Verzicht und Aufhebung oder Änderung einer Maßnahme. - [6] Eintragungsgrenze: bis 31.8.72 20,- DM, 1.9.72 bis 31.5. 1983 = 40,- DM, seit 1. 6. 1983 = 80,- DM.

Im Verkehrszentralregister erfasste Personen und Eintragungen - in 1 000

	1992	1993	1994	1995	1996	1997	1998	1999	2000
Im Verkehrszentralregister erfasste Personen									
Stand 1. 1.	4 971	5 208	5 460	5 848	6 210	6 444	6 666	6 934	6 782
Zugang	2 059	2 231	2 351	2 414	2 465	2 572	2 756	2 412	2 787
Namenslöschungen	1 822	1 980	1 962	2 053	2 231	2 350	2 487	2 564	2 812
Stand 31. 12.	5 208	5 460	5 848	6 210	6 444	6 666	6 934	6 782	6 757
Eintragungen im Verkehrszentralregister									
Mitteilungen von:									
Gerichten	515,8	524,5	578,4	568,0	550,8	565,6	542,5	509,6	516,0
Verurteilungen[1]	368,4	378,0	422,6	416,7	410,8	423,7	408,0	368,7	341,2
Bußgeldentscheidungen	43,4	46,6	54,3	54,6	47,4	49,7	52,5	46,4	55,6
Vorläufige Entziehungen[3] und Aufhebungen	104,1	99,9	101,4	96,8	92,5	92,2	82,0	94,6	119,2
Bußgeldbehörden[4]	2 355,5	2 462,2	2 733,4	2 942,5	3 071,1	3 314,5	3 396,8	3 255,8	3 412,3
anderen Behörden[5]	188,6	186,6	194,6	197,7	200,6	208,3	206,3	221,8	468,1
Mitteilungen insgesamt	3 059,9	3 173,3	3 506,4	3 708,2	3 822,5	4 088,4	4 145,6	3 987,2	4 396,4
dar. Bußgeldentscheidungen[6]	2 398,9	2 508,8	2 787,7	2 997,1	3 118,5	3 364,3	3 449,2	3 302,2	3 467,9

[1] Einschl. ergänzender Mitteilungen (z.B. über Gnadenentscheidungen, Gestattungen, vorzeitig eine neue Fahrerlaubnis zu erteilen, Wiederaufnahmeverfahren in geringer Anzahl). - [2] Einstellung des Verfahrens bei Erfüllung von Auflagen und Weisungen; auch von Staatsanwaltschaften (werden aufgrund der VZR-Reform ab 1. 6. 1983 nicht mehr erfasst). - [3] Der Fahrerlaubnis nach § 111 a StPO. - [4] Bußgeldentscheidungen. - [5] Versagung, Entziehung, Aberkennung, Widerruf/Rücknahme (Fahrlehrerlaubnis), Wiedererteilung, Verzicht und Aufhebung oder Änderung einer Maßnahme. [6] Eintragungsgrenze: seit 1. 6. 1983 = 80,- DM.

Ergebnisse der Hauptuntersuchungen von Straßenfahrzeugen[1] - nach Schwere der Mängel

Jahr	Geprüfte Fahrzeuge in 1 000	ohne Mängel	davon geringe	mit Mängeln[2] erhebliche	verkehrsunsicher[3]
			Kraftfahrzeuge und Kfz-Anhänger insgesamt		
1960	2 224	958	595	632	39,0
1965	4 625	2 188	1 163	1 238	36,3
1970	6 011	2 576	1 684	1 715	36,4
1975	8 028	3 314	2 400	2 291	23,2
1980	11 256	5 196	3 646	2 396	18,2
1985	11 964	5 377	4 124	2 440	23,3
1990	15 014	7 072	5 204	2 719	19,6
1991	16 903	7 620	5 858	3 399	26,2
1992	17 858	8 202	6 241	3 393	21,5
1993	18 727	9 053	6 427	3 230	16,8
1994	19 025	9 702	6 267	3 042	14,2
1995	19 797	9 913	6 778	3 091	14,6
1996	20 011	9 811	6 968	3 218	13,4
1997	20 599	10 067	7 144	3 374	14,4
1998	20 718	10 162	7 147	3 395	13,8
1999	22 146	.	.	.	.
2000	21 963	11 449	6 790	3 709	15,5
			Personen- und Kombinationskraftwagen[4]		
1960	1 174	525	305	328	15,9
1965	3 202	1 530	772	875	25,6
1970	4 582	1 920	1 230	1 403	29,5
1975	6 564	2 639	1 879	2 024	21,1
1980	8 787	4 046	2 703	2 023	15,9
1985	9 093	3 911	3 067	2 095	19,8
1990	11 779	5 450	3 999	2 313	17,5
1991	13 043	5 707	4 446	2 867	23,5
1992	13 682	6 104	4 741	2 818	18,6
1993	14 456	6 866	4 906	2 670	14,3
1994	14 440	7 238	4 712	2 478	11,9
1995	15 129	7 480	5 119	2 518	12,0
1996	15 039	7 255	5 192	2 582	10,5
1997	15 432	7 401	5 314	2 706	11,0
1998	15 541	7 460	5 363	2 708	9,9
1999	16 483	.	.	.	.
2000	16 230	8 270	5 078	2 871	10,4

[1] Prüfungen der Technischen Prüf- oder Überwachungsstellen nach §§ 17, 29 und Anlage VIII StVZO sowie § 41 BOKraft.- [2] Geringe Mängel sind solche, die keinen nennenswerten Einfluss auf die Verkehrssicherheit haben.- [3] Verkehrsunsicher sind Fahrzeuge mit Mängeln, die zu einer unmittelbaren Verkehrsgefährdung führen.- [4] Ab 1995 einschl. M1-Fahrzeuge.

Ergebnisse der Hauptuntersuchungen von Straßenfahrzeugen[1] - nach Schwere der Mängel

Jahr	Geprüfte Fahrzeuge in 1 000	ohne Mängel	davon geringe	mit Mängeln[2] erhebliche	verkehrsunsicher[3]
Krafträder[4]					
1960	507	208	142	147	10,3
1965	234	106	58	69	2,2
1970	114	50	31	32	0,8
1975	117	48	34	34	0,5
1980	196	92	57	47	0,9
1985	432	232	127	72	1,0
1990	455	256	135	63	0,4
1991	545	304	161	80	0,6
1992	577	329	167	80	0,5
1993	618	353	183	82	0,4
1994	685	415	195	75	0,3
1995	759	460	218	81	0,3
1996	824	498	235	90	0,3
1997	918	574	251	93	0,4
1998	957	610	252	94	0,3
1999	1 152	.	.	.	.
2000	1 170	816	250	104	0,3
Omnibusse, Lastkraftwagen, Zugmaschinen und sonstige Kfz[5]					
1960	442	195	119	119	8,4
1965	975	456	278	235	6,2
1970	1 078	491	353	229	4,7
1975	1 051	482	386	182	1,2
1980	1 660	753	662	244	0,9
1985	1 694	814	675	203	1,8
1990	1 805	834	734	236	1,1
1991	2 018	894	816	307	1,3
1992	2 105	948	830	325	1,6
1993	2 154	999	837	317	1,3
1994	2 234	1 089	830	314	1,2
1995	2 253	1 047	882	323	1,4
1996	2 364	1 070	935	358	1,4
1997	2 385	1 072	935	376	1,7
1998	2 366	1 057	919	388	2,0
1999	2 507	.	.	.	.
2000	2 502	1 154	867	477	3,0

[1] Prüfungen der Technischen Prüf- oder Überwachungsstellen nach §§ 17, 29 und Anlage VIII StVZO sowie § 41 BOKraft.- [2] Geringe Mängel sind solche, die keinen nennenswerten Einfluss auf die Verkehrssicherheit haben.- [3] Verkehrsunsicher sind Fahrzeuge mit Mängeln, die zu einer unmittelbaren Verkehrsgefährdung führen.- [4] Einschl. Leicht- und Kleinkrafträder mit amtlichen Kennzeichen.- [5] Ohne Krafträder und Kraftfahrzeuganhänger.

Ergebnisse der Hauptuntersuchungen von Straßenfahrzeugen[1] - nach Art der Mängel[2]

Jahr	Festgestellte Mängel in 1 000	Beleuchtung	Lenkung	darunter Bremsen	Bereifung[3]	Fahrgestell und Aufbau[4]	Geräusch- u. Abgasverhalten[5]
			Kraftfahrzeuge und Kfz-Anhänger insgesamt				
1960	2 910	695	294	726	206	385	93
1965	5 255	1 027	628	1 212	393	646	265
1970	7 307	1 360	861	1 665	503	1 009	383
1975	10 956	2 131	782	2 460	536	2 178	214
1980	12 436	2 489	830	2 487	530	2 989	953
1985	13 136	2 586	860	2 582	594	3 903	1 022
1990	15 905	3 214	920	3 156	940	5 066	1 155
1991	19 128	3 922	1 097	3 729	1 149	5 579	1 517
1992	19 514	3 975	1 026	3 878	1 313	5 709	1 480
1993	18 862	3 803	971	3 766	1 348	5 615	1 432
1994	17 656	3 522	885	3 534	1 316	5 168	1 620
1995	18 396	3 674	924	3 722	1 420	5 402	1 606
1996	19 322	3 869	974	3 915	1 511	5 752	1 583
1997	19 604	3 995	978	3 973	1 503	5 915	1 568
1998	20 617	4 201	995	4 087	1 583	6 338	1 619
1999	.	.	.	.	.	.	.
2000	24 271	5 033	912	5 151	3 649	3 408	1 541
			Personen- und Kombinationskraftwagen[6]				
1960	1 446	350	157	391	113	135	48
1965	3 605	702	479	871	287	358	203
1970	5 739	1 064	716	1 358	395	734	328
1975	9 256	1 805	665	2 158	430	1 797	798
1980	9 824	2 005	675	2 034	375	2 335	876
1985	10 505	2 019	703	2 115	431	3 172	929
1990	12 918	2 489	753	2 628	743	4 225	1 057
1991	15 461	2 986	905	3 088	908	4 586	1 402
1992	15 722	2 978	838	3 235	1 077	4 692	1 370
1993	15 088	2 802	785	3 132	1 084	4 570	1 319
1994	13 885	2 503	689	2 914	1 028	4 133	1 469
1995	14 451	2 596	719	3 077	1 114	4 306	1 459
1996	14 964	2 667	748	3 191	1 167	4 541	1 435
1997	14 964	2 748	745	3 243	1 153	4 667	1 415
1998	15 983	2 897	752	3 327	1 215	5 035	1 463
1999	.	.	.	.	.	.	.
2000	18 540	3 618	658	4 009	2 849	2 488	1 374

[1] Prüfungen der Technischen Prüf- oder Überwachungsstellen nach §§ 17, 29 und Anlage VIII StVZO sowie § 41 StVZO sowie § 41 BOKraft.- [2] Fahrzeuge mit Mängeln verschiedener Art sind unter jeder der in Frage kommenden Art erfasst.- [3] Ab 2000 "Achsen, Räder, Reifen, Aufhängungen".- [4] Ab 2000 "Fahrgestell / Rahmen".- [5] Bei Kraftfahrzeuganhängern nur Geräuschentwicklung. - [6] Ab 1995 einschl. M1-Fahrzeuge.

Ergebnisse der Hauptuntersuchungen
von Straßenfahrzeugen[1] - nach Art der Mängel[2]

Jahr	Festgestellte Mängel in 1 000	Beleuchtung	Lenkung	darunter Bremsen	Bereifung[3]	Fahrgestell und Aufbau[4]	Geräusch- u. Abgasverhalten
				Krafträder[5]			
1960	656	149	59	170	38	105	22
1965	267	52	25	63	15	38	15
1970	134	26	15	27	8	20	7
1975	150	26	20	22	10	29	8
1980	196	32	22	27	17	41	10
1985	349	69	38	52	30	87	17
1990	339	78	36	47	31	90	24
1991	393	89	36	54	37	106	25
1992	381	85	32	52	39	104	22
1993	407	92	33	55	42	117	21
1994	403	94	32	53	45	115	21
1995	448	104	33	59	53	129	22
1996	505	116	35	66	61	146	24
1997	520	122	36	65	64	149	24
1998	541	132	36	68	69	149	25
1999	.	.	.	.	.	.	.
2000	556	122	30	71	98	121	24
			Omnibusse, Lastkraftwagen, Zugmaschinen und sonstige Kfz[6]				
1960	637	159	71	131	39	100	21
1965	1 156	228	115	226	72	197	46
1970	1 221	228	121	231	81	210	45
1975	1 281	250	94	222	75	287	45
1980	1 909	364	127	310	98	467	66
1985	1 761	384	115	287	95	490	75
1990	1 953	466	126	334	111	554	74
1991	2 357	571	149	405	133	630	90
1992	2 372	422	151	397	145	634	88
1993	2 354	572	149	385	141	661	91
1994	2 278	559	159	354	147	634	129
1995	2 390	590	168	375	156	673	125
1996	2 618	653	187	415	173	745	124
1997	2 667	670	195	423	175	766	128
1998	2 767	700	203	433	181	805	131
1999	.	.	.	.	.	.	.
2000	3 513	812	215	662	456	529	139

[1] Prüfungen der Technischen Prüf- oder Überwachungsstellen nach §§ 17, 29 und Anlage VIII StVZO sowie § 41 StVZO sowie § 41 BOKraft.- [2] Fahrzeuge mit Mängeln verschiedener Art sind unter jeder der in Frage kommenden Art erfasst.- [3] Ab 2000 "Achsen, Räder, Reifen, Aufhängungen".- [4] Ab 2000 "Fahrgestell / Rahmen.- [5] Einschließlich Leicht- und Kleinkrafträder mit amtlichen Kennzeichen - [6] Ohne Krafträder und Kraftfahrzeuganhänger.

Fahrräder[1] - Produktion und Bestand

Jahr	Produktion[2)4)]	Einfuhr[2]	Ausfuhr[2]	Inlandsanlieferungen[3)4)]		Bestand[5]	
				insgesamt	dar. Klappräder	insgesamt	dar. Klappräder
	in 1 000	in 1 000	in 1 000	in 1 000	in vH	in Mio.	in vH
1950[6]	1 319	1	59	1 261	-	.	-
1955[6]	1 625	3	490	1 138	-	.	-
1960	1 678	11	410	1 279	-	18,6	-
1965	1 655	188	240	1 603	4,0	19,3	0,0
1970	2 351	460	554	2 257	48,0	22,1	10,0
1975	3 071	536	634	2 973	35,0	29,3	24,1
1980	4 497	1 122	879	4 740	7,1	36,5	13,8
1985	3 427	767	1 130	3 064	2,0	44,2	4,0
1990	4 452	2 816	835	5 783	0,7	51,9	0,9
1991	4 347	3 785	651	6 753	0,5	64,2	0,6
1992	4 271	3 590	563	6 256	0,5	67,3	0,5
1993	3 943	3 969	487	6 273	0,5	70,0	0,4
1994	3 477	3 648	391	5 574	0,5	72,3	0,3
1995	2 489	3 373	348	4 570	0,7	73,5	0,4
1996	2 291	3 256	365	4 180	0,8	73,9	0,2
1997	2 565	3 311	483	4 197	0,9	74,0	0,3
1998	2 624	3 854	571	4 360	0,8	74,0	0,3
1999	2 901	4 281	432	4 799	0,6	74,1	0,3
2000	2 038	5 099	448	5 064	0,5	74,5	0,3

[1] Ohne Kinderspielfahrräder.- [2] Fahrräder einschl. Fahrradrahmen.- [3] Produktion und Einfuhr, abzüglich Ausfuhr; ab 1987 ohne Doppelzählungen von Fahrradrahmen (1993 = 750 Tsd.).- [4] Bei Produktion und Inlandsanlieferungen ab 1995 ohne Fahrräder ohne Kugellager.- [5] 1.7. des jeweiligen Jahres.- [6] 1950 ohne Saarland und Berlin-West. Produktion 1950, Ein- und Ausfuhr 1950 und 1955 ohne Fahrradrahmen.

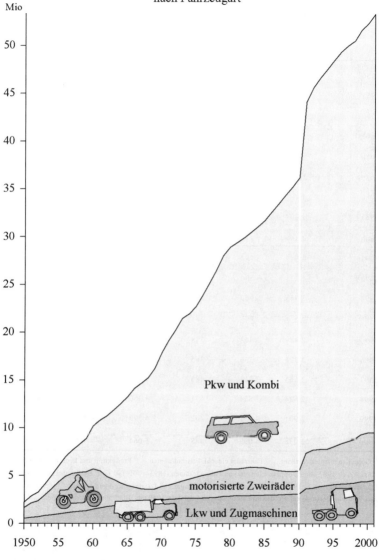

Bestand an Kraftfahrzeugen nach Fahrzeugart

Kraftfahrzeugverkehr - Bestand an Kraftfahrzeugen und Kraftfahrzeuganhängern[1]) - in 1 000

(1955 ohne Saarland und Berlin-West)

	1955	1960	1965	1970	1975	1980	1985	1990	1991*
Kraftfahrzeuge[2])	5 184	8 004	12 168	16 787	21 020	26 950	30 204	35 567	43 085
Personenkraftwagen und Kombi	1 663	4 490	9 267	13 941	17 898	23 192	25 845	30 685	36 772
dar. mit Dieselmotor	56	148	284	435	644	1 138	2 341	4 122	4 340
Personenkraftwagen	1 593	4 210	8 630	12 905	16 518	21 430	23 583	27 313	32 581
Kombinationskraftwagen	70	280	637	1 036	1 380	1 762	2 262	3 372	4 191
Krafträder[3])	2 433	1 892	717	229	250	572	993	1 233	1 958
Kraftomnibusse und Obusse	26	33	39	47	60	70	69	70	90
Lastkraftwagen	570	681	877	1 028	1 121	1 277	1 281	1 389	1 660
Ladekapazität (in 1 000 t)	1 174	1 629	2 435	3 027	3 468	3 897	3 715	4 118	.
mit Normalaufbau	564	670	856	990	1 060	1 194	1 193	1 285	.
Ladekapazität (in 1 000 t)	1 152	1 587	2 319	2 771	3 005	3 292	3 058	3 233	.
mit Spezialaufbau	6	11	21	38	61	83	88	104	.
Ladekapazität (in 1 000 t)	22	42	116	256	462	605	657	885	.
Zugmaschinen	463	868	1 204	1 447	1 561	1 640	1 705	1 756	1 992
Ackerschlepper[4])	462	860	1 180	1 412	1 515	1 580	1 641	1 678	1 892
dar. in der Landwirtschaft	404	824	1 138	1 356	1 437	1 469	1 484	1 374	1 522
Sattelzugmaschinen	1	8	24	35	45	60	64	78	100
Übrige Kraftfahrzeuge[5])	29	40	64	95	129	198	311	434	613
Kraftfahrzeuganhänger[2])	325	358	464	633	931	1 329	1 763	2 246	
zur Lastenbeförderung	293	322	396	462	598	861	1 225	1 631	
Ladekapazität (in 1 000 t)	1 080	1 202	1 794	2 261	2 845	3 433	4 060	5 200	
dar. Sattelanhänger		8	25	37	52	65	75	96	
Ladekapazität (in 1 000 t)	15	80	377	667	1 029	1 338	1 629	2 211	
zur sonstigen Verwendung	32	36	68	171	333	468	538	615	
Mopeds, Mofas und Mokicks[6])	925	2 274	1 207	1 054	1 719	2 110	1 474	954	1 612
Leicht- und Kleinkrafträder[7])				150	205	166	414	181	173

[1]) Einschl. der vorübergehend abgemeldeten Fahrzeuge. Stand 1.7. - [2]) Zulassungspflichtige Fahrzeuge, einschl. zulassungsfreie Arbeitsmaschinen mit und (ab 1970) ohne Fahrzeugbrief. - [3]) Ohne Leicht- und Kleinkrafträder mit amtlichen Kennzeichen (bis 1980: bis 50 cm³ Hubraum, seit 1981: bis 80 cm³ Hubraum).- [4]) Einschl. gewöhnliche Straßenzugmaschinen und Geräteträger. - [5]) Krankenkraftwagen, Feuerwehrfahrzeuge, Straßenreinigungs- und Arbeitsmaschinen mit und (ab 1970) ohne Fahrzeugbrief u.ä.- Weitere Anmerkungen siehe folgende Seite.

Kraftfahrzeugverkehr - Bestand an Kraftfahrzeugen und Kraftfahrzeuganhängern[19]) - in 1 000

	1992*	1993*	1994	1995	1996	1997	1998	1999	2000	2001[9])
Kraftfahrzeuge[2])										
Personenkraftwagen und Kombi	44 130	45 190	46 356	47 286	48 118	48 698	49 186	50 140	50 794	51 889
dar. mit Dieselmotor	37 947	38 892	39 765	40 404	40 988	41 372	41 674	42 324	42 840	43 772
Personenkraftwagen[8])	4 731	5 088	5 358	5 545	5 631	5 587	5 487	5 633	5 961	6 357
Kombinationskraftwagen[8])	33 327	33 907	34 407	34 670	.	.	.	.	.	.
Krafträder[3)10]	4 620	4 985	5 359	5 734	.	.	.	.	.	.
Kraftomnibusse und Obusse	1 750	1 723	1 895	2 067	2 247	2 396	2 525	2 708	2 767	2 813
Lastkraftwagen	89	89	88	86	85	84	83	85	86	87
	1 849	2 020	2 114	2 215	2 273	2 315	2 371	2 466	2 527	2 611
Ladekapazität (in 1 000 t)	.	.	5 913	6 020	6 087	6 047	6 068	6 214	.	.
mit Normalaufbau	.	1 876	1 970	2 069	2 124	2 166	2 221	2 313	2 374	2 454
Ladekapazität (in 1 000 t)	.	.	4 593	4 638	4 640	4 573	4 561	4 639	.	.
mit Spezialaufbau	.	144	144	147	150	149	150	153	152	157
Ladekapazität (in 1 000 t)	.	.	1 320	1 382	1 448	1 474	1 507	1 574	.	.
Zugmaschinen	1 900	1 891	1 898	1 900	1 900	1 900	1 903	1 916	1 920	1 942
Ackerschlepper[4])	1 788	1 770	1 778	1 776	1 769	1 765	1 762	1 763	1 758	1 771
dar. in der Landwirtschaft	1 366	1 302	1 261	1 217	1 167	1 116	1 072	1 031	989	980
Sattelzugmaschinen	113	120	121	124	130	135	141	154	162	171
Übrige Kraftfahrzeuge[5])	595	575	596	613	625	631	630	642	655	665
Kraftfahrzeuganhänger[2])										
zur Lastenbeförderung	.	.	3 875	4 101	4 263	4 405	4 521	4 656	4 853	4 960
Ladekapazität (in 1 000 t)	.	.	2 900	3 029	3 139	3 253	3 371	3 502	3 632	3 719
dar. Sattelanhänger	.	.	8 291	8 579	8 879	9 108	9 448	10 027	.	.
Ladekapazität (in 1 000 t)	.	151	156	161	167	172	180	194	205	213
	.	.	3 740	3 888	4 072	4 212	4 435	4 834	.	.
zur sonstigen Verwendung	.	.	975	1 072	1 124	1 152	1 150	1 153	1 221	1 241
Mopeds, Mofas und Mokicks[6])	2 051	1 963	1 691	1 667	1 728	1 667	1 634	1 747	1 743	1 595
Leicht- und Kleinkrafträder[7])	172	179	188	201	223	321	401	469	571	598

Beginn der Anmerkungen siehe vorige Seite. - [6]) Zulassungsfreie Fahrzeuge mit Versicherungskennzeichen. Ab 1992 Bestand am Ende des Versicherungsjahres (28./29. Februar). - [7]) Zulassungsfreie Fahrzeuge mit amtlichen Kennzeichen (bis 1980: bis 50 cm³ Hubraum, seit 1981: bis 80 cm³ Hubraum). - [8]) Ab 1995 geänderte Abgrenzung (einschl. M1-Fahrzeuge). Daher keine getrennte Ausweisung von Pkw und Kombi möglich.- [9]) Ab 2001 Stand 1.1. Geänderte Stillegungsfrist von 12 auf 18 Monate. - [10]) Ab 2001 einschl. drei- und leichte vierrädrige Fahrzeuge. - * Bestand für die neuen Bundesländer 1991 - 1993 Berechnungen des DIW.

Kraftfahrzeugverkehr - Neuzulassungen von Kraftfahrzeugen und Kraftfahrzeuganhängern - in 1 000

	1955	1960	1965	1970	1975	1980	1985	1990	1991
Kraftfahrzeuge	3 377	4 656	4 457	3 670	3 685	2 774	2 633	3 377	4 657
Personenkraftwagen und Kombi	3 041	4 159	3 930	3 194	3 209	2 426	2 379	3 041	4 159
dar. mit Dieselmotor	338	498	589	477	544	196	531	338	498
Personenkraftwagen	2 587	3 510	3 280	2 631	2 567	2 205	2 111	2 587	3 510
Kombinationskraftwagen	453	649	650	563	642	221	269	453	649
Krafträder[1]	102,4	133,3	159,1	185,7	187,6	125,3	84,4	102,4	133,3
Kraftomnibusse und Obusse	4,6	6,0	7,5	7,7	6,2	6,5	4,0	4,6	6,0
Lastkraftwagen	157,8	267,2	271,3	209,9	216,6	143,7	106,8	157,8	267,2
mit Normalaufbau	145,9	250,2	255,5	197,8	205,6	134,5	99,8	145,9	250,2
mit Spezialaufbau	11,9	17,0	15,8	12,1	11,0	9,2	7,1	11,9	17,0
Zugmaschinen	41,7	51,9	48,5	40,1	38,9	53,4	41,5	41,7	51,9
Ackerschlepper[2]	30,0	31,8	30,9	28,7	27,4	45,5	34,8	30,0	31,8
dar. in der Landwirtschaft	14,5	13,5	13,1	11,7	10,1	37,9	26,9	14,5	13,5
Sattelzugmaschinen	11,7	20,1	17,6	11,5	11,5	7,9	6,8	11,7	20,1
Übrige Kraftfahrzeuge[3]	29,4	39,3	40,7	31,9	26,6	18,9	16,9	29,4	40,6
Kraftfahrzeuganhänger	158,7	213,0	223,1	228,3	247,8	137,5	118,9	158,7	213,0
zur Lastenbeförderung	119,5	164,7	168,3	157,7	161,0	95,5	87,3	119,5	164,7
dar. Sattelanhänger	9,5	21,7	18,5	12,5	11,9	6,8	4,8	9,5	21,7
zur sonstigen Verwendung	39,2	48,3	54,8	70,6	86,8	42,0	31,6	39,2	48,3
Leicht- und Kleinkrafträder[4]	8,8	10,9	16,8	18,8	25,2	16,7	38,0	8,8	10,9

[1] Ohne Leicht- und Kleinkrafträder mit amtlichen Kennzeichen (bis 1980 bis 50 cm³ Hubraum, seit 1981 bis 80 cm³ Hubraum).- [2] Einschl. gewöhnliche Straßenzugmaschinen und Geräteträger.- [3] Krankenkraftwagen, Feuerwehrfahrzeuge, Straßenreinigungs- und Arbeitsmaschinen mit und (ab 1970) ohne Fahrzeugbrief u.ä.- [4] Weitere Anmerkungen siehe folgende Seite.

Kraftfahrzeugverkehr
Zulassungen von fabrikneuen Kraftfahrzeugen und Kraftfahrzeuganhängern - in 1 000

	1992	1993	1994	1995	1996	1997	1998	1999	2000
Kraftfahrzeuge	4 459	3 672	3 687	3 797	3 981	4 021	4 246	4 351	3 896
Personenkraftwagen und Kombi[5)]	3 930	3 194	3 209	3 314	3 496	3 528	3 736	3 802	3 378
dar. mit Dieselmotor	589	477	544	484	525	525	657	.	1 026,0
Personenkraftwagen	3 280	2 631	2 567	2 655	.	.	.	.	.
Kombinationskraftwagen	650	563	642	659	.	.	.	.	.
Krafträder[1)]	159,1	185,7	187,6	194,5	206,7	202,0	185,9	195,9	176,9
Kraftomnibusse und Obusse	7,5	7,7	6,2	5,4	5,9	5,5	5,8	6,3	6,2
Lastkraftwagen	271,3	209,9	216,6	212,2	199,8	213,0	237,2	258,2	246,8
mit Normalaufbau	255,5	197,8	205,6	198,6	188,0	200,6	223,3	242,2	231,7
mit Spezialaufbau	15,8	12,1	11,0	13,6	11,9	12,4	13,9	16,0	15,1
Zugmaschinen	48,5	40,1	38,9	42,4	44,5	45,2	52,5	56,5	53,9
Ackerschlepper[2)]	30,9	28,7	27,4	26,5	27,4	23,9	25,5	25,6	26,0
dar. in der Landwirtschaft	13,1	11,7	10,1	8,7	9,0	7,7	7,9	8,0	6,7
Sattelzugmaschinen	17,6	11,5	11,5	15,9	17,1	19,3	25,0	28,5	27,9
Übrige Kraftfahrzeuge[3)]	42,6	33,7	28,2	28,3	27,5	27,0	28,9	31,9	33,9
Kraftfahrzeuganhänger	223,1	228,3	247,8	218,7	217,4	223,5	234,2	250,5	254,8
zur Lastenbeförderung	168,3	157,7	161,0	164,2	162,1	171,1	181,9	197,6	201,3
dar. Sattelanhänger	18,5	12,5	11,9	14,5	14,1	15,6	21,8	23,5	22,6
zur sonstigen Verwendung	54,8	70,6	86,8	54,5	55,3	52,5	52,3	52,9	53,5
Leicht- und Kleinkrafträder[4)]	16,8	18,8	25,2	23,3	65,1	111,9	104,1	86,5	76,2

Beginn der Anmerkungen siehe vorige Seite. - [4)] Mit amtlichen Kennzeichen (bis 80 cm^3 Hubraum). - [5)] Ab 1995 geänderte Abgrenzung (einschl. M1-Fahrzeuge). Daher keine getrennte Ausweisung von Pkw und Kombi möglich.

Kraftfahrzeugverkehr - Personen- und Kombinationskraftwagen[1]
Bestand und Neuzulassungen nach Höchstgeschwindigkeitsklassen

Höchstgeschwindigkeit km/h	1995 1000	vH	1996 1000	vH	1997 1000	vH	1998 1000	vH	1999 1000	vH	2000 1000	vH	2001 1000	vH
							Bestand[2]							
bis 100	721	1,8	585	1,4	459	1,1	358	0,9	276	0,7	216	0,5	207	0,5
101 bis 120	601	1,5	533	1,3	465	1,1	398	1,0	340	0,8	291	0,7	283	0,6
121 bis 140	3 482	8,6	3 100	7,6	2 723	6,6	2 361	5,7	2 058	4,9	1 840	4,3	1 821	4,2
141 bis 160	12 628	31,3	12 506	30,5	12 269	29,7	11 912	28,6	11 493	27,2	11 138	26,0	11 206	25,6
161 bis 180	12 627	31,3	13 286	32,4	13 743	33,2	14 040	33,7	14 317	33,8	14 368	33,5	14 595	33,3
181 bis 200	6 990	17,3	7 322	17,9	7 704	18,6	8 198	19,7	8 953	21,2	9 646	22,5	10 029	22,9
über 200	3 053	7,6	3 484	8,5	3 866	9,3	4 287	10,3	4 786	11,3	5 251	12,3	5 545	12,7
ohne Angabe	211	0,5	172	0,4	143	0,3	121	0,3	100	0,2	89	0,2	86	0,2
insgesamt	40 314	100	40 988	100	41 372	100	41 674	100	42 324	100	42 840	100	43 772	100
							Neuzulassungen							
bis 100	1	0,0	1	0,0	1	0,0	1	0,0	1	0,0	1	0,0	.	.
101 bis 120	3	0,1	2	0,1	1	0,0	1	0,0	1	0,0	1	0,0	.	.
121 bis 140	104	3,2	84	2,4	71	2,0	75	2,0	103	2,7	90	2,7	.	.
141 bis 160	830	25,0	856	24,5	819	23,2	723	19,4	702	18,5	585	17,3	.	.
161 bis 180	1 244	37,5	1 258	36,0	1 164	33,0	1 172	31,4	1 031	27,1	868	25,7	.	.
181 bis 200	678	20,5	740	21,2	856	24,3	1 071	28,7	1 240	32,6	1 077	31,9	.	.
über 200	454	13,7	554	15,9	616	17,5	693	18,5	725	19,1	757	22,4	.	.
insgesamt	3 314	100	3 496	100	3 528	100	3 736	100	3 802	100	3 378	100	.	.

[1] Einschl. M1-Fahrzeuge. – [2] Bis 2000 Stand 1.7., ab 2001 Stand 1.1.; einschl. der vorübergehend abgemeldeten Fahrzeuge (ab 2001 geänderte Stillegungsfrist von 12 auf 18 Monate).

Personen- und Kombinationskraftwagen
Bestand nach sechs Höchstgeschwindigkeitsklassen

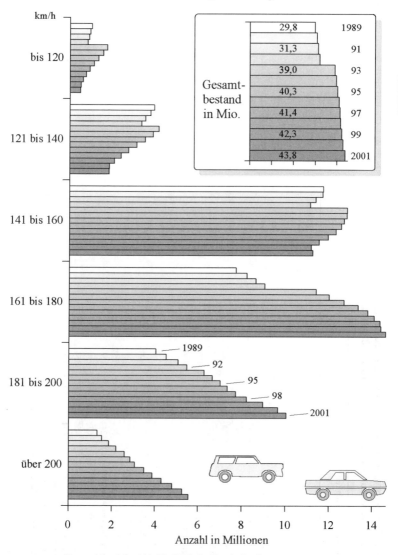

Daten siehe Seite 144, bis 1992 alte Bundesländer

Kraftfahrzeugverkehr - Personenkraftwagen[1] - Bestand, Neuzulassungen, Löschungen

		1960	1965	1970	1975	1980	1985	1990	1991	1992
		\multicolumn{9}{c}{Pkw-Bestand[2]}									
nach Hubraumklassen										
bis 999 cm³	1 000	1 280	2 229	2 018	1 729	1 897	1 941	2 033	.	.
1 000 bis 1 499 cm³	1 000	2 614	5 437	7 808	8 559	9 065	9 135	9 229	.	.
1 500 bis 1 999 cm³	1 000	426	1 267	3 363	6 206	9 493	11 302	14 984	.	.
2 000 cm³ und mehr[3]	1 000	170	335	752	1 404	2 737	3 466	4 439	.	.
bis 999 cm³	vH	28,5	24,0	14,5	9,7	8,2	7,5	6,6	.	.
1 000 bis 1 499 cm³	vH	58,2	58,7	56,0	47,8	39,1	35,4	30,1	.	.
1 500 bis 1 999 cm³	vH	9,5	13,7	24,1	34,7	40,9	43,7	48,8	.	.
2 000 cm³ und mehr[3]	vH	3,8	3,6	5,4	7,8	11,8	13,4	14,5	.	.
nach Haltergruppen										
Unternehmen/Selbständige[4)5]	1 000	2 110	2 946	3 447	3 565	4 060	4 345	3 907	.	.
Arbeitnehmer[5)6]	1 000	2 380	6 321	10 494	14 333	19 132	21 500	26 778	36 772	37 947
Insgesamt	1 000	4 490	9 267	13 941	17 898	23 192	25 845	30 685		
		\multicolumn{9}{c}{Pkw-Neuzulassungen}									
nach Hubraumklassen										
bis 999 cm³	1 000	259	254	192	215	178	172	113	153	121
1 000 bis 1 499 cm³	1 000	542	838	940	918	947	604	754	1 234	1 053
1 500 bis 1 999 cm³	1 000	128	371	798	766	925	1 249	1 721	2 183	2 129
2 000 cm³ und mehr[3]	1 000	41	54	178	207	376	354	452	589	626
bis 999 cm³	vH	26,7	16,7	9,1	10,2	7,3	7,2	3,7	3,7	3,1
1 000 bis 1 499 cm³	vH	55,9	55,2	44,6	43,6	39,0	25,4	24,8	29,6	26,8
1 500 bis 1 999 cm³	vH	13,2	24,5	37,9	36,4	38,2	52,5	56,6	52,5	54,2
2 000 cm³ und mehr[3]	vH	4,2	3,6	8,4	9,8	15,5	14,9	14,9	14,2	15,9
nach Haltergruppen										
Unternehmen/Selbständige[4)5]	1 000	482	605	669	645	781	888	1 117	1 271	1 302
Arbeitnehmer[5)6]	1 000	488	913	1 438	1 461	1 645	1 491	1 924	2 888	2 628
Insgesamt	1 000	970	1 518	2 107	2 106	2 426	2 379	3 041	4 159	3 930
		\multicolumn{9}{c}{Pkw-Löschungen[7]}									
Zahl der Fahrzeuge	1 000	155	531	931	1 353	1 939	1 776	2 633	.	1 873
Durchschnittsalter der Fahrzeuge	Jahre	7,9	8,0	9,1	9,4	11,6	9,8	10,0		11,3

[1] Personen- und Kombinationskraftwagen.- [2] Stand 1.7.; einschl. der vorübergehend abgemeldeten Fahrzeuge (1.7.1978 = 2 234 Tsd.). Bestand neue Bundesländer: 1991 und 1992 Schätzung des DIW, 1993 im Zentralen Fahrzeugregister (ZFZR) bereits erfaßte Fahrzeuge (ca. 98 vH des Gesamtbestandes).- [3] Einschl. Fahrzeuge mit Rotationskolbenmotoren.- [4] Einschl. Gebietskörperschaften, Sozialversicherung, Organisationen ohne Erwerbscharakter. - Weitere Anmerkungen siehe folgende Seite.

Kraftfahrzeugverkehr - Personenkraftwagen[1] - Bestand, Neuzulassungen, Löschungen

		1992	1993*	1994	1995	1996	1997	1998	1999	2000	2001[8]
						Pkw-Bestand[2]					
nach Hubraumklassen											
bis 999 cm³	1 000	.	3 393	3 221	2 944	2 660	2 433	2 311	2 257	2 264	2 332,5
1 000 bis 1 499 cm³	1 000	.	11 254	11 385	11 453	11 588	11 655	11 655	10 784	34 472	35 128,3
1 500 bis 1 999 cm³	1 000	.	18 800	19 666	20 416	21 047	21 523	21 910	23 338	} 6 105	6 311,4
2 000 cm³ und mehr[3]	1 000	.	5 326	5 493	5 592	5 692	5 760	5 797	5 945		
bis 999 cm³	vH	.	8,7	8,1	7,3	6,5	5,9	5,5	5,3	5,3	5,3
1 000 bis 1 499 cm³	vH	.	29,0	28,6	28,3	28,3	28,2	28,0	25,5	80,5	80,3
1 500 bis 1 999 cm³	vH	.	48,5	49,5	50,5	51,4	52,0	52,6	55,1		
2 000 cm³ und mehr[3]	vH	.	13,7	13,8	13,8	13,9	13,9	13,9	14,0	14,3	14,4
nach Haltergruppen											
Unternehmen/Selbständige[4,5]	1 000	.	4 343	4 402	4 430	4 365	4 459	4 466	4 523	4 508	4 708
Arbeitnehmer[5,6]	1 000	.	34 430	35 363	35 975	36 622	36 913	37 207	37 801	38 332	39 065
Insgesamt	1 000	37 947	38 772	39 765	40 404	40 988	41 372	41 674	42 324	42 840	43 772
						Pkw-Neuzulassungen					
nach Hubraumklassen											
bis 999 cm³	1 000	121	124	103	98	104	165	217	276	231	
1 000 bis 1 499 cm³	1 000	1 053	802	795	941	961	865	891	819	717	
1 500 bis 1 999 cm³	1 000	2 129	1 754	1 817	1 791	1 887	1 927	2 015	2 057	1 785	
2 000 cm³ und mehr[3]	1 000	626	514	495	484	544	571	613	650	645	
bis 999 cm³	vH	3,1	3,9	3,2	3,0	3,0	4,7	5,8	7,3	6,8	
1 000 bis 1 499 cm³	vH	26,8	25,1	24,8	28,4	27,5	24,5	23,9	21,5	21,2	
1 500 bis 1 999 cm³	vH	54,2	54,9	56,6	54,0	54,0	54,6	53,9	54,1	52,8	
2 000 cm³ und mehr[3]	vH	15,9	16,1	15,4	14,6	15,6	16,2	16,4	17,1	19,1	
nach Haltergruppen											
Unternehmen/Selbständige[4,5]	1 000	1 302	1 182	1 225	1 255	1 376	1 486	1 687	1 518	1 661	
Arbeitnehmer[5,6]	1 000	2 628	2 012	1 984	2 060	2 121	2 043	2 049	2 284	1 717	
Insgesamt	1 000	3 930	3 194	3 209	3 314	3 496	3 528	3 736	3 802	3 378	
						Pkw-Löschungen[7]					
Zahl der Fahrzeuge	1 000	1 873	2 253	2 695	2 950	3 145	3 392	3 469	3 046	2 554	.
Durchschnittsalter der Fahrzeuge	Jahre	11,3	11,6	11,8	11,8	11,6	11,5	11,8	11,6	11,1	.

Beginn der Anmerkungen siehe vorige Seite. – [5] Von 1987 bis Anfang Juni 1992 wurden in Berlin (West) keine Haltergruppen ermittelt; die in diesem Zeitraum zugelassenen Fahrzeuge sind insgesamt bei Arbeitnehmern ausgewiesen. – [6] Einschl. Nichterwerbspersonen. – [7] Einschl. Abmeldungen wegen Ausfuhr. – [8] Ab 2001 Stand 1.1. Geänderte Stillegungsfrist von 12 auf 18 Monate. - * Bestand für die neuen Bundesländer: Bereits im Zentralen Fahrzeugregister (ZFZR) eingetragene Fahrzeuge (ca. 98 vH des Gesamtbestandes).

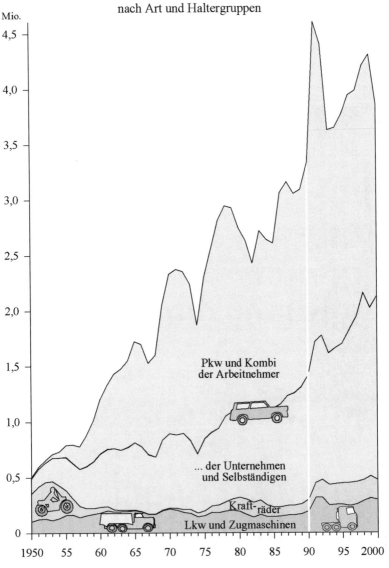

Daten siehe Seite 142-147 und Verkehr in Zahlen 1991

Kraftfahrzeugverkehr - Neuzulassungen und Bestand schadstoffreduzierter Personen- und Kombinationskraftwagen

Antriebsart / Schadstoffgruppen	1993*	1994	1995	1996	1997	1998	1999	2000	2001
				Bestand[6] - in 1 000					
mit Ottomotor									
US-Norm[1]	11 724	11 596	11 400	11 132	10 820	10 570	10 145	9 596	9 452
Europa-Norm[2]	3 573	3 502	3 383	3 213	2 968	2 410	1 997	1 628	1 542
Schadstoffarm E1[3]	80	82	76	67	57	51	21	39	38
Schadstoffarm E2[4]	2 398	5 077	7 257	7 996	8 061	7 410	7 317	7 156	7 114
insgesamt[5]	20 638	23 081	25 636	27 718	29 825	31 788	33 568	34 666	35 336
mit Dieselmotor									
US-Norm[1]	1 370	1 339	1 295	1 227	1 125	1 242	972	973	931
Europa-Norm[2]	1 864	1 801	1 716	1 598	1 434	948	481	575	539
Schadstoffarm E1[3]	5	5	5	5	5	5	1	5	5
Schadstoffarm E2[4]	284	725	1 053	1 118	1 072	933	701	823	798
insgesamt[5]	4 623	4 941	5 162	5 301	5 203	5 220	5 424	5 807	6 211
				Anteil am Gesamtbestand - in vH					
mit Ottomotor	61,3	67,1	74,0	78,0	83,3	87,8	91,5	94,0	94,4
mit Dieselmotor	91,0	92,2	93,0	94,0	93,1	95,1	96,3	97,4	97,7
				Neuzulassungen - in 1 000					
mit Ottomotor									
US-Norm[1]	27	4	2	1	1	1	1	0	.
Europa-Norm[2]	3	0	0	0	0	1	0	0	.
Schadstoffarm E1[3]	9	0							
Schadstoffarm Euro2[4]	2 656	2 616	1 543	366	18	640	240	0	.
insgesamt[5]	2 712	2 661	2 826	2 968	3 000	3 076	2 947	2 350	.
mit Dieselmotor									
US-Norm[1]	7	1	0	1	1	1	1	0	.
Europa-Norm[2]	4	0	0	0	0	0	0	0	.
Schadstoffarm E1[3]	0								
Schadstoffarm Euro2[4]	374	477	209	413	20	408	514		.
insgesamt[5]	474	543	483	524	467	657	853	1026	.
				Anteil an den Neuzulassungen - in vH					
mit Ottomotor	99,8	99,8	99,8	99,9	99,9	99,9	99,9	99,9	.
mit Dieselmotor	99,4	99,9	99,9	100,0	100,0	100,0	100,0	100,0	.

[1] Anlage XXIII StVZO. - [2] Anlage XXV StVZO. - [3] Richtlinie 70/220/EWG bis einschl. der Fassung 89/491/EWG. - [4] Richtlinie 70/220/EWG in der Fassung 91/441/EWG bzw. 94/12/EG. - [5] Einschl. sonstiger EG-Richtlinien und Ausnahmeregelungen. - [6] Stand 1.7.; einschl. der vorübergehend abgemeldeten Fahrzeuge. Ab 2001 Stand 1.7.- * Bestand für die neuen Bundesländer: Im Zentralen Fahrzeugregister (ZFZR) bereits erfasste Fahrzeuge (ca. 98 vH des Gesamtbestandes).

Kraftfahrzeugverkehr - Personen- und Kombinationskraftwagen - Bestand[1] nach kW- und PS-Klassen

kW- bzw. PS-Klassen		1955	1960	1965	1970	1975	1980	1985	1990	1991
					in 1 000					
bis 25 kW/bis	34 PS	.	.	.	.	.	1 593	1 093	761	.
bis 29 kW/bis	40 PS	.	.	.	.	.	1 145	974	717	.
bis 37 kW/bis	50 PS	.	.	.	.	.	3 474	2 999	2 891	.
bis 44 kW/bis	60 PS	.	.	.	.	.	4 998	5 602	6 325	.
bis 54 kW/bis	74 PS	.	.	.	.	.	2 291	2 853	3 908	.
bis 59 kW/bis	80 PS	.	.	.	.	.	2 535	3 472	3 990	.
bis 74 kW/bis	101 PS	.	.	.	.	.	3 945	4 090	5 104	.
bis 89 kW/bis	121 PS	.	.	.	.	.	1 648	2 289	3 469	.
bis 119 kW/bis	162 PS	.	.	.	.	.	1 017	1 689	2 363	.
ab 120 kW/ab	163 PS	.	.	.	.	.	546	784	1 157	.
insgesamt							23 192	25 845	30 685	.
Durchschnittliche Motorleistung	kW						53	57	60	.
	PS						72	78	82	.
					Anteile in vH					
bis 25 kW/bis	34 PS	.	.	.	.	.	6,9	4,2	2,5	.
bis 29 kW/bis	40 PS	.	.	.	.	.	4,9	3,8	2,3	.
bis 37 kW/bis	50 PS	.	.	.	.	.	15,0	11,6	9,4	.
bis 44 kW/bis	60 PS	.	.	.	.	.	21,6	21,8	20,7	.
bis 54 kW/bis	74 PS	.	.	.	.	.	9,9	11,0	12,7	.
bis 59 kW/bis	80 PS	.	.	.	.	.	10,9	13,4	13,0	.
bis 74 kW/bis	101 PS	.	.	.	.	.	17,0	15,8	16,6	.
bis 89 kW/bis	121 PS	.	.	.	.	.	7,1	8,9	11,3	.
bis 119 kW/bis	162 PS	.	.	.	.	.	4,4	6,5	7,7	.
ab 120 kW/ab	163 PS	.	.	.	.	.	2,4	3,0	3,8	.
insgesamt							100	100	100	100

[1] Stand 1.7., einschl. der vorübergehend abgemeldeten Fahrzeuge.

Kraftfahrzeugverkehr - Personen- und Kombinationskraftwagen[2]) - Bestand[1]) nach kW- und PS-Klassen

kW- bzw. PS-Klassen	1992	1993*	1994	1995	1996	1997	1998	1999	2001**
				in 1 000					
bis 25 kW/bis 34 PS	.	1 588	1 428	1 227	1 043	870	721	588	465
bis 29 kW/bis 40 PS	.	656	632	586	527	469	412	361	354
bis 37 kW/bis 50 PS	.	3 609	3 625	3 583	3 573	3 535	3 441	3 274	.
bis 44 kW/bis 60 PS	.	7 284	7 282	7 225	7 135	7 000	6 843	6 661	.
bis 54 kW/bis 74 PS	.	4 629	4 683	4 673	4 529	4 227	3 897	3 645	.
bis 59 kW/bis 80 PS	.	5 262	5 448	5 515	5 644	5 827	5 872	5 913	.
bis 74 kW/bis 101 PS	.	6 438	6 819	7 210	7 614	7 910	8 243	8 650	.
bis 89 kW/bis 121 PS	.	4 716	4 946	5 123	5 272	5 449	5 653	6 017	.
bis 119 kW/bis 162 PS	.	3 005	3 223	3 500	3 805	4 146	4 484	4 885	.
ab 120 kW/ab 163 PS	.	1 586	1 680	1 763	1 846	1 940	2 109	2 331	2 647
insgesamt	100	38 772	39 765	40 404	40 988	41 372	41 674	42 324	43 772
Durchschnittliche Motorleistung kW	.	61	62	63	64	65	66	67	.
PS	.	83	84	85	87	88	89	90	.
				Anteile in vH					
bis 25 kW/bis 34 PS	.	4,1	3,6	3,0	2,5	2,1	1,7	1,4	1,1
bis 29 kW/bis 40 PS	.	1,7	1,6	1,4	1,3	1,1	1,0	0,9	0,8
bis 37 kW/bis 50 PS	.	9,3	9,1	8,9	8,7	8,5	8,3	7,7	.
bis 44 kW/bis 60 PS	.	18,8	18,3	17,9	17,4	16,9	16,4	15,7	.
bis 54 kW/bis 74 PS	.	11,9	11,8	11,6	11,0	10,2	9,4	8,6	.
bis 59 kW/bis 80 PS	.	13,6	13,7	13,6	13,8	14,1	14,1	14,0	.
bis 74 kW/bis 101 PS	.	16,6	17,1	17,8	18,6	19,1	19,8	20,4	.
bis 89 kW/bis 121 PS	.	12,2	12,4	12,7	12,9	13,2	13,6	14,2	.
bis 119 kW/bis 162 PS	.	7,8	8,1	8,7	9,3	10,0	10,8	11,5	.
ab 120 kW/ab 163 PS	.	4,1	4,2	4,4	4,5	4,7	5,1	5,5	6,0
insgesamt	100	100	100	100	100	100	100	100	100

[1]) Stand 1.7., einschl. der vorübergehend abgemeldeten Fahrzeuge. Ab 2001 Stand 1.1.- [2]) Ab 1995 einschl. M1-Fahrzeuge. - * Bestand für die neuen Bundesländer: Im Zentralen Fahrzeugregister (ZFZR) bereits erfasste Fahrzeuge (ca. 98 vH des Gesamtbestandes).- ** Vorläufige Werte (Werte für 2000 lagen nicht vor).

Kraftfahrzeugverkehr - Bestand und Neuzulassungen an Kraftfahrzeugen und Kraftfahrzeuganhängern[1] nach Bundesländern

	Baden-Württemberg	Bayern	Berlin	Brandenburg	Bremen	Hamburg	Hessen	Mecklenburg-Vorpommern	Niedersachsen
	\multicolumn{9}{c}{Bestand am 1.1.2001 - in 1 000}									
Kraftfahrzeuge[2]	7 119,2	8 702,6	1 425,3	1 615,6	337,3	942,2	4 095,2	1 041,0	5 248,4
Personenkraftwagen	5 866,3	6 928,1	1 225,6	1 368,4	291,3	822,6	3 445,2	882,7	4 341,3
Krafträder[3][4]	512,1	664,4	85,3	71,7	19,0	42,5	271,6	42,5	346,3
Kraftomnibusse und Obusse	9,7	14,5	2,5	2,8	0,5	1,4	6,3	2,0	8,7
Lastkraftwagen	299,9	376,3	87,9	119,1	18,5	55,4	184,1	75,2	244,3
mit Spezialaufbau	21,5	27,8	3,1	5,7	1,4	2,4	9,9	3,1	16,0
Zugmaschinen	334,0	597,8	4,0	36,4	2,8	6,3	137,2	28,3	235,8
Ackerschlepper[5]	316,6	573,9	1,6	28,9	1,2	3,1	127,9	22,6	215,7
in der Landwirtschaft	151,5	413,5	0,1	12,4	0,2	0,8	61,7	13,0	110,8
Übrige Kraftfahrzeuge[6]	97,2	121,5	20,0	17,2	5,1	14,0	50,8	10,4	71,9
Kraftfahrzeuganhänger	689,0	834,1	78,2	221,4	29,7	57,6	301,2	136,9	608,9
Sattelanhänger	22,2	29,4	2,6	11,7	3,9	7,3	10,9	5,6	27,6
	\multicolumn{9}{c}{Neuzulassungen 2000 - in 1 000}									
Kraftfahrzeuge[2]	536,7	636,2	95,9	93,2	30,5	148,8	366,5	66,2	439,0
Personenkraftwagen	463,2	531,3	80,5	75,6	25,6	133,6	313,7	53,5	381,0
Krafträder[3]	32,4	50,1	7,0	6,9	1,5	3,4	24,0	4,5	23,9
Kraftomnibusse und Obusse	1,0	1,1	0,2	0,1	0,0	0,1	0,5	0,1	0,6
Lastkraftwagen	29,1	36,0	6,7	7,9	2,8	10,3	22,4	5,8	22,8
mit Spezialaufbau	2,1	2,7	0,4	0,4	0,2	0,4	1,0	0,2	1,6
Zugmaschinen	6,1	11,3	0,5	1,9	0,3	0,8	3,4	1,8	6,7
Ackerschlepper[5]	3,2	7,4	0,1	0,8	0,0	0,1	1,5	0,9	3,6
Übrige Kraftfahrzeuge[6]	5,1	6,3	0,9	0,8	0,2	0,7	2,4	0,5	3,9
Kraftfahrzeuganhänger	34,7	47,7	3,4	7,5	1,6	3,8	16,3	5,9	34,8
Sattelanhänger	2,3	3,2	0,2	1,1	0,2	0,9	1,1	0,7	3,2

[1] Stand 1.1.- [2] Zulassungspflichtige Fahrzeuge, einschl. der vorübergehend abgemeldeten und der zulassungsfreien Arbeitsmaschinen mit Fahrzeugbrief.- [3] Einschl. Leicht- und Kleinkrafträder mit amtlichen Kennzeichen.- [4] Einschl. drei- und leichte vierrädrige Kraftfahrzeuge.- [5] Einschl. gewöhnliche Straßenzugmaschinen und Geräteträger.- [6] Krankenkraftwagen, Feuerwehrfahrzeuge, Straßenreinigungs- und Arbeitsmaschinen u.ä.

Kraftfahrzeugverkehr - Bestand und Neuzulassungen an Kraftfahrzeugen und Kraftfahrzeuganhängern[1] nach Bundesländern

	Nordrhein-Westfalen	Rheinland-Pfalz	Saarland	Sachsen	Sachsen-Anhalt	Schleswig-Holstein	Thüringen	Deutschland insgesamt
	\multicolumn{8}{c}{Bestand am 1.1.2001 - in 1 000}							
Kraftfahrzeuge[2]	10 969,9	2 817,3	728,3	2 610,2	1 517,2	1 827,0	1 479,4	52 475,9
Personenkraftwagen	9 345,2	2 318,9	618,7	2 247,5	1 303,1	1 507,8	1 256,2	43 772,3
Krafträder[3)4]	758,0	197,8	52,3	102,3	59,8	120,4	64,3	3 410,5
Kraftomnibusse und Obusse	18,0	5,7	1,4	4,4	2,6	3,0	2,9	86,7
Lastkraftwagen	499,2	123,3	33,5	191,1	104,3	93,2	104,8	2 610,9
mit Spezialaufbau	30,9	7,1	2,0	9,8	5,8	5,0	5,7	157,1
Zugmaschinen	220,6	137,7	14,6	43,4	33,5	71,5	37,7	1 941,8
Ackerschlepper[5] in der Landwirtschaft	180,6	129,8	12,5	33,7	25,5	64,9	31,7	1 770,7
	69,0	72,2	4,3	14,0	12,9	34,3	9,0	979,6
Übrige Kraftfahrzeuge[6]	128,9	33,9	7,8	21,4	14,0	31,1	13,5	665,2
Kraftfahrzeuganhänger	874,2	254,8	64,8	277,6	170,7	201,5	156,9	4 960,2
Sattelanhänger	52,4	10,2	2,8	10,5	8,9	7,4	6,8	220,1
	\multicolumn{8}{c}{Neuzulassungen 2000 - in 1 000}							
Kraftfahrzeuge[2]	793,8	212,9	54,2	178,6	100,5	118,4	100,9	3 972,3
Personenkraftwagen	673,6	183,2	46,8	151,3	83,5	97,6	84,1	3 378,3
Krafträder[3]	53,9	13,3	3,3	9,0	6,0	8,1	5,9	253,1
Kraftomnibusse und Obusse	1,1	0,3	0,1	0,3	0,1	0,2	0,2	6,2
Lastkraftwagen	48,5	11,8	3,4	14,3	8,1	8,6	8,4	246,8
mit Spezialaufbau	3,1	0,7	0,2	0,8	0,5	0,4	0,4	15,1
Zugmaschinen	9,5	2,6	0,4	2,5	2,0	2,4	1,5	53,9
Ackerschlepper[5]	3,1	1,4	0,1	0,9	0,9	1,4	0,6	26,0
Übrige Kraftfahrzeuge[6]	7,1	1,7	0,3	1,1	0,7	1,5	0,6	33,9
Kraftfahrzeuganhänger	50,1	14,2	3,8	8,4	5,8	11,5	5,4	254,8
Sattelanhänger	5,1	1,0	0,3	1,3	0,9	0,7	0,7	22,9

B 2

[1] Stand 1.1.– [2] Zulassungspflichtige Fahrzeuge, einschl. der vorübergehend abgemeldeten und der zulassungsfreien Arbeitsmaschinen mit Fahrzeugbrief.[3] Einschl. Leicht- und Kleinkrafträder mit amtlichen Kennzeichen.– [4] Einschl. drei- und leichte vierrädrige Kraftfahrzeuge.– [5] Einschl. gewöhnliche Straßenzugmaschinen und Geräteträger.– [6] Krankenkraftwagen, Feuerwehrfahrzeuge, Straßenreinigungs- und Arbeitsmaschinen u.ä.

Kraftfahrzeugverkehr

Lastkraftwagen, Kfz-Anhänger und Sattelzugmaschinen nach Nutzlast- bzw. kW-Klassen - Bestand[1] in 1 000

Nutzlast- bzw. kW-Klasse	1960	1965	1970	1975	1980	1985	1990	1991*	1992*
Lastkraftwagen									
- mit Normal- und Spezialaufbau -									
unter 1 t	681	877	1 028	1 121	1 277	1 281	1 389	1 660	1 849
1 t bis unter 4 t	260	288	243	257	321	435	560	.	.
4 t bis unter 7,5 t	269	364	533	586	656	573	544	.	.
7,5 t bis unter 9 t	134	158	144	134	135	122	105	.	.
9 t und mehr	15	55	76	85	93	79	79	.	.
	3	12	32	59	72	72	101	.	.
Kraftfahrzeuganhänger									
- zur Lastenbeförderung -									
Gewöhnliche Anhänger	322	396	462	598	861	1 225	1 631	.	.
einachsige	313	371	425	547	796	1 150	1 535	.	.
mehrachsige	158	199	258	383	629	985	1 329	.	.
unter 4 t	155	172	167	164	167	165	206	.	.
4 t bis unter 8 t	45,8	32,8	24,4	18,6	17,1	14,1	39,6	.	.
8 t bis unter 10 t	64,9	68,0	59,6	51,5	44,7	38,3	37,8	.	.
10 t bis unter 12 t	12,0	18,1	15,8	13,7	12,6	11,9	12,7	.	.
12 t bis unter 16 t	22,0	43,2	39,3	37,1	38,8	39,4	36,3	.	.
16 t bis unter 20 t		5,4	14,9	21,8	25,7	29,5	40,8	.	.
20 t und mehr	10,7	3,8	11,4	19,1	25,6	29,4	35,9	.	.
		1,1	1,6	2,2	2,2	2,4	2,8	.	.
Sattelanhänger	8,3	24,8	37,4	51,6	65,3	75,4	95,6	.	.
unter 12 t	4,3	8,4	9,5	10,7	10,9	9,6	10,3	.	.
12 t bis unter 18 t		4,3	4,4	4,6	5,2	5,5	6,3	.	.
18 t bis unter 20 t	4,0	7,3	7,1	5,0	3,7	3,4	3,0	.	.
20 t und mehr		4,9	16,4	31,3	45,5	56,9	76,0	.	.
dar. ab 26 t			.	8,3	7,5	12,2	39,0	.	.
Sattelzugmaschinen	7,7	23,6	34,6	45,3	60,3	63,7	78,2	99,8	112,6
bis 147 kW	7,7	21,2	20,1	14,7	12,8	9,9	7,3	.	.
148 kW und mehr	0,0	2,4	14,5	30,6	47,5	53,8	70,9	.	.
dar. ab 185 kW		.	1,4	13,8	37,5	47,7	63,4	.	.

[1] Stand 1.7.; einschl. der vorübergehend abgemeldeten Fahrzeuge.- * Neue Bundeländer: Berechnungen des DIW

Kraftfahrzeugverkehr

Lastkraftwagen, Kfz-Anhänger und Sattelzugmaschinen nach Nutzlast- bzw. kW-Klassen - Bestand[1] in 1 000

Nutzlast- bzw. kW-Klasse	1993*	1994	1995	1996	1997	1998	1999	2000	2001
Lastkraftwagen									
- mit Normal- und Spezialaufbau -									
unter 1 t	2 015	2 114	2 215	2 273	2 315	2 371	2 466	2 527	2 611
1 t bis unter 4 t	851	930	1 011	1 069	1 124	1 178	1 241	1 288	1 334
4 t bis unter 7,5 t	761	787	815	821	821	831	881	884	914
7,5 t bis unter 9 t	156	145	135	126	117	111	89	103	104
9 t und mehr	86	83	79	76	72	68	67		64
	161	169	175	181	181	182	187	253	195
Kraftfahrzeuganhänger									
- zur Lastenbeförderung -									
Gewöhnliche Anhänger	2 677	2 900	3 029	3 139	3 253	3 371	3 502	3 632	3 719
einachsige	2 526	2 744	2 868	2 972	3 081	3 192	3 309	3 427	3 506
mehrachsige	2 134	2 322	2 415	2 491	2 573	2 650	2 730	2 810	2 865
	392	422	452	481	508	542	579	617	642
unter 4 t	137,6	167,6	198,0	226,8	256,8	291,4	324,6	.	377,1
4 t bis unter 8 t	68,7	66,7	63,9	61,8	59,6	57,7	56,4	.	57,4
8 t bis unter 10 t	33,3	32,7	31,1	29,5	28,1	26,8	26,0	.	25,7
10 t bis unter 12 t	41,8	40,8	39,3	38,2	36,5	34,8	33,7	.	32,3
12 t bis unter 16 t	65,7	70,1	76,3	81,4	85,5	90,8	98,6	.	110,4
16 t bis unter 20 t	40,9	40,3	39,8	39,1	37,6	36,2	35,4	.	34,3
20 t und mehr	3,9	4,0	4,0	4,1	4,1	4,1	4,1	.	4,2
Sattelanhänger	150,6	155,8	160,8	167,2	172,1	179,8	193,6	205,0	212,7
unter 12 t	15,1	15,0	15,0	15,2	15,3	15,1	14,8	.	14,5
12 t bis unter 18 t	8,2	8,2	8,2	8,2	8,1	7,9	7,8	.	5,9
18 t bis unter 20 t	4,2	4,0	3,9	3,8	3,7	3,7	3,6	.	5,4
20 t und mehr	123,1	128,5	133,7	140,1	145,0	153,1	167,4	.	186,9
dar. ab 26 t	76,6	81,8	87,4	93,9	99,5	108,1	122,2	.	141,9
Sattelzugmaschinen	120,1	120,7	124,1	130,4	134,8	140,5	153,5	.	171,1
bis 147 kW[2]	7,7	6,6	5,8	5,0	4,4	4,0	3,6		3,4
148 kW und mehr[2]	112,4	114,2	118,3	125,4	130,4	136,6	150,0	.	167,7
dar. ab 185 kW[3]	103,3	105,6	110,2	117,6	123,1	129,9	143,8	.	159,3

[1] Stand 1.7.; einschl. der vorübergehend abgemeldeten Fahrzeuge. Ab 2001 Stand 1.1.- [2] Ab 2001 Abgrenzung bei 150 kW.- [3] Ab 2001 ab 200 kW.-
* Für die neuen Bundesländer: Im Zentralen Fahrzeugregister (ZFZR) bereits erfasste Fahrzeuge (ca. 98 vH des Gesamtbestandes).

Fahrleistungen von Kraftfahrzeugen

Die vom DIW jährlich ermittelten Fahrleistungen der Kraftfahrzeuge sind Ergebnisse einer Modellrechnung, basierend auf dem Kraftstoffverbrauch und dem Fahrzeugbestand, differenziert nach Antriebsarten (Otto- und Dieselmotor), Fahrzeugkategorien und Größenklassenmerkmalen. Wichtiges Verbindungsglied zwischen Kraftstoffverbrauch und Fahrzeugbestand ist dabei der bei Testfahrten ermittelte Durchschnittsverbrauch je 100 km. Gewichtet nach dem sich jährlich ändernden Anteil am Gesamtbestand je Fahrzeugkategorie lässt sich so jährlich ein Durchschnittswert für die einzelnen Fahrzeugarten ermitteln, der den laufenden technischen Verbesserungen zur Reduzierung des spezifischen Kraftstoffverbrauches Rechnung trägt. Für einige Fahrzeugkategorien, zum Beispiel die Kraftomnibusse und einen Teil der Lastkraftfahrzeuge, stehen Kennziffern zu Fahrleistungen zur Verfügung. Empirische Erhebungen zur Fahrleistung aller Kraftfahrzeuge hat es 1990 für die alten Bundesländer und 1993 für die neuen und alten Bundesländer gegeben. Die Ergebnisse der Erhebungen wurden in die Modellrechnungen für die jeweiligen Stichjahre eingearbeitet.

Kraftfahrzeuge erbringen ihre Fahrleistungen nicht nur im jeweiligen Inland, sondern auch in ausländischen Gebieten. Dabei kann, je nach den Preisrelationen in benachbarten Gebieten, Kraftstoff im- oder exportiert werden. Die in der Modellrechnung verwendeten Kraftstoffmengen basieren auf dem Absatz in den Grenzen Deutschlands. Angesichts der großen (und weiter zunehmenden) Bedeutung des grenzüberschreitenden Verkehrs kann nicht generell von einer (näherungsweisen) Entsprechung von **Inländerfahrleistung** (Summe aller von inländischen Kraftfahrzeugen erbrachten Fahrleistungen, einschließlich der Auslandsstrecken) und **Inlandsfahrleistung** (Summe aller im Inland erbrachten Fahrleistungen, also ohne die Auslandsstrecken inländischer Kraftfahrzeuge, aber einschließlich der Inlandsstrecken ausländischer Kraftfahrzeuge) einerseits und den jeweils zugehörigen Kraftstoffverbrauchsmengen andererseits ausgegangen werden. Dies gilt insbesondere für den Güterkraftverkehr; hier übertrifft die Fahrleistung der ausländischen Fahrzeuge im Inland die der inländischen im Ausland erheblich.

Daher wird, beginnend mit der Ausgabe 2000 von „Verkehr in Zahlen" zwischen Inländer- und Inlandsfahrleistung sowie den korrespondierenden Kraftstoffmengen unterschieden. Die jeweils gültige Abgrenzung ist den Fußnoten der Tabellen zu entnehmen.

Entwicklung der Gesamtfahrleistungen

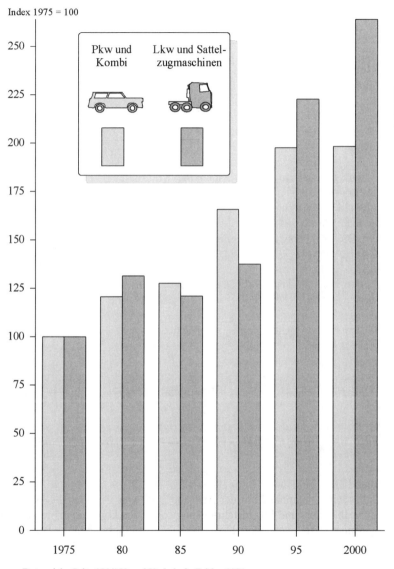

Daten siehe Seite 158/159 und Verkehr in Zahlen 1991

Kraftfahrzeugverkehr - Fahrleistungen nach Kraftfahrzeugarten[1)]

	1955	1960	1965	1970	1975	1980	1985	1990	1991
				Durchschnittliche Fahrleistungen – in 1000 km – einschl. der vorübergehend abgemeldeten Fahrzeuge –					
Mopeds	.	4,1	3,9	3,5	3,2	2,8	2,6	2,3	2,4
Krafträder	.	5,6	5,3	5,0	4,8	4,5	4,3	4,1	4,1
Personenkraftwagen und Kombi	.	17,1	16,4	15,3	14,6	13,6	12,9	14,1	13,5
Kraftomnibusse	.	44,2	45,3	42,5	41,8	41,9	41,7	43,8	44,9
Lastkraftwagen[2)]	.	24,5	25,5	25,7	22,8	25,9	23,3	23,8	26,1
Sattelzugmaschinen	.	56,5	56,5	56,5	59,7	66,5	68,3	74,2	83,1
Sonstige Kraftfahrzeuge[3)]	.	9,4	7,9	8,1	8,2	8,2	8,5	8,5	8,7
				Gesamtfahrleistungen – in Mrd. km					
Kraftfahrzeuge insgesamt	.	115,8	186,6	251,0	301,8	367,9	384,3	488,3	574,1
Mopeds	.	9,3	4,7	4,6	6,8	7,6	4,7	2,7	4,9
Krafträder	.	10,6	3,8	1,9	2,2	3,3	6,1	5,9	8,7
Personenkraftwagen und Kombi	.	76,6	151,7	212,9	260,5	314,3	332,5	431,5	496,4
Kraftomnibusse	.	1,5	1,7	2,0	2,5	3,0	2,9	3,1	3,9
Lastkraftwagen[2)]	.	16,7	22,5	26,4	25,6	33,1	29,9	33,1	43,4
Sattelzugmaschinen	.	0,4	1,3	2,0	2,7	4,0	4,4	5,8	8,3
Sonstige Kraftfahrzeuge[3)]	.	0,7	0,8	1,2	1,7	2,5	4,0	6,3	8,6

[1)] Errechnet als Inländerfahrleistung (d.h. einschl. der Auslandsstrecken deutscher Kfz, aber ohne die Inlandsstrecken ausländischer Kfz). Nicht enthalten sind die Fahrleistungen der Kraftfahrzeuge der Bundeswehr, des Bundesgrenzschutzes und der ausländischen Streitkräfte.- [2)] Mit Normal- und Spezialaufbau.- [3)] Sonderkraftfahrzeuge nicht zur Lastenbeförderung (Polizei- und Feuerwehrfahrzeuge, Krankenkraftwagen, Müllfahrzeuge, Wohnmobile) und gewöhnliche Zugmaschinen (außer in der Landwirtschaft).

Kraftfahrzeugverkehr - Fahrleistungen nach Kraftfahrzeugarten[1]

	1992	1993	1994	1995	1996	1997	1998	1999	2000
Durchschnittliche Fahrleistungen - in 1 000 km									
- einschließlich der vorübergehend abgemeldeten Fahrzeuge -									
Mopeds	2,3	2,3	2,3	2,3	2,3	2,3	2,3	2,3	2,3
Krafträder	4,0	3,9	3,9	3,9	3,9	3,9	3,9	3,9	3,9
Personenkraftwagen und Kombi[2]	13,4	13,3	12,7	12,7	12,6	12,7	12,7	12,6	12,1
Kraftomnibusse	43,8	42,7	42,2	43,4	43,1	44,4	44,8	44,0	43,7
Lastkraftwagen[3]	25,1	23,3	24,1	24,0	23,7	23,6	24,4	24,6	24,3
Sattelzugmaschinen	77,7	74,3	77,6	78,5	77,2	78,7	83,0	83,0	81,6
Sonstige Kraftfahrzeuge[4]	8,5	8,2	8,2	8,2	8,1	8,1	8,0	8,1	8,0
Gesamtfahrleistungen - in Mrd. km									
Kraftfahrzeuge insgesamt	590,0	597,5	592,3	603,9	610,4	618,5	625,9	639,0	623,3
Mopeds	4,6	3,9	3,8	4,0	3,8	3,8	4,0	4,0	3,7
Krafträder	7,8	7,4	8,2	8,8	9,6	10,6	11,4	12,4	13,0
Personenkraftwagen und Kombi[2]	510,0	517,8	507,5	514,9	519,4	524,8	528,0	534,4	516,7
Kraftomnibusse	3,9	3,8	3,7	3,7	3,7	3,7	3,8	3,7	3,7
Lastkraftwagen[3]	46,4	47,1	51,0	53,2	53,8	54,6	56,5	60,7	61,5
Sattelzugmaschinen	8,7	8,9	9,4	9,7	10,1	10,6	11,7	12,7	13,3
Sonstige Kraftfahrzeuge[4]	8,6	8,6	9,1	9,6	9,9	10,3	10,6	11,1	11,4

[1] Errechnet als Inländerfahrleistung (d.h. einschl. der Auslandsstrecken deutscher Kfz, aber ohne die Inlandsstrecken ausländischer Kfz). Nicht enthalten sind die Fahrleistungen der Kraftfahrzeuge der Bundeswehr, des Bundesgrenzschutzes und der ausländischen Streitkräfte.- [2] Ab 1995 einschl. M1-Fahrzeuge.- [3] Mit Normal- und Spezialaufbau.- [4] Sonderkraftfahrzeuge nicht zur Lastenbeförderung (Polizei- und Feuerwehrfahrzeuge, Krankenkraftwagen, Müllfahrzeuge, Wohnmobile) und gewöhnliche Zugmaschinen (außer in der Landwirtschaft).

Kraftfahrzeugverkehr - Gurtanlegequoten[1] von erwachsenen Pkw-Insassen - in vH

Jahr	Monat	Innerortsstraßen			Landstraßen			Autobahnen			Querschnitt[2]		
		Fahrer	Beifahrer	Fond	Fahrer	Beifahrer	Fond	Fahrer	Beifahrer	Fond	Fahrer	Beifahrer	Fond
1981	September	46	51	.	64	71	.	82	86	.	58	65	.
1982	September/Oktober	50	50	.	68	73	.	84	88	.	63	65	.
1983	September/Oktober	45	47	.	65	70	.	81	84	.	58	62	.
1984	September	88	88	.	94	93	.	97	97	.	92	91	.
1985	September	91	91	10	95	95	23	96	95	18	93	93	17
1986	September	93	93	31	96	95	48	98	98	53	95	95	41
1987	September	91	93	31	96	97	50	98	98	49	95	95	42
1988	September	92	91	39	96	97	49	98	98	44	94	94	44
1989	September	94	93	47	97	97	56	98	98	62	96	95	53
1990	September	94	94	39	97	97	52	99	98	57	96	96	47
1991	Juni ABL	92	92	37	96	97	63	99	98	69	96	96	58
	September NBL	93	93	29	96	97	39	98	98	52	96	97	40
1992	Juni ABL	91	92	45	95	95	63	98	98	73	95	95	61
	September NBL	91	91	45	96	97	62	97	97	73	96	96	62
1993	Juni ABL	92	91	54	96	97	73	98	97	78	96	95	69
	September NBL	91	93	58	95	96	71	98	99	89	95	97	77
1994	Juni ABL	93	94	61	97	97	72	99	99	76	97	97	70
	September NBL	88	89	60	93	94	67	97	96	69	93	94	67
1995	Juni ABL	86	85	52	92	94	70	96	95	80	92	92	68
	September NBL	85	84	50	94	95	64	97	97	71	93	94	64
1996	Juni ABL	86	87	44	92	94	71	98	97	81	92	93	67
	September NBL	86	88	55	92	94	65	97	97	65	92	94	64
1997	September	87	84	65	93	93	78	97	97	81	92	91	74
1998	September	90	90	76	94	95	85	97	97	86	93	94	82
1999	September	91	91	71	94	97	80	98	98	88	94	95	79
2000	September	90	91	74	95	96	83	98	98	89	94	95	82

[1] Die Daten wurden durch direkte Beobachtungen von rund 18 800 Fahrzeugen mit rund 27 000 Insassen (Innerortsstraßen: 8 400 Pkw mit 11 000 Insassen, ab 1997 10 600 Pkw mit 14 700 Insassen; Landstraßen: 4 800 Pkw mit rund 7 000 Insassen, ab 1997 7 000 Pkw mit rund 10 400 Insassen; Autobahnen: 5 600 Pkw mit 9 000 Insassen, ab 1997 7 400 Pkw mit 11 300 Insassen. Ab 1991 Personen ab dem 12. Lebensjahr.- [2] Zur Berechnung der Quoten im Verkehrsquerschnitt aller Straßentypen (gesamter Straßenverkehr) wurden die Werte der einzelnen Straßentypen im Verhältnis der Fahrleistungswerte der jeweiligen Straßen gewichtet.

Straßenverkehrsunfälle - Unfälle mit Personen- und Sachschaden

Jahr	mit Personenschaden								mit schwerem Sachschaden[3]					
	insgesamt	mit Getöteten	Verletzten	innerhalb[1] von Ortschaften		außerhalb[2]		insgesamt	innerhalb[1] von Ortschaften		außerhalb[2]	
	in 1 000	in 1 000	in 1 000	in 1 000	in vH	in 1 000	in vH	in 1 000	in 1 000	in vH	in 1 000	in vH
1950												
1955	296,1	12,1	284,0	225,1	76,0	71,0	24,0	114,2	82,9	72,6	31,3	27,4
1960	349,3	13,5	335,8	252,8	72,4	96,5	27,6	347,2	263,4	75,8	83,9	24,2
1965	316,4	14,6	301,7	214,7	67,9	101,7	32,1	111,7	71,0	63,5	40,7	36,5
1970	377,6	17,5	360,1	254,2	67,3	123,4	32,7	166,5	113,1	68,0	53,4	32,0
1975	337,7	13,5	324,2	231,2	68,5	106,5	31,5	234,3	166,3	71,0	68,0	29,0
1980	379,2	11,9	367,3	261,3	68,9	117,9	31,1	462,1	337,6	73,0	124,5	27,0
1985	327,7	7,7	320,1	225,6	68,8	102,1	31,2	242,2	159,4	65,8	82,8	34,2
1990	340,0	7,1	333,0	218,2	64,2	121,9	35,8	260,5	157,8	60,6	102,8	39,4
1991	385,1	10,1	375,1	245,6	63,8	139,5	36,2	221,3	125,0	56,5	96,4	43,5
1992	395,5	9,5	385,9	245,3	64,4	140,6	35,6	248,6	143,4	57,7	105,2	42,3
1993	385,4	9,0	376,4	243,0	63,0	142,4	37,0	265,6	152,5	57,5	112,7	42,5
1994	392,8	8,9	383,9	249,0	63,4	143,8	36,6	258,7	151,0	58,3	107,8	41,7
1995	388,0	8,5	379,5	246,6	63,6	141,4	36,4	163,7	100,0	61,1	63,7	38,9
1996	373,1	7,9	365,2	236,0	63,3	137,1	36,7	152,5	92,7	60,8	59,7	39,2
1997	380,8	7,7	373,1	243,2	63,9	137,7	36,1	140,7	85,9	61,0	54,8	39,0
1998	377,3	7,0	370,2	240,2	63,7	137,0	36,3	136,0	80,7	59,4	55,3	40,6
1999	395,7	7,1	388,6	252,1	63,7	143,6	36,3	137,4	81,0	58,9	56,5	41,1
2000	382,9	6,8	376,1	245,5	64,1	137,5	35,9	133,3	80,2	60,1	53,1	39,9

[1] Ohne Autobahnen.- [2] Einschl. Autobahnen.- [3] Bis 1994 Unfälle ohne Personenschaden ab einer bestimmten Schadenshöhe (bis 1963 200,- DM und mehr, bis 1982 1 000,- DM und mehr, ab 1983 3 000,- DM und mehr, ab 1991 4 000,- DM und mehr bei einem der Geschädigten). Ab 1995 schwerwiegende Unfälle mit Sachschaden: Unfälle ohne Personenschaden, bei denen als Unfallursache eine Straftat oder Ordnungswidrigkeit vorliegt und bei denen ein Kfz aufgrund des Unfallschadens abgeschleppt werden muss sowie sonstige Unfälle unter Alkoholeinfluss.

Straßenverkehrsunfälle - Getötete und verletzte Verkehrsteilnehmer

	Getötete insgesamt Anzahl	innerhalb[1] von Ortschaften Anzahl	außerhalb[2] Anzahl	Verletzte insgesamt in 1 000	innerhalb[1] von Ortschaften in 1 000	außerhalb[2] in 1 000	Schwerverletzte in 1 000	innerhalb[1] von Ortschaften in 1 000	außerhalb[2] in 1 000	Leichtverletzte in 1 000	innerhalb[1] von Ortschaften in 1 000	außerhalb[2] in 1 000
1950	.	.	.	.	.	.	.	.	.	.	.	.
1955	12 791	7 169	5 622	371,2	274,6	96,6	143,7	98,8	45,0	227,4	175,8	51,6
1960	14 406	6 858	7 548	455,0	313,5	141,5	145,4	90,6	54,8	309,5	222,8	86,7
1965	15 733	7 411	8 342	433,5	273,6	159,9	132,7	76,1	56,6	300,8	197,5	103,3
1970	19 193	8 494	10 699	531,8	331,2	200,6	164,4	92,9	71,6	367,4	238,3	129,0
1975	14 870	6 071	8 799	457,8	292,5	165,3	138,0	78,7	59,4	319,8	213,8	106,0
1980	13 041	5 132	7 909	500,5	324,2	176,3	149,0	85,0	64,0	351,5	239,2	112,3
1985	8 400	2 915	5 485	422,1	272,6	149,5	115,5	64,5	51,1	306,6	208,2	98,4
1990	7 906	2 205	5 701	448,2	265,6	182,5	103,4	49,8	53,6	344,8	215,9	128,9
1991	11 300	3 349	7 951	505,5	298,7	206,8	131,1	64,0	67,1	374,4	234,7	139,7
1992	10 631	3 109	7 522	516,8	308,7	208,1	130,4	63,6	66,8	386,4	245,1	141,3
1993	9 949	2 832	7 117	505,6	295,1	210,5	125,9	59,8	66,0	397,7	235,2	144,5
1994	9 814	2 594	7 220	516,4	303,0	213,4	126,7	60,3	66,4	389,7	242,7	147,0
1995	9 454	2 435	7 019	512,1	301,5	210,6	123,0	57,7	65,2	389,2	243,8	145,4
1996	8 758	2 131	6 627	493,2	289,0	204,2	116,5	54,3	62,2	376,7	234,7	142,0
1997	8 549	2 064	6 485	501,1	297,3	203,8	115,4	54,6	60,8	385,7	242,7	142,9
1998	7 792	1 908	5 884	497,3	294,4	202,9	108,9	51,0	57,9	388,4	243,4	145,0
1999	7 772	1 878	5 894	521,1	309,1	212,0	109,6	51,2	58,3	411,6	257,9	153,7
2000	7 503	1 829	5 674	504,1	300,8	203,3	102,4	47,7	54,7	401,7	253,1	148,6

[1] Ohne Autobahnen.— [2] Einschl. Autobahnen.

Straßenverkehrsunfälle
Getötete nach Straßenkategorien

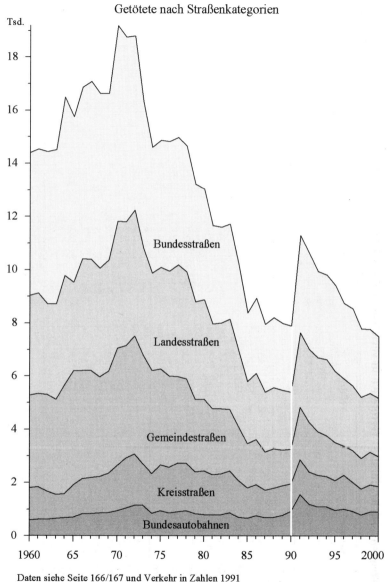

Daten siehe Seite 166/167 und Verkehr in Zahlen 1991

Straßenverkehrsunfälle - Getötete nach Bundesländern und Art der Verkehrsbeteiligung - 2000

	Getötete insgesamt			darunter: Führer und Mitfahrer von:						Fahrrädern		Fußgänger	
	Anzahl	Veränderung gegenüber 1999	in vH	Mofas, Mopeds[1]		Krafträdern[2]		Personen-kraftwagen[3]					
					in vH	in vH	in vH	in vH	in vH		in vH		in vH
Baden-Württemberg	828	- 4,3	100	1,7	12,8		55,4		10,5		13,3		12,3
Bayern	1.450	+ 3,1	100	1,4	14,6		61,7		8,3		10,3		11,1
Berlin	89	- 13,6	100	3,4	13,5		22,5		19,1		37,1		45,6
Brandenburg	425	- 12,6	100	1,4	8,5		67,5		7,5		10,8		8,2
Bremen	23	+ 35,3	100	4,3	4,3		34,8		8,7		47,8		23,5
Hamburg	41	- 12,8	100	-	4,9		31,7		14,6		48,8		31,9
Hessen	540	- 5,3	100	2,6	11,7		60,2		8,5		11,5		11,9
Mecklenburg-Vorpommern	365	- 2,1	100	0,5	8,8		75,9		3,8		7,1		8,3
Niedersachsen	913	- 2,9	100	1,4	11,8		61,2		7,9		11,9		10,7
Nordrhein-Westfalen	1.067	- 2,3	100	3,2	15,0		48,0		11,0		19,2		16,8
Rheinland-Pfalz	362	- 5,5	100	2,5	17,4		57,7		6,6		10,8		8,4
Saarland	65	- 27,8	100	1,5	21,5		44,6		7,7		21,5		13,3
Sachsen	444	- 1,3	100	4,7	9,2		59,9		8,1		11,7		17,1
Sachsen-Anhalt	344	- 1,7	100	1,7	6,4		64,2		11,3		11,9		9,4
Schleswig-Holstein	223	- 15,5	100	1,8	11,7		58,7		9,4		13,9		11,7
Thüringen	324	- 3,6	100	2,8	14,8		57,4		6,5		13,6		13,7
Deutschland insgesamt	**7.503**	**- 12,2**	**100**	**2,1**	**12,6**		**58,6**		**8,8**		**13,2**		**12,6**

[1] Einschl. Kleinkrafträder.- [2] Mit amtlichem Kennzeichen.- [3] Einschl. Kombinationskraftwagen.

Straßenverkehrsunfälle - Verletzte nach Bundesländern und Art der Verkehrsbeteiligung - 2000

	Verletzte insgesamt	Veränderung gegenüber 1999	darunter: Führer und Mitfahrer von:					Fußgänger
				Mofas, Mopeds[1]	Krafträdern[2]	Personen-kraftwagen[3]	Fahrrädern	
	in 1 000	in vH	in vH	in vH	in vH	in vH	in vH	in vH
Baden-Württemberg	58,8	+ 1,4	100	3,0	9,4	63,0	13,1	6,6
Bayern	87,0	- 2,1	100	3,1	7,8	65,7	12,8	5,7
Berlin	19,5	- 2,2	100	4,2	9,0	45,9	22,5	13,5
Brandenburg	17,7	- 6,1	100	2,8	7,9	60,4	18,0	6,0
Bremen	4,1	- 5,8	100	4,6	4,9	45,5	28,3	10,7
Hamburg	12,5	+ 0,5	100	1,0	6,3	58,1	17,7	10,6
Hessen	36,3	- 2,4	100	4,1	7,3	67,9	9,3	6,9
Mecklenburg-Vorpommern	12,6	- 10,4	100	1,0	8,5	64,1	14,2	6,9
Niedersachsen	53,2	- 2,1	100	3,7	6,4	64,4	15,3	5,6
Nordrhein-Westfalen	95,0	- 4,7	100	5,4	8,8	54,9	16,3	10,0
Rheinland-Pfalz	25,1	- 2,4	100	5,0	9,0	64,5	9,3	6,9
Saarland	6,4	- 9,7	100	1,8	10,5	69,8	6,8	7,4
Sachsen	25,5	- 4,2	100	5,1	7,2	59,8	14,3	8,7
Sachsen-Anhalt	16,1	- 8,1	100	3,6	7,3	59,9	16,9	7,5
Schleswig-Holstein	18,8	- 5,4	100	3,6	6,9	60,6	18,4	6,3
Thüringen	15,4	- 7,1	100	3,4	6,8	67,0	9,7	7,6
Deutschland insgesamt	504,1	- 3,3	100	3,8	8,0	61,4	14,4	7,6

[1] Einschl. Kleinkrafträder.- [2] Mit amtlichem Kennzeichen.- [3] Einschl. Kombinationskraftwagen.

Straßenverkehrsunfälle - Unfälle, Getötete und Verletzte nach Straßenkategorien

	1955	1960	1965	1970	1975	1980	1985	1990	1991
Unfälle mit Personenschaden									
- in 1 000	.	349,3	316,4	377,6	337,7	379,2	327,7	340,0	385,1
Bundesautobahnen	.	6,9	12,5	15,7	13,6	16,2	14,5	24,3	27,3
Bundesstraßen	.	100,7	94,1	108,4	81,5	87,0	73,3	76,8	89,3
Landesstraßen	.	77,2	55,9	74,9	68,4	81,8	69,3	73,1	79,7
Kreisstraßen	.	24,2	18,9	25,6	28,3	35,8	33,4	34,4	38,3
Gemeindestraßen	.	140,2	135,0	153,1	145,9	158,4	137,2	131,4	150,5
Getötete - Anzahl	.	14 406	15 753	19 193	14 870	13 041	8 400	7 906	11 300
Bundesautobahnen	.	607	707	945	949	804	669	936	1 552
Bundesstraßen	.	5 370	6 227	7 373	4 779	4 158	2 595	2 495	3 656
Landesstraßen	.	3 754	3 335	4 765	3 825	3 755	2 340	2 146	2 816
Kreisstraßen	.	1 206	1 209	1 702	1 725	1 643	1 137	1 033	1 324
Gemeindestraßen	.	3 469	4 275	4 408	3 592	2 681	1 659	1 296	1 952
Schwerverletzte - in 1 000	.	145,4	132,7	164,4	138,0	149,0	115,5	103,4	131,1
Bundesautobahnen	.	.	6,3	7,6	5,9	6,3	5,5	8,4	11,0
Bundesstraßen	.	.	43,6	52,2	35,6	36,9	28,0	25,2	33,7
Landesstraßen	.	.	26,8	37,7	33,4	38,3	28,9	26,3	31,5
Kreisstraßen	.	.	9,3	13,5	14,5	17,2	14,5	12,8	15,5
Gemeindestraßen	.	.	46,8	53,5	48,6	50,3	38,7	30,7	39,4
Leichtverletzte - in 1 000	.	309,5	300,8	367,4	319,8	351,5	306,6	344,8	374,4
Bundesautobahnen	.	.	15,5	19,5	16,5	18,8	16,6	30,7	32,3
Bundesstraßen	.	.	92,7	110,7	81,3	84,7	72,7	83,0	90,9
Landesstraßen	.	.	51,9	71,5	63,3	74,2	63,5	72,8	76,5
Kreisstraßen	.	.	16,6	22,9	24,6	30,7	29,0	32,2	34,8
Gemeindestraßen	.	.	124,1	142,7	134,1	143,2	124,7	126,1	139,9

Straßenverkehrsunfälle - Unfälle, Getötete und Verletzte nach Straßenkategorien

	1992	1993	1994	1995	1996	1997	1998	1999	2000
Unfälle mit Personenschaden									
- in 1 000	395,5	385,4	392,8	388,0	373,1	380,8	377,3	395,7	383,0
Bundesautobahnen	26,2	26,1	26,5	25,5	25,0	24,8	24,5	26,6	25,6
Bundesstraßen	91,9	88,8	89,7	88,3	84,6	85,5	84,9	87,3	83,7
Landesstraßen	83,0	84,2	86,7	84,6	82,1	84,1	84,2	87,0	84,6
Kreisstraßen	38,1	38,4	38,1	36,8	35,5	36,7	37,0	39,0	37,6
Gemeindestraßen	156,2	147,9	151,7	152,7	146,0	149,7	146,6	155,7	151,5
Getötete - Anzahl	10 201	9 949	9 814	9 454	8 758	8 549	7 792	7 772	7 503
Bundesautobahnen	1 201	1 109	1 105	978	1 020	933	803	911	907
Bundesstraßen	3 607	3 257	3 189	3 257	2 852	2 905	2 580	2 397	2 326
Landesstraßen	2 756	2 770	2 862	2 676	2 515	2 423	2 296	2 217	2 185
Kreisstraßen	1 200	1 173	1 134	1 113	1 099	1 089	969	1 013	965
Gemeindestraßen	1 867	1 640	1 524	1 430	1 272	1 199	1 144	1 234	1 120
Schwerverletzte - in 1 000	130,4	125,9	126,7	123,0	116,5	115,4	108,9	109,6	102,4
Bundesautobahnen	10,2	9,7	9,9	9,6	9,0	8,8	8,3	8,7	8,2
Bundesstraßen	34,4	32,5	32,5	31,6	29,6	29,2	27,1	26,9	24,8
Landesstraßen	32,1	32,9	33,8	32,2	31,1	30,7	29,4	29,0	27,6
Kreisstraßen	14,5	14,4	14,0	14,0	13,4	13,5	13,1	13,4	12,3
Gemeindestraßen	39,1	36,3	36,5	35,6	33,3	33,2	31,0	31,6	29,5
Leichtverletzte - in 1 000	386,4	379,7	389,7	389,2	376,7	385,7	388,4	411,6	401,7
Bundesautobahnen	31,3	31,6	32,2	31,4	30,8	30,6	30,3	33,2	32,0
Bundesstraßen	94,1	92,0	93,7	93,5	90,4	91,8	93,3	96,9	94,2
Landesstraßen	79,4	81,1	83,8	82,5	80,7	83,1	84,8	89,1	87,2
Kreisstraßen	35,0	35,8	35,7	34,5	33,6	34,9	35,8	38,0	36,8
Gemeindestraßen	146,5	139,3	144,3	147,2	141,2	145,3	144,2	154,4	151,5

B 3

Straßenverkehrsunfälle
Getötete nach Bundesländern 2000

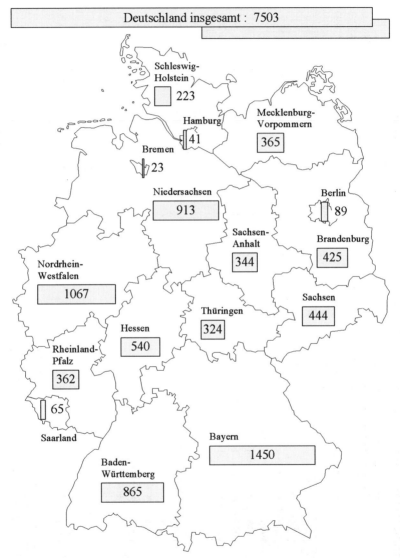

Straßenverkehrsunfälle – Unfälle, Getötete und Verletzte nach Fahrleistungen

	Unfälle mit Personenschaden je Mrd. Fahrzeugkilometer		Getötete je Mrd. Fahrzeugkilometer		Verletzte je Mrd. Fahrzeugkilometer	
	Straßen insg.	Bundes-autobahnen	Straßen insg.	Bundes-autobahnen	Straßen insg.	Bundes-autobahnen
1950	.	.	.	.	.	.
1955	.	.	.	.	.	.
1960	3 029	.	.	.	.	.
1965	1 706	.	.	.	.	.
1970	1 513	449	77	27	2 131	774
1975	1 124	245	49	17	1 523	404
1980	1 036	201	36	10	1 367	311
1985	856	153	22	7	1 102	234
1990	698	179	16	7	920	288
1991	671	.	20	.	881	.
1992	670	.	18	.	857	.
1993	645	152	17	6	846	240
1994	663	151	17	6	854	240
1995	642	142	16	5	837	229
1996	611	137	14	6	828	218
1997	616	132	14	5	817	209
1998	603	126	12	4	808	199
1999	619	132	12	5	816	209
2000*	614	126	12	4	809	199

* Vorläufige Werte

Straßenverkehrsunfälle - Getötete und Verletzte nach der Art der Verkehrsbeteiligung

| Jahr | Getötete insgesamt | darunter Führer und Mitfahrer von: | | | Fuß- gänger | Verletzte insgesamt | darunter Führer und Mitfahrer von: | | | Fuß- gänger |
		Mofas, Mopeds	Kraft- rädern[1]	Personen- kraft- wagen[2]	Fahr- rädern		Mofas, Mopeds	Kraft- rädern[1]	Personen- kraft- wagen[2]	Fahr- rädern	
	Anzahl						in 1 000					
1950	12 791	.	4 078	.	1 495	3 829	371,2	29,4	130,8	.	62,6	71,1
1955	14 406	922	2 440	3 748	1 501	4 574	455,0	68,1	89,5	142,4	53,8	78,5
1960	15 753	1 442	801	6 062	1 643	5 855	433,5	24,6	30,1	242,5	41,4	70,5
1965	19 193	632	853	8 989	1 835	6 056	531,8	19,7	27,3	342,3	40,5	77,4
1970	14 870	700	1 211	7 050	1 409	3 973	457,8	33,0	37,7	269,1	40,4	60,0
1975	13 041	721	1 232	6 440	1 142	3 095	500,5	51,0	45,4	279,6	50,4	56,5
1980	8 400	765	1 070	4 182	768	1 790	422,1	22,3	56,6	226,0	59,3	43,4
1985	7 906	325	769	4 558	711	1 459	448,2	12,4	32,4	283,3	64,1	39,2
1990	11 300	170	992	6 801	925	1 918	505,5	15,7	39,4	313,6	70,0	46,3
1991	10 631	243	903	6 431	906	1 767	516,8	16,1	36,3	320,1	77,5	46,4
1992	9 949	251	885	6 128	821	1 580	505,6	14,8	34,3	320,9	71,2	43,8
1993	9 814	226	934	5 966	825	1 469	516,4	16,1	37,4	323,9	73,5	43,4
1994	9 454	222	912	5 929	751	1 336	512,1	15,6	37,2	322,6	71,6	42,5
1995	8 758	183	864	5 622	594	1 178	493,2	15,4	36,0	313,8	65,4	40,7
1996	8 549	134	974	5 249	679	1 147	501,1	17,8	41,2	308,2	72,0	39,7
1997	7 792	169	864	4 741	637	1 084	497,3	18,8	38,7	311,5	67,7	38,8
1998	7 772	147	981	4 640	662	983	521,1	19,4	42,8	320,0	75,0	39,3
1999	7 503	147	945	4 396	659	993	504,1	19,2	40,2	309,5	72,7	38,1
2000		157										

[1] Einschl. Kraftrollern.- [2] Einschl. Kombinationskraftwagen.

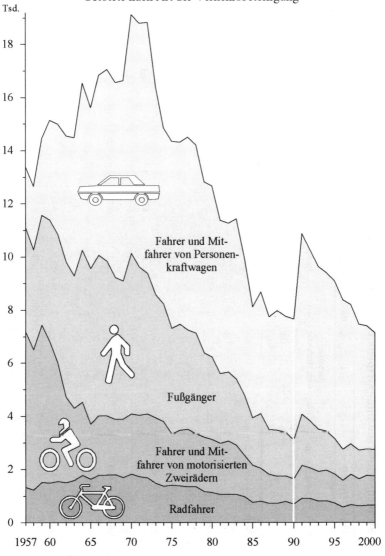

Straßenverkehrsunfälle
Getötete nach Art der Verkehrsbeteiligung

Daten siehe Seite 170 und Verkehr in Zahlen 1991

Straßenverkehrsunfälle - Unfallursachen bei Unfällen mit Personenschaden[1]

	1955	1960	1965	1970	1975	1980	1985	1990	1991
					– Anteile in vH –				
Ursachen bei Fahrzeugführern[2]	.	74,9	75,1	77,8	80,2	82,1	83,4	85,5	85,6
Ursachen bei Fahrradfahrern	.	.	.	.	.	6,3	8,6	8,9	8,6
Zu schnelles Fahren	.	.	18,8	18,6	17,0	18,4	17,8	17,0	17,5
Vorfahrt, Verkehrsregelung	.	.	11,0	11,4	12,3	12,2	12,1	11,7	11,5
Einbiegen, Ein- oder Ausfahren, Wenden	.	.	8,6	7,5	10,2	10,9	11,9	11,8	11,1
Zu dichtes Auffahren	.	.	5,3	5,9	5,4	5,9	6,1	8,7	7,9
Alkoholeinfluß	.	8,4	8,4	8,7	8,5	7,7	6,4	5,8	6,4
Falsche Fahrbahnbenutzung	.	.	.	.	.	6,4	6,4	6,1	6,1
Überholen, Vorbeifahren	.	.	10,8	10,9	11,5	5,0	5,0	4,8	5,0
Falsches Verhalten gegenüber Fußgängern	.	.	4,8	4,4	4,1	3,9	4,1	4,0	3,7
Übrige Ursachen	.	.	7,4	10,4	11,2	11,8	13,6	15,5	16,3
Ursachen bei Fahrzeugen[2][3]	.	2,7	2,2	1,6	1,4	1,2	1,2	1,1	1,0
Ursachen bei Fußgängern	.	13,2	13,3	12,2	10,9	8,3	6,9	5,9	6,2
Straßenverhältnisse	.	6,4	7,2	6,5	5,3	6,8	6,8	5,5	5,2
Übrige Ursachen	.	2,8	2,2	1,9	2,2	1,6	1,7	2,0	2,1
Insgesamt	.	100	100	100	100	100	100	100	100

[1] Polizeilich festgestellte Unfallursachen.- [2] Kraftfahrzeuge einschl. Krafträder, Mopeds und Mokicks sowie Fahrräder und sonstige Fahrzeuge.- [3] Technische Mängel, Wartungsmängel.

Straßenverkehrsunfälle - Unfallursachen bei Unfällen mit Personenschaden[1]

	1992	1993	1994	1995	1996	1997	1998	1999	2000
					– Anteile in vH –				
Ursachen bei Fahrzeugführern[2]	86,0	85,5	86,1	85,4	84,6	85,4	86,9	87,4	88,2
Ursachen bei Fahrradfahrern	9,4	9,5	9,1	8,9	8,5	9,4	9,1	9,7	9,7
Zu schnelles Fahren	16,8	17,5	16,9	17,0	17,1	16,0	16,9	16,6	16,3
Vorfahrt, Verkehrsregelung	11,7	11,3	11,6	11,6	11,5	11,8	12,4	12,5	12,8
Einbiegen, Ein- oder Ausfahren, Wenden	11,3	10,8	11,2	11,2	11,1	11,8	12,1	12,5	12,7
Zu dichtes Auffahren	8,4	8,6	9,2	9,1	9,0	9,3	9,9	10,1	10,5
Alkoholeinfluß	6,2	6,4	6,2	5,8	5,7	5,4	4,9	4,7	4,7
Falsche Fahrbahnbenutzung	6,0	5,9	6,1	6,2	6,0	6,1	6,1	6,3	6,2
Überholen, Vorbeifahren	4,9	4,8	5,0	4,9	4,9	5,1	5,0	5,2	5,2
Falsches Verhalten gegenüber Fußgängern	3,9	3,9	3,9	3,8	3,8	3,7	3,6	3,5	3,5
Übrige Ursachen	16,8	16,5	15,9	15,7	15,5	16,3	16,0	16,1	16,2
Ursachen bei Fahrzeugen[2][3]	1,0	1,0	1,0	0,9	0,9	0,9	0,9	0,9	0,9
Ursachen bei Fußgängern	6,0	5,6	5,6	5,4	5,3	5,1	5,2	4,9	5,0
Straßenverhältnisse	4,9	5,8	5,1	6,1	7,1	6,4	4,9	4,6	3,8
Übrige Ursachen	2,1	2,1	2,2	2,1	2,1	2,1	2,1	2,2	2,1
Insgesamt	100	100	100	100	100	100	100	100	100

[1] Polizeilich festgestellte Unfallursachen.- [2] Kraftfahrzeuge einschl. Krafträder, Mopeds und Mokicks sowie Fahrräder und sonstige Fahrzeuge.- [3] Technische Mängel, Wartungsmängel.

Straßenverkehrsunfälle - Unfallursachen nach Bundesländern bei Unfällen mit Personenschaden[1] - 2000

Unfallursachen	Baden-Württemberg	Bayern	Berlin	Brandenburg	Bremen	Hamburg	Hessen	Mecklenburg-Vorpommern
				- Anteile in vH -				
Ursachen bei Fahrzeugführern[2]	88,6	87,4	86,2	89,5	85,0	89,5	87,7	85,4
Ursachen bei Fahrradfahrern	10,1	9,3	.	10,9	17,2	11,4	6,4	7,3
Zu schnelles Fahren	18,4	13,4	7,3	16,7	9,2	14,7	17,3	16,4
Vorfahrt, Verkehrsregelung	14,2	13,2	11,2	12,3	11,8	10,2	12,8	10,7
Einbiegen, Ein- oder Ausfahren, Wenden	10,8	12,0	21,5	11,5	17,2	18,8	11,4	7,6
Zu dichtes Auffahren	9,1	9,0	18,9	11,1	14,9	14,2	11,7	8,0
Alkoholeinfluß	5,4	4,4	3,9	5,4	3,7	3,5	5,9	6,3
Falsche Fahrbahnbenutzung	5,5	9,6	6,1	7,8	5,8	6,4	4,2	4,5
Überholen, Vorbeifahren	5,1	5,4	5,1	4,9	3,5	4,8	5,6	5,2
Falsches Verhalten gegenüber Fußgängern	2,4	2,7	7,2	3,7	4,3	4,4	3,3	2,6
Übrige Ursachen	18,0	18,0	5,0	15,0	14,6	12,5	15,4	24,0
Ursachen bei Fahrzeugen[2,3]	1,0	0,9	0,5	1,0	0,4	0,8	1,0	0,6
Ursachen bei Fußgängern	4,4	3,5	10,0	4,0	8,1	8,0	5,0	3,7
Straßenverhältnisse	3,7	5,6	2,6	3,1	5,4	1,1	4,5	4,6
Übrige Ursachen	2,0	2,4	0,8	3,4	1,2	0,6	1,8	5,6
Insgesamt	100	100	100	100	100	100	100	100

[1] Polizeilich festgestellte Unfallursachen.- [2] Kraftfahrzeuge einschl. Krafträder, Mopeds und Mokicks sowie Fahrräder und sonstige Fahrzeuge.- [3] Technische Mängel, Wartungsmängel.

Straßenverkehrsunfälle - Unfallursachen nach Bundesländern bei Unfällen mit Personenschaden[1] - 2000

Unfallursachen	Niedersachsen	Nordrhein-Westfalen	Rheinland-Pfalz	Saarland	Sachsen	Sachsen-Anhalt	Schleswig-Holstein	Thüringen
				- Anteile in vH -				
Ursachen bei Fahrzeugführern[2]	89,2	88,3	88,5	89,8	89,2	88,2	89,2	88,1
Ursachen bei Fahrradfahrern	.	10,3	6,8	.	.	.	11,6	6,3
Zu schnelles Fahren	15,8	15,4	23,0	19,0	17,3	20,3	17,1	27,0
Vorfahrt, Verkehrsregelung	13,5	12,5	12,9	14,9	14,1	12,6	12,1	11,3
Einbiegen, Ein- oder Ausfahren, Wenden	.	14,9	10,4	11,5	11,0	10,6	13,2	8,5
Zu dichtes Auffahren	.	10,2	11,8	15,4	9,2	10,6	9,2	10,5
Alkoholeinfluss	4,4	3,7	5,5	6,7	5,0	5,6	4,7	5,4
Falsche Fahrbahnbenutzung	.	5,1	5,1	3,7	5,5	.	5,3	8,2
Überholen, Vorbeifahren	5,6	4,8	5,4	5,8	5,8	5,1	4,5	5,9
Falsches Verhalten gegenüber Fußgängern	3,7	4,2	3,4	4,0	4,1	3,3	2,1	3,2
Übrige Ursachen	.	17,1	10,7	8,7	17,1	.	20,9	8,1
Ursachen bei Fahrzeugen[2][3]	0,9	0,9	1,3	0,7	1,0	0,8	0,9	1,0
Ursachen bei Fußgängern	3,9	6,3	4,1	4,5	5,2	4,5	4,5	4,7
Straßenverhältnisse	3,6	3,5	3,3	3,6	2,6	4,1	2,5	4,5
Übrige Ursachen	2,3	1,2	3,2	1,4	2,0	2,5	2,8	1,7
Insgesamt	100	100	100	100	100	100	100	100

[1] Polizeilich festgestellte Unfallursachen.- [2] Kraftfahrzeuge einschl. Krafträder, Mopeds und Mokicks sowie Fahrräder und sonstige Fahrzeuge.- [3] Technische Mängel, Wartungsmängel.

Straßenverkehrsunfälle - Getötete und Verletzte nach Altersgruppen

Jahr	Getötete - Anzahl						Verletzte - in 1 000					
		Alter von ... bis unter ... Jahren				ins-gesamt		Alter von ... bis unter ... Jahren				ins-gesamt
	-6	6-15	15-25	25-65	65 und mehr[1]		-6	6-15	15-25	25-65	65 und mehr[1]	
1950	.	.	.	.	.	.	.	.	.	.	.	.
1955[2]	522	513	3 035	5 793	2 788	12 651	11,9	21,1	123,3	181,5	27,0	364,9
1960	571	749	3 449	6 906	2 731	14 406	14,2	32,7	167,7	216,0	24,4	455,0
1965	624	990	3 171	7 464	3 504	15 753	15,4	37,5	131,4	221,8	27,4	433,5
1970	732	1 435	4 287	8 702	4 037	19 193	18,8	51,6	168,9	259,6	32,9	531,8
1975	469	954	4 311	5 888	3 248	14 870	14,4	48,6	167,8	198,0	29,0	457,8
1980	314	704	4 268	5 016	2 739	13 041	11,9	47,0	209,3	200,5	31,8	500,5
1985	151	309	2 852	3 404	1 684	8 400	10,4	32,8	173,0	178,7	27,2	422,1
1990	155	200	2 250	3 722	1 579	7 906	10,9	32,2	148,7	226,6	29,8	448,2
1991	201	310	3 164	5 754	1 871	11 300	12,7	38,0	162,3	259,5	33,0	505,5
1992	161	313	2 868	5 502	1 787	10 631	12,8	39,8	160,4	270,7	33,0	516,8
1993	152	293	2 682	5 196	1 626	9 946	11,8	38,8	153,0	269,9	32,1	505,6
1994	130	301	2 587	5 185	1 611	9 814	11,6	39,6	153,5	278,6	33,1	516,4
1995	129	289	2 593	4 916	1 527	9 454	11,1	39,9	148,7	279,2	33,2	512,1
1996	107	251	2 392	4 654	1 354	8 758	9,9	38,3	142,7	269,8	32,5	493,2
1997	115	196	2 315	4 540	1 383	8 549	9,8	39,7	142,5	275,0	34,1	501,1
1998	91	213	2 083	4 074	1 331	7 792	9,2	37,1	143,8	273,6	33,8	497,3
1999	98	219	1 694	4 455	1 306	7 772	9,4	39,5	114,9	321,9	35,4	521,1
2000	58	182	1 736	4 216	1 311	7 503	8,6	36,6	111,2	311,4	36,3	504,1

[1] Einschl. ohne Altersangabe.- [2] -6 Jahre, 6-14 Jahre, 14-25 Jahre, 25-60 Jahre, 60 Jahre und mehr. Ohne Saarland.

Straßenverkehrsunfälle - Beteiligte Personenkraftwagen[1] nach Höchstgeschwindigkeitsklassen 2000

Höchstgeschwindigkeit von ... bis unter ... km/h	Bestand an Pkw[2]	Unfälle mit Personenschaden[3]				Verunglückte[3]			Unfälle mit schwerem Sachschaden[3,4]
		Insgesamt	mit Getöteten	mit Schwerverletzten	mit Leichtverletzten	Insgesamt	Getötete	Schwerverletzte	Leichtverletzte	
unter 120	507	1 184	30	281	873	1 591	34	347	1 210	400
120 - 140	1 840	7 789	115	1 594	6 080	10 988	128	1 961	8 899	2 228
140 - 160	11 138	58 582	808	11 823	45 951	81 576	874	14 517	66 185	18 368
160 - 180	14 368	88 621	1 393	17 720	69 508	124 314	1 582	22 531	100 201	30 260
180 - 200	9 646	56 845	986	11 023	44 836	79 263	1 120	14 133	64 010	20 685
200 - 220	3 491	21 364	383	4 168	16 813	29 562	445	5 312	23 805	8 347
220 - 240	1 416	8 841	189	1 777	6 875	12 181	216	2 322	9 643	3 619
240 und mehr| 344	2 431	83	460	1 888	3 415	99	632	2 684	1 178
Insgesamt	42 750	245 657	3 987	48 846	192 824	342 890	4 498	61 755	276 637	85 085
					- Anteile in vH -					
unter 120	0,5	0,8	0,6	0,5	0,5	0,8	0,6	0,4	0,5	0,5
120 - 140	3,2	2,9	3,3	3,2	3,2	2,8	3,2	3,2	2,6	2,6
140 - 160	23,8	20,3	24,2	23,8	23,8	19,4	23,5	23,9	21,6	21,6
160 - 180	36,1	34,9	36,3	36,0	36,3	35,2	36,5	36,2	35,6	35,6
180 - 200	23,1	24,7	22,6	23,3	23,1	24,9	22,9	23,1	24,3	24,3
200 - 220	8,7	9,6	8,5	8,7	8,6	9,9	8,6	8,6	9,8	9,8
220 - 240	3,6	4,7	3,6	3,6	3,6	4,8	3,8	3,5	4,3	4,3
240 und mehr| 1,0	2,1	0,9	1,0	1,0	2,2	1,0	1,0	1,4	1,4
Insgesamt	100	100	100	100	100	100	100	100	100	100

[1] Als Hauptverursacher.- [2] Ohne 89,4 Tsd. Fahrzeuge mit fehlender Angabe im Fahrzeugbrief.- [3] Ohne Unfälle, bei denen die Höchstgeschwindigkeitsklasse nicht erfasst wurde.- [4] Unfälle, bei denen als Unfallursache eine Ordnungswidrigkeit oder Straftat vorliegt und wenn gleichzeitig ein Kfz aufgrund des Unfallschadens abgeschleppt werden muss.

B 3

Grenzüberschreitender Kraftfahrzeugverkehr

Ein- und Durchfahrten[1] nach Fahrzeugarten - in 1 000

Jahr	Insgesamt	Krafträder	Personenkraftwagen[2]	Kraftomnibusse	dar. ausl. Fahrz.	Lastkraftfahrzeuge[3]	dar. ausl. Fahrz.	dar. Transit
1950*	866	56	688	21	14	121	104	9
1955*	12 465	2 309	9 612	158	65	386	199	9
1960	49 091	6 040	41 532	467	220	1 052	615	25
1965	76 205	2 561	70 926	942	465	1 776	1 115	88
1970	88 828	1 457	83 765	956	476	2 650	1 710	177
1975	119 766	1 820	112 259	1 172	560	4 515	3 025	454
1980	134 992	2 127	125 432	1 257	603	6 176	3 988	655
1985	133 393	2 323	122 541	1 355	620	7 175	4 509	953
1990	181 319	2 169	167 300	1 571	740	10 280	6 748	1 393
1991	201 138	2 392	185 980	1 612	747	11 154	7 462	1 365
1992	219 103	2 633	202 995	1 685	761	11 791	7 892	1 412
1993	217 147	2 427	200 765	1 564	717	12 390	8 497	1 663
1994	231 079	2 589	213 360	1 591	713	13 540	9 324	2 036
1995	234 259	2 661	215 712	1 639	732	14 247	9 823	2 181
1996	238 263	2 930	219 212	1 640	733	14 480	10 012	2 525
1997	234 133	3 028	217 367	1 574	701	17 707	12 163	3 093
1998	248 133	3 330	229 980	1 684	757	17 095	13 139	3 243
1999	255 444	3 378	235 929	1 766	806	18 667	14 371	3 519
2000**	.	.	.	.	.	.	.	.

[1] 1960 bis 1990 einschl. kleiner Grenzverkehr.- [2] Einschl. Kombinationskraftwagen.- [3] Bis 1990 einschl. Durchfahrten im Verkehr mit der ehemaligen DDR einschl. Berlin (Ost).- * Ohne ausländische Krafträder und Pkw.- ** Werte lagen bei Redaktionsschluß noch nicht vor.

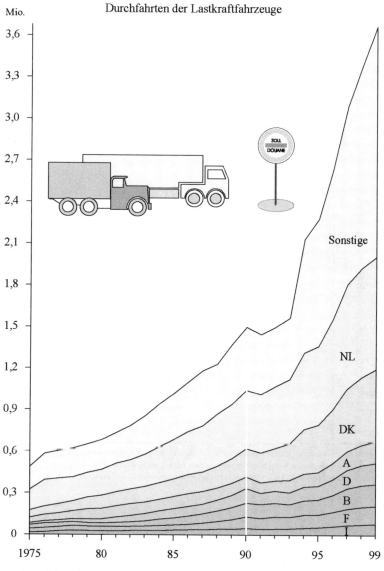

Grenzüberschreitender Verkehr
Durchfahrten der Lastkraftfahrzeuge

Daten siehe Seite 182/183 und Verkehr in Zahlen 1991

Grenzüberschreitender Kraftfahrzeugverkehr
Ein- und Durchfahrten von Lastkraftfahrzeugen nach Heimatländern - in 1000

	1955	1960	1965	1970	1975[3]	1980	1985	1990	1991
EU-Länder insgesamt	.	.	.	.	3 883	5 192	6 033	8 845	9 390
Bundesrepublik Deutschland	.	.	.	.	1 467	2 188	2 666	3 532	3 692
Belgien	.	.	.	.	373	426	522	875	925
Dänemark	.	.	.	.	206	286	308	456	495
Frankreich	.	.	.	.	425	518	479	876	964
Griechenland[1]	.	.	.	.	16	23	34	56	53
Großbritannien	.	.	.	.	38	65	57	125	149
Irland	.	.	.	.	.	3	4	11	13
Italien	.	.	.	.	100	175	216	282	296
Luxemburg	.	.	.	.	39	50	79	168	190
Niederlande	.	.	.	.	1 236	1 481	1 668	2 351	2 465
Portugal[2]	.	.	.	.	1	3	7	19	21
Spanien[2]	.	.	.	.	7	12	25	93	126
DDR	.	.	.	.	23	40	85	92	-
Bulgarien	.	.	.	.	9	17	19	20	28
Finnland	.	.	.	.	9	17	21	28	58
Jugoslawien	.	.	.	.	17	20	36	59	44
Norwegen	.	.	.	.	15	21	32	45	541
Österreich	.	.	.	.	239	410	441	498	265
Polen	.	.	.	.	14	21	29	98	.
Rumänien	.	.	.	.	5	5	12	12	73
Schweden	.	.	.	.	32	38	59	73	215
Schweiz	.	.	.	.	166	240	215	221	30
Sowjetunion	.	.	.	.	6	17	17	25	325
Tschechoslowakei	.	.	.	.	47	68	75	118	.
Türkei	.	.	.	.	11	8	30	47	87
Ungarn	.	.	.	.	11	20	35	81	100
Sonstige	.	.	.	.	4	3	3	17	
Insgesamt	.	.	.	.	4 514	6 176	7 175	10 280	11 154

[1] EU-Mitgliedschaft ab 1981.- [2] EU-Mitgliedschaft ab 1986.- [3] EU-Länder ohne Irland.

Grenzüberschreitender Kraftfahrzeugverkehr
Ein- und Durchfahrten von Lastkraftfahrzeugen nach Heimatländern - in 1 000

	1992	1993	1994	1995	1996	1997	1998	1999	2000*
EU-Länder insgesamt	9 739	9 777	10 333	11 750	11 749	14 446	13 477	14 605	.
Bundesrepublik Deutschland	3 899	3 894	4 216	4 424	4 468	5 544	3 957	4 296	.
Belgien	880	797	791	800	772	931	980	1 052	.
Dänemark	535	577	628	649	673	780	788	844	.
Finnland[1]	26	44	63	69	78	92	103	112	.
Frankreich	1 003	1 058	1 094	1 093	1 049	1 295	1 438	1 556	.
Griechenland	62	116	133	133	148	161	143	158	.
Großbritannien	148	135	138	140	145	168	174	183	.
Irland	13	12	13	13	14	17	18	18	.
Italien	321	347	376	396	392	469	502	547	.
Luxemburg	227	198	196	203	199	243	270	294	.
Niederlande	2 502	2 492	2 591	2 644	2 617	3 243	3 411	3 664	.
Österreich[1]	555	727	856	889	885	1 126	1 266	1 421	.
Portugal	21	19	20	20	19	22	23	24	.
Schweden[1]	71	101	128	139	155	183	206	224	.
Spanien	128	133	138	137	136	171	197	211	.
Litauen	.	.	.	57	67	87	113	107	.
Jugoslawien[2]	54	69	.	.	.	.	.	.	.
Norwegen	36	39	39	40	44	53	59	66	.
Polen	374	422	554	678	755	863	971	1 097	.
Schweiz	215	337	395	438	455	555	554	611	.
Slowakische Republik	.	.	92	98	100	113	128	140	.
Slowenien	.	.	52	48	51	74	90	110	.
Sowjetunion[2]	40	66	.	.	.	.	.	.	.
Tschechische Republik	.	.	620	684	740	807	927	1 086	.
Tschechoslowakei[2]	513	601	.	.	.	.	.	.	.
Ungarn	84	99	117	113	117	148	170	197	.
Sonstige	83	109	291	342	402	561	608	647	.
Insgesamt	11 791	12 390	13 540	14 247	14 480	17 707	17 095	18 667	.

[1] EU-Mitgliedschaft ab 1995.- [2] bzw. Nachfolgestaaten (ab 1993).- * Werte lagen bei Redaktionsschluß noch nicht vor.

Grenzüberschreitender Kraftfahrzeugverkehr
Durchfahrten von Lastkraftfahrzeugen nach Heimatländern - in 1 000

	1955	1960	1965	1970	1975[3]	1980	1985	1990	1991
EU-Länder insgesamt	.	.	.	.	306,0	413,0	634,5	1 059,2	1044.7
Bundesrepublik Deutschland	.	.	.	.	14,8	30,3	65,2	106,3	80.4
Belgien	.	.	.	.	27,1	26,0	51,3	98,9	100.4
Dänemark	.	.	.	.	53,0	93,7	124,4	205,4	213.3
Frankreich	.	.	.	.	26,5	31,3	37,7	80,5	79.4
Griechenland[1]	.	.	.	.	5,3	7,6	14,2	23,5	21.9
Großbritannien	.	.	.	.	17,0	16,7	15,5	34,0	40.4
Irland	.	.	.	.	.	0,7	0,8	2,6	3.0
Italien	.	.	.	.	17,1	28,2	36,5	52,2	43.7
Luxemburg	.	.	.	.	0,5	0,4	3,6	15,9	17.5
Niederlande	.	.	.	.	150,0	185,7	285,3	418,9	419.8
Portugal[2]	.	.	.	.	0,2	0,5	1,2	4,6	4.5
Spanien[2]	.	.	.	.	0,9	1,4	4,9	16,4	20.4
DDR	.	.	.	.	22,0	37,6	77,2	78,6	-
Bulgarien	.	.	.	.	2,8	6,1	3,8	8,9	.
Finnland	.	.	.	.	5,6	10,6	12,2	16,0	16.2
Jugoslawien	.	.	.	.	5,4	6,6	13,8	19,7	15.7
Norwegen	.	.	.	.	9,0	12,6	21,8	31,4	29.0
Österreich	.	.	.	.	38,2	74,8	88,0	81,5	75.9
Polen	.	.	.	.	8,4	12,9	17,0	30,0	65.4
Rumänien	.	.	.	.	3,2	2,7	6,5	5,6	.
Schweden	.	.	.	.	16,4	21,2	34,4	35,5	30.9
Schweiz	.	.	.	.	27,0	29,4	35,4	23,5	20.0
Sowjetunion	.	.	.	.	2,7	5,2	6,7	8,1	8.6
Tschechoslowakei	.	.	.	.	25,7	31,1	30,3	48,4	69.5
Türkei	.	.	.	.	5,0	3,4	14,3	21,1	.
Ungarn	.	.	.	.	5,4	7,9	15,2	30,0	29.3
Sonstige	.	.	.	.	1,5	0,7	0,6	1,3	40.5
Insgesamt					490,0	685,2	1 017,7	1 498,9	1 445,6

[1] EU-Mitgliedschaft ab 1981.- [2] EU-Mitgliedschaft ab 1986.- [3] EU-Länder ohne Irland.

Grenzüberschreitender Kraftfahrzeugverkehr
Durchfahrten von Lastkraftfahrzeugen nach Heimatländern - in 1 000

	1992	1993	1994	1995	1996	1997	1998	1999	2000*
EU-Länder insgesamt	1 119,2	1 154,4	1 361,6	1 609,7	1 845,9	2 141,4	2 281,0	2 386,5	.
Bundesrepublik Deutschland	86,5	84,7	97,1	99,3	113,4	133,3	144,0	151,1	.
Belgien	99,6	91,5	103,3	105,8	120,7	146,0	155,8	158,7	.
Dänemark	232,2	263,0	319,7	339,9	388,5	451,9	487,9	518,0	.
Finnland[1]	14,0	27,5	39,3	40,9	47,0	54,8	59,6	64,6	.
Frankreich	86,6	83,2	94,5	93,7	103,1	118,0	125,7	128,3	.
Griechenland	31,3	38,4	46,3	48,8	56,2	66,6	72,0	79,8	.
Großbritannien	42,7	38,7	42,8	42,8	52,8	56,2	56,0	54,9	.
Irland	3,0	3,3	4,1	4,2	5,3	6,1	6,7	6,8	.
Italien	46,5	48,0	52,9	56,9	65,3	73,6	78,8	83,3	.
Luxemburg	18,6	17,2	19,4	21,2	24,3	28,7	31,4	35,4	.
Niederlande	445,7	461,0	553,2	568,5	652,1	752,7	788,2	812,5	.
Österreich[1]	73,6	90,6	95,7	99,1	115,3	135,0	146,6	156,6	.
Portugal	5,0	4,9	6,0	6,5	7,5	8,8	9,7	10,5	.
Schweden[1]	25,6	47,4	61,6	59,2	67,2	78,5	85,6	92,4	.
Spanien	21,5	20,1	22,3	23,1	27,3	31,4	33,2	33,5	.
Litauen	.	.	.	14,4	25,1	27,8	53,2	58,2	.
Jugoslawien[2]	12,5	19,2	.	-	-	-	-	-	.
Norwegen	21,0	24,0	25,8	26,2	29,7	33,4	36,0	39,2	.
Polen	77,9	114,1	173,2	227,0	271,9	321,7	380,8	455,2	.
Schweiz	18,8	28,9	38,1	35,9	36,9	41,8	41,8	42,5	.
Slowakische Republik	.	.	35,3	41,4	45,5	53,8	64,0	70,5	.
Slowenien	.	.	15,3	0,4	0,5	0,6	0,7	1,0	.
Sowjetunion[2]	10,2	24,8	.	-	-	-	-	-	.
Tschechische Republik	.	.	137,9	181,9	217,6	256,4	305,6	370,0	.
Tschechoslowakei[2]	76,2	141,4	-	-	-	-	-	-	.
Ungarn	23,0	39,2	47,2	35,2	34,0	36,7	42,7	47,8	.
Sonstige	26,1	36,0	101,8	108,4	131,3	179,6	180,9	199,3	.
Insgesamt	1 498,0	1 747,5	2 133,7	2 280,5	2 638,5	3 093,2	3 386,8	3 670,1	.

[1] EU-Mitgliedschaft ab 1995.- [2] Bzw. Nachfolgestaaten (ab 1993).- * Werte lagen bei Redaktionsschluß noch nicht vor.

Grenzüberschreitender Luftverkehr - Reisende nach Endzielländern - in vH

Endzielländer	1955	1960	1965	1970	1975	1980	1985	1990	1991
Europa	.	.	.	.	79,7	72,3	71,4	73,8	71,8
dar. EU-Länder[1]	.	.	.	.	29,1	27,6	31,1	52,0	50,8
dar. Frankreich	.	.	.	.	6,0	5,3	4,7	5,2	4,7
Griechenland	.	.	.	.	3,0	5,0	5,4	5,9	6,0
Großbritannien	.	.	.	.	11,1	11,3	11,1	11,3	9,4
Italien	.	.	.	.	5,6	5,5	4,9	5,0	4,9
Spanien	.	.	.	.	22,6	18,0	19,3	17,1	19,0
Österreich	.	.	.	.	2,8	2,8	2,8	2,7	2,6
Schweiz	.	.	.	.	4,3	4,0	3,8	4,2	3,4
Türkei	.	.	.	.	5,8	3,7	3,6	6,2	6,5
Afrika	.	.	.	.	4,0	5,9	5,4	5,1	4,8
dar. Ägypten	.	.	.	.	0,4	0,6	0,8	0,9	0,8
Kenia	.	.	.	.	0,4	0,6	0,5	0,6	0,6
Marokko	.	.	.	.	0,5	0,5	0,8	0,5	0,4
Tunesien	.	.	.	.	1,4	2,3	1,8	2,1	1,7
Amerika	.	.	.	.	11,7	14,7	14,8	13,7	15,5
dar. Brasilien	.	.	.	.	0,4	0,4	0,4	0,4	0,4
Kanada	.	.	.	.	1,5	1,5	1,6	1,2	1,4
USA	.	.	.	.	8,6	11,2	11,9	10,7	11,6
Asien	.	.	.	.	4,3	6,6	8,1	7,0	7,5
dar. Hongkong	.	.	.	.	0,1	0,2	0,4	0,6	0,5
Indien	.	.	.	.	0,3	0,6	0,9	1,0	0,9
Israel	.	.	.	.	0,6	1,3	1,3	0,8	0,7
Japan	.	.	.	.	0,7	0,8	1,0	0,9	1,0
Thailand	.	.	.	.	0,5	0,5	0,5	0,8	1,0
Australien/Ozeanien	.	.	.	.	0,3	0,4	0,3	0,3	0,4
Insgesamt - Mio.	.	.	.	.	9,9	13,1	15,7	24,4	24,2

[1] Belgien, Luxemburg, Niederlande, Frankreich, Italien, Dänemark, Großbritannien, Irland, Griechenland (seit 1981), Spanien und Portugal (seit 1986).

Grenzüberschreitender Luftverkehr - Reisende nach Endzielländern - in vH

Endzielländer	1992	1993	1994	1995	1996	1997	1998	1999	2000[3]
Europa[1]	70,6	71,3	72,0	72,3	72,1	72,6	72,9	71,4	67,6
dar. **EU-Länder**[2]	48,1	48,0	49,6	53,0	52,4	52,6	53,5	54,6	50,8
dar. Frankreich	4,5	4,3	4,3	4,2	4,3	4,6	4,7	4,7	4,1
Griechenland	6,7	6,7	7,2	6,1	5,5	5,6	5,4	5,7	5,3
Großbritannien	8,5	8,7	8,5	8,3	8,0	7,9	7,8	7,8	7,8
Italien	4,5	4,4	4,6	4,9	5,0	5,1	5,4	5,5	4,7
Österreich	2,6	2,4	2,4	2,3	2,3	2,3	2,4	2,4	2,0
Spanien	17,4	17,5	18,6	18,6	18,7	18,4	18,9	19,6	19,1
Schweiz	3,1	2,9	2,6	2,6	2,4	2,4	2,6	2,6	2,3
Türkei	8,0	8,2	7,4	8,9	9,5	9,7	8,8	6,6	7,8
Afrika	5,9	5,5	5,7	5,4	5,4	5,4	4,9	5,8	5,7
dar. Ägypten	1,3	0,9	0,8	0,8	1,1	1,1	0,8	1,4	1,8
Kenia	0,5	0,4	0,4	0,4	0,3	0,3	0,2	0,1	0,1
Marokko	0,5	0,6	0,7	0,6	0,5	0,5	0,6	0,5	0,5
Tunesien	2,4	2,4	2,6	2,3	2,2	2,2	2,2	2,3	2,2
Amerika	15,5	14,9	13,8	13,9	13,9	13,6	13,9	14,1	11,9
dar. Brasilien	0,4	0,4	0,4	0,4	0,4	0,5	0,6	0,5	0,4
Kanada	1,4	1,5	1,4	1,4	1,4	1,3	1,4	1,4	1,1
USA	11,6	10,6	9,5	9,6	9,6	9,4	9,4	9,4	7,8
Asien[1]	7,7	7,9	8,1	8,0	8,1	8,0	8,0	8,4	6,5
dar. Hongkong	0,5	0,5	0,5	0,5	0,6	0,5	0,4	0,4	0,3
Indien	0,9	0,9	0,8	0,8	0,8	0,8	0,8	0,8	0,3
Israel	0,9	0,8	0,8	0,8	0,8	0,7	0,7	0,8	0,6
Japan	1,0	0,9	1,0	1,0	1,0	1,1	1,1	1,1	0,8
Thailand	0,9	1,0	1,0	1,0	1,0	1,0	1,0	1,0	0,8
Australien/Ozeanien	0,5	0,5	0,4	0,4	0,4	0,4	0,4	0,4	0,4
Insgesamt - Mio.	28,2	30,6	33,5	36,4	38,0	40,7	42,7	46,0	42,4

[1] Bis 1991 wurden die Werte der gesamten Sowjetunion Europa zugeordnet, ab 1992 sind die Werte für die asiatischen Nachfolgestaaten (Kasachstan, Kirgisien, Tadschikistan, Turkmenistan, Usbekistan) bei Asien ausgewiesen.- [2] Belgien, Luxemburg, Niederlande, Frankreich, Italien, Dänemark, Großbritannien, Irland, Griechenland, Spanien und Portugal, Finnland, Österreich und Schweden (ab 1995).- [3] Ab 2000 bereinigt um Auslands-Ausland-Unsteiger (2000: ca. 7 0 Mio) und Auslands-Inlands-Umsteiger (2000: ca. 3,0 Mio).

Grenzüberschreitender Luftverkehr
Reisende nach Zielländern 2000 in vH (42,38 Mio. absolut)

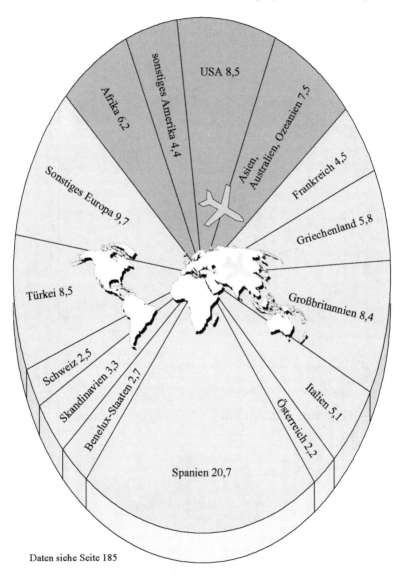

Daten siehe Seite 185

Grenzüberschreitender Güterverkehr

Das Verkehrsaufkommen im grenzüberschreitenden Verkehr als Teil des gesamten Güterverkehrs umfasst den Versand der Bundesrepublik Deutschland in das Ausland und den Empfang aus dem Ausland (bis 1990 ohne den Verkehr mit der DDR). Der Durchgangsverkehr vom Ausland durch die Bundesrepublik in das Ausland ist in diesen Angaben nicht enthalten, sondern auf Seite 206/207 nachgewiesen.

Die Zuordnung nach Verkehrsbereichen - Eisenbahn-, Straßen-, Binnenschiffs-, See- und Luftverkehr - richtet sich nach der Verkehrsmittelart, mit der das Gut über die Grenze transportiert wurde. Sie sagt nichts darüber aus, in welchem Verkehrsbereich der Transport zum Empfangsort bzw. vom Herkunftsort überwiegend durchgeführt wurde. So wird in der Verkehrsstatistik z. B. ein Exportgut für Asien, das nach einem ausländischen Seehafen mit dem Lastkraftwagen über die Grenze der Bundesrepublik Deutschland transportiert wurde, im grenzüberschreitenden Straßenverkehr nachgewiesen. In der Außenhandelsstatistik dagegen wird, nach Herkunfts- bzw. Empfangsländern differenziert, in diesem Fall der Transport dem Verkehrsbereich Seeschifffahrt zugeordnet.

Den tonnenkilometrischen Leistungen liegt diejenige Wegstrecke zugrunde, die auf dem Gebiet (im Luftverkehr: über dem Gebiet) der Bundesrepublik zurückgelegt wurde. Auslandsstrecken sind nicht berücksichtigt, mit einer Ausnahme: In der Seeschifffahrt sind die durchschnittlichen Versandweiten bis zum Zielhafen Grundlage der Berechnung, die vom DIW als Ergänzung der amtlichen Statistik durchgeführt wurde. Damit ist es nun möglich, auch die Leistungen der Seeschifffahrt im grenzüberschreitenden Verkehr, für Versand und Empfang getrennt, zu publizieren.

Grenzüberschreitender Straßengüterverkehr

Für *deutsche* Lastkraftfahrzeuge wurden vom DIW im Auftrag des Bundesverkehrsministeriums nur Eckwerte entsprechend der neuen Verkehrsleistungsstatistik von 1991 bis 1993 geschätzt (siehe auch Seite 224). Daher ist die Einzeldarstellung des grenzüberschreitenden Güterverkehrs für diese Jahre nicht möglich.

Für *ausländische* Lastkraftfahrzeuge liegen ab 1995 nur noch Eckwerte vor, so dass hier auf detailliertere Angaben wie Gütergruppen verzichtet werden muss.

Grenzüberschreitender Verkehr
Güterverkehr - Versand und Empfang - in Mio. t

Jahr	Insgesamt	Eisenbahnen[1]	Straßenverkehr[2]	Binnenschifffahrt	Seeschiffahrt[3]	Rohrfernleitungen[4]	Luftverkehr[5] (in 1 000)
1950	74,8	23,9	0,5	27,2	23,2	.	3
1955	140,7	36,3	4,2	50,2	50,0	.	9
1960	213,5	52,3	11,7	72,9	74,2	2,4	36
1965	291,3	55,3	24,3	87,2	96,5	27,9	96
1970	428,0	68,8	41,4	121,9	128,7	67,0	218
1975	447,2	56,6	70,6	132,9	127,2	59,6	275
1980	527,2	66,4	106,7	139,9	148,8	65,0	458
1985	516,3	59,5	125,0	140,7	135,3	55,2	570
1990	586,4	60,4	176,9	148,7	140,0	59,5	914
1991	457,4	78,8	.	145,5	158,2	73,9	887
1992	470,7	76,2	.	144,2	173,4	76,0	930
1993	457,3	66,3	.	135,7	176,9	77,2	1 356
1994	704,2	74,8	211,0	146,4	189,8	80,7	1 547
1995	720,3	76,7	221,2	146,4	197,2	77,1	1 648
1996	697,7	75,0	211,7	142,0	198,6	68,6	1 720
1997	757,8	81,1	253,8	149,1	205,3	66,6	1 868
1998	786,4	84,4	270,1	151,4	209,9	68,7	1 810
1999	800,6	81,9	291,5	145,3	211,6	68,4	1 906
2000*	839,2	90,1	287,1	158,1	233,3	68,6	2 105

[1] Ohne Expressgut und Stückgut.- [2] Bis 1990 ohne tarifliches Stückgut. Ab 1994 ohne Transporte deutscher Lastkraftfahrzeuge bis 6 t zulässiges Gesamtgewicht oder 3,5 t Nutzlast. Siehe Anmerkungen S. 187.- [3] Ohne Eigengewichte der Reise- und Transportfahrzeuge, Container, Trailer, Trägerschiffsleichter. Einschl. Umladungen.- [4] Bis 1965 nur Rohölleitungen, bis 1995 einschl. Mineralölproduktenleitungen. Ohne Erdgasleitungen. Ab 1996 einschl. Transit (1998 = 0,5 Mio. t).- [5] Ohne Luftpost. Ab 1993 einschl. Umladungen.- * Zum Teil vorläufige Werte.

Grenzüberschreitender Verkehr
Güterverkehr - Versand und Empfang - in Mrd. tkm[1)]

Jahr	Ins- gesamt	Eisen- bahnen[2)]	Straßen- verkehr[3)]	Binnen- schifffahrt	Rohr- fernlei- tungen[4)]	Luft- verkehr[5)] (in Mio. tkm)	nachrichtl. Seeschiff- fahrt[6)]
1950	.	.	.	.	.	.	.
1955	.	.	.	.	.	.	.
1960	.	.	.	.	.	.	.
1965	.	.	.	.	.	.	.
1970	.	.	.	.	.	.	.
1975	60,1	12,0	14,4	25,9	7,6	125	994,4
1980	74,3	15,8	23,0	27,6	7,7	190	1 065,3
1985	78,8	16,5	28,2	28,0	5,8	249	786,3
1990	98,2	18,3	41,1	31,3	7,1	358	784,9
1991	.	23,7	.	32,1	10,5	342	843,9
1992	.	23,2	.	32,7	10,8	348	851,2
1993	.	21,3	.	33,0	11,3	372	854,2
1994	131,6	24,0	60,6	34,7	11,9	417	933,6
1995	129,3	24,4	57,6	35,0	11,8	431	967,1
1996	128,2	25,1	57,9	34,5	10,2	450	957,0
1997	144,5	28,6	70,9	35,7	8,8	477	1 014,1
1998	153,3	30,1	75,5	36,7	10,4	569	1 021,9
1999	158,3	29,4	82,5	35,3	10,5	605	1 108,2
2000*	166,3	32,9	82,9	38,4	10,7	1 429	1 253,0

[1)] Verkehrsleistungen (außer in der Seeschifffahrt) im Bundesgebiet.- [2)] Ohne Expressgut und Stückgut.- [3)] Bis 1990 ohne tarifliches Stückgut. Ab 1994 ohne Transporte deutscher Lastkraftfahrzeuge bis 6 t zulässiges Gesamtgewicht oder 3,5 t Nutzlast. Siehe Anmerkungen S. 187.- [4)] Bis 1995 einschl, Mineralölpro- duktenleitungen. Ohne Erdgasleitungen. Ab 1996 einschl. Transit (1997 = 0,4 Mrd. tkm).- [5)] Ohne Luft- post. Ab 1998 neue Kilometrierung im Luftverkehr.- [6)] Ohne Eigengewichte der Reise- und Transport- fahrzeuge, Container, Trailer, Trägerschiffsleichter. Einschl. Umladungen.- *Zum Teil vorläufige Werte.

Grenzüberschreitender Verkehr
Güterverkehr - Versand - in Mio. t

Jahr	Insgesamt	Eisenbahnen[1]	Straßenverkehr[2]	Binnenschifffahrt	Seeschiffahrt[3]	Luftverkehr[4] (in 1 000)
1950	43,9	15,3	0,2	18,1	9,8	2
1955	57,9	21,7	1,5	19,6	15,1	6
1960	76,8	28,6	3,8	27,9	16,5	20
1965	89,3	30,8	8,9	31,7	17,9	44
1970	125,2	36,9	17,2	48,6	22,4	118
1975	140,4	31,1	32,6	49,2	27,4	131
1980	174,2	37,7	52,3	49,2	34,8	225
1985	186,4	33,4	64,0	44,5	44,3	348
1990	219,6	33,1	89,6	52,5	44,0	443
1991	.	40,4	.	47,3	48,5	421
1992	.	36,6	.	47,1	55,5	458
1993	.	29,9	.	45,2	57,5	683
1994	242,9	31,8	97,5	47,9	65,0	813
1995	247,2	32,9	100,1	44,9	68,4	860
1996	247,1	33,8	99,5	43,8	69,1	903
1997	271,7	38,1	118,9	44,7	69,1	992
1998	278,9	40,2	126,0	42,7	69,1	946
1999	291,1	38,4	133,1	44,7	73,9	997
2000*	306,4	42,3	128,2	48,7	86,0	1 114

[1] Ohne Expressgut und Stückgut.- [2] Bis 1990 ohne tarifliches Stückgut. Ab 1994 ohne Transporte deutscher Lastkraftfahrzeuge bis 6 t zulässiges Gesamtgewicht oder 3,5 t Nutzlast. Siehe Anmerkungen S. 187.- [3] Ohne Eigengewichte der Reise- und Transportfahrzeuge, Container, Trailer, Trägerschiffsleichter. Einschl. Umladungen.- [4] Ohne Luftpost. Ab 1993 einschl. Umladungen.- * Zum Teil vorläufige Werte.

Grenzüberschreitender Verkehr

Güterverkehr - Versand - in Mrd. tkm [1]

Jahr	Ins- gesamt	Eisen- bahnen [2]	Straßen- verkehr [3]	Binnen- schifffahrt	Luft- verkehr [4] (in Mio. tkm)	nachrichtl. Seeschiff- fahrt [5]
1950	.	.	.	.	.	.
1955	.	.	.	.	.	.
1960	.	.	.	.	.	.
1965	.	.	.	.	.	.
1970	.	.	.	.	.	.
1975	23,0	7,4	6,6	8,9	62	169,3
1980	30,6	10,3	11,0	9,2	95	221,7
1985	33,3	10,5	13,9	8,7	144	264,9
1990	40,7	10,6	19,5	10,4	178	295,4
1991	.	12,7	.	10,3	168	322,6
1992	.	12,1	.	10,8	173	327,3
1993	.	10,5	.	11,2	186	364,2
1994	49,7	11,2	26,3	11,9	217	429,9
1995	47,9	11,5	24,8	11,4	224	438,4
1996	49,7	13,1	25,2	11,1	235	436,5
1997	57,6	15,0	30,9	11,4	254	426,0
1998	59,9	15,8	32,6	11,2	298	409,2
1999	61,7	15,3	34,5	11,6	316	499,4
2000*	65,2	17,0	34,1	12,9	1 114	589,6

[1] Verkehrsleistungen (außer in der Seeschifffahrt) im Bundesgebiet.- [2] Ohne Expressgut und Stückgut.- [3] Ohne tarifliches Stückgut. Ab 1994 ohne Transporte deutscher Lastkraftfahrzeuge bis 6 t zulässiges Gesamtgewicht oder 3,5 t Nutzlast. Siehe Anmerkungen S. 187 - [4] Ohne Luftpost. Ab 1998 neue Kilometrierung im Luftverkehr.- [5] Eigengewichte der Reise- und Transportfahrzeuge, Container, Trailer, Trägerschiffsleichter. Einschl. Umladungen.- *Zum Teil vorläufige Werte.

Grenzüberschreitender Verkehr
Güterverkehr - Empfang - in Mio. t

Jahr	Ins-gesamt	Eisen-bahnen[1]	Straßen-verkehr[2]	Binnen-schifffahrt	See-schiffahrt[3]	Rohr-fernlei-tungen[4]	Luft-verkehr[5] (in 1 000)
1950	30,9	8,1	0,3	9,1	13,4	-	1
1955	82,8	14,6	2,7	30,6	34,9	-	1
1960	136,7	23,7	7,9	45,0	57,7	2,4	16
1965	202,0	24,5	15,4	55,5	78,6	27,9	52
1970	302,8	31,9	24,2	73,3	106,3	67,0	100
1975	306,7	25,5	38,0	83,7	99,8	59,6	144
1980	353,1	28,7	54,4	90,7	114,0	65,0	234
1985	329,8	26,1	61,0	96,2	91,0	55,2	223
1990	366,8	27,3	87,3	96,2	96,0	59,5	471
1991	.	38,5	.	98,2	109,7	73,9	465
1992	.	39,6	.	97,1	117,9	76,0	473
1993	.	36,4	.	90,5	119,3	77,2	672
1994	461,2	43,0	113,5	98,5	124,8	80,7	734
1995	473,1	43,8	121,0	101,5	128,9	77,1	788
1996	450,5	41,2	112,2	98,3	129,5	68,6	816
1997	486,1	43,0	134,9	104,4	136,2	66,6	876
1998	507,5	44,3	144,1	108,7	140,8	68,7	864
1999	509,5	43,6	158,3	100,5	137,8	68,4	909
2000*	532,8	47,7	158,9	109,4	147,2	68,6	991

[1] Ohne Expressgut und Stückgut.- [2] Bis 1990 ohne tarifliches Stückgut. Ab 1994 ohne Transporte deutscher Lastkraftfahrzeuge bis 6 t zulässiges Gesamtgewicht oder 3,5 t Nutzlast. Siehe Anmerkungen S. 187.- [3] Ohne Eigengewichte der Reise- und Transportfahrzeuge, Container, Trailer, Trägerschiffsleichter. Einschl. Umladungen.- [4] Bis 1995 einschl. Mineralölproduktenleitungen. Ohne Erdgasleitungen. Ab 1996 einschl. Transit (1998 = 0,5 Mio. t).- [5] Ohne Luftpost. Ab 1993 einschl. Umladungen.- * Zum Teil vorläufige Werte.

Grenzüberschreitender Verkehr
Güterverkehr - Empfang - in Mrd. tkm[1)]

Jahr	Ins-gesamt	Eisen-bahnen[2)]	Straßen-verkehr[3)]	Binnen-schifffahrt	Rohr-fernlei-tungen[4)]	Luft-verkehr[5)] (in Mio. tkm)	nachrichtl. Seeschiff-fahrt[6)]
1950	.	.	.	.	.	.	.
1955	.	.	.	.	.	.	.
1960	.	.	.	.	.	.	.
1965	.	.	.	.	.	.	.
1970	.	.	.	.	.	.	.
1975	37,1	4,6	7,8	17,0	7,6	63	825,1
1980	43,7	5,5	12,0	18,4	7,7	95	843,6
1985	45,5	6,0	14,3	19,3	5,8	105	521,4
1990	57,5	7,7	21,6	20,9	7,1	180	489,5
1991	.	11,0	.	21,9	10,5	174	521,2
1992	.	11,1	.	21,9	10,8	175	524,0
1993	.	10,8	.	21,8	11,3	186	490,0
1994	82,0	12,8	34,3	22,8	11,9	200	503,7
1995	81,4	13,0	32,8	23,7	11,8	207	528,7
1996	78,5	12,0	32,7	23,4	10,2	215	520,5
1997	87,0	13,6	40,0	24,3	8,8	223	588,2
1998	93,4	14,3	42,9	25,5	10,4	271	612,6
1999	96,6	14,1	48,0	23,7	10,5	289	608,8
2000*	101,1	15,9	48,8	25,4	10,7	315	663,4

[1)] Verkehrsleistungen (außer in der Seeschifffahrt) im Bundesgebiet.- [2)] Ohne Expressgut und Stückgut.- [3)] Ohne tarifliches Stückgut. Ab 1994 ohne Transporte deutscher Lastkraftfahrzeuge bis 6 t zulässiges Gesamtgewicht oder 3,5 t Nutzlast. Siehe Anmerkungen S. 187.- [4)] Bis 1995 einschl, Mineralölpro-duktenleitungen. Ohne Erdgasleitungen. Ab 1996 einschl. Transit (1997 = 0,4 Mrd. tkm).- [5)] Ohne Luft-post. Ab 1998 neue Kilometrierung im Luftverkehr.- [6)] Ohne Eigengewichte der Reise- und Transport-fahrzeuge, Container, Trailer, Trägerschiffsleichter. Einschl. Umladungen.- *Zum Teil vorläufige Werte.

Grenzüberschreitender Verkehr - Güterverkehr nach Hauptgütergruppen - Versand Eisenbahnen[1]

	1990	1991	1992	1993	1994	1995	1996	1997	1998	1999	2000
					in Mio. t						
Land- und forstwirtschaftliche Erzeugnisse	2,6	3,6	2,7	3,1	2,7	3,3	3,3	3,3	3,2	3,1	4,2
Nahrungs- und Futtermittel	1,6	1,4	1,5	1,3	1,2	1,4	1,3	1,4	1,3	1,2	1,2
Kohle	4,3	3,7	2,0	1,1	1,0	0,5	0,4	0,4	0,3	0,3	0,5
Rohes Erdöl	0,0	0,1	0,0	0,0	0,0	0,0	0,0	0,0	0,0	0,0	0,0
Mineralölerzeugnisse	1,4	2,8	2,2	2,1	2,3	2,0	2,2	2,2	2,7	2,7	2,7
Erze und Metallabfälle	2,0	2,9	3,2	2,5	2,6	2,6	2,6	3,1	3,4	3,2	3,1
Eisen, Stahl und NE-Metalle	4,9	5,6	5,1	4,3	4,5	5,1	4,9	6,4	6,9	6,4	7,9
Steine und Erden	3,1	3,7	3,1	2,6	2,9	2,9	2,7	2,9	3,0	2,7	2,7
Düngemittel	0,5	1,0	1,0	0,7	0,7	0,7	0,9	1,2	1,5	1,2	1,0
Chemische Erzeugnisse	3,2	3,6	3,3	2,9	3,1	3,3	3,4	3,5	3,7	3,3	3,6
Fahrzeuge, Maschinen, Halb- und Fertigwaren[2]	9,5	12,1	12,5	9,5	10,8	11,0	12,1	13,6	14,2	14,2	15,4
Insgesamt	33,1	40,4	36,6	29,9	31,8	32,9	33,8	38,1	40,2	38,4	42,3
					in vH						
Land- und forstwirtschaftliche Erzeugnisse	7,9	8,8	7,2	10,2	8,4	10,1	9,7	8,6	7,9	8,1	10,0
Nahrungs- und Futtermittel	4,7	3,4	4,2	4,3	3,9	4,3	3,9	3,7	3,3	3,2	2,8
Kohle	12,9	9,2	5,4	3,5	3,1	1,5	1,3	1,0	0,7	0,7	1,1
Rohes Erdöl	0,0	0,1	0,0	0,0	0,0	0,0	0,0	0,0	0,0	0,0	0,0
Mineralölerzeugnisse	4,2	6,9	5,9	7,0	7,1	6,0	6,6	5,9	6,6	6,9	6,4
Erze und Metallabfälle	6,2	7,1	8,8	8,2	8,3	8,0	7,6	8,2	8,5	8,3	7,3
Eisen, Stahl und NE-Metalle	14,9	14,0	13,8	14,3	14,3	15,5	14,5	16,9	17,2	16,8	18,7
Steine und Erden	9,4	9,1	8,5	8,8	9,1	8,7	8,1	7,7	7,5	7,2	6,3
Düngemittel	1,6	2,4	2,8	2,2	2,1	2,1	2,8	3,3	3,8	3,2	2,5
Chemische Erzeugnisse	9,6	9,0	9,0	9,6	9,8	10,1	9,9	9,2	9,1	8,6	8,6
Fahrzeuge, Maschinen, Halb- und Fertigwaren[2]	28,6	30,1	34,2	31,8	34,0	33,6	35,6	35,7	35,4	37,0	36,3
Insgesamt	100	100	100	100	100	100	100	100	100	100	100

[1] Wagenladungsverkehr. - [2] Einschl. besondere Transportgüter.

Grenzüberschreitender Verkehr - Güterverkehr nach Hauptgütergruppen - Empfang Eisenbahnen [1]

	1990	1991	1992	1993	1994	1995	1996	1997	1998	1999	2000
					in Mio. t						
Land- und forstwirtschaftliche Erzeugnisse	1,7	1,5	1,5	1,3	1,4	1,3	1,1	1,1	1,0	1,2	1,4
Nahrungs- und Futtermittel	0,6	0,9	0,7	0,5	0,8	0,8	0,6	0,6	0,6	0,5	0,5
Kohle	2,6	7,7	7,3	5,9	5,5	5,9	5,7	7,4	9,0	8,2	9,7
Rohes Erdöl	0,0	0,0	0,0	0,0	0,2	0,2	0,1	0,0	0,0	0,1	0,1
Mineralölerzeugnisse	1,1	1,1	0,9	1,0	0,8	0,8	0,8	0,9	0,9	1,0	1,0
Erze und Metallabfälle	2,2	2,8	2,4	2,4	2,5	2,6	2,9	3,4	3,8	4,3	5,2
Eisen, Stahl und NE-Metalle	5,3	5,9	5,7	5,0	6,9	7,5	6,0	6,4	6,7	6,6	7,6
Steine und Erden	1,3	4,0	7,2	7,9	10,1	9,6	8,6	6,8	5,6	5,0	4,8
Düngemittel	0,8	1,0	0,9	0,6	0,6	0,5	0,4	0,4	0,3	0,2	0,2
Chemische Erzeugnisse	3,1	3,4	3,2	3,0	3,3	3,3	3,2	3,5	3,4	3,4	3,6
Fahrzeuge, Maschinen, Halb- und Fertigwaren [2]	8,4	10,1	9,7	8,8	10,9	11,2	11,6	12,7	13,0	13,2	13,7
Insgesamt	27,3	38,5	39,6	36,4	43,0	43,8	41,2	43,0	44,3	43,6	47,7
					in vH						
Land- und forstwirtschaftliche Erzeugnisse	6,4	4,0	3,7	3,5	3,2	3,0	2,7	2,5	2,3	2,7	2,9
Nahrungs- und Futtermittel	2,3	2,2	1,7	1,4	1,9	1,9	1,5	1,3	1,3	1,2	1,1
Kohle	9,7	20,1	18,4	16,2	12,9	13,5	13,9	17,1	20,3	18,9	20,3
Rohes Erdöl	0,0	0,0	0,0	0,1	0,5	0,5	0,2	0,1	0,1	0,1	0,1
Mineralölerzeugnisse	4,0	3,0	2,3	2,7	1,8	1,9	2,1	2,0	2,1	2,2	2,1
Erze und Metallabfälle	8,2	7,3	6,1	6,6	5,9	6,0	7,0	7,9	8,6	9,9	10,8
Eisen, Stahl und NE-Metalle	19,5	15,4	14,4	13,8	16,0	17,0	14,7	15,0	15,0	15,0	15,9
Steine und Erden	4,9	10,4	18,2	21,6	23,4	21,9	20,8	15,8	12,6	11,4	10,1
Düngemittel	2,8	2,7	2,4	1,8	1,3	1,1	1,1	0,8	0,6	0,5	0,5
Chemische Erzeugnisse	11,4	8,8	8,2	8,3	7,8	7,6	7,7	8,1	7,8	7,9	7,5
Fahrzeuge, Maschinen, Halb- und Fertigwaren [2]	30,7	26,2	24,6	24,1	25,3	25,5	28,3	29,5	29,3	30,2	28,6
Insgesamt	100	100	100	100	100	100	100	100	100	100	100

[1] Wagenladungsverkehr.- [2] Einschl. besondere Transportgüter.

Grenzüberschreitender Verkehr - Güterverkehr nach Hauptgütergruppen[1]
Straßengüterverkehr deutscher Lastkraftfahrzeuge

	1995	1996	1997	1998	1999	2000
			in Mio. t			
Land- und forstwirtschaftliche Erzeugnisse	6,6	7,3	7,9	7,7	8,2	8,4
Nahrungs- und Futtermittel	7,9	7,7	9,2	9,2	10,2	12,5
Kohle	0,8	0,8	0,9	1,0	.	.
Rohes Erdöl	0,0	0,0	0,0	0,0	0,0	.
Mineralölerzeugnisse	1,7	1,7	1,9	2,1	1,9	2,1
Erze und Metallabfälle	1,3	1,4	1,7	1,2	1,5	6,4
Eisen, Stahl und NE-Metalle	5,2	4,8	6,1	6,7	7,2	14,7
Steine und Erden	12,0	12,0	12,5	13,6	14,5	.
Düngemittel	0,6	0,8	1,1	1,4	.	.
Chemische Erzeugnisse	11,0	10,6	10,5	12,2	12,4	13,1
Fahrzeuge, Maschinen, Halb- und Fertigwaren[2]	18,9	18,9	22,2	23,5	28,2	31,8
Insgesamt	**66,1**	**66,1**	**74,0**	**78,6**	**86,5**	**92,1**
			in vH			
Land- und forstwirtschaftliche Erzeugnisse	10,0	11,0	10,7	9,7	9,5	9,1
Nahrungs- und Futtermittel	12,0	11,6	12,5	11,6	11,7	13,6
Kohle	1,2	1,2	1,2	1,3	.	.
Rohes Erdöl	0,0	0,1	0,0	0,1	0,0	.
Mineralölerzeugnisse	2,6	2,6	2,5	2,7	2,2	.
Erze und Metallabfälle	2,0	2,2	2,3	1,6	1,8	2,2
Eisen, Stahl und NE-Metalle	7,8	7,3	8,2	8,6	8,4	7,0
Steine und Erden	18,2	18,2	16,9	17,2	16,8	16,0
Düngemittel	0,9	1,1	1,5	1,8	.	.
Chemische Erzeugnisse	16,7	16,0	14,2	15,5	14,4	14,2
Fahrzeuge, Maschinen, Halb- und Fertigwaren[2]	28,6	28,7	30,0	29,9	32,6	34,5
Insgesamt	**100**	**100**	**100**	**100**	**100**	**100**

[1] Ohne Lastkraftwagen und Sattelzugmaschinen bis 3,5 t Nutzlast bzw. 6 t zulässiges Gesamtgewicht. - [2] Einschl. besondere Transportgüter und Leergut.

Grenzüberschreitender Verkehr - Güterverkehr nach Hauptgütergruppen
Straßengüterverkehr deutscher Lastkraftfahrzeuge[1]

	Versand						Empfang					
	1995	1996	1997	1998	1999	2000	1995	1996	1997	1998	1999	2000
	in Mio. t											
Land- und forstwirtschaftliche Erzeugnisse	3,5	4,0	4,4	3,7	4,1	4,3	3,2	3,3	3,5	4,0	4,1	4,1
Nahrungs- und Futtermittel	3,7	3,6	4,5	4,6	4,9	5,8	4,2	4,0	4,7	4,5	5,2	6,7
Kohle	0,4	0,5	0,6	0,7	.	.	0,4	0,3	0,3	0,4	0,0	.
Rohes Erdöl	0,0	0,0	0,0	.	.	.	0,0	0,0	0,0	0,0	1,1	.
Mineralölerzeugnisse	0,6	0,8	0,9	0,8	0,8	0,7	1,1	0,9	1,0	1,3	0,2	0,6
Erze und Metallabfälle	1,0	1,2	1,0	0,9	1,3	1,5	0,3	0,2	0,7	0,4	3,6	2,9
Eisen, Stahl und NE-Metalle	2,6	2,4	3,2	3,6	3,7	3,5	2,5	2,4	2,9	3,1	7,3	7,5
Steine und Erden	5,2	5,8	5,4	6,4	7,2	7,2	6,8	6,3	7,0	7,2	.	.
Düngemittel	0,2	0,2	0,3	0,4	.	.	0,4	0,6	0,8	1,0	.	.
Chemische Erzeugnisse	7,1	6,9	6,7	7,4	7,5	7,8	3,9	3,7	3,8	4,7	4,9	5,3
Fahrzeuge, Maschinen, Halb- und Fertigwaren[2]	11,0	11,2	12,6	13,7	16,6	18,8	7,9	7,8	9,6	9,8	11,6	13,0
Insgesamt	35,3	36,6	39,7	42,2	47,5	50,2	30,8	29,4	34,3	36,4	39,0	41,9
	in vH											
Land- und forstwirtschaftliche Erzeugnisse	9,8	10,8	11,2	8,8	8,7	8,7	10,3	11,3	10,1	10,9	9,7	9,7
Nahrungs- und Futtermittel	10,5	9,9	11,4	11,0	10,3	11,5	13,7	13,7	13,7	12,4	12,5	16,1
Kohle	1,2	1,5	1,5	1,6	.	.	1,2	0,9	1,0	1,0	0,0	.
Rohes Erdöl	0,0	0,0	0,0	.	.	.	0,0	0,1	0,1	0,1	2,7	.
Mineralölerzeugnisse	1,7	2,2	2,2	1,9	1,7	1,5	3,6	3,0	2,9	3,6	0,6	1,5
Erze und Metallabfälle	2,9	3,3	2,4	2,1	2,7	2,9	1,0	0,7	2,1	1,0	8,5	6,9
Eisen, Stahl und NE-Metalle	7,5	6,7	8,0	8,6	7,7	7,0	8,2	8,0	8,4	8,6	17,3	18,0
Steine und Erden	14,7	15,8	13,7	15,1	15,2	14,3	22,2	21,3	20,5	19,7	.	.
Düngemittel	0,5	0,5	0,9	1,0	.	.	1,3	1,9	2,2	2,7	.	.
Chemische Erzeugnisse	20,0	18,7	17,0	17,6	15,8	15,6	12,8	12,6	11,1	13,0	11,8	12,5
Fahrzeuge, Maschinen, Halb- und Fertigwaren[2]	31,1	30,5	31,8	32,4	34,8	37,4	25,7	26,3	27,9	26,9	27,7	31,1
Insgesamt	100	100	100	100	100	100	100	100	100	100	100	100

[1] Ohne Lastkraftwagen und Sattelzugmaschinen bis 3,5 t Nutzlast bzw. 6 t zulässiges Gesamtgewicht.- [2] Einschl. besondere Transportgüter und Leergut.- [3] Werte für 1999 lagen bei Redaktionsschluss nicht vor.

Grenzüberschreitender Verkehr - Güterverkehr nach Hauptgütergruppen - Versand
Binnenschifffahrt

	1990	1991	1992	1993	1994	1995	1996	1997	1998	1999	2000
						in Mio. t					
Land- und forstwirtschaftliche Erzeugnisse	2,0	2,2	2,4	2,8	3,1	2,9	2,6	3,1	2,9	2,9	3,9
Nahrungs- und Futtermittel	3,0	2,7	2,8	2,8	2,8	3,0	2,6	2,6	3,1	3,0	2,9
Kohle	3,5	3,0	1,9	1,1	1,5	1,3	1,1	1,0	0,9	0,9	0,9
Rohes Erdöl	0,0	0,0	0,0	0,0	0,0	0,0	0,0	0,0	0,0	0,0	0,0
Mineralölerzeugnisse	3,8	3,4	4,3	4,6	4,5	3,4	2,9	2,4	1,7	2,4	2,7
Erze und Metallabfälle	2,3	2,8	3,4	4,1	3,8	3,3	3,0	2,9	2,5	2,4	2,6
Eisen, Stahl und NE-Metalle	4,7	5,4	5,5	6,4	5,9	5,3	5,4	5,9	4,8	5,0	5,6
Steine und Erden	25,4	20,8	19,3	16,7	17,4	16,7	16,3	16,4	16,2	16,6	17,4
Düngemittel	1,6	1,3	1,3	1,4	1,9	1,9	2,1	2,0	2,0	2,1	2,2
Chemische Erzeugnisse	4,0	5,0	4,9	3,7	4,6	4,7	4,9	5,0	4,7	5,1	5,5
Fahrzeuge, Maschinen, Halb- und Fertigwaren[1]	2,2	0,6	1,3	1,7	2,3	2,4	2,8	3,4	3,8	4,3	4,9
Insgesamt	52,5	47,3	47,1	45,2	47,9	44,9	43,8	44,7	42,7	44,7	48,7
						in vH					
Land- und forstwirtschaftliche Erzeugnisse	3,8	4,7	5,1	6,1	6,5	6,4	6,0	6,9	6,8	6,6	8,0
Nahrungs- und Futtermittel	5,7	5,7	5,9	6,2	5,8	6,6	5,8	5,8	7,2	6,7	6,0
Kohle	6,6	6,4	4,0	2,4	3,2	3,0	2,6	2,2	2,2	2,0	1,8
Rohes Erdöl	0,0	0,0	0,0	0,0	0,0	0,0	0,0	0,0	0,0	0,0	0,0
Mineralölerzeugnisse	7,3	7,2	9,1	10,1	9,4	7,7	6,7	5,3	3,9	5,4	5,6
Erze und Metallabfälle	4,4	6,0	7,2	9,1	8,0	7,3	6,9	6,4	5,9	5,3	5,3
Eisen, Stahl und NE-Metalle	9,0	11,4	11,7	14,1	12,3	11,8	12,3	13,1	11,2	11,2	11,6
Steine und Erden	48,4	44,0	41,0	36,9	36,3	37,2	37,4	36,6	38,0	37,1	35,6
Düngemittel	3,0	2,7	2,8	3,1	4,0	4,1	4,8	4,6	4,8	4,7	4,6
Chemische Erzeugnisse	7,6	10,6	10,4	8,1	9,5	10,5	11,2	11,3	11,1	11,5	11,3
Fahrzeuge, Maschinen, Halb- und Fertigwaren[1]	4,2	1,3	2,8	3,8	4,9	5,4	6,4	7,7	8,9	9,6	10,1
Insgesamt	100	100	100	100	100	100	100	100	100	100	100

[1] Einschl. besondere Transportgüter.

Grenzüberschreitender Verkehr - Güterverkehr nach Hauptgütergruppen - Empfang Binnenschifffahrt

	1990	1991	1992	1993	1994	1995	1996	1997	1998	1999	2000
						in Mio. t					
Land- und forstwirtschaftliche Erzeugnisse	2,4	2,2	3,0	2,3	2,2	2,6	2,2	1,7	1,8	1,9	2,2
Nahrungs- und Futtermittel	6,9	7,0	6,8	7,0	7,4	7,1	6,8	7,0	7,1	6,7	6,7
Kohle	6,1	7,9	8,9	7,5	8,7	8,1	10,2	11,5	16,2	16,2	17,2
Rohes Erdöl	0,1	0,0	0,0	0,0	0,0	0,0	0,0	0,0	0,0	0,0	0,0
Mineralölerzeugnisse	20,6	21,8	21,5	20,8	19,7	21,4	22,0	23,2	21,7	18,6	19,7
Erze und Metallabfälle	34,9	34,4	32,1	28,7	32,6	31,7	29,9	33,2	32,3	28,2	32,1
Eisen, Stahl und NE-Metalle	4,6	3,8	3,7	3,1	4,0	4,8	3,6	4,0	5,0	3,9	4,4
Steine und Erden	10,9	12,0	12,7	12,2	13,5	14,4	12,4	12,0	11,6	10,8	11,7
Düngemittel	2,9	2,7	3,0	3,0	3,3	3,8	3,2	3,1	3,3	3,2	3,6
Chemische Erzeugnisse	5,7	4,8	4,4	4,6	5,3	5,6	5,7	6,1	6,8	7,9	8,5
Fahrzeuge, Maschinen, Halb- und Fertigwaren[1]	1,2	1,6	1,1	1,2	1,7	2,0	2,2	2,7	2,9	3,1	3,2
Insgesamt	**96,2**	**98,2**	**97,1**	**90,5**	**98,5**	**101,5**	**98,3**	**104,4**	**108,7**	**100,5**	**109,4**
						in vH					
Land- und forstwirtschaftliche Erzeugnisse	2,5	2,2	3,1	2,5	2,3	2,6	2,3	1,6	1,6	1,9	2,0
Nahrungs- und Futtermittel	7,2	7,2	7,0	7,7	7,5	7,0	6,9	6,7	6,5	6,6	6,1
Kohle	6,4	8,0	9,1	8,3	8,9	8,0	10,4	11,0	14,9	16,1	15,8
Rohes Erdöl	0,1	0,0	0,0	0,0	0,0	0,0	0,0	0,0	0,0	0,0	0,0
Mineralölerzeugnisse	21,4	22,2	22,1	22,9	20,0	21,1	22,4	22,2	19,9	18,5	18,1
Erze und Metallabfälle	36,3	35,0	33,0	31,8	33,1	31,2	30,4	31,8	29,7	28,0	29,3
Eisen, Stahl und NE-Metalle	4,7	3,9	3,8	3,4	4,1	4,7	3,7	3,8	4,6	3,9	4,0
Steine und Erden	11,3	12,2	13,1	13,5	13,7	14,2	12,6	11,5	10,7	10,7	10,7
Düngemittel	3,0	2,8	3,0	3,3	3,4	3,8	3,3	3,0	3,1	3,2	3,3
Chemische Erzeugnisse	5,9	4,9	4,5	5,1	5,4	5,5	5,8	5,8	6,2	7,8	7,8
Fahrzeuge, Maschinen, Halb- und Fertigwaren[1]	1,2	1,6	1,1	1,3	1,8	2,0	2,3	2,6	2,7	3,1	2,9
Insgesamt	**100**	**100**	**100**	**100**	**100**	**100**	**100**	**100**	**100**	**100**	**100**

[1] Einschl. besondere Transportgüter.

Grenzüberschreitender Verkehr - Güterverkehr nach Hauptgütergruppen[1] - Versand

Seeschifffahrt

	1990	1991	1992	1993	1994	1995	1996	1997	1998	1999	2000
							in Mio. t				
Land- und forstwirtschaftliche Erzeugnisse	3,4	.	7,6	4,9	7,4	9,8	7,6	5,4	7,0	8,9	11,6
Nahrungs- und Futtermittel	5,7	.	6,8	6,4	6,4	6,2	5,6	6,4	6,6	6,1	6,0
Kohle	0,8	.	0,3	0,2	0,2	0,2	0,2	0,3	0,1	0,2	0,1
Rohes Erdöl[2]	0,2	.	0,4	0,1	1,1	0,9	1,9	3,5	1,5	1,9	.
Mineralölerzeugnisse[2]	2,4	.	5,5	7,1	7,6	7,7	7,8	6,5	9,1	8,9	13,8
Erze und Metallabfälle	0,7	.	1,8	2,7	3,0	2,5	2,5	2,4	1,7	1,8	1,7
Eisen, Stahl und NE-Metalle	5,9	.	4,7	5,0	5,6	4,9	5,9	5,4	4,5	3,7	5,6
Steine und Erden	1,6	.	1,9	1,7	1,8	1,8	1,9	2,0	2,1	2,3	2,0
Düngemittel	2,5	.	4,4	4,1	4,5	4,5	4,5	4,5	4,3	3,9	3,7
Chemische Erzeugnisse	7,7	.	7,7	7,8	8,2	8,5	8,1	8,2	8,2	7,7	8,2
Fahrzeuge, Maschinen, Halb- und Fertigwaren[3]	13,6	48,5	14,4	17,5	19,2	21,5	23,2	24,5	23,9	28,4	33,5
Insgesamt	44,5	100	55,5	57,5	65,0	68,4	69,1	69,1	69,1	73,9	86,0
						in vH					
Land- und forstwirtschaftliche Erzeugnisse	7,6	.	13,7	8,5	11,5	14,3	11,0	7,9	10,1	12,0	13,5
Nahrungs- und Futtermittel	12,9	.	12,2	11,0	9,9	9,0	8,0	9,3	9,5	8,3	7,0
Kohle	1,7	.	0,5	0,3	0,2	0,3	0,3	0,4	0,1	0,3	0,1
Rohes Erdöl[2]	0,4	.	0,7	0,2	1,7	1,4	2,7	5,0	2,2	2,5	.
Mineralölerzeugnisse[2]	5,4	.	9,9	12,4	11,7	11,3	11,2	9,4	13,2	12,1	16,0
Erze und Metallabfälle	1,6	.	3,3	4,7	4,6	3,6	3,6	3,4	2,4	2,4	2,0
Eisen, Stahl und NE-Metalle	13,2	.	8,4	8,8	8,6	7,1	8,5	7,8	6,6	5,0	6,5
Steine und Erden	3,7	.	3,4	3,0	2,8	2,6	2,8	3,0	3,1	3,2	2,3
Düngemittel	5,6	.	8,0	7,2	6,9	6,6	6,6	6,5	6,2	5,3	4,2
Chemische Erzeugnisse	17,4	.	13,9	13,6	12,6	12,4	11,8	11,9	11,9	10,5	9,5
Fahrzeuge, Maschinen, Halb- und Fertigwaren[3]	30,5	.	26,0	30,4	29,6	31,4	33,5	35,4	34,6	38,4	38,9
Insgesamt	100	100	100	100	100	100	100	100	100	100	100

[1] Ohne Eigengewichte der Container, Trailer, Trägerschiffsleichter.- [2] Ab 2000 ist das rohe Erdöl bei den Mineralölerzeugnissen enthalten.- [3] Einschl. besondere Transportgüter, Stückgut, einschl. in Containern verladene Güter, wird vollständig der Gütergruppe 'Fahrzeuge, Maschinen, Halb- und Fertigwaren' zugeordnet.

Grenzüberschreitender Verkehr - Güterverkehr nach Hauptgütergruppen[1] - Empfang Seeschifffahrt

	1990	1991	1992	1993	1994	1995	1996	1997	1998	1999	2000
						in Mio. t					
Land- und forstwirtschaftliche Erzeugnisse	6,1	.	6,1	5,7	6,1	5,7	5,6	5,7	5,7	6,2	6,8
Nahrungs- und Futtermittel	10,4	.	10,6	10,3	9,9	9,6	9,8	10,4	10,3	9,4	9,8
Kohle	4,6	.	5,0	4,9	5,9	6,3	6,7	7,4	8,1	8,6	9,0
Rohes Erdöl	21,3	.	31,4	31,8	33,0	32,2	34,2	33,7	41,0	35,3	.
Mineralölerzeugnisse	11,9	.	12,9	13,2	11,2	10,4	11,6	13,0	10,6	9,0	44,7
Erze und Metallabfälle	14,3	.	12,4	12,5	14,1	16,3	14,3	16,9	16,3	16,3	18,1
Eisen, Stahl und NE-Metalle	2,3	.	3,6	2,5	2,3	2,3	2,0	2,2	2,6	2,7	3,2
Steine und Erden	4,6	.	9,7	9,4	11,5	11,3	10,6	11,6	10,5	11,0	11,1
Düngemittel	1,6	.	1,5	1,4	1,3	1,6	1,2	1,2	1,4	1,5	1,5
Chemische Erzeugnisse	5,6	.	6,1	5,8	6,0	5,6	5,7	6,2	6,3	6,2	6,5
Fahrzeuge, Maschinen, Halb- und Fertigwaren[2]	14,6	.	18,5	21,7	23,6	27,7	27,7	28,0	28,2	31,6	36,4
Insgesamt	97,5	109,7	117,9	119,3	124,8	128,9	129,5	136,2	140,8	137,8	147,2
						in vH					
Land- und forstwirtschaftliche Erzeugnisse	6,3	.	5,2	4,8	4,9	4,4	4,4	4,1	4,1	4,5	4,6
Nahrungs- und Futtermittel	10,7	.	9,0	8,7	7,9	7,4	7,6	7,6	7,3	6,8	6,7
Kohle	4,7	.	4,2	4,1	4,7	4,9	5,1	5,4	5,7	6,2	6,1
Rohes Erdöl	21,9	.	26,6	26,7	26,4	25,0	26,4	24,8	29,1	25,6	.
Mineralölerzeugnisse	12,2	.	11,0	11,0	9,0	8,1	9,0	9,5	7,5	6,6	30,4
Erze und Metallabfälle	14,6	.	10,5	10,5	11,3	12,7	11,1	12,4	11,6	11,8	12,3
Eisen, Stahl und NE-Metalle	2,4	.	3,0	2,1	1,8	1,8	1,6	1,6	1,8	1,9	2,2
Steine und Erden	4,7	.	8,3	7,9	9,2	8,7	8,2	8,5	7,5	8,0	7,5
Düngemittel	1,6	.	1,3	1,2	1,1	1,2	0,9	0,9	1,0	1,1	1,0
Chemische Erzeugnisse	5,7	.	5,2	4,9	4,8	4,4	4,4	4,6	4,5	4,5	4,4
Fahrzeuge, Maschinen, Halb- und Fertigwaren[2]	15,0	.	15,7	18,2	18,9	21,5	21,4	20,6	20,0	23,0	24,8
Insgesamt	100	100	100	100	100	100	100	100	100	100	100

[1] Ohne Eigengewichte der Container, Trailer, Trägerschiffsleichter.- [2] Ab 2000 ist das rohe Erdöl bei den Mineralölerzeugnissen enthalten.- [3] Einschl. besondere Transportgüter, Stückgut, einschl. in Containern verladene Güter, wird vollständig der Gütergruppe 'Fahrzeuge, Maschinen, Halb- und Fertigwaren' zugeordnet.

B 4

Grenzüberschreitender Verkehr
Seeschifffahrt nach Fahrtgebieten - Versand

Fahrtgebiete	1975	1980	1985	1990	1991	1992	1993
				in Mio. t			
Europa	16,1	19,9	24,8	24,3	26,6	33,3	32,7
Nord- und Ostsee	15,0	18,4	23,1	22,7	.	.	.
Mittelmeer	1,1	1,5	1,7	1,6	.	.	.
Afrika	2,9	3,5	3,3	2,7	2,8	2,6	2,3
Mittelmeer	0,9	1,3	1,3	0,9	.	.	.
West- und Ostafrika	2,0	2,2	2,0	1,8	.	.	.
Amerika	4,5	4,9	7,3	6,7	7,1	8,5	9,5
Nordamerika	2,9	3,2	5,7	4,7	6,0	5,9	6,3
Mittel- und Südamerika	1,6	1,7	1,6	2,0	1,1	2,5	3,2
Asien	3,5	6,2	8,2	10,2	11,5	10,7	12,6
Nah- und Mittelost	2,4	4,7	5,0	6,1	.	.	.
Fernost	1,1	1,5	3,2	4,1	.	.	.
Australien	0,3	0,3	0,5	0,6	0,4	0,4	0,4
Insgesamt[1]	27,4	34,8	44,3	44,5	48,5	55,5	57,5
				in Mrd. tkm[2]			
Europa	19,7	26,7	32,3	30,0	29,8	37,2	36,6
Nord- und Ostsee	13,7	17,8	22,4	21,2	.	.	.
Mittelmeer	6,0	8,9	9,8	8,8	.	.	.
Afrika	23,9	28,1	26,9	23,7	23,5	21,7	19,0
Mittelmeer	4,0	6,4	6,7	4,7	.	.	.
West- und Ostafrika	19,9	21,7	20,2	19,0	.	.	.
Amerika	40,6	44,4	62,3	60,3	64,6	76,9	86,7
Nordamerika	24,4	27,0	46,7	40,2	54,4	53,7	57,0
Mittel- und Südamerika	16,2	17,4	15,6	20,1	10,2	23,3	29,8
Asien	77,0	115,0	130,6	167,9	194,0	180,8	211,9
Nah- und Mittelost	50,2	82,8	66,3	86,0	.	.	.
Fernost	26,8	32,2	64,3	82,0	.	.	.
Australien	8,0	7,2	12,6	13,4	10,6	10,5	9,9
Insgesamt[1]	169,3	221,7	265,1	295,4	322,6	327,3	364,2

[1] Einschl. nicht ermittelte Länder.- [2] Leistung vom Versand- bis zum Zielhafen.

Grenzüberschreitender Verkehr
Seeschifffahrt nach Fahrtgebieten - Versand

Fahrtgebiete	1994	1995	1996	1997	1998	1999	2000
			in Mio. t				
Europa	36,5	39,8	40,4	41,3	41,0	40,5	46,8
Nord- und Ostsee	.	.	.	.	.	.	43,2
Mittelmeer	.	.	.	.	.	.	3,7
Afrika	2,4	3,0	2,9	2,4	3,6	3,6	4,0
Mittelmeer	.	.	.	.	.	.	2,7
West- und Ostafrika	.	.	.	.	.	.	0,8
Südafrika	.	.	.	.	.	.	0,5
Amerika	10,4	9,4	10,3	10,3	11,7	12,5	13,7
Nordamerika	6,2	5,7	6,9	6,7	8,1	8,9	9,1
Mittel- und Südamerika	4,1	3,8	3,3	3,6	3,7	3,6	4,7
Asien	15,2	15,7	15,1	14,5	12,2	16,7	21,0
Nah- und Mittelost	.	.	.	.	.	.	6,8
Fernost	.	.	.	.	.	.	14,1
Australien	0,5	0,5	0,5	0,5	0,5	0,5	0,5
Insgesamt[1]	65,0	68,4	69,1	69,1	69,1	73,9	86,0
			in Mrd. tkm[2]				
Europa	40,8	44,6	45,2	46,3	45,9	45,3	61,4
Nord- und Ostsee	.	.	.	.	.	.	40,7
Mittelmeer	.	.	.	.	.	.	20,7
Afrika	20,1	25,1	24,4	20,2	29,8	29,9	33,5
Mittelmeer	.	.	.	.	.	.	14,2
West- und Ostafrika	.	.	.	.	.	.	8,3
Südafrika	.	.	.	.	.	.	11,0
Amerika	94,2	85,7	93,3	93,6	106,6	113,4	120,8
Nordamerika	56,4	51,2	62,6	60,7	72,9	80,2	77,2
Mittel- und Südamerika	37,8	34,5	30,7	32,8	33,7	33,2	43,6
Asien	262,2	270,9	262,5	254,5	215,1	298,1	361,8
Nah- und Mittelost	.	.	.	.	.	.	84,2
Fernost	.	.	.	.	.	.	277,6
Australien	12,5	12,2	11,0	11,5	10,8	12,6	12,1
Insgesamt[1]	429,9	438,4	436,5	426,0	409,2	499,4	589,6

[1] Einschl. nicht ermittelte Länder.- [2] Leistung vom Versand- bis zum Zielhafen.

Grenzüberschreitender Verkehr
Seeschifffahrt nach Fahrtgebieten - Empfang

Fahrtgebiete	1975	1980	1985	1990	1991	1992	1993
				in Mio. t			
Europa	39,6	51,3	51,2	61,6	70,1	78,9	84,3
Nord- und Ostsee	37,4	49,6	49,4	59,8	.	.	.
Mittelmeer	2,2	1,7	1,8	1,8	.	.	.
Afrika	13,7	14,3	9,5	8,3	8,7	8,4	7,5
Mittelmeer	4,9	4,9	2,1	2,7	.	.	.
West- und Ostafrika	8,8	9,4	7,4	5,6	.	.	.
Amerika	24,5	26,8	20,4	18,9	21,4	21,1	18,1
Nordamerika	13,1	17,8	9,9	7,3	7,3	8,7	7,4
Mittel- und Südamerika	11,4	9,0	10,5	11,6	14,1	12,4	10,7
Asien	16,5	17,6	5,0	6,6	7,4	7,6	8,2
Nah- und Mittelost	14,9	14,7	2,4	2,7	.	.	.
Fernost	1,6	2,9	2,6	3,9	.	.	.
Australien	4,8	3,8	4,8	2,2	2,1	1,9	1,2
Insgesamt[1]	99,8	114,0	91,0	97,7	109,7	117,9	119,3
				in Mrd. tkm[2]			
Europa	47,9	61,9	59,7	65,7	78,5	88,3	94,4
Nord- und Ostsee	35,5	51,9	49,2	55,8	.	.	.
Mittelmeer	12,4	10,0	10,5	9,9	.	.	.
Afrika	102,9	110,4	80,6	71,6	72,7	70,5	62,6
Mittelmeer	21,6	24,2	10,9	14,2	.	.	.
West- und Ostafrika	81,3	86,2	69,7	57,4	.	.	.
Amerika	224,6	243,5	184,8	179,6	196,1	192,6	165,3
Nordamerika	109,6	151,1	80,4	61,8	66,2	78,7	66,4
Mittel- und Südamerika	115	92,4	104,4	117,8	129,9	113,8	98,9
Asien	338,4	340,8	83,4	118,7	125,1	128,6	139,0
Nah- und Mittelost	299,8	279,9	31,8	40,5	.	.	.
Fernost	38,6	60,9	51,7	78,2	.	.	.
Australien	111,4	86,1	111,6	53,8	48,9	44,0	28,7
Insgesamt[1]	825,1	843,6	521,3	489,5	521,2	524,0	490,0

[1] Einschl. nicht ermittelte Länder.- [2] Leistung vom Versand- bis zum Zielhafen.

Grenzüberschreitender Verkehr
Seeschifffahrt nach Fahrtgebieten - Empfang

Fahrtgebiete	1994	1995	1996	1997	1998	1999	2000
			in Mio. t				
Europa	89,6	91,7	92,8	94,8	97,5	94,0	100,2
Nord- und Ostsee	.	.	.	.	.	.	98,5
Mittelmeer	.	.	.	.	.	.	1,7
Afrika	8,5	7,6	8,7	9,7	10,8	11,9	12,7
Mittelmeer	.	.	.	.	.	.	6,2
West- und Ostafrika	.	.	.	.	.	.	3,4
Südafrika	.	.	.	.	.	.	3,1
Amerika	17,1	19,5	18,2	20,1	20,2	20,0	20,8
Nordamerika	6,7	8,5	8,1	7,8	7,8	7,0	7,7
Mittel- und Südamerika	10,4	11,0	10,1	12,2	12,5	13,0	13,2
Asien	8,1	8,4	8,5	9,5	10,1	10,1	12,2
Nah- und Mittelost	.	.	.	.	.	.	1,5
Fernost	.	.	.	.	.	.	10,6
Australien	1,6	1,7	1,2	2,1	2,1	1,8	1,3
Insgesamt[1]	124,8	128,9	129,5	136,2	140,8	137,8	147,2
			in Mrd. tkm[2]				
Europa	100,3	102,6	103,8	106,1	109,2	105,2	103,2
Nord- und Ostsee	.	.	.	.	.	.	93,5
Mittelmeer	.	.	.	.	.	.	9,8
Afrika	71,0	63,7	73,1	81,5	90,3	100,1	106,5
Mittelmeer	.	.	.	.	.	.	32,2
West- und Ostafrika	.	.	.	.	.	.	33,7
Südafrika	.	.	.	.	.	.	40,7
Amerika	156,0	178,3	166,5	183,2	184,9	182,6	188,4
Nordamerika	60,3	77,0	73,1	70,6	70,3	63,2	65,3
Mittel- und Südamerika	95,6	101,3	93,4	112,6	114,6	119,4	123,1
Asien	139,2	144,8	147,6	166,6	177,8	179,1	234,5
Nah- und Mittelost	.	.	.	.	.	.	22,3
Fernost	.	.	.	.	.	.	212,2
Australien	37,2	39,2	29,5	50,8	49,5	41,6	30,8
Insgesamt[1]	503,7	528,7	520,5	588,2	612,6	608,8	663,4

[1] Einschl. nicht ermittelte Länder.- [2] Leistung vom Versand- bis zum Zielhafen.

Durchgangsverkehr[1] - von Ausland zu Ausland
Güterverkehr - in Mio. t

Jahr	Ins- gesamt	Eisen- bahnen	Straßen- verkehr[2]	Binnen- schifffahrt	Luft- verkehr[3] (in 1 000 t)
1950	7,4	2,3	0,0	5,1	.
1955	10,1	3,3	0,1	6,7	.
1960	10,7	3,5	0,3	6,9	1
1965	13,8	4,5	1,1	8,1	11
1970	21,3	6,6	2,4	12,3	39
1975	24,3	5,6	6,6	12,0	69
1980	31,3	7,6	9,7	14,0	92
1985	34,9	8,0	14,7	12,0	113
1990	46,3	8,6	21,8	15,8	167
1991	.	.	.	14,8	163
1992	.	.	.	15,3	162
1993	.	.	.	16,0	42
1994	55,3	8,1	30,3	16,9	48
1995	60,5	8,6	32,7	19,1	43
1996	63,3	9,0	36,0	18,3	42
1997	70,8	9,2	42,2	19,3	41
1998	77,0	9,9	46,0	21,0	36
1999	80,3	9,3	49,9	21,1	31
2000*	92,1	10,5	58,3	23,3	24

[1] Verkehr durch das Gebiet der Bundesrepublik. Nicht enthalten ist die Seeschifffahrt mit dem Güterverkehr, der den Nord-Ostsee-Kanal passiert, sowie dem Durchgangsverkehr mit Umladung, der im "Grenzüberschreitenden Verkehr" jeweils als Empfang und Versand enthalten ist.- [2] Ab 1994 ohne Transporte deutscher Lastkraftfahrzeuge bis 6 t zulässiges Gesamtgewicht oder 3,5 t Nutzlast. Anmerkungen zum Straßengüterverkehr siehe S. 187.- [3] Ohne Luftpost. Ab 1993 ohne Umladungen.- * Vorläufige Werte.

Durchgangsverkehr - von Ausland zu Ausland
Güterverkehr - in Mrd. tkm[1]

Jahr	Ins-gesamt	Eisen-bahnen	Straßenverkehr insg.[2]	dar.: ausl. Lkw	Binnen-schifffahrt
1950	.	.	.	.	.
1955	.	.	.	.	.
1960	.	.	.	.	.
1965	.	.	.	.	.
1970	.	.	.	.	.
1975	14,1	3,2	4,1	4,1	6,8
1980	18,2	4,4	6,0	5,8	7,8
1985	20,1	4,9	8,5	8,4	6,7
1990	27,5	5,7	13,1	11,5	8,7
1991	.	4,8	.	.	8,3
1992	.	4,5	.	.	8,5
1993	.	4,2	.	.	9,3
1994	36,9	5,8	21,0	20,5	10,1
1995	38,9	6,0	21,1	20,5	11,8
1996	42,1	6,9	23,9	23,2	11,4
1997	46,8	7,2	27,7	27,0	11,9
1998	51,1	7,7	30,3	29,6	13,1
1999	54,9	7,3	34,1	33,5	13,4
2000*	61,2	8,1	38,3	38,0	14,7

[1] Verkehrsleistungen im Bundesgebiet. Nicht enthalten ist der Luftverkehr und die Seeschifffahrt mit dem Güterverkehr, der den Nord-Ostsee-Kanal passiert, sowie dem Durchgangsverkehr mit Umladung, der im "Grenzüberschreitenden Verkehr" jeweils als Empfang und Versand enthalten ist.- [2] Ab 1994 ohne Transporte deutscher Lastkraftfahrzeuge bis 6 t zulässiges Gesamtgewicht oder 3,5 t Nutzlast. Anmerkungen zum Straßengüterverkehr siehe s. 187.- * Zum Teil vorläufige Werte.

Personenverkehr

Der Personenverkehr wird unterschieden nach nichtmotorisiertem Verkehr (zu Fuß, mit dem Fahrrad) und motorisiertem Verkehr. Dazu gehören der öffentliche Straßenpersonenverkehr (Omnibus, Straßenbahn, U-Bahn), der Eisenbahnverkehr (einschließlich S-Bahn), der Luftverkehr und der motorisierte Individualverkehr (Pkw/ Kombi, motorisierte Zweiräder).

Für den öffentlichen Verkehr (Eisenbahn-, öffentlicher Straßenpersonen- und Luftverkehr) weist die amtliche Statistik jährlich die Zahl der beförderten Personen (Verkehrsaufkommen) und die Personenkilometer (Verkehrsleistung) nach. Entsprechende Angaben für den motorisierten Individualverkehr und den nicht motorisierten Verkehr fehlen dagegen. Für den motorisierten Individualverkehr werden vom DIW jährlich mit Hilfe einer Modellrechnung die Fahrleistungen (s. S. 156 - 159) und, abgeleitet davon, das Verkehrsaufkommen und die Verkehrsleistung im motorisierten Individualverkehr bestimmt.

Verkehrsaufkommen und -leistung im Fußgänger- und Fahrradverkehr sowie die Differenzierung des Personenverkehrs nach Fahrt- bzw. Wegezwecken werden auch vom DIW ermittelt. Diese Daten sind das Ergebnis der Aufbereitung einer Vielzahl von Angaben und Informationen aus

- der amtlichen Statistik,
- spezifischen Untersuchungen einzelner Verkehrsträger,
- Untersuchungen zu einzelnen Fahrt- bzw. Wegezwecken und Bevölkerungsgruppen,
- dem Mikrozensus (Verkehrsmittelnutzung im Berufs- und Ausbildungsverkehr),
- empirischen Erhebungen (insbesondere KONTIV 1975/ 77, 1982, KONTIV 1989, Kinder-KONTIV und SrV 91)

unter Berücksichtigung der Entwicklung gesamtwirtschaftlicher Leitdaten (z. B. Wohnbevölkerung, Erwerbstätige, Schüler, Arbeitstage, Pkw-Bestand).

Für die Differenzierung nach Fahrt- bzw. Wegezwecken werden folgende sechs Zwecke definiert:

- Der Berufsverkehr umfasst alle Fahrten bzw. Wege zwischen Wohnung und Arbeitsstätte, bei denen Hin- und Rückfahrt oder -weg innerhalb eines Zeitraumes von 24 Stunden liegen, jedoch nicht die von der Arbeitsstätte ausgehenden beruflich bedingten Fahrten oder Wege innerhalb der Arbeitszeit. Fahrten oder Wege von Wochenendpendlern werden dem Freizeitverkehr zugeordnet.

- Im Ausbildungsverkehr sind alle Fahrten oder Wege zwischen Wohnung und Schule zusammengefasst.
- Der Geschäfts- und Dienstreiseverkehr enthält alle beruflich bedingten Fahrten oder Wege außer dem oben definierten Berufsverkehr.
- Als Einkaufsverkehr gelten alle Fahrten oder Wege, deren Zweck der Einkauf von Gütern oder der Besuch von Ärzten, Behörden, Dienstleistungsbetrieben u. ä. ist.
- Der Urlaubsverkehr ist die Summe aller Freizeitfahrten mit fünf und mehr Tagen Dauer.
- Im Freizeitverkehr sind alle übrigen Fahrten oder Wege erfasst, die nicht den anderen definierten fünf Fahrt- bzw. Wegezwecken zuzuordnen sind, also z. B. Wochenenderholungsfahrten, Verwandten- und Bekanntenbesuche, Besuch kultureller Veranstaltungen, Fahrten oder Wege in Ausübung eines Hobbys.

Kriterium für die Zuordnung einer Fahrt oder eines Weges zu einem Zweck ist die Aktivität am Zielort. Ausgenommen von dieser Regel sind Fahrten oder Wege, deren Ziel die eigene Wohnung ist. Hier ist die hauptsächliche Aktivität seit Verlassen der Wohnung entscheidend für die Zuordnung.

Werden für eine Fahrt / einen Weg mehrere Verkehrsmittel benutzt, erfolgt die Zurechnung nach der längsten Wegstrecke. Umsteiger zwischen ÖSPV, Bahn und Flugzeug werden hingegen bei jedem Verkehrsmittel erfasst.

Die Eckgrößen für den Personenverkehr nach Zwecken und Verkehrsarten weichen im ÖSPV, bei den Eisenbahnen und im Luftverkehr, bedingt durch unterschiedliche Abgrenzungen, von den Übersichten auf den Seiten 210 bis 213 ab.

Bei dem seit 1994 im Auftrag des Bundesministeriums für Verkehr, Bau und Wohnungswesen durchgeführten Haushaltspanel zum Verkehrsverhalten (S. 224/225) handelt es sich um eine Wiederholungsbefragung einer repräsentativen Stichprobe deutschsprachiger Haushalte in Westdeutschland. Aufgrund der Unterschiede zwischen dem Verfahren dieser Erhebung und der Ermittlung der Werte des Personenverkehrs durch das DIW ist ein Vergleich dieser Ergebnisse nur eingeschränkt möglich.

Personenverkehr - Verkehrsaufkommen - Beförderte Personen in Mio.

(1955 ohne Saarland und Berlin-West)

	1955	1960	1965	1970	1975	1980	1985	1990	1991
Eisenbahnen[1]	1 553	1 400	1 165	1 053	1 081	1 167	1 134	1 172	1 519
Schienennahverkehr[2]	1 421	1 270	1 031	919	947	1 016	994	1 058	1 381
dar. Berufsverkehr[3]	⎫		419	338	351	365	344	344	427
Schülerverkehr[3]	⎬ 972	844	222	214	250	264	231	205	232
Schienenfernverkehr[4]	⎭ 132	130	134	134	133	152	140	114	137
Öffentl. Straßenpersonenverkehr[5,6]	4 991	6 156	6 056	6 170	6 732	6 745	5 808	5 878	7 861
Linienverkehr	4 947	6 092	5 993	6 096	6 641	6 636	5 731	5 797	7 775
Gelegenheitsverkehr	44	64	63	74	91	109	76	81	86
Luftverkehr	2,1	4,9	10,4	21,3	27,7	35,9	41,7	62,6	62,5
dar. Inlandsverkehr	1,0	2,2	4,4	8,0	7,1	8,7	9,4	13,0	13,2
Linienverkehr	1,9	4,4	8,7	15,9	18,4	24,8	28,9	45,4	45,3
Gelegenheitsverkehr	0,2	0,5	1,7	5,4	9,3	11,1	12,8	17,2	17,2
dar. Pauschalflugreiseverkehr	.	.	1,0	3,6	6,8	8,7	10,3	15,5	15,6
Öffentlicher Verkehr	6 546	7 561	7 231	7 244	7 841	7 948	6 984	7 113	9 442
dar. Öffentl. Personennahverkehr[8]	6 368	7 362	7 024	7 015	7 588	7 652	6 725	6 855	9 156
Motorisierter Individualverkehr[9]	.	16 223	21 328	25 214	28 586	34 209	35 024	38 600	46 774
Verkehr insgesamt	.	23 784	28 560	32 458	36 427	42 157	42 008	45 713	56 216

[1] Schienenverkehr einschl. S-Bahnverkehr (bis 1980 ohne S-Bahn Berlin-West; 1985: 29,5 Mio.). Ab 1994 erfolgt die Aufteilung Nah-/Fernverkehr bei der DB AG nach Zuggattungen, daher Doppelzählungen bei Umsteigern. Ab 1995 erhöhte Zahl an Umsteigern (1997: rd. 120 Mio.) durch neu- bzw. ausgegründete regionale Eisenbahnunternehmen und Neuberechnung der Personenverkehrszahlen durch die Deutsche Bahn AG bzw. das Statistische Bundesamt.- [2] S-Bahnverkehr. Berufs- und Schülerverkehr, sowie (bis 1993) Verkehr im Regeltarif bis 50 km Reiseweite.- [3] Zu ermäßigten Tarifen.- [4] Verkehr zu Sondertarifen des Militärverkehrs und (bis 1993) im Regeltarif über 50 km Reiseweite.- Weitere Anmerkungen siehe folgende Seite.

Personenverkehr - Verkehrsaufkommen - Beförderte Personen in Mio.

	1992	1993	1994	1995	1996	1997	1998	1999	2000**
Eisenbahnen[1]	1 551	1 579	1 596	1 921	1 997	2 000	1 939	1 963	2 002
Schienennahverkehr[2]	1 421	1 441	1 457	1 772	1 846	1 849	1 791	1 817	1 857
dar. Berufsverkehr[3]	431	480	.	.	.	.	.	.	.
Schülerverkehr[3]	261	266	.	.	.	.	.	.	.
Schienenfernverkehr[4]	130	138	139	149	151	152	149	146	144
Öffentl. Straßenpersonenverkehr[5][6]	7 847	7 919	7 928	7 882	7 835	7 848	7 762	7 794	7 859
Linienverkehr	7 761	7 835	7 846	7 795	7 753	7 769	7 684	7 714	7 777
Gelegenheitsverkehr	86	84	81	79	81	78	78	80	82
Luftverkehr	71,0	76,8	83,0	90,0	93,2	99,3	103,9	111,4	116,9
dar. Inlandsverkehr	13,8	14,6	14,8	16,1	15,9	16,8	17,9	19,0	17,9
Linienverkehr[7]	50,1	54,3	60,7	80,6	83,3	87,6	93,6	101,1	104,8
Gelegenheitsverkehr[7]	20,9	22,5	22,3	9,5	9,9	11,7	10,3	10,3	12,0
dar. Pauschalflugreiseverkehr[7]	19,3	20,7	20,7	3,6	3,9	4,6	4,2	4,2	5,0
Öffentlicher Verkehr	9 469	9 574	9 606	9 893	9 925	9 947	9 805	9 868	9 978
dar. Öffentl. Personennahverkehr[8]	9 183	9 276	9 303	9 566	9 599	9 618	9 474	9 531	9 634
Motorisierter Individualverkehr[9]*	47 572	48 338	48 641	49 640	49 756	50 108	50 616	51 265	49 827
Verkehr insgesamt	57 042	57 912	58 247	59 533	59 680	60 055	60 422	61 134	59 805

Beginn der Anmerkungen siehe vorige Seite. [5] Stadtschnellbahn- (U-Bahn-), Straßenbahn- Obus- und Kraftomnibusverkehr kommunaler, gemischtwirtschaftlicher und privater Unternehmen (ohne Verkehr der Kleinunternehmen mit weniger als 6 Kraftomnibussen) sowie Kraftomnibusverkehr der Deutschen Bundesbahn (bis 1990), der Deutschen Bundespost (bis 1985) und der nichtbundeseigenen Eisenbahnen, jedoch ohne Beförderungsleistung (Ein- und Durchfahrten) ausländischer Unternehmen. Ohne Mehrfachzählung durch Wechsel der Transportmittel.- [6] Ab 1970 einschl. des freigestellten Schülerverkehrs.- [7] Ab 1995 Linienflugverkehr einschl. des Pauschalreiseflugverkehrs auf dem Gebiet der EU.- [8] Öffentlicher Personennahverkehr (ÖPNV) = Schienennahverkehr der Eisenbahnen und Linienverkehr im Öffentlichen Straßenpersonenverkehr.- [9] Verkehr mit Personen- und Kombinationskraftwagen, einschl. Taxi- und Mietwagenverkehr.- * 1994 pauschale Anpassung an die Fahrleistungsrevision.- ** Zum Teil vorläufige Werte.

Personenverkehr - Verkehrsleistung[1] - Personenkilometer in Mrd.

(1955 ohne Saarland und Berlin-West)	1955	1960	1965	1970	1975	1980	1985	1990	1991
Eisenbahnen[2]	37,4	41,0	40,6	39,2	39,2	41,0	43,5	44,6	57,0
Schienennahverkehr[4]	20,5	19,3	16,6	15,6	16,1	14,7	15,7	17,2	23,3
dar. Berufsverkehr[5]		13,2	6,8	5,7	6,3	6,0	5,8	6,3	7,8
Schülerverkehr[5]	14,1	21,7	3,3	3,2	3,9	3,8	3,5	2,9	3,5
Schienenfernverkehr[6]	16,9		24,1	23,6	23,1	26,4	27,7	27,4	33,7
Öffentl. Straßenpersonenverkehr[7][8]	35,4	48,5	51,2	58,4	67,7	74,1	62,3	65,0	81,6
Linienverkehr	30,7	38,1	40,2	45,1	50,6	50,8	42,0	40,9	54,0
Gelegenheitsverkehr	4,7	10,4	11,0	13,3	17,1	23,3	20,3	24,0	27,7
Luftverkehr[9]	0,6	1,6	3,3	6,6	8,4	11,0	12,7	18,4	22,6
dar. Inlandsverkehr	0,4	0,9	1,8	3,3	3,2	4,0	4,5	6,0	5,8
Linienverkehr	0,6	1,5	2,9	5,1	5,9	7,9	9,2	13,6	.
Gelegenheitsverkehr	0,0	0,1	0,4	1,5	2,5	3,1	3,5	4,8	.
Öffentlicher Verkehr	73,4	91,1	95,1	104,2	115,3	126,1	118,5	127,9	161,2
dar. Öffentl. Personennahverkehr[10]	51,2	57,4	56,8	60,7	66,7	65,5	57,8	58,1	77,3
Motorisierter Individualverkehr[11]	.	170,9	288,8	379,5	441,1	477,4	495,1	601,8	713,5
Verkehr insgesamt	.	262,0	383,9	483,7	556,4	603,5	613,5	729,7	874,7

[1] Im Bundesgebiet.- [2] Schienenverkehr einschl. S-Bahnverkehr (bis 1980 ohne S-Bahn Berlin (West): 1985 = 246 Mio. Pkm).- [3] Ab 1994 erfolgt die Aufteilung Nah-/Fernverkehr bei der DB AG nach Zuggattungen.- [4] S-Bahnverkehr, Berufs- und Schülerverkehr sowie (bis 1993) Verkehr im Regeltarif bis zu 50 km Reiseweite. Ab 1995 Neuberechnung der Personenverkehrszahlen durch die Deutsche Bahn bzw. das Statistische Bundesamt.- [5] Zu ermäßigten Tarifen.- [6] Verkehr zu Sondertarifen des Militärverkehrs und (bis 1993) im Regeltarif über 50 km Reiseweite.- [7] Stadtschnellbahn- (U-Bahn), Straßenbahn-, Obus- und Kraftomnibusverkehr kommunaler, gemischtwirtschaftlicher und privater Unternehmen (seit 1985 ohne Verkehr der Kleinunternehmen mit weniger als 6 Kraftomnibussen) sowie Kraftomnibusverkehr der Deutschen Bundesbahn (bis 1990), der Deutschen Bundespost (bis 1985) und der nichtbundeseigenen Eisenbahnen, jedoch ohne Beförderungsleistung (Ein- und Durchfahrten ausländischer Unternehmen.- Weitere Anmerkungen siehe folgende Seite.

Personenverkehr - Verkehrsleistung[1] - Personenkilometer in Mrd.

	1992	1993	1994	1995	1996	1997	1998	1999	2000**
Eisenbahnen[2]	57,2	58,7	66,4	75,0	76,0	73,9	72,4	73,6	75,1
Schienennahverkehr[3)4]	24,6	25,0	31,5	38,7	40,4	39,1	38,1	39,0	39,2
dar. Berufsverkehr[5]	8,4	9,6	.	.	.	.	.	.	.
Schülerverkehr[5]	3,9	4,3	.	.	.	.	.	.	.
Schienenfernverkehr[3)6]	32,6	33,7	34,8	36,3	35,6	34,9	34,3	34,6	35,9
Öffentl. Straßenpersonenverkehr[7)8]	80,4	79,6	77,5	77,0	76,7	76,2	75,7	76,2	77,8
Linienverkehr	53,2	53,0	52,3	52,0	51,9	52,2	51,3	51,3	52,0
Gelegenheitsverkehr	27,2	26,6	25,2	25,0	24,7	24,0	24,4	24,9	25,8
Luftverkehr[9]	25,6	27,7	30,0	32,5	33,6	35,8	37,5	39,9	42,7
dar. Inlandsverkehr	6,2	6,6	6,7	7,3	7,2	7,8	8,5	8,9	9,5
Linienverkehr[12]	.	.	.	.	.	.	33,4	36,0	38,1
Gelegenheitsverkehr[12]	.	.	.	.	.	.	4,1	3,9	4,6
Öffentlicher Verkehr	163,3	166,1	173,8	184,4	186,3	186,0	185,6	189,7	195,6
dar. Öffentl. Personennahverkehr[10]	77,8	78,1	83,8	90,7	92,3	91,3	89,4	90,3	91,2
Motorisierter Individualverkehr[11]*	731,5	740,8	732,4	742,9	744,3	749,7	754,2	761,6	740,1
Verkehr insgesamt	894,8	906,9	906,2	927,3	930,6	935,7	939,8	951,2	935,7

Beginn der Anmerkungen siehe vorige Seite.- [8] Ab 1970 einschl. des freigestellten Schülerverkehrs.- [9] Ab 1991 neue Kilometrierung im Luftverkehr (Kilometrierung 1998) vom Statistischen Bundesamt bis 1991 zurückgerechnet.- [10] Öffentlicher Personennahverkehr (ÖPNV) = Schienennahverkehr der Eisenbahnen und Linienverkehr im Öffentlichen Straßenpersonenverkehr.- [11] Verkehr mit Personen- und Kombinationskraftwagen, Krafträdern und Mopeds, einschl. Taxi- und Mietwagenverkehr.- [12] Ab 1995 Linienverkehr einschl. Pauschalreiseflugverkehr auf dem Gebiet der EU.- * 1994 pauschale Anpassung an die Fahrleistungsrevision.- **Zum Teil vorläufige Werte.

Personenverkehr - Anteile der Verkehrsbereiche - in vH

(bis 1955 ohne Saarland und Berlin-West)	1955	1960	1965	1970	1975	1980	1985	1990	1991
Verkehrsaufkommen[1]									
Eisenbahnen	.	5,9	4,1	3,2	3,0	2,8	2,7	2,6	2,7
Öffentl. Straßenpersonenverkehr	.	25,9	21,2	19,0	18,5	16,0	13,8	12,9	14,0
Luftverkehr	.	0,0	0,0	0,1	0,1	0,1	0,1	0,1	0,1
Öffentlicher Verkehr	.	31,8	25,3	22,3	21,5	18,9	16,6	15,6	16,8
dar. Öffentl. Personennahverkehr	.	31,0	24,6	21,6	20,8	18,2	16,0	15,0	16,3
Motorisierter Individualverkehr	.	68,2	74,7	77,7	78,5	81,1	83,4	84,4	83,2
Verkehr insgesamt	100	100	100	100	100	100	100	100	100
Verkehrsleistung[1]									
Eisenbahnen	.	15,6	10,6	8,1	7,0	6,8	7,1	6,1	6,5
Öffentl. Straßenpersonenverkehr	.	18,5	13,3	12,1	12,2	12,3	10,2	8,9	9,3
Luftverkehr	.	0,6	0,9	1,4	1,5	1,8	2,1	2,5	2,6
Öffentlicher Verkehr	.	34,8	24,8	21,5	20,7	20,9	19,3	17,5	18,4
dar. Öffentl. Personennahverkehr	.	21,9	14,8	12,6	12,0	10,9	9,4	8,0	8,8
Motorisierter Individualverkehr	.	65,2	75,2	78,5	79,3	79,1	80,7	82,5	81,6
Verkehr insgesamt	100	100	100	100	100	100	100	100	100

[1] Anmerkungen siehe Seiten 210 - 213.

Personenverkehr - Anteile der Verkehrsbereiche - in vH

	1992	1993	1994	1995	1996	1997	1998	1999	2000*
Verkehrsaufkommen[1]									
Eisenbahnen	2,7	2,7	2,7	3,2	3,3	3,3	3,2	3,2	3,3
Öffentl. Straßenpersonenverkehr	13,8	13,7	13,6	13,2	13,1	13,1	12,8	12,7	13,1
Luftverkehr	0,1	0,1	0,1	0,2	0,2	0,2	0,2	0,2	0,2
Öffentlicher Verkehr	16,6	16,5	16,5	16,6	16,6	16,6	16,2	16,1	16,7
dar. Öffentl. Personennahverkehr	16,1	16,0	16,0	16,1	16,1	16,0	15,7	15,6	16,1
Motorisierter Individualverkehr	83,4	83,5	83,5	83,4	83,4	83,4	83,8	83,9	83,3
Verkehr insgesamt	100	100	100	100	100	100	100	100	100
Verkehrsleistung[1]									
Eisenbahnen	6,4	6,5	7,3	8,1	8,2	7,9	7,7	7,7	8,0
Öffentl. Straßenpersonenverkehr	9,0	8,8	8,6	8,3	8,2	8,1	8,1	8,0	8,3
Luftverkehr	2,9	3,1	3,3	3,5	3,6	3,8	4,0	4,2	4,6
Öffentlicher Verkehr	18,2	18,3	19,2	19,9	20,0	19,9	19,7	19,9	20,9
dar. Öffentl. Personennahverkehr	8,7	8,6	9,3	9,8	9,9	9,8	9,5	9,5	9,7
Motorisierter Individualverkehr	81,8	81,7	80,8	80,1	80,0	80,1	80,3	80,1	79,1
Verkehr insgesamt	100	100	100	100	100	100	100	100	100

[1] Anmerkungen siehe Seiten 210-213. - * Zum Teil vorläufige Werte.

Personenverkehr - Öffentlicher Straßenpersonenverkehr[1] nach Bundesländern

Jahr	Baden-Württemberg	Bayern	Berlin	Brandenburg	Bremen	Hamburg	Hessen	Mecklenburg-Vorpommern
Verkehrsaufkommen - Beförderte Personen - in Mio.								
1991	773	1 033	947	203	117	368	462	171
1992	808	1 048	995	183	116	374	468	149
1993	828	1 088	985	173	114	383	469	157
1994	837	1 091	933	174	113	390	467	149
1995	860	1 102	846	174	113	392	458	147
1996	881	1 113	792	179	110	390	437	149
1997	886	1 119	.	176	.	.	445	144
1998	870	1 107	740	177	137	386	461	140
1999	888	1 113	764	171	136	348	448	139
2000	911	1 115	773	167	134	348	475	136
Verkehrsleistung - Personenkilometer - in Mio.								
1991	9 275	16 306	7 184	2 268	725	2 465	5 140	1 690
1992	9 267	16 428	6 619	1 718	742	2 472	5 496	1 315
1993	9 095	16 491	6 570	1 678	682	2 494	5 494	1 258
1994	9 095	15 419	6 099	1 707	682	2 458	5 380	1 248
1995	8 952	15 126	4 716	1 794	677	2 534	6 120	1 280
1996	8 973	14 755	4 506	2 128	646	2 564	6 055	1 459
1997	8 883	14 629	.	1 862	.	.	6 278	1 478
1998	8 617	14 271	4 343	2 162	967	2 553	5 829	1 478
1999	8 638	14 276	4 672	2 070	957	2 304	5 290	1 462
2000	8 875	14 273	4 676	2 309	953	2 353	5 851	1 525

[1] Ohne Taxis, Mietwagen und Verkehr der Kleinunternehmen mit weniger als 6 Kraftomnibussen.

Personenverkehr - Öffentlicher Straßenpersonenverkehr[1] nach Bundesländern

Jahr	Niedersachsen	Nordrhein-Westfalen	Rheinland-Pfalz	Saarland	Sachsen	Sachsen-Anhalt	Schleswig-Holstein	Thüringen
\multicolumn{9}{c}{Verkehrsaufkommen - Beförderte Personen - in Mio.}								
1990	490	1 570	231	75	.	.	175	.
1991	505	1 679	226	74	616	260	180	247
1992	506	1 717	233	74	551	232	182	211
1993	509	1 805	247	76	482	216	185	201
1994	522	1 830	254	78	487	228	187	208
1995	498	1 820	251	84	502	225	193	207
1996	517	1 834	250	83	488	225	182	215
1997	533	1 856	254	89	480	225	171	203
1998	501	1 854	266	100	431	219	205	213
1999	478	1 855	283	100	440	219	199	213
2000	499	1 850	280	101	444	213	199	213
\multicolumn{9}{c}{Verkehrsleistung - Personenkilometer - in Mio.}								
1990	7 464	12 604	3 439	1 282	.	2 440	2 672	.
1991	7 441	13 140	3 361	1 290	5 842	2 256	2 722	2 178
1992	7 604	13 044	3 445	1 193	4 210	2 076	2 690	1 830
1993	7 073	13 008	3 564	1 122	3 489	2 314	2 695	1 671
1994	6 891	13 997	3 635	1 138	3 754	2 236	2 718	1 756
1995	7 035	13 254	3 691	1 213	3 899	2 266	2 665	1 757
1996	6 800	13 459	3 649	1 179	3 636	2 319	2 734	1 752
1997	6 712	13 601	3 591	1 235	3 701	2 317	2 437	1 758
1998	6 446	13 657	3 799	1 349	3 607	2 343	2 603	1 966
1999	6 320	14 202	3 979	1 284	3 924	2 409	2 515	1 952
2000	6 472	14 248	4 041	1 262	4 037	2 409	2 574	1 931

[1] Ohne Taxis, Mietwagen und Verkehr der Kleinunternehmen mit weniger als 6 Kraftomnibussen.

B 5

Personenverkehr - Verkehrsaufkommen - Bef. Personen
Anteile der Verkehrsbereiche an den Zwecken[1] - in vH

	1976	1989	1991	1993	1995	1997	1999
Beruf							
Fußwege	18,9	12,4	12,7	11,7	11,1	11,0	10,9
Fahrradverkehr	7,6	9,1	10,6	9,6	9,0	8,9	8,7
ÖSPV[2]	13,0	9,8	10,9	10,2	9,6	9,3	8,9
Eisenbahnverkehr[3]	3,5	3,2	3,4	3,5	3,7	3,6	3,8
MIV[4]	57,0	65,4	62,4	64,9	66,6	67,1	67,7
Luftverkehr[5]	-	-	-	-	-	-	-
Ausbildung							
Fußwege	35,4	27,5	28,1	27,4	27,2	27,0	26,4
Fahrradverkehr	16,5	18,5	19,5	18,9	18,6	18,5	18,4
ÖSPV[2]	31,1	29,8	30,1	31,3	31,6	31,6	31,6
Eisenbahnverkehr[3]	3,2	4,3	4,0	4,2	4,3	4,3	4,6
MIV[4]	13,8	19,8	18,3	18,2	18,4	18,6	18,9
Luftverkehr[5]	-	-	-	-	-	-	-
Geschäfts- und Dienstreise							
Fußwege	4,9	4,1	4,1	4,0	3,9	3,8	3,7
Fahrradverkehr	1,4	1,6	1,7	1,7	1,7	1,7	1,6
ÖSPV[2]	1,4	2,3	2,4	2,4	2,4	2,4	2,3
Eisenbahnverkehr[3]	0,6	1,0	1,0	1,1	1,1	1,2	1,2
MIV[4]	91,4	90,6	90,5	90,5	90,4	90,4	90,6
Luftverkehr[5]	0,3	0,4	0,3	0,4	0,4	0,5	0,5
Einkauf							
Fußwege	49,2	39,3	39,8	39,0	38,5	38,1	37,7
Fahrradverkehr	8,9	10,6	10,9	10,5	10,3	10,2	10,1
ÖSPV[2]	7,9	8,4	8,8	8,8	8,6	8,5	8,2
Eisenbahnverkehr[3]	0,6	0,9	1,0	1,0	1,0	1,0	1,1
MIV[4]	33,4	40,9	39,5	40,7	41,7	42,1	43,0
Luftverkehr[5]	-	-	-	-	-	-	-
Freizeit							
Fußwege	36,9	32,7	33,3	32,8	32,5	32,2	31,8
Fahrradverkehr	8,8	9,6	10,0	9,8	9,8	9,8	9,7
ÖSPV[2]	5,1	4,9	5,3	5,1	5,0	5,0	5,0
Eisenbahnverkehr[3]	0,9	0,9	0,9	1,0	1,0	1,1	1,1
MIV[4]	48,3	51,9	50,5	51,2	51,7	51,9	52,3
Luftverkehr[5]	0,0	0,0	0,0	0,0	0,0	0,0	0,0
Urlaub							
Fußwege	-	-	-	-	-	-	-
Fahrradverkehr	1,2	0,3	0,5	0,4	0,4	0,4	0,4
ÖSPV[2]	6,0	9,4	9,7	10,5	9,2	9,2	8,7
Eisenbahnverkehr[3]	16,0	8,8	9,7	8,6	8,4	7,4	6,5
MIV[4]	63,7	60,3	59,1	55,7	53,9	51,0	51,5
Luftverkehr[5]	13,1	21,1	21,0	24,7	28,0	31,9	32,8

[1] Berechnungen des DIW. Definitionen der Fahrtzwecke siehe Seiten 208/209.- [2] Öffentlicher Straßenpersonenverkehr einschl. Aufkommen der Kleinunternehmen mit weniger als 6 Bussen und der ausländischen Unternehmen.- [3] Einschl. S-Bahn.- [4] Motorisierter Individualverkehr (Pkw und motorisierte Zweiräder).- [5] Ohne Doppelzählungen im innerdeutschen Verkehr.

Personenverkehr - Verkehrsleistung - Personen-km
Anteile der Verkehrsbereiche an den Zwecken[1] - in vH

	1976	1989	1991	1993	1995	1997	1999
Beruf							
Fußwege	2,1	1,2	1,2	1,1	1,1	1,0	1,0
Fahrradverkehr	2,1	2,1	2,5	2,2	2,1	2,1	2,0
ÖSPV[2]	15,7	11,8	12,5	11,1	10,3	10,0	9,4
Eisenbahnverkehr[3]	9,6	8,0	8,8	8,7	9,6	9,0	10,9
MIV[4]	70,5	76,9	75,0	76,8	76,9	77,8	76,7
Luftverkehr	-	-	-	-	-	-	-
Ausbildung							
Fußwege	7,0	4,1	4,5	4,4	4,5	4,4	4,1
Fahrradverkehr	6,8	6,5	7,2	7,2	7,1	7,1	6,8
ÖSPV[2]	49,9	39,0	41,2	40,9	40,1	39,9	37,8
Eisenbahnverkehr[3]	11,4	14,4	13,7	14,1	14,8	14,2	17,6
MIV[4]	24,9	36,1	33,4	33,4	33,4	34,3	33,7
Luftverkehr	-	-	-	-	-	-	-
Geschäfts- und Dienstreise							
Fußwege	0,3	0,2	0,2	0,2	0,2	0,2	0,2
Fahrradverkehr	0,2	0,2	0,2	0,2	0,2	0,2	0,2
ÖSPV[2]	2,0	2,2	2,3	2,2	2,2	2,0	1,9
Eisenbahnverkehr[3]	2,1	3,5	3,8	4,0	4,6	4,7	4,8
MIV[4]	88,7	86,3	87,0	86,5	85,0	84,6	82,5
Luftverkehr	6,7	7,6	6,5	6,9	7,8	8,3	10,4
Einkauf							
Fußwege	11,4	8,0	8,3	8,1	8,1	7,9	7,7
Fahrradverkehr	4,1	4,1	4,2	4,1	4,0	3,9	3,8
ÖSPV[2]	14,6	13,4	14,0	12,9	12,3	12,0	11,3
Eisenbahnverkehr[3]	3,2	3,9	4,2	4,2	4,3	4,4	5,3
MIV[4]	66,8	70,6	69,3	70,7	71,2	71,7	71,8
Luftverkehr	-	-	-	-	-	-	-
Freizeit							
Fußwege	5,0	4,1	4,3	4,3	4,2	4,2	4,1
Fahrradverkehr	2,2	2,8	2,9	2,9	2,9	2,9	2,8
ÖSPV[2]	7,0	6,9	7,3	6,8	6,5	6,2	6,3
Eisenbahnverkehr[3]	5,3	4,3	4,9	4,9	5,3	5,6	6,0
MIV[4]	80,3	81,7	80,4	81,0	80,8	80,9	80,3
Luftverkehr	0,2	0,2	0,2	0,2	0,2	0,2	0,4
Urlaub							
Fußwege	-	-	-	-	-	-	
Fahrradverkehr	0,2	0,0	0,1	0,1	0,1	0,1	0,1
ÖSPV[2]	3,9	6,2	6,2	6,8	6,0	6,0	5,5
Eisenbahnverkehr[3]	13,9	7,9	8,5	7,6	7,5	6,7	5,8
MIV[4]	73,6	72,2	68,8	65,2	64,2	61,5	60,3
Luftverkehr	8,5	13,6	16,5	20,3	22,2	25,7	28,4

[1] Berechnungen des DIW. Definitionen der Fahrtzwecke siehe Seiten 208/209. [2] Öffentlicher Straßenpersonenverkehr einschl. Aufkommen der Kleinunternehmen mit weniger als 6 Bussen. [3] Einschl. S-Bahn.- [4] Motorisierter Individualverkehr (Pkw und motorisierte Zweiräder).

Personenverkehr - Verkehrsaufkommen - Bef. Personen
in Mio. - Verkehrsbereiche nach Zwecken[1]

	1976	1989	1991	1993	1995	1997	1999
			Fußwege				
Beruf	2 561	1 771	2 355	2 116	1 977	1 958	1 996
Ausbildung	2 218	1 371	1 819	1 869	1 928	1 955	1 607
Geschäft[2]	255	249	319	315	309	310	1 645
Einkauf	9 625	7 501	9 616	9 660	9 599	9 564	695
Freizeit	9 471	8 758	11 415	11 585	11 810	11 676	12 456
Urlaub	-	-	-	-	-	-	-
			Fahrradverkehr				
Beruf	1 028	1 298	1 959	1 738	1 604	1 582	1 607
Ausbildung	1 031	923	1 262	1 289	1 317	1 339	1 333
Geschäft[2]	74	100	129	132	133	136	134
Einkauf	1 737	2 017	2 620	2 604	2 582	2 565	2 516
Freizeit	2 248	2 581	3 420	3 467	3 568	3 555	3 519
Urlaub	1	0	1	1	1	1	1
			Öffentlicher Straßenpersonenverkehr[3]				
Beruf	1 768	1 401	2 020	1 847	1 700	1 652	1 645
Ausbildung	1 946	1 487	1 949	2 139	2 243	2 289	2 289
Geschäft[2]	76	142	185	191	195	194	193
Einkauf	1 552	1 596	2 133	2 169	2 137	2 121	2 053
Freizeit	1 319	1 298	1 814	1 808	1 818	1 798	1 828
Urlaub	5	12	15	19	17	16	16
			Eisenbahnverkehr[4]				
Beruf	471	456	637	627	658	648	695
Ausbildung	201	216	256	288	304	312	335
Geschäft[2]	33	59	79	83	90	100	102
Einkauf	121	164	232	246	241	258	268
Freizeit	225	239	326	341	366	404	412
Urlaub	14	11	15	15	16	13	12
			Motorisierter Individualverkehr[5]				
Beruf	7 738	9 304	11 577	11 689	11 832	11 919	12 456
Ausbildung	864	988	1 184	1 245	1 302	1 348	1 365
Geschäft[2]	4 801	5 561	7 070	7 160	7 207	7 354	7 558
Einkauf	6 532	7 789	9 535	10 076	10 397	10 570	10 750
Freizeit	12 407	13 882	17 317	18 067	18 803	18 827	19 043
Urlaub	55	78	90	100	100	91	93
			Luftverkehr[6]				
Beruf	-	-	-	-	-	-	-
Ausbildung	-	-	-	-	-	-	-
Geschäft[2]	15	25	27	29	34	37	44
Einkauf	-	-	-	-	-	-	-
Freizeit	2	2	2	2	2	2	5
Urlaub	11	27	32	44	52	57	59

[1] Berechnungen des DIW. Definitionen der Fahrtzwecke siehe Seiten 208/209.- [2] Geschäfts- und Dienstreiseverkehr.- [3] Einschl. Aufkommen der Kleinunternehmen mit weniger als 6 Bussen und der ausländischen Unternehmen.- [4] Einschl. S-Bahn.- [5] Pkw und motorisierte Zweiräder.- [6] Ohne Doppelzählungen im innerdeutschen Luftverkehr.

Personenverkehr - Verkehrsleistung - Personen-km
in Mrd. - Verkehrsbereiche nach Zwecken[1]

	1976	1989	1991	1993	1995	1997	1999
			Fußwege				
Beruf	2,6	1,8	2,4	2,2	2,0	2,0	2,0
Ausbildung	2,4	1,5	1,9	2,0	2,1	2,1	2,0
Geschäft[2]	0,2	0,3	0,3	0,3	0,3	0,3	0,3
Einkauf	8,0	7,0	8,9	9,0	9,0	9,0	8,9
Freizeit	12,9	12,5	16,2	16,6	17,0	16,9	16,8
Urlaub	-	-	-	-	-	-	-
			Fahrradverkehr				
Beruf	2,6	3,3	5,0	4,4	4,1	4,0	4,0
Ausbildung	2,3	2,3	3,2	3,2	3,3	3,4	3,4
Geschäft[2]	0,2	0,2	0,3	0,3	0,3	0,3	0,3
Einkauf	2,8	3,6	4,6	4,5	4,5	4,5	4,4
Freizeit	5,6	8,5	10,9	11,2	11,6	11,6	11,5
Urlaub	0,1	0,0	0,0	0,0	0,0	0,0	0,0
			Öffentlicher Straßenpersonenverkehr[3]				
Beruf	19,4	18,7	24,8	21,9	19,8	19,5	19,3
Ausbildung	16,9	14,0	17,9	18,4	18,6	18,9	18,7
Geschäft[2]	1,6	2,6	3,4	3,4	3,3	3,1	3,1
Einkauf	10,2	11,7	15,1	14,4	13,8	13,6	13,0
Freizeit	18,0	21,0	27,6	26,5	25,9	24,7	25,7
Urlaub	1,4	3,3	4,0	5,1	4,6	4,4	4,2
			Eisenbahnverkehr[4]				
Beruf	11,9	12,7	17,4	17,2	18,6	17,6	22,3
Ausbildung	3,8	5,2	6,0	6,4	6,9	6,8	8,7
Geschäft[2]	1,7	4,0	5,6	6,1	6,9	7,3	7,8
Einkauf	2,2	3,4	4,5	4,7	4,8	5,0	6,1
Freizeit	13,6	12,9	18,5	19,3	21,3	22,5	24,4
Urlaub	5,1	4,2	5,5	5,7	5,7	4,9	4,4
			Motorisierter Individualverkehr[5]				
Beruf	87,2	121,3	149,2	151,3	148,7	151,3	156,6
Ausbildung	8,4	13,0	14,6	15,0	15,5	16,3	16,6
Geschäft[2]	70,9	101,1	128,8	131,2	127,6	131,1	133,4
Einkauf	46,7	61,7	74,8	78,9	79,5	81,5	82,3
Freizeit	205,7	247,1	301,8	315,2	322,7	324,9	326,8
Urlaub	27,1	38,2	44,2	49,1	48,9	44,6	45,8
			Luftverkehr				
Beruf	-	-	-	-	-	-	-
Ausbildung	-	-	-	-	-	-	-
Geschäft[2]	5,4	8,9	9,6	10,4	11,7	12,8	16,9
Einkauf	-	-	-	-	-	-	-
Freizeit	0,5	0,6	0,6	0,7	0,8	0,9	1,8
Urlaub	3,1	7,2	10,6	15,3	16,9	18,6	21,5

[1] Berechnungen des DIW. Definitionen der Fahrtzwecke siehe Seiten 208/209.- [2] Geschäfts- und Dienstreiseverkehr.- [3] Einschl. Aufkommen der Kleinunternehmen mit weniger als 6 Bussen.- [4] Einschl. S-Bahn.- [5] Pkw und motorisierte Zweiräder.

Haushaltspanel zum Verkehrsverhalten[1]

	Befragte Personen[2] - Anzahl					Pkw-Verfügbarkeit[3][4] - in vH					Verkehrsbeteiligung[3][5] - in vH				
	1996	1997	1998	1999	2000	1996	1997	1998	1999	2000	1996	1997	1998	1999	2000
alle Personen	1 487	1 523	1 500	1 887	1 618	72,9	73,0	75,8	73,2	75,2	92,9	92,0	91,4	92,2	92,1
nach Geschlecht															
männlich	718	746	726	914	767	82,4	80,1	85,1	82,6	86,0	94,0	92,6	92,5	93,0	92,7
weiblich	769	777	774	973	851	64,4	66,6	67,5	64,7	65,3	91,8	91,4	90,5	91,5	91,5
nach Altersklassen															
10 - 17	158	156	168	161	154	-	-	-	-	-	91,1	93,1	90,8	91,9	92,7
18 - 35	430	368	295	354	289	80,5	78,1	83,3	80,7	84,2	95,6	92,4	93,2	93,9	93,7
36 - 59	589	669	663	824	703	84,8	82,2	85,8	82,4	82,8	94,9	93,1	93,0	93,9	93,0
>=60	310	330	374	548	472	47,8	53,1	54,8	54,3	56,9	87,6	89,3	87,7	88,7	89,1
nach Berufstätigkeit															
voll berufstätig	563	566	488	658	540	.	.	.	.	.	95,8	94,6	94,6	94,6	94,9
teilweise berufstätig	202	213	179	230	210	.	.	.	.	.	93,7	92,5	92,5	94,6	93,8
in Ausbildung	235	225	232	245	233	.	.	.	.	.	93,6	93,2	93,2	92,5	92,7
Hausfrau/-mann, arbeitslos	217	219	247	243	202	.	.	.	.	.	91,0	87,4	87,4	89,2	87,7
Rentner	265	291	345	499	425	.	.	.	.	.	88,6	90,3	90,3	89,8	89,2
keine Angabe	5	9	9	12	8	.	.	.	.	.	.	.	.	.	.

[1] Laufende Statistik des Haushaltspanels zum Verkehrsverhalten (MOP). Institut für Verkehrswesen Universität Karlsruhe im Auftrag des Bundesministeriums für Verkehr, Bau und Wohnungswsen (seit 1994). Ergebnisse bis einschl 1998 beziehen sich auf Westdeutschland, ab 1999 auf Gesamtdeutschland.- [2] Personen ab 10 Jahre.- [3] Ergebnisse sozio-demographisch gewichtet.- [4] Führerscheinbesitz und Pkw im Haushalt. Personen ab 18 Jahre.- [5] Alle Personen, alle Tage.

Haushaltspanel zum Verkehrsverhalten[1]

	Wege[2] - Anzahl					Reisezeitdauer[2] - in Minuten					Wegstrecke[2] - in km				
	1996	1997	1998	1999	2000	1996	1997	1998	1999	2000	1996	1997	1998	1999	2000
alle Personen	3,5	3,6	3,6	3,5	3,5	81,4	82,0	81,2	83,8	82,4	39,6	40,4	39,9	38,6	38,9
nach Geschlecht															
männlich	3,6	3,8	3,7	3,6	3,5	89,7	91,5	88,9	87,7	88,5	47,9	47,7	50,0	46,2	47,1
weiblich	3,3	3,5	3,5	3,5	3,5	73,8	73,3	74,2	80,2	76,7	32,0	31,8	30,6	31,7	31,3
nach Altersklassen															
10 - 17	3,3	3,4	3,4	3,3	3,4	63,2	69,4	70,0	75,7	69,4	24,1	25,5	23,8	25,0	22,8
18 - 35	4,0	4,2	4,2	3,9	3,8	85,5	84,8	89,8	86,8	87,6	50,2	50,2	55,4	53,2	50,7
36 - 59	3,6	3,8	3,8	3,7	3,7	85,0	87,4	85,0	84,4	84,1	44,6	45,2	44,2	41,1	43,5
>=60	2,8	2,9	2,9	3,0	3,0	77,8	74,9	71,9	83,1	79,8	26,1	27,2	25,1	27,1	27,8
nach Berufstätigkeit															
voll berufstätig	3,8	3,9	4,0	3,7	3,7	90,2	92,0	94,2	87,2	89,1	55,6	55,6	59,7	54,4	53,6
teilweise berufstätig	3,9	4,0	4,0	4,0	4,0	80,0	80,1	76,7	84,9	82,3	36,0	38,7	35,0	39,4	38,2
in Ausbildung	3,5	3,7	3,7	3,6	3,5	73,0	76,2	77,3	82,8	80,6	32,9	33,0	33,3	33,7	34,5
Hausfrau/-mann, arbeitslos	3,3	3,5	3,5	3,5	3,2	70,9	68,5	73,7	73,5	68,7	31,7	27,7	32,4	28,3	28,8
Rentner	2,8	3,1	2,9	3,1	3,1	80,4	78,9	72,2	84,4	80,5	27,3	29,6	24,4	26,9	27,1

[1] Laufende Statistik des Haushaltspanels zum Verkehrsverhalten (MOP). Institut für Verkehrswesen Universität Karlsruhe im Auftrag des Bundesministeriums für Verkehr, Bau und Wohnungswesen (seit 1994). Ergebnisse sozio-demographisch gewichtet. Ergebnisse bis einschl. 1998 beziehen sich auf Westdeutschland, ab 1999 auf Gesamtdeutschland.- [2] Pro Person und Tag.

Güterverkehr

Das Güterverkehrsaufkommen der Bundesrepublik Deutschland umfasst
- die Transporte, deren Versand- und Empfangsort in der Bundesrepublik Deutschland liegen,
- die Transporte im grenzüberschreitenden Verkehr, d. h. Transporte, deren Versand- bzw. Empfangsort in der Bundesrepublik Deutschland und deren Empfangs- bzw. Versandort im Ausland liegen,
- die Transporte im Durchgangsverkehr, d. h. Transporte aus dem Ausland durch die Bundesrepublik Deutschland nach dem Ausland
- und bis einschließlich 1990 die Transporte zwischen der Bundesrepublik Deutschland (einschließlich Berlin-West) und der ehemaligen DDR (einschließlich Berlin-Ost).

Dabei handelt es sich sowohl um die Güterbeförderung mit Fahrzeugen, die in der Bundesrepublik Deutschland zugelassen bzw. registriert, als auch um die Güterbeförderung mit Fahrzeugen, die im Ausland zugelassen bzw. registriert sind.

Erfolgt der Transport im Bundesgebiet - infolge von Umladungen - in mehreren Verkehrsbereichen, so wird das Verkehrsaufkommen in jedem Verkehrsbereich, d. h. mehrfach, gezählt. Die Verkehrsleistung enthält dagegen keine Doppelzählungen, sie errechnet sich aus Gewicht und Entfernung für jeden einzelnen Verkehrsbereich.

Die Angaben zur Verkehrsleistung - Tonnenkilometer (tkm) - und zur mittleren Transportweite - km - beziehen sich, außer in der Seeschifffahrt, immer auf die im Bundesgebiet zurückgelegte Entfernung. Die Verkehrsleistungen von der Grenze zum Empfangsort im Ausland bzw. vom Herkunftsort im Ausland bis zur Grenze der Bundesrepublik Deutschland sind hier nicht nachgewiesen.

Zum Binnenländischen Verkehr zusammengefasst werden alle Transporte, die auf den Verkehrswegen im Bundesgebiet durchgeführt werden. Ausgenommen sind der Dienstgutverkehr der Eisenbahnen, der grenzüberschreitende Straßengüternahverkehr und der Seeverkehr.

Straßengüterverkehr

1994 ist die Statistik für den Straßengüterverkehr umgestellt worden. Bis 1993 erfolgte hier - nur für den Fernverkehr - eine Auswertung der Frachtbriefe (im gewerblichen Verkehr) bzw. der "Monatsübersichten" (für den Werkverkehr). Der Straßengüternahverkehr wurde bis 1992 vom DIW geschätzt. Ab Mai 1994 wird eine Verkehrsleistungsstatistik der deutschen Lastkraftfahrzeuge durch Stichprobenerhebung erstellt. Hier wird jetzt sowohl der Fern- als auch der Nahverkehr ermittelt.

In einem Gutachten für das Bundesverkehrsministerium hat das DIW die Unterschiede in den Ergebnissen der beiden Statistiken untersucht und ist zu dem Schluss gekommen, dass die ab Mai 1994 erstellte Verkehrsleistungsstatistik deutscher Lastkraftfahrzeuge die Zielgrößen zutreffend erfasst. Daher wurden für die Jahre 1991 bis 1993 die Eckgrößen für deutsche Lastkraftfahrzeuge in den Abgrenzungen der neuen Statistik (Lkw und Sattelzugmaschinen über 3,5 t Nutzlast bzw. 6 t zulässigem Gesamtgewicht) zurückgeschätzt, die Daten für 1994 basieren auf der Jahreshochrechnung der Ergebnisse Mai bis Dezember durch das ifo-Institut. Anders als in den bisherigen amtlichen Veröffentlichungen zur neuen Statistik werden hier, um mit der Darstellung für die anderen Güterverkehrsträger kompatibel zu sein, nur die auf das Bundesgebiet bezogenen Werte ausgewiesen, d.h. die auf das Ausland entfallenden Anteile sind nicht enthalten. Die Angaben zu den ausländischen Lastkraftfahrzeugen sind der Statistik des grenzüberschreitenden Straßenverkehrs (vom Kraftfahrt-Bundesamt) entnommen; sie schließen den Kabotageverkehr in Deutschland ein. Für diese Angaben liegen nur noch Eckwerte vor.

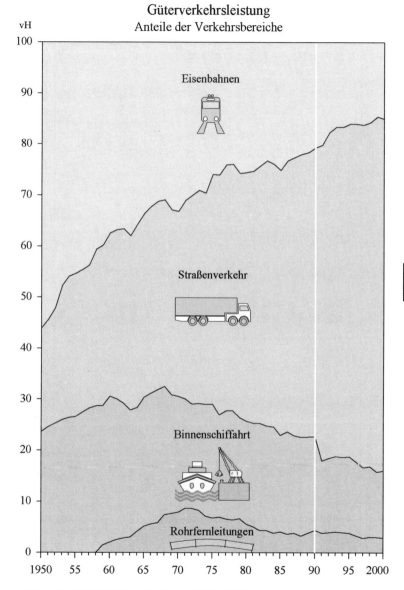

Daten siehe Seite 232/233 und Verkehr in Zahlen 1991

Güterverkehr - Verkehrsaufkommen - in Mio. t

(1955 ohne Saarland und Berlin-West)

	1955	1960	1965	1970	1975	1980	1985	1990	1991
Eisenbahnen [1]	262,9	317,1	311,4	378,0	315,0	350,1	324,4	303,7	401,2
Wagenladungsverkehr	257,2	309,3	305,3	372,3	311,4	346,0	321,3	300,6	398,3
Stückgut- und Expressgutverkehr	5,7	7,8	6,1	5,7	3,6	4,1	3,1	3,1	2,9
Binnenschiffahrt [2]	124,6	172,0	195,7	240,0	227,3	241,0	222,4	231,6	230,0
Schiffe der Bundesrepublik	80,7	103,4	116,7	137,5	122,4	126,4	105,3	102,7	104,5
Ausländische Schiffe	43,9	68,6	79,0	102,5	104,9	114,6	117,1	128,9	125,5
Straßengüterverkehr [3][4][5][6][7]	.	1 193,7	1 650,2	2 146,8	2 169,2	2 571,1	2 318,6	2 876,7	2 918,7
Deutsche Lastkraftfahrzeuge [4][5]	840,4	1 184,8	1 632,5	2 117,9	2 116,5	2 495,5	2 230,9	2 742,9	2 768,0
Gewerblicher Verkehr [5]	383,0	541,3	747,4	873,8	872,3	1 040,9	941,8	1 151,5	1 318,0
Gewerblicher Fernverkehr	48,0	71,3	88,4	104,8	112,3	140,9	146,8	186,5	290,0
Gewerblicher Nahverkehr [5]	335,0	470,0	659,0	769,0	760,0	900,0	795,0	965,0	1 028,0
Werkverkehr [4][5]	457,4	643,5	885,1	1 244,1	1 244,2	1 454,6	1 289,1	1 591,4	1 450,0
Werkfernverkehr [4]	22,4	23,5	34,1	41,1	79,2	99,6	119,1	146,4	293,0
Werknahverkehr [5]	435,0	620,0	851,0	1 203,0	1 165,0	1 355,0	1 170,0	1 445,0	1 157,0
Ausländische Lastkraftfahrzeuge [7]	.	8,9	17,7	28,9	52,7	76,9	89,1	133,8	150,7
Rohrfernleitungen [8]	-	13,3	46,3	89,2	80,3	84,0	69,2	74,1	90,7
Luftverkehr [9] (in 1 000 t)	58,4	81,0	220,3	410,4	529,0	861,1	1 069,2	1 578,5	1 560,8
Binnenländischer Verkehr	.	1 696,2	2 203,8	2 854,4	2 792,3	3 247,0	2 935,6	3 487,7	3 642,1
ohne Nahverkehr dt. Lastkraftfahrzeuge	.	606,2	693,8	882,4	867,3	992,0	970,6	1 077,7	1 457,1
Seeschiffahrt [10]	53,2	77,2	99,3	131,9	131,4	154,0	139,0	143,8	161,1
Schiffe der Bundesrepublik	22,0	30,6	34,3	40,1	28,7	28,2	23,2	22,4	26,3
Ausländische Schiffe	31,2	46,6	65,0	91,8	102,7	125,8	115,8	121,4	134,8
nachrichtlich:									
Dienstgutverkehr der Eisenbahnen	26,3	28,2	19,3	15,0	14,7	14,7	10,6	7,0	13,0

[1] Ohne Güterkraftverkehr und Dienstgutverkehr. Bis 1975 nur Stückgutversand innerhalb des Bundesgebietes.- [2] Einschl. Seeverkehr der Binnenhäfen mit Häfen außerhalb des Bundesgebietes.- [3] Siehe Anmerkungen Seite 224.- [4] Ab 1980 ohne Transporte der im Werkfernverkehr eingesetzten Lastkraftwagen bis einschl. 4 t Nutzlast und Zugmaschinen bis einschl. 40 kW Motorleistung. Ab 1991 ohne deutscher Lastkraftfahrzeuge bis 6 t zulässiges Gesamtgewicht oder 3,5 t Nutzlast.- [5] Bis 1990 ohne grenzüberschreitenden Nahverkehr deutscher Lastkraftfahrzeuge (1990: 20 Mio. t.) und ohne freigestellten Nahverkehr nach § 4 des Güterkraftverkehrsgesetzes (GüKG) oder der hierzu erlassenen Freistellungsverordnung. Bis 1993 Berechnungen des DIW (außer 1965 und 1970).- Weitere Anmerkungen siehe folgende Seite.

Güterverkehr - Verkehrsaufkommen - in Mio. t

	1992	1993	1994	1995	1996	1997	1998	1999	2000*
Eisenbahnen[1]	361,2	316,3	324,0	320,2	309,3	316,7	305,7	287,3	294,2
Wagenladungsverkehr	358,7	314,0	321,8	318,2	307,8	316,0	305,7	287,3	294,2
Stückgut- und Expressgutverkehr	2,5	2,2	2,2	2,0	1,5	0,6	-	-	-
Binnenschifffahrt[2]	229,9	218,5	235,0	237,9	227,0	233,5	236,4	229,1	242,2
Schiffe der Bundesrepublik	102,9	96,3	101,6	99,9	92,7	94,1	95,7	91,8	91,4
Ausländische Schiffe	127,0	122,2	133,4	138,0	134,3	139,4	140,6	137,3	150,8
Straßengüterverkehr[3][4][5][6]	2 999,5	3 107,4	3 360,2	3 347,0	3 189,2	3 196,0	3 196,8	3 425,0	3 246,4
Deutsche Lastkraftfahrzeuge[4][5][6]	2 841,0	2 944,0	3 184,2	3 165,3	3 008,2	2 975,0	2 960,3	3 171,0	2 993,8
Gewerblicher Verkehr[5]	1 389,0	1 464,0	1 604,2	1 646,4	1 595,2	1 540,8	1 506,3	1 602,9	1 538,9
Gewerblicher Fernverkehr[6]	303,0	302,0	326,7	345,7	362,2	401,9			
Gewerblicher Nahverkehr[5][6]	1 086,0	1 162,0	1 277,5	1 300,8	1 233,0	1 138,8			
Werkverkehr[4][5]	1 452,0	1 480,0	1 580,0	1 518,8	1 413,1	1 434,2	1 454,0	1 568,1	1 454,9
Werkfernverkehr[4][6]	297,0	284,0	300,2	283,1	268,2	257,9			
Werknahverkehr[5][6]	1 155,0	1 196,0	1 279,8	1 235,7	1 144,9	1 176,3			
Ausländische Lastkraftfahrzeuge	158,5	163,4	175,9	181,7	181,0	221,0	236,6	254,0	252,6
Rohrleitungen[8]	92,6	94,7	98,7	98,4	89,4	87,4	90,7	89,3	89,4
Luftverkehr[9] (in 1 000 t)	1 599,8	1 680,6	1 878,4	1 992,7	2 067,4	2 184,7	2 090,6	2 190,2	2 388,9
Binnenländischer Verkehr	3 684,8	3 738,5	4 019,8	4 005,4	3 817,0	3 835,6	3 831,7	4 032,9	3 874,6
ohne Nahverkehr dt. Lastkraftfahrzeuge	1 443,8	1 380,5	1 462,5	1 468,9	1 439,1	1 520,5			
Seeschifffahrt[10]	178,1	180,6	193,3	201,0	202,5	209,5	214,0	217,1	242,6
Schiffe der Bundesrepublik	27,4	26,8	29,4	27,1	25,5	25,8	24,9	27,9	35,0
Ausländische Schiffe	150,7	153,8	163,9	173,9	177,0	183,8	189,1	189,1	207,6
nachrichtlich:									
Dienstgutverkehr der Eisenbahnen	17,0	12,9	12,8	13,0	10,1	4,9	2,9	0,4	0,3

Beginn der Anmerkungen siehe vorherige Seite.- [6] Ab 1998 entfällt die institutionelle Aufteilung zwischen Nah- und Fernverkehr. Ab 1999 entfällt die Freistellung nach § 1 GüKG (unter anderem für Abfälle und lebende Tiere), so dass sich das Aufkommen v.a. im Werkverkehr erhöht.- [7] Bis 1990 einschl. Kabotage (1990: 0,6 Mio. t).- [8] Rohöl und Mineralölproduktenleitungen. Ab 1996 nur Rohöl.- [9] Fracht und Luftpost; ab 1975 einschl. Doppelzählungen im Umladeverkehr (1952: 0,2 Mio. t).- [10] Seeverkehr der Häfen des Bundesgebietes, ohne Eigengewichte der Reise- und Transportfahrzeuge, Container, Trailer, Trägerschiffsleichter. Ohne Seeverkehr der Binnenhäfen mit Häfen außerhalb der Bundesrepublik.- * Zum Teil vorläufige Werte.

Güterverkehr - Anteile der Verkehrsbereiche am Verkehrsaufkommen[1]) (t) - in vH

(1955 ohne Saarland und Berlin-West)	1955	1960	1965	1970	1975	1980	1985	1990	1991
Binnenländischer Verkehr[2])									
- einschl. Straßengüternahverkehr -	100	100	100	100	100	100	100	100	100
Eisenbahnen	.	18,7	14,1	13,2	11,3	10,8	11,1	8,7	11,0
Binnenschifffahrt	.	10,1	8,9	8,4	8,1	7,4	7,6	6,6	6,3
Straßenverkehr	.	70,4	74,9	75,2	77,7	79,2	79,0	82,5	80,2
Deutsche Lastkraftfahrzeuge	.	69,9	74,1	74,2	75,8	76,9	76,0	78,7	76,0
Gewerblicher Verkehr	.	31,9	33,9	30,6	31,2	32,1	32,1	33,0	36,2
Gewerblicher Fernverkehr	.	4,2	4,0	3,7	4,0	4,3	5,0	5,3	8,0
Gewerblicher Nahverkehr	.	27,7	29,9	26,9	27,2	27,7	27,1	27,7	28,2
Werkverkehr	.	37,9	40,2	43,6	44,6	44,8	43,9	45,6	39,8
Werkfernverkehr	.	1,4	1,5	1,4	2,8	3,1	4,1	4,2	8,0
Werknahverkehr	.	36,6	38,6	42,2	41,7	41,7	39,9	41,4	31,8
Ausländische Lastkraftfahrzeuge	.	0,5	0,8	1,0	1,9	2,4	3,0	3,8	4,1
Rohrfernleitungen	-	0,8	2,1	3,1	2,9	2,6	2,4	2,1	2,5
Binnenländischer Verkehr									
- ohne Straßengüternahverkehr dt. Lkw -	100	100	100	100	100	100	100	100	100
Eisenbahnen	.	52,3	44,9	42,9	36,3	35,3	33,5	28,2	27,6
Binnenschifffahrt	.	28,4	28,2	27,2	26,2	24,3	22,9	21,5	15,8
Straßengüterfernverkehr dt. Lkw	.	15,6	17,7	16,5	22,1	24,3	27,4	30,9	40,1
Gewerblicher Fernverkehr	.	11,8	12,7	11,9	13,0	14,2	15,1	17,3	19,9
Werkfernverkehr	.	3,9	4,9	4,7	9,1	10,0	12,3	13,6	20,1
Ausländische Lastkraftfahrzeuge	.	1,5	2,6	3,3	6,1	7,8	9,2	12,4	10,4
Rohrfernleitungen	-	2,2	6,7	10,1	9,3	8,5	7,1	6,9	6,2

[1]) Ohne Luftverkehr, Seeverkehr, Dienstgutverkehr der Eisenbahnen und ab 1980 ohne Transportleistung der im Werkfernverkehr eingesetzten Lastkraftfahrzeuge bis einschl. 4 t Nutzlast und Zugmaschinen bis einschl. 40 kW Motorleistung.- [2]) Ohne grenzüberschreitenden Nahverkehr deutscher Lastkraftfahrzeuge.- Weitere Anmerkungen siehe Seite 226/227.

Güterverkehr - Anteile der Verkehrsbereiche am Verkehrsaufkommen[1] (t) - in vH

	1992	1993	1994	1995	1996	1997	1998	1999	2000*
Binnenländischer Verkehr[2]									
- einschl. Straßengüternahverkehr -	100	100	100	100	100	100	100	100,0	100,0
Eisenbahnen	9,8	8,5	8,1	8,0	8,1	8,3	8,0	7,1	7,6
Binnenschifffahrt	6,2	5,8	5,8	5,9	6,0	6,1	6,2	5,7	6,3
Straßenverkehr	81,4	83,2	83,6	83,6	83,6	83,4	83,5	85,0	83,8
Deutsche Lastkraftfahrzeuge	77,1	78,8	79,3	79,1	78,9	77,6	77,3	78,7	77,3
Gewerblicher Verkehr	37,7	39,2	39,9	41,1	41,8	40,2	39,3	39,8	39,7
Gewerblicher Fernverkehr	8,2	8,1	8,1	8,6	9,5	10,5	.	.	.
Gewerblicher Nahverkehr	29,5	31,1	31,8	32,5	32,3	29,7	.	.	.
Werkverkehr	39,4	39,6	39,3	37,9	37,0	37,4	38,0	38,9	37,6
Werkfernverkehr	8,1	7,6	7,5	7,1	7,0	6,7	.	.	.
Werknahverkehr	31,4	32,0	31,9	30,9	30,0	30,7	.	.	.
Ausländische Lastkraftfahrzeuge	4,3	4,4	4,4	4,5	4,7	5,8	6,2	6,3	6,5
Rohrfernleitungen	2,5	2,5	2,5	2,5	2,3	2,3	2,4	2,2	2,3
Binnenländischer Verkehr									
- ohne Straßengüternahverkehr dt. Lkw -	100	100	100	100	100	100			
Eisenbahnen	25,0	22,9	22,2	21,8	21,5	20,9			
Binnenschifffahrt	15,9	15,8	16,1	16,2	15,8	15,4			
Straßengüterfernverkehr dt. Lkw	41,6	42,5	42,9	42,9	43,9	43,5			
Gewerblicher Fernverkehr	21,0	21,9	22,4	23,6	25,2	26,5			
Werkfernverkehr	20,6	20,6	20,6	19,3	18,7	17,0			
Ausländische Lastkraftfahrzeuge	11,0	11,9	12,0	12,4	12,6	14,6			
Rohrfernleitungen	6,4	6,9	6,8	6,7	6,2	5,8			

[1] Ohne Luftverkehr, Seeverkehr, Dienstgutverkehr der Eisenbahnen und ohne Transporte deutscher Lastkraftfahrzeuge bis 6 t zulässiges Gesamtgewicht oder 3-5 t Nutzlast. - Weitere Anmerkungen siehe Seite 226/227.

Güterverkehr - Verkehrsleistung[1] - in Mrd. tkm

(1955 ohne Saarland und Berlin-West)

	1955	1960	1965	1970	1975	1980	1985	1990	1991
Eisenbahnen[2]	48,8	53,1	58,2	71,5	55,3	64,9	64,0	61,9	80,2
Wagenladungsverkehr	47,4	51,5	56,5	69,9	54,1	63,6	63,0	60,8	79,2
Stückgut- und Expreßgutverkehr	1,4	1,6	1,7	1,6	1,2	1,3	1,0	1,1	1,0
Binnenschiffahrt	28,6	40,4	43,6	48,8	47,6	51,4	48,2	54,8	56,0
dar. auf dem Rhein	19,4	27,4	29,1	33,0	32,7	35,2	33,6	38,2	37,8
Schiffe der Bundesrepublik	18,0	24,1	25,1	28,0	26,5	27,7	23,5	24,7	24,8
Ausländische Schiffe	10,6	16,3	18,5	20,8	21,1	23,7	24,7	30,1	31,2
Straßengüterverkehr[3][4][5][6][7]	.	45,9	63,0	78,6	96,7	125,4	133,2	169,9	245,7
Deutsche Lastkraftfahrzeuge[4][5]	30,3	44,2	59,0	72,2	82,2	103,0	105,4	131,0	196,0
Gewerblicher Verkehr[5]	19,3	28,6	37,2	45,6	49,3	62,4	63,4	79,1	121,8
Gewerblicher Fernverkehr	12,9	18,5	23,3	28,7	31,8	41,1	43,8	55,5	86,2
Gewerblicher Nahverkehr[5]	6,4	10,1	13,9	16,9	17,5	21,3	19,6	23,6	35,6
Werkverkehr[4][5]	11,0	15,6	21,8	26,6	32,9	40,6	42,0	51,9	74,2
Werkfernverkehr[4]	3,8	3,9	5,8	7,4	13,7	17,5	21,0	26,1	44,7
Werknahverkehr[5]	7,2	11,7	16,0	19,2	19,2	23,1	21,0	25,8	29,5
Ausländische Lastkraftfahrzeuge[7]	.	1,7	4,0	6,4	14,5	22,4	27,8	38,9	49,7
Rohrfernleitungen[8]	-	3,0	8,9	16,9	14,6	14,3	10,5	13,3	15,7
Luftverkehr[9] (in Mio. tkm)	22,0	30,6	62,9	137,5	177,8	251,1	314,3	439,5	428,8
Binnenländischer Verkehr	.	142,4	173,8	215,8	214,4	256,2	256,2	300,3	398,0
ohne Nahverkehr dt. Lastkraftfahrzeuge	.	120,6	143,9	179,8	177,7	211,8	215,6	250,9	332,9
Seeschiffahrt[10]	302,4	515,7	602,0	909,7	995,5	1 066,8	787,4	785,8	845,0
Schiffe der Bundesrepublik	82,7	140,9	133,0	164,5	146,0	94,8	54,5	55,9	.
Ausländische Schiffe	219,7	374,8	469,0	745,2	849,5	972,0	732,9	729,9	.
nachrichtlich:									
Dienstgutverkehr der Eisenbahnen	4,1	3,9	2,9	2,3	2,2	2,1	1,6	1,2	2,0

[1] Verkehrsleistung (außer in der Seeschiffahrt) im Bundesgebiet sowie (bis 1990) von und nach Berlin-West. - [2] Ohne Güterkraftverkehr und Dienstgutverkehr. Bis 1975 nur Stückgutversand innerhalb des Bundesgebietes. - [3] Siehe Anmerkungen Seite 224. - [4] Ab 1980 ohne Transporte der im Werkfernverkehr eingesetzten Lastkraftwagen bis einschl. 4 t Nutzlast und Zugmaschinen bis einschl. 40 kW Motorleistung. Ab 1991 ohne Transporte deutscher Lastkraftfahrzeuge bis 6 t zulässiges Gesamtgewicht oder 3,5 t Nutzlast. - Weitere Anmerkungen siehe folgende Seite.

Güterverkehr - Verkehrsleistung[1] - in Mrd. tkm

	1992	1993	1994	1995	1996	1997	1998	1999	2000*
Eisenbahnen[2]	69,8	64,9	69,9	68,8	67,7	72,9	73,6	71,4	76,0
Wagenladungsverkehr	69,0	64,2	69,1	68,0	67,2	72,7	73,6	71,4	76,0
Stückgut- und Expreßgutverkehr	0,8	0,8	0,8	0,7	0,5	0,2	-	-	-
Binnenschifffahrt	57,2	57,6	61,8	64,0	61,3	62,2	64,3	62,7	66,5
dar. auf dem Rhein	38,4	37,5	39,8	40,6	40,2	41,4	42,6	40,9	44,3
Schiffe der Bundesrepublik	24,7	23,7	24,8	25,1	23,1	23,1	24,0	23,2	23,4
Ausländische Schiffe	32,5	33,8	37,0	38,9	38,2	39,0	40,3	39,5	43,1
Straßengüterverkehr[3)4)5)6)]	252,3	251,5	272,5	279,7	280,7	301,8	315,9	341,7	347,2
Deutsche Lastkraftfahrzeuge[4)5)6)]	200,1	199,1	213,0	217,2	216,2	223,2	230,6	249,4	250,6
Gewerblicher Verkehr[3)]	126,4	127,2	137,7	145,1	146,0	151,3	160,2	173,7	177,6
Gewerblicher Fernverkehr[6)]	89,6	89,0	96,3	102,8	106,0	114,0	.	.	.
Gewerblicher Nahverkehr[5)6)]	36,8	38,2	41,4	42,3	40,0	37,3	.	.	.
Werkverkehr[4)5)]	73,6	71,9	75,2	72,1	70,1	71,8	70,4	75,7	73,0
Werkfernverkehr[4)6)]	44,8	42,8	44,6	42,6	41,9	42,7	.	.	.
Werknahverkehr[2)6)]	28,8	29,1	30,6	29,5	28,2	29,2	.	.	.
Ausländische Lastkraftfahrzeuge	52,3	52,4	59,6	62,5	64,6	78,6	85,3	92,3	96,6
Rohrleitungen[8)]	15,7	16,1	16,8	16,6	14,5	13,2	14,8	15,0	15,0
Luftverkehr[9)] (in Mio. tkm)	435,9	459,2	503,3	522,4	544,5	565,0	657,7	696,0	763,3
Binnenländischer Verkehr	395,5	390,5	421,5	429,6	424,8	450,6	469,2	491,4	505,5
ohne Nahverkehr dt. Lastkraftfahrzeuge	329,8	323,2	349,4	357,8	356,5	384,1	.	.	.
Seeschifffahrt[10)]	852,8	855,4	934,7	968,4	958,2	1 015,5	1 023,2	1 110,0	1 256,1
nachrichtlich:									
Dienstgutverkehr der Eisenbahnen	2,6	1,8	1,9	2,1	2,0	1,1	0,5	0,1	0,1

Beginn der Anmerkungen siehe vorherige Seite.- [5)] Bis 1990 ohne grenzüberschreitenden Nahverkehr deutscher Lastkraftfahrzeuge und ohne freigestellten Nahverkehr nach § 4 des Güterkraftverkehrsgesetzes (GüKG) oder der hierzu erlassenen Freistellungsverordnung. Bis 1993 Berechnungen des DIW (außer 1965/1970).- [6)] Ab 1998 entfällt die institutionelle Abgrenzung zwischen Nah- und Fernverkehr. Ab 1999 entfällt die Freistellung nach § 1 GüKG (unter anderem für Abfälle und lebende Tiere), so dass sich die Leistung v.a. im Werkverkehr erhöht .-[7)] Bis 1990 einschl. Kabotage (1990: 0,2 Mrd. tkm).- [8)] Rohöl- und Mineralölproduktenleitungen. Ab 1996 nur Rohöl.- [9)] Fracht und Luftpost. Ab 1998 neue Kilometrierung im Luftverkehr.-[10)] Leistung zwischen Häfen der Bundesrepublik sowie von und nach ausländischen Häfen.- * Zum Teil vorläufige Werte.

Güterverkehr - Anteile der Verkehrsbereiche an der Verkehrsleistung[1] (tkm) - in vH

(1955 ohne Saarland und Berlin-West)

	1955	1960	1965	1970	1975	1980	1985	1990	1991
Binnenländischer Verkehr[2]									
- einschl. Straßengüternahverkehr -	100	100	100	100	100	100	100	100	100
Eisenbahnen	.	37,3	33,5	33,1	25,8	25,4	25,0	20,6	20,2
Binnenschiffahrt	.	28,4	25,1	22,6	22,2	20,1	18,8	18,3	14,1
Straßenverkehr	.	32,2	36,3	36,4	45,1	49,0	52,0	56,7	61,8
Deutsche Lastkraftfahrzeuge	.	31,0	34,0	33,5	38,4	40,2	41,2	43,7	49,3
Gewerblicher Verkehr	.	20,1	21,4	21,1	23,0	24,4	24,8	26,4	30,6
Gewerblicher Fernverkehr	.	13,0	13,4	13,3	14,8	16,1	17,1	18,5	21,7
Gewerblicher Nahverkehr	.	7,1	8,0	7,8	8,2	8,3	7,7	7,9	9,0
Werkverkehr	.	11,0	12,6	12,3	15,4	15,9	16,4	17,3	18,7
Werkfernverkehr	.	2,7	3,3	3,4	6,4	6,8	8,2	8,7	11,2
Werknahverkehr	.	8,2	9,2	8,9	9,0	9,0	8,2	8,6	7,4
Ausländische Lastkraftfahrzeuge	.	1,2	2,3	3,0	6,8	8,7	10,9	13,0	12,5
Rohrfernleitungen	-	2,1	5,1	7,8	6,8	5,6	4,1	4,4	3,9
Binnenländischer Verkehr									
- ohne Straßengüternahverkehr dt. Lkw -	100	100	100	100	100	100	100	100	100
Eisenbahnen	.	44,0	40,5	39,8	31,2	30,7	29,7	24,7	24,1
Binnenschiffahrt	.	33,5	30,3	27,2	26,8	24,3	22,4	21,9	16,8
Straßengüterfernverkehr dt. Lkw	.	18,6	20,2	20,1	25,6	27,7	30,1	32,6	39,4
Gewerblicher Fernverkehr	.	15,3	16,2	16,0	17,9	19,4	20,3	22,2	25,9
Werkfernverkehr	.	3,2	4,0	4,1	7,7	8,3	9,8	10,4	13,4
Ausländische Lastkraftfahrzeuge	.	1,4	2,8	3,6	8,2	10,6	12,9	15,5	14,9
Rohrfernleitungen	-	2,5	6,2	9,4	8,2	6,8	4,9	5,3	4,7

[1] Ohne Luftverkehr, Seeverkehr, Dienstgutverkehr der Eisenbahnen und ab 1980 ohne Transportleistung der im Werkfernverkehr eingesetzten Lastkraftfahrzeuge bis einschl. 4 t Nutzlast und Zugmaschinen bis einschl. 40 kW Motorleistung.- [2] Ohne grenzüberschreitenden Nahverkehr deutscher Lastkraftfahrzeuge.- Weitere Anmerkungen siehe Seite 230/231.

Güterverkehr - Anteile der Verkehrsbereiche an der Verkehrsleistung[1] (tkm) - in vH

	1992	1993	1994	1995	1996	1997	1998	1999	2000*
Binnenländischer Verkehr[2]									
- einschl. Straßengüternahverkehr -	100	100	100	100	100	100	100	100	100
Eisenbahnen	17,7	16,6	16,6	16,0	16,0	16,2	15,7	14,5	15,1
Binnenschifffahrt	14,5	14,8	14,7	14,9	14,4	13,8	13,7	12,8	13,2
Straßenverkehr	63,9	64,5	64,7	65,2	66,2	67,1	67,4	69,6	68,8
Deutsche Lastkraftfahrzeuge	50,6	51,0	50,6	50,6	50,9	49,6	49,2	50,8	49,7
Gewerblicher Verkehr	32,0	32,6	32,7	33,8	34,4	33,6	34,2	35,4	35,2
Gewerblicher Fernverkehr	22,7	22,8	22,9	24,0	25,0	25,3	.	.	.
Gewerblicher Nahverkehr	9,3	9,8	9,8	9,9	9,4	8,3	.	.	.
Werkverkehr	18,6	18,4	17,9	16,8	16,5	16,0	15,0	15,4	14,5
Werkfernverkehr	11,3	11,0	10,6	9,9	9,9	9,5	.	.	.
Werknahverkehr	7,3	7,5	7,3	6,9	6,7	6,5	.	.	.
Ausländische Lastkraftfahrzeuge	13,2	13,4	14,2	14,6	15,2	17,5	18,2	18,8	19,1
Rohrfernleitungen	4,0	4,1	4,0	3,9	3,4	2,9	3,2	3,0	3,0
Binnenländischer Verkehr									
- ohne Straßengüternahverkehr dt. Lkw -	100	100	100	100	100	100			
Eisenbahnen	21,2	20,1	20,0	19,3	19,0	19,0			
Binnenschifffahrt	17,4	17,8	17,7	17,9	17,2	16,2			
Straßengüterfernverkehr dt. Lkw	40,8	40,8	40,4	40,7	41,5	40,9			
Gewerblicher Fernverkehr	27,2	27,6	27,6	28,8	29,8	29,7			
Werkfernverkehr	13,6	13,3	12,8	11,9	11,8	11,1			
Ausländische Lastkraftfahrzeuge	15,9	16,2	17,1	17,5	18,1	20,5			
Rohrfernleitungen	4,8	5,0	4,8	4,6	4,1	3,4			

[1] Ohne Luftverkehr, Seeverkehr, Dienstgutverkehr der Eisenbahnen und ohne Transporte deutscher Lastkraftfahrzeuge bis 6 t zulässiges Gesamtgewicht oder 3-5 t Nutzlast.- Weitere Anmerkungen siehe Seite 230/231.

Güterverkehr - Verkehrsaufkommen ausgewählter Gütergruppen - Eisenbahnen[1]

Gütergruppen	1990	1991	1992	1993	1994	1995	1996	1997	1998	1999	2000
						in Mio. t.					
Land- und forstwirtschaftliche Erzeugnisse	10,5	11,9	9,3	7,3	7,5	8,0	7,0	6,6	7,1	7,8	10,3
Nahrungs- und Futtermittel	5,9	5,9	5,0	4,5	4,6	4,7	4,1	3,9	4,0	3,6	3,5
Kohle	74,2	118,8	95,8	84,8	77,9	75,2	70,1	64,8	60,5	57,1	58,4
Rohes Erdöl	1,4	1,4	1,3	1,3	1,3	1,2	0,9	0,9	0,8	0,8	0,8
Mineralölerzeugnisse	22,3	33,8	31,0	28,4	26,3	25,2	26,6	25,6	24,8	23,1	23,9
Erze und Metallabfälle	35,4	39,3	37,0	33,3	33,5	34,2	31,3	33,9	33,2	28,7	30,2
Eisen, Stahl und NE-Metalle	56,3	60,2	55,2	49,2	54,9	57,9	51,7	58,2	54,7	49,4	53,9
Steine und Erden	26,4	42,7	44,2	39,1	45,6	40,8	43,0	42,9	39,5	38,2	32,7
Düngemittel	7,1	11,0	9,5	7,5	7,5	7,4	7,7	7,9	8,0	7,4	7,4
Chemische Erzeugnisse	20,0	21,1	19,3	17,5	19,9	20,6	20,1	20,9	21,5	20,9	21,7
Fahrzeuge, Maschinen, Halb- und Fertigwaren[2]	44,2	55,1	53,8	43,2	45,0	44,9	46,9	51,1	51,7	50,5	51,5
Insgesamt	303,7	401,2	361,2	316,3	324,0	320,2	309,3	316,7	305,7	287,4	294,2
						in vH					
Land- und forstwirtschaftliche Erzeugnisse	3,5	3,0	2,6	2,3	2,3	2,5	2,3	2,1	2,3	2,7	3,5
Nahrungs- und Futtermittel	1,9	1,5	1,4	1,4	1,4	1,5	1,3	1,2	1,3	1,2	1,2
Kohle	24,4	29,6	26,5	26,8	24,1	23,5	22,7	20,5	19,8	19,9	19,8
Rohes Erdöl	0,5	0,3	0,4	0,4	0,4	0,4	0,3	0,3	0,3	0,3	0,3
Mineralölerzeugnisse	7,3	8,4	8,6	9,0	8,1	7,9	8,6	8,1	8,1	8,0	8,1
Erze und Metallabfälle	11,7	9,8	10,2	10,5	10,3	10,7	10,1	10,7	10,9	10,0	10,3
Eisen, Stahl und NE-Metalle	18,5	15,0	15,3	15,6	17,0	18,1	16,7	18,4	17,9	17,2	18,3
Steine und Erden	8,7	10,6	12,2	12,4	14,1	12,8	13,9	13,6	12,9	13,3	11,1
Düngemittel	2,3	2,7	2,6	2,4	2,3	2,3	2,5	2,5	2,6	2,6	2,5
Chemische Erzeugnisse	6,6	5,3	5,3	5,5	6,1	6,4	6,5	6,6	7,0	7,3	7,4
Fahrzeuge, Maschinen, Halb- und Fertigwaren[2]	14,5	13,7	14,9	13,7	13,9	14,0	15,2	16,1	16,9	17,6	17,5
Insgesamt	100	100	100	100	100	100	100	100	100	100	100

[1] Frachtpflichtiger Verkehr.- [2] Einschl. besondere Transportgüter, Stückgut und Expressgut.

Güterverkehr - Verkehrsleistung[1], mittlere Transportweite[1] der Hauptgütergruppen - Eisenbahnen[2]

Gütergruppen	1990	1991	1992	1993	1994	1995	1996	1997	1998	1999	2000
	Tonnenkilometer - in Mrd.										
Land- und forstwirtschaftliche Erzeugnisse	3,0	3,5	2,6	2,2	2,7	2,9	2,9	2,7	3,1	3,5	4,5
Nahrungs- und Futtermittel	2,0	2,0	1,6	1,5	1,6	1,6	1,6	1,5	1,6	1,4	1,3
Kohle	7,3	12,0	9,4	8,5	8,1	7,4	6,9	7,1	7,2	6,6	7,4
Erdöl und Mineralölerzeugnisse	4,0	6,3	5,5	5,9	5,7	5,4	5,8	6,1	5,3	4,9	5,3
Erze und Metallabfälle	5,1	6,2	5,3	5,4	5,6	5,5	5,0	5,6	6,0	5,8	6,0
Eisen, Stahl und NE-Metalle	9,2	9,9	8,4	8,4	10,0	10,3	10,1	11,8	11,8	11,5	12,9
Steine und Erden	4,0	6,6	6,2	6,2	7,2	6,6	6,4	6,7	6,5	6,2	5,7
Düngemittel	1,9	2,9	2,4	2,0	2,1	2,0	2,0	2,2	2,0	1,8	1,8
Chemische Erzeugnisse	6,5	6,8	6,0	5,7	6,6	6,7	6,2	6,5	6,9	6,8	7,1
Fahrzeuge, Maschinen, Halb- und Fertigwaren[3]	17,9	23,0	21,6	18,3	19,6	19,4	20,5	22,6	23,3	22,9	23,9
Insgesamt	60,8	79,2	69,0	64,2	69,1	68,0	67,2	72,7	73,6	71,4	76,0
	Mittlere Transportweite - in km										
Land- und forstwirtschaftliche Erzeugnisse	282	295	281	306	358	367	409	409	432	446	436
Nahrungs- und Futtermittel	331	335	318	321	342	345	380	386	390	379	386
Kohle	99	101	98	100	104	99	99	110	119	115	127
Erdöl und Mineralölerzeugnisse	169	178	170	199	206	206	211	230	205	204	216
Erze und Metallabfälle	143	158	143	162	167	162	159	166	181	203	200
Eisen, Stahl und NE-Metalle	163	165	153	171	182	178	196	202	216	232	240
Steine und Erden	153	154	141	159	158	163	148	155	163	163	174
Düngemittel	264	268	251	272	275	275	262	275	255	244	242
Chemische Erzeugnisse	324	321	312	324	332	325	307	311	320	328	326
Fahrzeuge, Maschinen, Halb- und Fertigwaren[3]	435	441	421	447	458	452	451	447	451	455	465
Insgesamt	202	199	192	204	215	214	218	230	241	248	248

[1] Im Bundesgebiet.- [2] Wagenladungsverkehr.- [3] Einschl. besondere Transportgüter.

Güterverkehr - Verkehrsaufkommen ausgewählter Gütergruppen - Binnenschifffahrt

Gütergruppen	1990	1991	1992	1993	1994	1995	1996	1997	1998	1999	2000
						in Mio. t.					
Land- und forstwirtschaftliche Erzeugnisse	7,5	7,9	8,8	8,5	8,7	10,2	8,8	8,5	9,0	9,8	11,5
Nahrungs- und Futtermittel	12,9	12,3	12,2	12,4	13,3	14,0	12,6	13,0	14,3	14,6	15,0
Kohle	23,6	26,8	26,4	24,1	25,8	26,4	26,2	27,3	31,7	30,8	30,5
Rohes Erdöl	0,1	0,1	0,1	0,1	0,0	0,1	0,1	0,1	0,3	0,3	0,1
Mineralölerzeugnisse	40,3	41,9	43,6	43,1	43,6	43,2	43,7	44,4	42,1	38,0	39,4
Erze und Metallabfälle	41,9	41,8	40,3	37,9	41,9	41,0	38,4	42,0	39,7	35,2	39,5
Eisen, Stahl und NE-Metalle	13,3	13,1	12,5	12,9	13,2	13,5	11,9	12,9	13,2	12,0	14,0
Steine und Erden	64,6	60,2	60,3	54,4	58,8	59,3	54,8	52,7	52,0	52,5	53,4
Düngemittel	7,3	6,3	6,6	6,8	8,0	8,1	7,4	7,2	7,5	7,7	7,9
Chemische Erzeugnisse	16,1	15,5	15,0	13,2	15,1	15,2	15,5	16,5	16,9	18,2	19,4
Fahrzeuge, Maschinen, Halb- und Fertigwaren[1]	4,0	4,1	4,3	5,2	6,6	6,9	7,7	8,9	9,6	10,1	11,6
Insgesamt	231,6	230,0	229,9	218,5	235,0	237,9	227,0	233,5	236,4	229,1	242,2
						in vH					
Land- und forstwirtschaftliche Erzeugnisse	3,2	3,4	3,8	3,9	3,7	4,3	3,9	3,6	3,8	4,3	4,7
Nahrungs- und Futtermittel	5,6	5,3	5,3	5,7	5,6	5,9	5,6	5,6	6,1	6,4	6,2
Kohle	10,2	11,7	11,5	11,0	11,0	11,1	11,5	11,7	13,4	13,4	12,6
Rohes Erdöl	0,0	0,0	0,0	0,0	0,0	0,0	0,0	0,0	0,1	0,1	0,0
Mineralölerzeugnisse	17,4	18,2	19,0	19,7	18,6	18,2	19,2	19,0	17,8	16,6	16,3
Erze und Metallabfälle	18,1	18,2	17,5	17,3	17,8	17,2	16,9	18,0	16,8	15,3	16,3
Eisen, Stahl und NE-Metalle	5,8	5,7	5,4	5,9	5,6	5,7	5,3	5,5	5,6	5,2	5,8
Steine und Erden	27,9	26,2	26,2	24,9	25,0	24,9	24,1	22,6	22,0	22,9	22,0
Düngemittel	3,1	2,7	2,9	3,1	3,4	3,4	3,3	3,1	3,2	3,4	3,3
Chemische Erzeugnisse	7,0	6,7	6,5	6,0	6,4	6,4	6,8	7,1	7,1	7,9	8,0
Fahrzeuge, Maschinen, Halb- und Fertigwaren[1]	1,7	1,8	1,8	2,4	2,8	2,9	3,4	3,8	4,1	4,4	4,8
Insgesamt	100	100	100	100	100	100	100	100	100	100	100

[1] Einschl. besondere Transportgüter.

Güterverkehr - Verkehrsleistung[1], mittlere Transportweite[1] der Hauptgütergruppen - Binnenschifffahrt

	1990	1991	1992	1993	1994	1995	1996	1997	1998	1999	2000
	\multicolumn{11}{c}{Tonnenkilometer - in Mrd.}										
Land- und forstwirtschaftliche Erzeugnisse	2,8	3,1	3,5	3,7	3,8	4,4	3,8	3,9	4,4	4,7	5,3
Nahrungs- und Futtermittel	3,7	3,8	3,7	4,1	4,4	5,0	4,6	4,5	5,2	5,6	5,7
Kohle	7,3	8,2	8,3	7,7	8,2	8,5	8,1	8,1	9,0	8,4	8,3
Erdöl und Mineralölerzeugnisse	10,6	10,8	11,2	11,6	11,6	11,8	12,4	12,8	12,3	11,1	11,6
Erze und Metallabfälle	6,5	7,0	7,1	7,6	7,9	8,1	7,4	7,7	7,3	6,5	7,2
Eisen, Stahl und NE-Metalle	3,7	4,0	3,8	4,0	4,1	4,3	3,7	3,9	4,2	3,8	4,5
Steine und Erden	12,6	11,8	12,1	11,2	12,6	12,6	11,9	11,3	11,6	11,8	11,9
Düngemittel	2,5	2,3	2,4	2,6	3,2	3,3	2,9	2,9	3,1	3,1	3,3
Chemische Erzeugnisse	3,8	3,7	3,7	3,0	3,6	3,6	3,7	3,9	4,0	4,3	4,8
Fahrzeuge, Maschinen, Halb- und Fertigwaren[2]	1,3	1,3	1,4	2,0	2,5	2,5	2,7	3,0	5,9	3,4	4,0
Insgesamt	54,8	56,0	57,2	57,6	61,8	64,0	61,3	62,2	66,8	62,7	66,5
	\multicolumn{11}{c}{Mittlere Transportweite - in km}										
Land- und forstwirtschaftliche Erzeugnisse	372	396	403	434	429	426	435	463	463	478	458
Nahrungs- und Futtermittel	291	309	307	328	334	358	368	344	344	382	380
Kohle	310	305	317	319	319	321	310	298	298	273	272
Erdöl und Mineralölerzeugnisse	262	257	255	269	265	273	284	289	289	290	293
Erze und Metallabfälle	156	167	175	202	188	198	192	183	183	186	181
Eisen, Stahl und NE-Metalle	280	308	305	311	312	316	308	304	304	315	318
Steine und Erden	195	196	201	205	214	212	217	214	214	224	223
Düngemittel	342	360	365	385	394	405	397	402	402	403	418
Chemische Erzeugnisse	234	240	245	229	235	237	240	239	239	235	247
Fahrzeuge, Maschinen, Halb- und Fertigwaren[2]	324	327	330	397	384	363	348	341	341	343	347
Insgesamt	237	243	249	263	263	269	270	266	266	274	274

[1] Im Bundesgebiet. — [2] Einschl. Besondere Transportgüter.

Güterverkehr - Verkehrsaufkommen ausgewählter Gütergruppen
Straßengüterverkehr deutscher Lastkraftfahrzeuge[1]

Gütergruppen	1995	1996	1997	1998	1999	2000
				Mio. t		
Land- und forstwirtschaftliche Erzeugnisse	132,6	132,2	134,8	138,7	148,3	175,2
Nahrungs- und Futtermittel	261,1	265,8	269,7	266,2	276,3	287,2
Kohle	23,1	23,0	18,3	22,4	15,4	15,7
Rohes Erdöl	0,7	0,7	1,7	1,2	0,9	0,7
Mineralölerzeugnisse	135,9	135,1	141,2	127,8	130,9	116,2
Erze und Metallabfälle	40,0	39,8	40,1	39,3	40,2	47,0
Eisen, Stahl und NE-Metalle	77,7	70,6	73,2	81,7	78,9	71,0
Steine und Erden	1 892,0	1 760,9	1 710,5	1 678,2	1 817,9	1 588,0
Düngemittel	15,9	14,5	15,2	15,6	19,5	21,4
Chemische Erzeugnisse	236,7	223,9	216,9	218,3	228,2	224,2
Fahrzeuge, Maschinen, Halb- und Fertigwaren[2]	349,6	341,9	353,3	370,9	414,4	447,0
Insgesamt	3 165,3	3 008,2	2 975,0	2 960,3	3 171,0	2 993,8
				vH		
Land- und forstwirtschaftliche Erzeugnisse	4,2	4,4	4,5	4,7	4,7	5,9
Nahrungs- und Futtermittel	8,2	8,8	9,1	9,0	8,7	9,6
Kohle	0,7	0,8	0,6	0,8	0,5	0,5
Rohes Erdöl	0,0	0,0	0,1	0,0	0,0	0,0
Mineralölerzeugnisse	4,3	4,5	4,7	4,3	4,1	3,9
Erze und Metallabfälle	1,3	1,3	1,3	1,3	1,3	1,6
Eisen, Stahl und NE-Metalle	2,5	2,3	2,5	2,8	2,5	2,4
Steine und Erden	59,8	58,5	57,5	56,7	57,3	53,0
Düngemittel	0,5	0,5	0,5	0,5	0,6	0,7
Chemische Erzeugnisse	7,5	7,4	7,3	7,4	7,2	7,5
Fahrzeuge, Maschinen, Halb- und Fertigwaren[2]	11,0	11,4	11,9	12,5	13,1	14,9
Insgesamt	100	100	100	100	100	100

[1] Ohne Lastkraftwagen und Sattelzugmaschinen bis 3,5 t Nutzlast bzw. 6 t zulässiges Gesamtgewicht.- [2] Einschl. besondere Transportgüter und Leergut.

Güterverkehr - Verkehrsaufkommen ausgewählter Gütergruppen
Straßengüterverkehr deutscher Lastkraftfahrzeuge[1]

Gütergruppen	Gewerblicher Verkehr					Werkverkehr				
	1996	1997	1998	1999	2000	1996	1997	1998	1999	2000
	Mio. t									
Land- und forstwirtschaftliche Erzeugnisse	73,4	71,8	74,3	74,4	98,8	58,8	63,0	64,4	73,9	76,4
Nahrungs- und Futtermittel	121,7	125,5	121,7	129,3	139,0	144,1	144,2	144,5	147,0	148,3
Kohle	16,9	12,4	14,6	10,8	10,6	6,1	5,9	7,8	4,7	5,1
Rohes Erdöl	0,6	1,6	1,2	0,7	0,6	0,1	0,2	0,1	0,2	0,1
Mineralölerzeugnisse	73,0	77,5	67,4	65,8	55,6	62,1	63,7	60,4	65,1	60,6
Erze und Metallabfälle	16,2	13,8	14,2	14,7	22,6	23,6	26,3	25,0	25,5	24,4
Eisen, Stahl und NE-Metalle	58,4	59,9	64,9	65,1	56,9	12,1	13,3	16,8	13,8	14,1
Steine und Erden	873,4	813,7	775,1	837,2	715,8	887,5	896,8	903,1	980,7	872,2
Düngemittel	8,8	8,3	8,1	8,2	8,4	5,7	6,9	7,5	11,3	13,0
Chemische Erzeugnisse	120,2	115,8	114,0	113,8	115,4	103,7	101,1	104,3	114,4	108,9
Fahrzeuge, Maschinen, Halb- und Fertigwaren[2]	232,6	240,5	250,7	282,8	315,2	109,3	112,8	120,2	131,6	131,8
Insgesamt	1 595,2	1 540,8	1 506,3	1 602,9	1 538,9	1 413,1	1 434,2	1 454,0	1 568,1	1 454,9
	vH									
Land- und forstwirtschaftliche Erzeugnisse	4,6	4,7	4,9	4,6	6,4	4,2	4,4	4,4	4,7	5,3
Nahrungs- und Futtermittel	7,6	8,1	8,1	8,1	9,0	10,2	10,1	9,9	9,4	10,2
Kohle	1,1	0,8	1,0	0,7	0,7	0,4	0,4	0,5	0,3	0,3
Rohes Erdöl	0,0	0,1	0,1	0,0	0,0	0,0	0,0	0,0	0,0	0,0
Mineralölerzeugnisse	4,6	5,0	4,5	4,1	3,6	4,4	4,4	4,2	4,1	4,2
Erze und Metallabfälle	1,0	0,9	0,9	0,9	1,5	1,7	1,8	1,7	1,6	1,7
Eisen, Stahl und NE-Metalle	3,7	3,9	4,3	4,1	3,7	0,9	0,9	1,2	0,9	1,0
Steine und Erden	54,8	52,8	51,5	52,2	46,5	62,8	62,5	62,1	62,5	59,9
Düngemittel	0,6	0,5	0,5	0,5	0,5	0,4	0,5	0,5	0,7	0,9
Chemische Erzeugnisse	7,5	7,5	7,6	7,1	7,5	7,3	7,0	7,2	7,3	7,5
Fahrzeuge, Maschinen, Halb- und Fertigwaren[2]	14,6	15,6	16,6	17,6	20	7,7	7,9	8,3	8,4	9,1
Insgesamt	100	100	100	100	100	100	100	100	100	100

[1] Ohne Lastkraftwagen und Sattelzugmaschinen bis 3,5 t Nutzlast bzw. 6 t zulässiges Gesamtgewicht. [2] Einschl. besonderer Transportgüter und Leergut.

Güterverkehr - Verkehrsleistung[1], mittlere Transportweite[1] ausgewählter Gütergruppen
Straßengüterverkehr deutscher Lastkraftfahrzeuge[2]

Gütergruppen	1995	1996	1997	1998	1999	2000
			Verkehrsleistung - in Mrd. tkm			
Land- und forstwirtschaftliche Erzeugnisse	15,3	16,7	16,5	17,5	19,4	21,2
Nahrungs- und Futtermittel	38,9	39,3	40,8	41,2	42,6	44,3
Kohle	1,8	1,7	1,4	1,4	1,2	1,4
Erdöl und Mineralölerzeugnisse	10,7	10,5	11,4	10,7	10,7	9,5
Erze und Metallabfälle	3,0	3,1	2,9	2,8	3,4	4,5
Eisen, Stahl und NE-Metalle	12,8	12,1	13,2	14,1	15,3	12,5
Steine und Erden	55,6	53,5	54,0	54,5	60,6	56,0
Düngemittel	1,4	1,5	1,6	1,6	1,5	1,5
Chemische Erzeugnisse	19,9	18,5	18,5	19,4	20,5	19,7
Fahrzeuge, Maschinen, Halb- und Fertigwaren[3]	57,8	59,2	62,8	67,2	74,8	80,1
Insgesamt	217,2	216,2	223,2	230,6	250,1	250,6
			Mittlere Transportweite - in km			
Land- und forstwirtschaftliche Erzeugnisse	115	126	122	127	130	121
Nahrungs- und Futtermittel	149	148	151	155	154	154
Kohle	78	75	79	64	86	91
Erdöl und Mineralölerzeugnisse	79	77	80	83	82	81
Erze und Metallabfälle	75	79	72	72	84	97
Eisen, Stahl und NE-Metalle	165	172	180	173	193	176
Steine und Erden	29	30	32	32	33	35
Düngemittel	86	103	104	105	79	69
Chemische Erzeugnisse	84	83	85	89	89	88
Fahrzeuge, Maschinen, Halb- und Fertigwaren[3]	165	173	178	181	179	179
Insgesamt	69	72	75	78	79	84

[1] Im Bundesgebiet.- [2] Ohne Lastkraftwagen und Sattelzugmaschinen bis 3,5 t Nutzlast bzw. 6 t zulässiges Gesamtgewicht.- [3] Einschl. besondere Transportgüter und Leergut.

Güterverkehr - Verkehrsleistung[1], mittlere Transportweite[1] ausgewählter Gütergruppen
Straßengüterverkehr deutscher Lastkraftfahrzeuge[2]

Gütergruppen	Gewerblicher Verkehr				Werkverkehr				
	1996	1997	1998	1999	2000	1996	1997	1998	1999	2000
	Verkehrsleistung - in Mrd. tkm									
Land- und forstwirtschaftliche Erzeugnisse	10,4	9,9	11,0	11,5	13,1	6,3	6,6	6,5	7,9	8,1
Nahrungs- und Futtermittel	22,4	23,6	24,2	25,9	27,2	17,0	17,2	17,0	16,7	17,1
Kohle	1,3	1,1	1,1	0,9	1,1	0,5	0,3	0,3	0,3	0,3
Erdöl und Mineralölerzeugnisse	5,8	6,5	6,0	6,0	5,0	4,7	5,0	4,7	4,7	4,5
Erze und Metallabfälle	1,7	1,4	1,4	1,9	3,1	1,5	1,5	1,4	1,5	1,5
Eisen, Stahl und NE-Metalle	10,5	11,6	12,4	13,5	10,9	1,6	1,6	1,7	1,8	1,6
Steine und Erden	30,7	30,7	32,3	36,1	34,2	22,8	23,4	22,2	24,4	21,8
Düngemittel	1,1	1,1	1,1	1,0	1,0	0,4	0,5	0,5	0,5	0,5
Chemische Erzeugnisse	14,5	14,4	15,4	15,6	14,8	4,1	4,1	4,0	4,9	4,9
Fahrzeuge, Maschinen, Halb- und Fertigwaren[3]	47,8	51,2	55,2	61,1	67,2	11,4	11,7	12,0	13,7	12,8
Insgesamt	146,0	151,3	160,2	173,7	177,6	70,1	71,8	70,4	76,5	73,0
	Mittlere Transportweite - in km									
Land- und forstwirtschaftliche Erzeugnisse	142	137	149	155	133	107	105	101	106	105
Nahrungs- und Futtermittel	184	188	198	201	196	118	119	118	113	116
Kohle	75	89	75	82	105	77	58	41	75	61
Erdöl und Mineralölerzeugnisse	79	82	88	90	89	76	78	77	73	73
Erze und Metallabfälle	103	101	98	130	137	62	57	58	59	60
Eisen, Stahl und NE-Metalle	180	193	191	207	192	130	120	104	134	113
Steine und Erden	35	38	42	43	48	26	26	25	25	25
Düngemittel	126	132	142	126	118	67	69	66	45	37
Chemische Erzeugnisse	120	124	135	137	128	39	41	38	43	45
Fahrzeuge, Maschinen, Halb- und Fertigwaren[3]	205	213	220	216	213	104	104	100	104	97
Insgesamt	92	98	106	108	115	50	50	48	49	50

[1] Im Bundesgebiet.- [2] Ohne Lastkraftwagen und Sattelzugmaschinen bis 3,5 t Nutzlast bzw. 6 t zulässiges Gesamtgewicht.- [3] Einschl. besondere Transportgüter und Leergut.

B 6

Güterverkehr - Straßengüterverkehr dt. Lastkraftfahrzeuge[1] nach Entfernungsstufen - 2000

Entfernungsstufen in km	Aufkommen - in Mio. t			Leistung - in Mrd. tkm		
	Insgesamt	Gewerblicher Verkehr	Werkverkehr	Insgesamt	Gewerblicher Verkehr	Werkverkehr
bis 50	1 915,9	835,8	1 080,1	29,8	13,5	16,3
51 bis 100	370,9	196,3	174,7	26,6	14,1	12,4
101 bis 150	187,3	110,3	76,9	22,8	13,4	9,4
bis 150	2 474,1	1 142,4	1 331,7	79,1	41,0	38,1
151 bis 200	121,0	78,5	42,5	20,6	13,3	7,3
201 bis 250	82,3	56,9	25,4	17,8	12,2	5,6
251 bis 300	63,6	47,2	16,3	16,8	12,4	4,4
301 bis 350	48,7	38,3	10,4	15,1	11,8	3,3
351 bis 400	36,8	29,8	7,0	13,1	10,6	2,6
401 bis 451	30,4	25,3	5,1	12,1	10,0	2,1
451 bis 500	24,5	21,1	3,4	10,8	9,3	1,6
151 bis 500	407,4	297,2	110,2	106,4	79,7	26,7
501 bis 600	42,2	36,8	5,4	21,2	18,4	2,8
601 bis 700	26,6	23,5	3,1	15,3	13,4	1,9
701 bis 800	15,0	13,4	1,6	9,3	8,3	1,1
801 bis 900	8,4	7,5	0,9	5,4	4,8	0,7
901 bis 1000	5,1	4,4	0,6	3,5	2,9	0,5
1001 und mehr	15,1	13,7	1,3	10,4	9,2	1,2
501 und mehr	112,3	99,3	13,0	65,1	56,9	8,2
insgesamt	2 993,8	1 538,9	1 454,9	250,6	177,6	73,0

[1] Ohne Lastkraftfahrzeuge und Sattelzugmaschinen bis 3,5 t Nutzlast bzw. 6 t zulässigem Gesamtgewicht.

Güterverkehr[1] - Verkehrsaufkommen ausgewählter Gütergruppen - Seeschiffahrt

Gütergruppen	1990	1991	1992	1993	1994	1995	1996	1997	1998	1999	2000
						in Mio. t					
Land- und forstwirtschaftliche Erzeugnisse	9,8	11,1	14,2	10,9	13,7	15,8	13,5	11,3	13,1	15,6	19,0
Nahrungs- und Futtermittel	16,5	18,0	17,8	17,1	16,6	16,1	15,7	17,2	17,3	16,0	17,0
Kohle	5,5	6,1	5,4	5,2	6,0	6,5	6,9	7,6	8,2	8,8	9,1
Rohes Erdöl	20,4	24,9	32,2	32,8	34,9	33,9	37,1	39,3	46,1	39,5	61,8
Mineralölerzeugnisse	15,9	17,2	21,0	21,4	19,7	19,1	20,5	19,9	17,9	18,4	19,8
Erze und Metallabfälle	15,0	14,4	14,3	15,3	17,1	18,8	16,8	19,2	18,0	18,0	19,8
Eisen, Stahl und NE-Metalle	8,2	8,8	8,3	7,5	7,9	7,2	7,9	7,6	7,1	6,4	8,8
Steine und Erden	6,5	10,5	11,9	11,4	13,7	13,4	12,9	14,0	13,0	13,7	13,8
Düngemittel	4,1	5,3	6,1	5,7	6,0	6,3	5,9	5,9	5,8	5,6	5,9
Chemische Erzeugnisse	13,3	13,6	14,0	13,9	14,4	14,3	14,0	14,7	14,7	14,1	15,1
Fahrzeuge, Maschinen, Halb- und Fertigwaren[2]	28,4	31,4	33,1	39,4	43,2	49,8	51,3	53,0	52,8	60,9	72,1
Insgesamt	143,8	161,1	178,1	180,6	193,3	201,0	202,5	209,6	214,0	217,1	242,5
						in vH					
Land- und forstwirtschaftliche Erzeugnisse	6,8	6,9	7,9	6,0	7,1	7,8	6,6	5,4	6,1	7,2	7,8
Nahrungs- und Futtermittel	11,5	11,1	10,0	9,4	8,6	8,0	7,8	8,2	8,1	7,4	7,0
Kohle	3,8	3,8	3,0	2,9	3,1	3,2	3,4	3,6	3,8	4,1	3,8
Rohes Erdöl	14,2	15,4	18,1	18,2	18,1	16,9	18,3	18,7	21,6	18,2	25,5
Mineralölerzeugnisse	11,1	10,7	11,8	11,8	10,2	9,5	10,1	9,5	8,4	8,5	
Erze und Metallabfälle	10,4	8,9	8,0	8,5	8,8	9,4	8,3	9,2	8,4	8,3	8,2
Eisen, Stahl und NE-Metalle	5,7	5,5	4,6	4,2	4,1	3,6	3,9	3,6	3,3	2,9	3,6
Steine und Erden	4,5	6,5	6,7	6,3	7,1	6,6	6,4	6,7	6,1	6,3	5,7
Düngemittel	2,9	3,3	3,5	3,2	3,1	3,1	2,9	2,8	2,7	2,6	2,4
Chemische Erzeugnisse	9,3	8,4	7,8	7,7	7,4	7,1	6,9	7,0	6,9	6,5	6,2
Fahrzeuge, Maschinen, Halb- und Fertigwaren[2]	19,7	19,5	18,6	21,8	22,4	24,8	25,3	25,3	24,7	28,0	29,7
Insgesamt	100	100	100	100	100	100	100	100	100	100	100

[1] Ohne Eigengewichte der Reise- und Transportfahrzeuge, Container, Trailer, Trägerschiffsleichter.- [2] Einschl. besondere Transportgüter. Stückgut einschl. in Containern verladenes Gut wird vollständig der Gütergruppe Fahrzeuge, Maschinen, Halb- und Fertigwaren' zugeordnet.

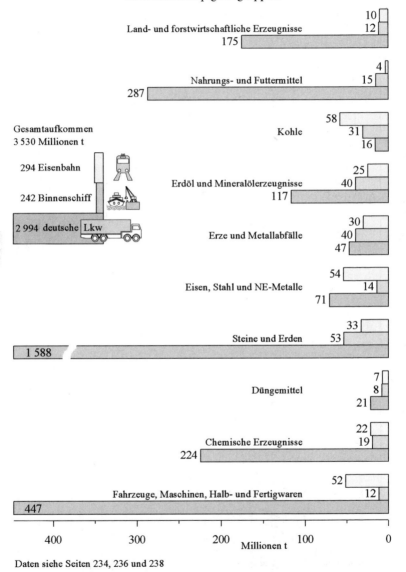

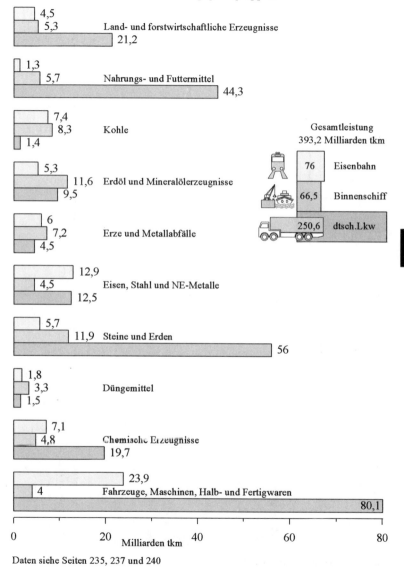

Transport gefährlicher Güter[1] - nach Verkehrsbereichen und Hauptverkehrsbeziehungen

	Verkehr insgesamt					Binnenverkehr				
	1984	1990*	1992*	1996	1997	1984	1990*	1992*	1996	1997
	Gefahrgut - in 1 000 t									
Eisenbahnverkehr[2]	39,7	42,8	51,5	42,7	42,7	26,3	29,1	42,0	34,5	33,9
Binnenschifffahrt	53,2	50,1	52,7	51,1	52,8	18,5	17,1	18,0	17,7	17,5
Straßengüterfernverkehr[3]	35,3	45,7	50,6	.	.	22,9	31,7	36,0	.	.
Seeschifffahrt[4]	44,5	43,9	61,5	64,4	64,9	2,2	0,8	3,1	2,3	2,5
Verkehr insgesamt[5]	172,7	182,4	216,3	.	.	70,0	78,7	99,1	.	.
	Anteil der Gefahrgüter am Verkehrsaufkommen insgesamt - in vH									
Eisenbahnverkehr[2]	12,0	13,8	14,4	13,9	13,5	10,4	12,8	15,2	15,4	15,0
Binnenschifffahrt	22,5	21,6	22,9	22,5	22,6	26,4	27,3	25,6	26,6	26,9
Straßengüterfernverkehr[3]	9,8	9,3	8,4	.	.	10,2	11,2	9,7	.	.
Seeschifffahrt[4]	33,6	30,5	34,5	31,8	31,0	60,1	39,1	66,7	58,2	58,9
Verkehr insgesamt[5]	16,3	15,5	15,8	.	.	12,7	13,7	13,7	.	.

[1] Ohne radioaktive Stoffe und Gefahrgüter der Klasse 9.- [2] Bis 1990 einschl. Dienstgut-, Stückgut- und Expreßgutverkehr.- [3] Einschl. grenzüberschreitender Straßengüterverkehr.- [4] Ohne Verkehr auf dem Nord-Ostsee-Kanal.- [5] Ohne Straßengütemahverkehr und Luftverkehr (1992 Versand und Empfang im grenzüberschreitenden Verkehr 54 700 t).- *Mit dem Vorjahr teilweise nur bedingt vergleichbar, da das Berechnungsverfahren modifiziert wurde.

Transport gefährlicher Güter[1] - nach Verkehrsbereichen und Hauptverkehrsbeziehungen

	Grenzüberschreitender Verkehr[6]												Durchgangsverkehr			
	Versand					Empfang										
	1984	1990*	1992*	1996	1997	1984	1990*	1992*	1996	1997	1984	1990*	1992*	1996	1997
	Gefahrgut - in Mio. t															
Eisenbahnverkehr[2]	3,6	5,2	5,1	4,4	4,7	8,7	7,6	3,9	3,2	3,3	1,1	0,8	0,6	0,6	0,8
Binnenschifffahrt	6,8	7,3	8,0	6,4	6,1	24,4	22,6	23,6	23,0	24,8	3,5	3,0	3,1	3,9	4,4
Straßengüterfernverkehr[3]	6,5	6,4	6,7	.	.	4,6	6,2	6,7	.	.	1,2	1,4	1,2	.	.
Seeschifffahrt[4]	8,7	6,9	11,2	14,8	14,3	33,6	36,2	47,1	47,3	48,2	-	-	-	-	-
Verkehr insgesamt[5]	25,6	25,9	31,1	.	.	71,3	72,7	81,3	.	.	5,8	5,2	4,8	.	.
	Anteil der Gefahrgüter am Verkehrsaufkommen insgesamt - in vH															
Eisenbahnverkehr[2]	10,8	13,8	14,0	13,1	12,3	22,9	20,6	9,8	7,8	7,6	15,2	9,7	7,8	6,4	8,8
Binnenschifffahrt	12,6	13,5	17,0	14,6	13,7	24,4	22,9	24,3	23,4	23,7	28,2	19,1	20,2	21,5	22,8
Straßengüterfernverkehr[3]	11,0	6,9	6,7	.	.	7,4	6,7	6,2	.	.	8,8	6,2	5,3	.	.
Seeschifffahrt[4]	19,9	15,5	20,2	21,4	20,7	39,6	37,2	40,0	36,5	35,3	-	-	-	-	-
Verkehr insgesamt[5]	13,4	11,3	13,0	.	.	25,0	22,3	22,5	.	.	17,4	11,3	10,8	.	.

[1] Ohne radioaktive Stoffe und Gefahrgüter der Klasse 9.- [2] Bis 1990 einschl. Dienstgut-, Stückgut- und Expreßgutverkehr.- [3] Einschl. grenzüberschreitender Straßengüternahverkehr.- [4] Ohne Verkehr auf dem Nord-Ostsee-Kanal.- [5] Ohne Straßengüternahverkehr und Luftverkehr (1992 Versand und Empfang; im grenzüberschreitenden Verkehr 54 700 t).- [6] Bis 1990 einschl. Verkehr mit der DDR. - *Mit dem Vorjahr teilweise nur bedingt vergleichbar, da das Berechnungsverfahren modifiziert wurde.

B 6

Transport gefährlicher Güter[1] - nach Gefahrklassen - in Mio. t

	Nr.	Verkehr insgesamt[1]			Eisenbahnverkehr[2]			Binnenschifffahrt		
		1984	1990*	1992*	1984	1990*	1992*	1984	1990*	1992*
Gefahrgut insgesamt		176,9	182,5	216,3	39,7	42,8	51,5	53,2	50,1	52,7
nach Gefahrklassen:										
Explosive Stoffe und Gegenstände mit Explosivstoff	1	0,4	0,7	0,7	0,4	0,5	0,4	0,0	0,1	-
Verdichtete, verflüssigte oder unter Druck gelöste Gase	2	16,4	10,2	12,0	5,2	4,9	5,1	3,8	1,9	2,3
Entzündbare flüssige Stoffe	3	129,0	130,2	159,2	25,0	24,9	32,9	43,7	41,6	44,1
Entzündbare feste Stoffe	4.1	6,2	11,7	13,0	1,9	4,5	5,2	0,6	1,5	1,3
Selbstentzündliche Stoffe	4.2	0,3	3,4	3,8	0,1	0,8	1,2	0,1	0,6	0,6
Stoffe, die mit Wasser entzündliche Gase entwickeln	4.3	0,9	1,0	1,0	0,5	0,4	0,4	0,0	0,3	0,2
Entzündend (oxydierend) wirkende Stoffe	5.1	4,1	1,8	2,3	1,7	0,7	0,9	1,2	0,4	0,6
Organische Peroxide	5.2	0,0	0,0	0,0	0,0	0,0	0,0	-	-	-
Giftige Stoffe	6.1	4,8	11,1	11,2	1,0	2,7	2,5	0,6	0,8	0,8
Ekelerregende oder ansteckungsgefährliche Stoffe	6.2	0,5	0,4	0,4	0,1	0,0	0,0	0,0	0,0	0,0
Ätzende Stoffe	8	14,3	12,0	12,5	3,8	3,3	3,0	3,3	2,8	2,7

[1] Ohne Straßengüternahverkehr und Luftverkehr (1992 = 54,7 Tsd. Tonnen). Ohne radioaktive Stoffe (Gefahrenklasse Nr. 7) und Gefahrgüter der Klasse 9.- [2] Bis 1990 einschl. Dienstgut, Stückgut- und Expreßgutverkehr. - * Mit den Vorjahren teilweise nur bedingt vergleichbar, da das Berechnungsverfahren modifiziert wurde.

Transport gefährlicher Güter[1] - nach Gefahrklassen - in Mio. t

Gefahrgut insgesamt nach Gefahrklassen:	Nr.	Straßengüterfernverkehr[2] 1984	1990*	1992*	Seeschifffahrt 1984	1990*	1992*	Verkehr insgesamt[1] 1984	1990*	1992*
		35,3	45,7	50,6	48,8	43,9	61,5	176,9	182,5	216,3
Explosive Stoffe und Gegenstände mit Explosivstoff	1	0,0	0,1	0,1	0,0	0,1	0,3	0,4	0,7	0,7
Verdichtete, verflüssigte oder unter Druck gelöste Gase	2	4,7	1,8	2,6	2,7	1,6	2,1	16,4	10,2	12,0
Entzündbare flüssige Stoffe	3	19,3	26,2	28,4	41,1	37,4	53,8	129,0	130,2	159,2
Entzündbare feste Stoffe	4.1	3,3	5,0	5,6	0,4	0,8	0,9	6,2	11,7	13,0
Selbstentzündliche Stoffe	4.2	0,1	1,4	1,3	0,1	0,7	0,7	0,3	3,4	3,8
Stoffe, die mit Wasser entzündliche Gase entwickeln	4.3	0,1	0,2	0,3	0,2	0,1	0,1	0,9	1,0	1,0
Entzündend (oxydierend) wirkende Stoffe	5.1	0,4	0,2	0,3	0,7	0,4	0,5	4,1	1,8	2,3
Organische Peroxide	5.2	0,0	0,0	0,0	0,0	0,0	0,0	0,0	0,0	0,0
Giftige Stoffe	6.1	2,6	6,5	6,7	0,6	1,1	1,2	4,8	11,1	11,2
Ekelerregende oder ansteckungsgefährliche Stoffe	6.2	0,4	0,3	0,3	0,1	0,0	0,1	0,5	0,4	0,4
Ätzende Stoffe	8	4,3	4,1	4,9	2,8	1,8	1,9	14,3	12,0	12,5

[1] Ohne Straßengüternahverkehr und Luftverkehr (1992 = 54,7 Tsd. Tonnen). Ohne radioaktive Stoffe (Gefahrenklasse Nr. 7) und Gefahrgüter der Klasse 9.- [2] Bis 1990 einschl. Dienstgut, Stückgut- und Expreßgutverkehr. - * Mit den Vorjahren teilweise nur bedingt vergleichbar, da das Berechnungsverfahren modifiziert wurde.

Transport gefährlicher Güter[1] - nach Verkehrsbereichen, Hauptverkehrsbeziehungen und ausgewählten Gefahrklassen - in Mio. t

	Gefahr-klasse	Insgesamt		Binnenverkehr		Grenzüberschreitender Verkehr[3] Versand		Empfang	
		1996	1997	1996	1997	1996	1997	1996	1997
Eisenbahn[2]									
Verkehrsaufkommen insgesamt		307,8	316,0	223,9	225,7	33,8	38,1	41,2	43,0
dar. Gefahrgut		42,7	42,7	34,5	33,9	4,4	4,7	3,2	3,3
davon Verdichtete, verflüssigte oder unter									
Druck gelöste Gase	2	4,8	4,3	2,9	2,6	0,8	0,6	0,9	0,9
Entzündbare flüssige Stoffe	3	27,9	28,6	24,2	24,4	2,1	2,5	1,4	1,3
Entzündbare feste Stoffe	4.1	3,9	3,5	3,2	2,8	0,5	0,4	0,3	0,2
Giftige Stoffe	6.1	1,8	2,3	1,1	1,4	0,3	0,4	0,3	0,4
Ätzende Stoffe	8	3,6	3,2	2,7	2,2	0,6	0,5	0,3	0,4
Übrige		0,7	0,7	0,5	0,5	0,1	0,1	0,1	0,1
Binnenschiffahrt									
Verkehrsaufkommen insgesamt		227,0	233,5	66,7	65,0	43,8	44,7	98,3	104,4
dar. Gefahrgut		51,1	52,8	17,7	17,5	6,4	6,1	23,0	24,8
davon Verdichtete, verflüssigte oder unter									
Druck gelöste Gase	2	1,5	1,9	0,6	0,7	0,1	0,1	0,9	1,0
Entzündbare flüssige Stoffe	3	43,3	44,5	15,3	14,8	4,3	3,9	20,4	22,2
Entzündbare feste Stoffe	4.1	1,2	1,3	0,5	0,5	0,1	0,1	0,4	0,4
Giftige Stoffe	6.1	0,8	0,7	0,2	0,2	0,1	0,1	0,4	0,4
Ätzende Stoffe	8	3,5	3,8	1,0	1,1	1,5	1,9	0,7	0,6
Übrige		0,7	0,7	0,2	0,2	0,3	0,0	0,2	0,2

[1] Ohne radioaktive Stoffe und Gefahrgüter der Klasse 9.- [2] Ohne Dienstgut, Stückgut- und Expressgutverkehr.- [3] Ohne Durchgangsverkehr.

Transport gefährlicher Güter[1] - nach Verkehrsbereichen, Hauptverkehrsbeziehungen und ausgewählten Gefahrklassen - in Mio. t

	Gefahr-klasse	Insgesamt 1996	Insgesamt 1997	Binnenverkehr 1996	Binnenverkehr 1997	Grenzüberschreitender Verkehr Versand 1996	Grenzüberschreitender Verkehr Versand 1997	Grenzüberschreitender Verkehr Empfang 1996	Grenzüberschreitender Verkehr Empfang 1997
Seeschiffahrt[2]									
Verkehrsaufkommen insgesamt		202,5	209,6	3,9	4,2	69,1	69,1	129,5	136,2
dar. Gefahrgut		64,4	64,9	2,3	2,5	14,8	14,3	47,3	48,2
davon Explosive Stoffe und Gegenstände mit Explosivstoffen	1	0,5	0,7	0,0	0,0	0,3	0,3	0,2	1,0
Verdichtete, verflüssigte oder unter Druck gelöste Gase	2	2,0	1,8	0,0	0,0	1,0	0,8	1,0	0,4
Entzündbare flüssige Stoffe	3	57,1	58,8	2,2	2,4	10,2	10,4	44,8	45,9
Entzündbare feste Stoffe	4.1	0,8	1,1	0,0	0,0	0,6	0,9	0,2	0,2
Entzündend wirkende Stoffe	5.1	0,8	0,4	0,0	0,0	0,6	0,3	0,1	0,1
Giftige Stoffe	6.1	0,8	0,3	0,0	0,0	0,6	0,2	0,3	0,1
Ätzende Stoffe	8	1,9	1,6	0,0	0,0	1,4	1,3	0,4	0,3
Übrige		0,5	0,3	0,0	0,0	0,2	0,1	0,4	0,2
Straßengüterverkehr deutscher Lastkraftfahrzeuge[3]									
Verkehrsaufkommen insgesamt		3 014,9	2 980,9	.	.	.	.	.	.
dar. Gefahrgut		137,1	143,3	.	.	.	.	.	.
davon Verdichtete, verflüssigte oder unter Druck gelöste Gase	2	11,9	13,2	.	.	.	.	.	.
Entzündbare flüssige Stoffe	3	108,6	113,8	.	.	.	.	.	.
Ätzende Stoffe	8	8,0	7,6	.	.	.	.	.	.
Übrige		8,7	8,7	.	.	.	.	.	.

[1] Ohne radioaktive Stoffe und Gefahrgüter der Klasse 9.- [2] Ohne Verkehr auf dem Nord-Ostsee-Kanal.- [3] Ohne Lastkraftfahrzeuge bis 6 t zulässiges Gesamtgewicht oder 3,5 t Nutzlast. Einschl. Kabotage und Dreiländerverkehr im Ausland.

Außenhandel der Bundesrepublik - Gewicht der Güter
Einfuhr im Generalhandel nach Verkehrsbereichen[1]

Jahr	Ins-gesamt[2]	Eisen-bahnen	Straßen-verkehr	Binnen-schifffahrt	Rohrfern-leitungen	Luft-verkehr	See-schifffahrt
				in Mio. t			
1960	.	.	.	.	.	.	.
1965	.	.	.	.	.	.	.
1970	300,9	28,9	26,8	72,7	72,9	0,1	99,0
1975	322,9	26,5	36,0	79,8	83,4	0,1	95,3
1980	383,9	28,8	51,2	87,4	105,8	0,2	108,7
1985	348,3	22,2	60,1	90,9	90,6	0,2	82,7
1990	377,9	21,8	80,9	93,0	96,1	0,5	84,6
1991	436,6	30,0	93,8	94,1	118,6	0,5	97,9
1992	458,3	30,7	106,6	94,6	119,3	0,5	104,5
1993	425,0	25,6	96,6	77,6	122,4	0,4	100,6
1994	464,6	30,1	109,5	87,8	129,0	0,4	105,9
1995	464,6	29,8	116,2	91,9	129,2	0,5	95,4
1996	476,1	27,8	114,7	88,8	144,4	0,5	98,0
1997	483,6	27,7	131,8	82,8	141,9	0,6	97,0
1998	495,4	27,6	137,9	87,2	138,0	0,6	112,4
1999	490,5	26,7	139,8	77,3	140,9	0,6	102,4
2000*	507,1	29,4	144,0	83,2	139,4	0,6	107,5
				in vH			
1960	.	.	.	.	.	.	.
1965	.	.	.	.	.	.	.
1970	100	9,6	8,9	24,2	24,2	0,0	32,9
1975	100	8,2	11,1	24,7	25,8	0,0	29,5
1980	100	7,5	13,3	22,8	27,6	0,1	28,3
1985	100	6,4	17,2	26,1	26,0	0,1	23,8
1990	100	5,8	21,4	24,6	25,4	0,1	22,4
1991	100	6,9	21,5	21,6	27,2	0,1	22,4
1992	100	6,7	23,3	20,6	26,0	0,1	22,8
1993	100	6,0	22,7	18,3	28,8	0,1	23,7
1994	100	6,5	23,6	18,9	27,8	0,1	22,8
1995	100	6,4	25,0	19,8	27,8	0,1	20,5
1996	100	5,8	24,1	18,7	30,3	0,1	20,6
1997	100	5,7	27,3	17,1	29,3	0,1	20,1
1998	100	5,6	27,8	17,6	27,9	0,1	22,7
1999	100	5,4	28,5	15,8	28,7	0,1	20,9
2000*	100	5,8	28,4	16,4	27,5	0,1	21,2

[1] Nachgewiesen im Zeitpunkt des Grenzüberganges.- [2] Einschl. Warenverkehrsvorgängen, die einem bestimmten Verkehrsbereich nicht zugeordnet werden können.- * Vorläufige Werte.

Außenhandel der Bundesrepublik - Wert der Güter
Einfuhr im Generalhandel nach Verkehrsbereichen[1]

Jahr	Ins-gesamt[2]	Eisen-bahnen	Straßen-verkehr	Binnen-schifffahrt	Rohrfern-leitungen	Luft-verkehr	See-schifffahrt
				in Mrd. €			
1960	.	.	.	.	.	.	.
1965	.	.	.	.	.	.	.
1970	56,8	10,9	18,7	5,7	2,4	3,5	13,4
1975	97,3	11,9	37,6	8,8	8,2	6,3	21,4
1980	179,3	14,8	70,7	13,5	21,1	12,8	40,9
1985	243,0	15,7	105,4	18,6	27,1	21,9	46,8
1990	287,4	17,0	158,2	13,1	12,8	26,3	46,8
1991	335,8	21,0	183,7	12,8	15,6	30,6	56,6
1992	331,2	17,4	189,2	12,5	13,5	29,9	54,1
1993	294,6	11,1	159,4	9,5	13,2	29,9	51,5
1994	319,7	12,5	182,3	10,2	12,9	32,7	53,2
1995	344,7	13,0	202,5	10,9	12,5	35,3	47,1
1996	357,3	14,5	205,0	10,4	15,7	37,5	51,0
1997	400,7	14,2	225,4	11,0	17,4	43,1	57,5
1998	427,1	14,5	253,1	9,8	13,0	46,3	59,7
1999	451,1	14,1	261,1	8,1	14,9	51,9	64,0
2000*	548,8	14,4	276,4	11,7	27,0	69,8	77,3
				in vH			
1960	.	.	.	.	.	.	.
1965	.	.	.	.	.	.	.
1970	100	19,2	32,9	10,1	4,1	6,2	23,6
1975	100	12,2	38,6	9,0	8,5	6,5	22,0
1980	100	8,3	39,4	7,6	11,8	7,2	22,8
1985	100	6,5	43,4	7,7	11,2	9,0	19,3
1990	100	5,9	55,0	4,6	4,4	9,2	16,3
1991	100	6,2	54,7	3,8	4,7	9,1	16,9
1992	100	5,3	57,1	3,8	4,1	9,0	16,4
1993	100	3,8	54,1	3,2	4,5	10,1	17,5
1994	100	3,9	57,0	3,2	4,0	10,2	16,6
1995	100	3,8	58,8	3,2	3,6	10,2	13,7
1996	100	4,1	57,4	2,9	4,4	10,5	14,3
1997	100	3,5	56,3	2,7	4,3	10,8	14,3
1998	100	3,4	59,3	2,3	3,1	10,8	14,0
1999	100	3,1	57,9	1,8	3,3	11,5	14,2
2000*	100	2,6	50,4	2,1	4,9	12,7	14,1

[1] Nachgewiesen im Zeitpunkt des Grenzüberganges.- [2] Einschl. Warenverkehrsvorgängen, die einem bestimmten Verkehrsbereich nicht zugeordnet werden können.- * Vorläufige Werte.

Frachtraten[1] in der Seeschifffahrt - 1995 = 100*

Jahr	Linien-fahrt insgesamt	darunter: Europa	Amerika	Einkommende Fahrt	Ausgehende Fahrt	Tramp-trocken-fahrt[2]	Tramp-tanker-fahrt[3]
1995	100	100	100	100	100	100	100
1996	97	99	100	94	99	71	105
1997	99	100	106	95	102	82	114
1998	90	94	102	89	90	60	.
1999	86	91	98	95	78	66	92
2000	117	96	130	115	120	108	169

[1] Jahresdurchschnitt.- [2] Zeitcharter.- [3] Reisecharter. DM-Äquivalente der Worldscale-Meßzahlen. Worldscale = New Worldwide Tanker Nominal Freight Scale. Das Frachtratenschema wird jährlich zum 1.1. an aktuelle Bunkeröl- und Hafenkosten angepasst, daher ist ein Vergleich mit dem Vorjahr nur bedingt möglich.- * Indizes bis 1998 auf Basis 1991 vgl. Verkehr in Zahlen 1998.

Beförderungssätze[1] im Eisenbahnverkehr (DB)

Jahr	Einfache Fahrt[2] 50 km 2. Klasse	in € Hin- u. Rückfahrt[3] 2. Kl. Hamburg-Frankfurt	1. Kl.	ICE-Sparpreis	Einfache Fahrt[2] 50 km 2. Klasse	1995 = 100 Hin- u. Rückfahrt[3] 2. Kl. Hamburg-Frankfurt	1. Kl.	ICE-Sparpreis
1950	1,53	37,-	55,-	.	27	27	27	.
1955	1,74	34,-	50,-	.	30	25	24	.
1960	1,94	36,-	54,-	.	34	27	26	.
1965	2,05	39,-	57,-	.	36	28	28	.
1970	2,15	42,-	63,-	.	38	31	31	.
1975	2,63	63,-	96,-	.	46	47	47	.
1980	3,15	74,-	110,-	.	55	54	53	.
1985	4,60	106,-	146,-	.	81	77	71	.
1990	5,11	118,-	177,-	.	90	86	86	.
1991	5,22*	121,-	181,-	112,-	91	88	88	81
1992	5,52*	126,-	190,-	112,-	97	92	92	81
1993	5,52*	131,-	197,-	138,-	97	96	96	100
1994	5,52*	131,-	197,-	138,-	97	96	96	100
1995	5,71*	137,-	206,-	138,-	100	100	100	100
1996	5,93*	141,-	213,-	148,-	104	103	103	107
1997	6,01*	142,-	214,-	152,-	105	104	104	110
1998	6,11*	146,-	219,-	153,-	107	107	106	111
1999	6,21*	149,-	222,-	153,-	109	109	108	111
2000	6,42*	149,-	223,-	153,-	113	109	108	111

[1] Jahresdurchschnitt, einschl. Beförderungs- bzw. Mehrwertsteuer.- [2] Ohne Zuschlag in Schnellzügen, TEE-, Intercity- und ICE-Zügen.- [3] Normaltarif einschl. Schnellzug-Zuschlag, jedoch ohne Zuschlag in Intercity-Zügen (1. und 2. Klasse Hin- und Rückfahrt 1991 bis 1997 = 6,14€, 1998 = 6,9 €, ab 1999 = 7,16 €). Beim Kauf einer Zuschlagskarte für Intercity-Züge wird ein Sitzplatz unentgeltlich reserviert.- [4] Normaltarif für die Economy- bzw. Touristenklasse.- * Alte Bundesländer (neue Bundesländer: 1991 = 3,07€, 1992 = 3,27 €, 1993 = 3,48 €, 1994 = 3,72 €, 1995 = 4,55 €, 1996 = 5,31 €, 1997 = 5,55 €, 1998 = 5,78 €, 1999 = 6,08 €, 2000 = 6,42 €).

Beförderungssätze[1] im Luftverkehr (Personenverkehr)

Jahr	innerhalb Deutschlands	Individualreisende (Hin- und Rückflüge)			
		innerhalb Europas	interkontinental		
			Afrika	Amerika	Asien/ Australien
			1995 = 100		
1995	100,0	100,0	100,0	100,0	100,0
1996	108,0	103,2	103,2	104,1	100,7
1997	109,0	104,7	111,0	101,9	100,7
1998	108,1	104,6	112,7	100,5	101,1
1999	111,7	105,0	112,3	99,2	101,5
2000	113,2	108,3	113,4	98,0	102,8

[1] Normal- und Sondertarife.

Kostenentwicklung - Lohn- und Betriebskosten[1]
1995 = 100

Jahr	Löhne und Gehälter[2]	Bereifung für Kfz[3]	Benzin[4] (Normal)	Dieselkraftstoff[5]		Elektrischer Strom[7]	
				einschl. Steuerbelastung[6]	ohne Steuerbelastung[6]	Hochspannung	Niederspannung
1950	.	51,0	37,8	30,5	58,6	27,0	29,0
1955	.	59,1	42,4	42,1	62,0	40,0	38,4
1960	.	55,1	40,2	48,7	65,1	42,6	41,5
1965	.	52,9	38,4	47,4	59,8	42,1	42,2
1970	.	55,3	38,2	52,1	55,3	43,5	46,8
1975	.	74,0	55,7	78,7	103,2	61,7	67,8
1980	.	84,2	77,0	105,8	172,7	72,9	76,9
1985	.	99,5	91,0	121,3	203,8	95,4	97,9
1990	.	104,0	76,4	92,6	125,3	101,5	102,9
1991	76,0	103,3*	85,7	97,7	125,0	100,0*	101,0*
1992	84,3	108,6*	90,6	97,2	107,2	99,8*	100,7*
1993	94,8	100,2*	90,7	98,7	110,4	99,7*	101,0*
1994	97,1	100,2*	101,3	103,5	103,7	100,2*	100,6*
1995	100	100	100	100	100	100	100
1996	102,5	98,8	104,3	108,0	121,8	86,6	86,5
1997	102,5	97,0	107,5	109,6	126,4	85,7	85,8
1998	104,2	99,2	102,3	100,9	100,4	84,8	85,5
1999	105,7	98,4	109,9	111,2	115,5	78,6	84,5
2000**	.	98,6	129,1	139,2	141,9	67,8	74,4

[1] Jahresdurchschnitt, einschl. Umsatz- bzw. Mehrwertsteuer.- [2] Durchschnittseinkommen der Beschäftigten im Verkehr einschl. Nachrichtenübermittlung.- [3] Index gewerblicher Produkte.- [4] Durchschnittlicher Tankstellenabgabepreis einschl. Mineralölsteuer und Umsatz- bzw. Mehrwertsteuer. Bis 1983 Bedienungstanken, ab 1984 Selbstbedienung. Bis 1987: verbleites Normalbenzin; ab 1988 bleifreies Normalbenzin.- [5] Durchschnittlicher Tankstellenabgabepreis. Bis 1983 Bedienungstanken, ab 1984 Selbstbedienung.- [6] Steuerbelastung auf Basis Inlandsware: Mineralölsteuer und Mehrwertsteuer sowie ab 1.12.1978 einschl. Erdölbevorratungs-Beitrag und ab 1.4.1999 Öko-Steuer.- [7] Bei Abgabe an Sondervertragsabnehmer.- * Alte Bundesländer.- ** Vorläufige Werte.

Kostenentwicklung - Investitionsgüter[1] - 1995 = 100

Jahr	Hochbau[2]	Tiefbau	Straßen-bau[3]	Straßen-fahrzeuge	Schienen-fahrzeuge	Schiffbau (Stahlbau)	Maschinen und Aus-rüstungen
Gebiet der Bundesrepublik Deutschland vor dem 3. 10. 1990							
1950	12,7	17,4	21,5	.	.	.	22,5
1955	15,6	21,8	26,2	.	.	.	27,7
1960	19,5	26,6	32,0	.	.	.	30,3
1965	25,0	32,7	34,5				34,5
1970	33,1	42,4	41,6	.	.	.	40,1
1975	44,6	51,8	52,7	.	.	.	55,4
1980	60,5	71,5	72,6	.	.	.	67,3
1985	70,4	72,5	75,6	.	.	.	80,7
1990	82,5	83,9	86,0	.	.	.	91,2
1991	87,6	89,8	91,6	.	.	.	94,2
1992	92,2	94,7	96,0	.	.	.	96,9
1993	96,0	97,8	98,6	.	.	.	98,4
1994	97,7	99,0	99,0	.	.	.	98,7
1995	100	100	100	100	100	100	100
Gebiet der Bundesrepublik Deutschland nach dem 3. 10. 1990							
1991	86,6	88,7	91,3	.	.	.	.
1992	91,9	94,3	96,0	.	.	.	.
1993	95,8	97,6	98,4	.	.	.	.
1994	97,7	99,1	99,0	.	.	.	.
1995	100	100	100	100	100	100	100
1996	100,3	99,3	97,3	100,9	100,7	102,4	101,1
1997	99,8	99,3	97,0	101,6	101,1	100,0	101,8
1998	99,9	99,3	96,1	102,6	102,4	102,2	102,7
1999	99,6	99,3	95,8	103,3	103,5	103,1	103,0
2000	100,3	100,0	97,6	103,9	104,1	104,2	103,4

[1] Index der Erzeugerpreise (Inlandsabsatz) und Index für Bauleistungspreise. Jahresdurchschnitt, einschl. Umsatz- bzw. Mehrwertsteuer. Beim Index der Erzeugerpreise wurden die Abgrenzungen geändert, so dass auf Preisbasis 1995 z.T. keine Werte vor 1995 vorliegen und die Indexreihen nicht den in "Verkehr in Zahlen 1998" veröffentlichten (auf Preisbasis 1991) entsprechen.- [2] Gewerbliche Betriebsgebäude.- [3] Einschl. Brücken im Straßenbau.

Kostenentwicklung - Individualverkehr - Kraftfahrzeug-Anschaffung und - Unterhaltung[1]

Jahr	Insgesamt	Personenkraftwagen[2]	Krafträder	Kraftstoffe	Ersatzteile u. Zubehör[3]	Reparaturen, Inspektion[4]	Garagenmiete	Fahrschule[5]	Kraftfahrzeugvers.	Kraftfahrzeugsteuer
						1991 = 100 [6]				
1970	41,5	39,4	48,8	40,5	58,3	24,3	62,2	42,1	36,4	91,4
1975	57,8	53,2	63,6	60,2	67,1	39,2	69,8	56,1	59,4	91,4
1980	71,4	64,1	69,6	83,4	76,2	54,3	76,3	72,0	67,8	91,4
1985	73,2	83,2	80,5	99,6	88,4	74,9	83,3	84,5	82,2	91,4
1990	95,2	95,9	93,2	86,1	93,0	87,9	93,2	91,8	96,0	93,3
1991	100	100	100	100	100	100	100	100	100	100
						1995 = 100 [7]				
1992	91,1	94,7	90,2	90,6	94,6	86,6	90,7	90,6	78,1	75,0
1993	95,2	99,1	93,2	91,1	97,2	93,2	94,9	94,1	86,1	85,3
1994	98,8	99,0	98,6	100,6	98,9	97,4	98,1	98,8	95,2	96,8
1995	100	100	100	100	100	100	100	100	100	100
1996	101,5	101,0	100,7	104,3	100,7	102,3	101,7	100,8	91,9	100,6
1997	103,4	100,6	100,5	107,5	101,0	104,2	103,6	101,5	94,1	110,4
1998	103,1	102,1	101,0	102,0	101,6	105,8	104,9	103,0	88,7	120,4
1999	106,2	102,8	101,5	109,1	102,3	107,1	105,8	107,1	93,7	128,5
2000	112,9	103,6	104,2	129,7	102,7	108,8	106,7	109,1	101,4	131,5

[1] Kraftfahrer-Preisindex. Sonderrechnung aus dem Preisindex für die Lebenshaltung aller privaten Haushalte.- [2] Einschl. Kombinationskraftwagen.- [3] Einschl. Autopflegemittel.- [4] Einschl. Wagenwäsche.- [5] Einschl. Führerscheingebühr.- [6] Gebietsstand vor dem 3.10.1990.- [7] Gebietsstand nach dem 3.10.1990.

Kostenentwicklung - Individualverkehr
Kraftfahrzeug-Unterhaltung - Laufende monatliche Aufwendungen ausgewählter privater Haushalte [1] - in €

Jahr	Insgesamt	Kraftstoffe	Sonstige Gebrauchs- und Verbrauchsgüter	Garagenmieten	Sonstige Dienst-Leistungen, fremde Reparaturen	Kraftfahrzeugsteuer	Kraftfahrzeugversicherung
			4-Personen-Arbeitnehmerhaushalte mit mittlerem Einkommen - Haushaltstyp 2 -				
1955	.	.	.	.	.	.	.
1960	.	.	.	.	.	.	.
1965	56,-	20,-	9,-	4,-	8,-	7,-	9,-
1970	62,-	21,-	8,-	5,-	8,-	7,-	11,-
1975	92,-	38,-	11,-	8,-	11,-	8,-	16,-
1980	126,-	56,-	12,-	12,-	18,-	9,-	20,-
1985	145,-	64,-	15,-	13,-	18,-	10,-	25,-
1990	154,-	61,-	13,-	18,-	23,-	11,-	29,-
			Alte Bundesländer				
1991	168,-	67,-	14,-	18,-	26,-	11,-	31,-
1992	175,-	70,-	16,-	18,-	25,-	13,-	33,-
1993	182,-	70,-	15,-	18,-	30,-	13,-	35,-
1994	191,-	75,-	12,-	19,-	30,-	14,-	41,-
1995	203,-	78,-	15,-	20,-	33,-	14,-	42,-
1996	209,-	81,-	16,-	22,-	33,-	15,-	41,-
1997	216,-	87,-	15,-	22,-	33,-	17,-	42,-
1998	210,-	84,-	16,-	24,-	30,-	17,-	39,-
1999*	.	.	.	.	.	.	.
2000*	.	.	.	.	.	.	.
			Neue Bundesländer				
1991	140,-	63,-	14,-	5,-	29,-	8,-	20,-
1992	161,-	68,-	14,-	7,-	34,-	10,-	29,-
1993	179,-	71,-	14,-	13,-	34,-	8,-	39,-
1994	199,-	73,-	11,-	14,-	40,-	11,-	50,-
1995	202,-	70,-	13,-	15,-	38,-	12,-	54,-
1996	204,-	74,-	11,-	16,-	38,-	12,-	53,-
1997	209,-	77,-	11,-	18,-	39,-	13,-	52,-
1998	207,-	77,-	11,-	19,-	30,-	12,-	49,-
1999*	.	.	.	.	.	.	.
2000*	.	.	.	.	.	.	.

[1] Je Haushalt mit Kraftfahrzeugen, ohne Anschaffungskosten bzw. Abschreibung.- * Werte für 1999 und 2000 lagen aufgrund der Umstellung der Statistik nicht vor

Kostenentwicklung - Individualverkehr
Kraftfahrzeug-Unterhaltung - Laufende monatliche Aufwendungen ausgewählter privater Haushalte[1] - in €

Jahr	Insgesamt	Kraftstoffe	Sonstige Gebrauchs- und Verbrauchsgüter	Garagenmieten	Sonstige Dienst-Leistungen, fremde Reparaturen	Kraftfahrzeugsteuer	Kraftfahrzeugversicherung
\multicolumn{8}{c}{4-Personen-Haushalte von Beamten und Angestellten mit höherem Einkommen - Haushaltstyp 3 -}
1950	.	.	.	.	.	.	.
1955	.	.	.	.	.	.	.
1960	.	.	.	.	.	.	.
1965	76,-	28,-	9,-	9,-	14,-	8,-	8,-
1970	89,-	32,-	11,-	9,-	17,-	9,-	11,-
1975	129,-	52,-	14,-	12,-	24,-	10,-	18,-
1980	173,-	77,-	16,-	15,-	31,-	11,-	23,-
1985	194,-	85,-	18,-	18,-	32,-	12,-	29,-
1990	208,-	79,-	18,-	20,-	43,-	12,-	36,-
\multicolumn{8}{c}{Alte Bundesländer}
1991	216,-	83,-	18,-	22,-	43,-	13,-	37,-
1992	232,-	89,-	18,-	22,-	50,-	15,-	37,-
1993	239,-	90,-	17,-	24,-	53,-	15,-	40,-
1994	256,-	96,-	16,-	25,-	55,-	18,-	48,-
1995	260,-	95,-	17,-	26,-	55,-	18,-	50,-
1996	272,-	101,-	20,-	26,-	63,-	18,-	44,-
1997	271,-	106,-	18,-	27,-	57,-	19,-	43,-
1998	263,-	103,-	17,-	28,-	40,-	17,-	39,-
1999*	.	.	.	.	.	.	.
2000*	.	.	.	.	.	.	.
\multicolumn{8}{c}{Neue Bundesländer}
1991	161,-	77,-	17,-	6,-	34,-	8,-	19,-
1992	179,-	76,-	16,-	7,-	42,-	8,-	29,-
1993	199,-	77,-	15,	12,-	41,-	9,-	45,-
1994	222,-	80,-	13,-	15,-	43,-	13,-	58,-
1995	232,-	82,-	14,-	17,-	45,-	14,-	60,-
1996	239,-	89,-	15,-	18,-	43,-	13,-	61,-
1997	241,-	93,-	15,-	20,-	46,-	14,-	55,-
1998	234,-	90,-	14,-	21,-	34,-	13,-	51,-
1999*	.	.	.	.	.	.	.
2000*	.	.	.	.	.	.	.

[1] Je Haushalt mit Kraftfahrzeugen, ohne Anschaffungskosten bzw. Abschreibung.- * Werte für 1999 und 2000 lagen aufgrund der Umstellung der Statistik nicht vor

Kosten für die Anschaffung und Unterhaltung eigener Kraftfahrzeuge in den alten Bundesländern

Anteil der Belastung am ausgabefähigen Einkommen im Haushaltstyp 2

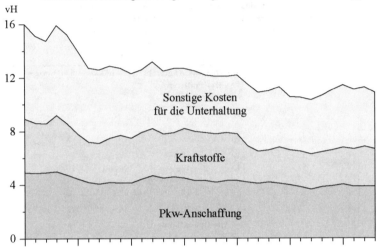

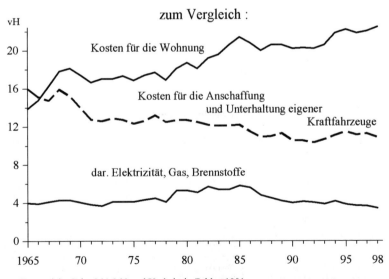

Daten siehe Seite 264-266 und Verkehr in Zahlen 1991

Kosten für die Anschaffung und Unterhaltung eigener Kraftfahrzeuge in den alten Bundesländern

Anteil der Belastung am ausgabefähigen Einkommen im Haushaltstyp 3

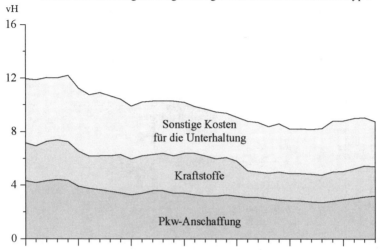

zum Vergleich :

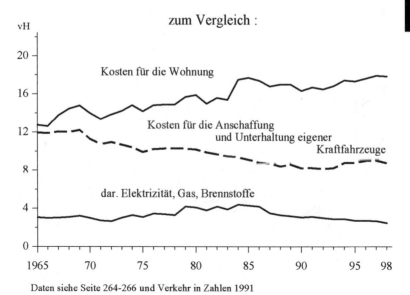

Daten siehe Seite 264-266 und Verkehr in Zahlen 1991

Kostenentwicklung - Individualverkehr - Monatliche Belastung eines 4-Personen-Haushaltes[1)]

	1950	1955	1960	1965	1970	1975	1980	1985	1990
					€ je Monat				
Haushaltstyp 2									
Ausgabefähiges Einkommen	.	.	.	508	642	1 125	1 530	1 840	2 345
Kosten für die Anschaffung und									
Unterhaltung eigener Kraftfahrzeuge[2)]	.	.	.	81	90	139	194	224	248
dar. Pkw-Anschaffung[3)]	.	.	.	25	29	47	69	79	94
Kraftstoffe	.	.	.	20	21	38	56	64	61
Kosten für die Wohnung[4)]	.	.	.	71	112	190	286	394	474
dar. Elektrizität, Gas, Brennstoffe	.	.	.	20	26	47	81	106	94
Haushaltstyp 3									
Ausgabefähiges Einkommen	.	.	.	1 001	1 214	1 945	2 552	3 232	3 887
Kosten für die Anschaffung und									
Unterhaltung eigener Kraftfahrzeuge[2)]	.	.	.	120	137	193	261	296	319
dar. Pkw-Anschaffung[3)]	.	.	.	43	48	64	88	103	111
Kraftstoffe	.	.	.	28	32	52	77	85	78
Kosten für die Wohnung[4)]	.	.	.	128	170	276	405	575	635
dar. Elektrizität, Gas, Brennstoffe	.	.	.	31	36	60	104	139	119
				Anteil der Belastung am ausgabefähigen Einkommen - in vH					
Haushaltstyp 2									
Kosten für die Anschaffung und									
Unterhaltung eigener Kraftfahrzeuge[2)]	.	.	.	16,0	14,0	12,3	12,5	12,2	10,6
dar. Pkw-Anschaffung[3)]	.	.	.	4,9	4,5	4,1	4,3	4,3	4,0
Kraftstoffe	.	.	.	4,0	3,3	3,4	3,8	3,5	2,6
Kosten für die Wohnung[4)]	.	.	.	13,9	17,4	16,9	18,1	21,4	20,2
dar. Elektrizität, Gas, Brennstoffe	.	.	.	4,0	4,1	4,1	5,1	5,8	4,0
Haushaltstyp 3									
Kosten für die Anschaffung und									
Unterhaltung eigener Kraftfahrzeuge[2)]	.	.	.	12,0	11,3	9,9	10,0	9,2	8,2
dar. Pkw-Anschaffung[3)]	.	.	.	4,4	3,9	3,3	3,3	3,2	2,9
Kraftstoffe	.	.	.	2,8	2,6	2,7	3,1	2,6	2,0
Kosten für die Wohnung[4)]	.	.	.	12,8	14,0	14,2	15,1	17,8	16,3
dar. Elektrizität, Gas, Brennstoffe	.	.	.	3,1	3,0	3,1	3,8	4,3	3,1

[1)] Ehepaar mit 2 Kindern (darunter eines unter 15 Jahren) in Gemeinden mit mehr als 20 000 Einwohnern. Haushaltstyp 2: Ein Ehepartner soll als Angestellter oder Arbeiter tätig und der alleinige Bezieher eines mittleren Einkommens sein.- Weitere Anmerkungen siehe folgende Seite.

Kostenentwicklung - Individualverkehr - Monatliche Belastung eines 4-Personen-Haushaltes[1]

	1991 ABL	1991 NBL	1992 ABL	1992 NBL	1993 ABL	1993 NBL	1994 ABL	1994 NBL	1995 ABL	1995 NBL
	€ je Monat									
Haushaltstyp 2										
Ausgabefähiges Einkommen	2 508	1 590	2 630	1 849	2 657	2 076	2 666	2 180	2 735	2 224
Kosten für die Anschaffung und										
Unterhaltung eigener Kraftfahrzeuge[2]	263	220	272	241	283	262	296	286	313	292
dar. Pkw-Anschaffung[3]	96	80	96	81	102	83	104	88	110	90
Kraftstoffe	67	63	70	68	70	71	75	73	73	70
Kosten für die Wohnung[4]	508	117	532	217	547	309	582	340	608	369
dar. Elektrizität, Gas, Brennstoffe	104	53	106	93	103	101	111	100	106	95
Haushaltstyp 3										
Ausgabefähiges Einkommen	4 002	2 147	4 262	2 448	4 325	2 712	4 292	2 833	4 405	2 962
Kosten für die Anschaffung und										
Unterhaltung eigener Kraftfahrzeuge[2]	330	250	349	274	357	297	377	324	389	334
dar. Pkw-Anschaffung[3]	114	89	117	95	118	98	121	102	129	102
Kraftstoffe	83	77	89	76	90	77	96	80	95	82
Kosten für die Wohnung[4]	668	142	703	235	727	327	749	359	764	402
dar. Elektrizität, Gas, Brennstoffe	126	64	128	103	126	110	125	102	120	100
	Anteil der Belastung am ausgabefähigen Einkommen - in vH									
Haushaltstyp 2										
Kosten für die Anschaffung und										
Unterhaltung eigener Kraftfahrzeuge[2]	10,5	13,8	10,3	13,1	10,7	12,6	11,1	13,1	11,4	13,1
dar. Pkw-Anschaffung[3]	3,8	5,0	3,6	4,4	3,8	4,0	3,9	4,0	4,0	4,1
Kraftstoffe	2,7	4,0	2,6	3,7	2,6	3,4	2,8	3,4	2,7	3,1
Kosten für die Wohnung[4]	20,3	7,3	20,2	11,7	20,6	14,9	21,8	15,6	22,2	16,6
dar. Elektrizität, Gas, Brennstoffe	4,1	3,3	4,0	5,0	3,9	4,9	4,2	4,6	3,9	4,3
Haushaltstyp 3										
Kosten für die Anschaffung und										
Unterhaltung eigener Kraftfahrzeuge[2]	8,2	11,6	8,2	11,2	8,3	11,0	8,8	11,4	8,8	11,3
dar. Pkw-Anschaffung[3]	2,8	4,1	2,8	3,9	2,7	3,6	2,8	3,6	2,9	3,4
Kraftstoffe	2,1	3,6	2,1	3,1	2,1	2,8	2,2	2,8	2,1	2,8
Kosten für die Wohnung[4]	16,7	6,6	16,5	9,6	16,8	12,1	17,5	12,7	17,4	13,6
dar. Elektrizität, Gas, Brennstoffe	3,1	3,0	3,0	4,2	2,9	4,0	2,9	3,6	2,7	3,4

Beginn der Anmerkungen siehe vorige Seite.- Haushaltstyp 2: Ein Ehepartner soll als Beamter oder Angestellter tätig und Hauptverdiener eines über dem Durchschnitt liegenden Familieneinkommens sein. Die Abgrenzungen beziehen sich auf die alten Bundesländer. Für die neuen Bundesländer wurden, soweit möglich, ähnliche Abgrenzungen gewählt.- Weitere Anmerkungen siehe folgende Seite.

Kostenentwicklung - Individualverkehr - Monatliche Belastung eines 4-Personen-Haushaltes[1]

	1996		1997		1998		1999*	
	ABL	NBL	ABL	NBL	ABL	NBL	ABL	NBL
	€ je Monat							
Haushaltstyp 2								
Ausgabefähiges Einkommen	2 876	2 389	2 927	2 464	2 997	2 533		
Kosten für die Anschaffung und								
Unterhaltung eigener Kraftfahrzeuge[2]	320	295	329	304	323	310		
dar. Pkw-Anschaffung[3]	111	91	113	95	113	104		
Kraftstoffe	81	74	87	77	84	77		
Kosten für die Wohnung[4]	628	419	646	451	674	458		
dar. Elektrizität, Gas, Brennstoffe	107	104	107	104	103	98		
Haushaltstyp 3								
Ausgabefähiges Einkommen	4 540	3 092	4 604	3 208	4 751	3 301		
Kosten für die Anschaffung und								
Unterhaltung eigener Kraftfahrzeuge[2]	409	346	415	351	409	347		
dar. Pkw-Anschaffung[3]	137	106	144	110	146	113		
Kraftstoffe	101	89	106	93	103	90		
Kosten für die Wohnung[4]	800	447	826	485	849	506		
dar. Elektrizität, Gas, Brennstoffe	124	114	125	111	119	106		
	Anteil der Belastung am ausgabefähigen Einkommen - in vH							
Haushaltstyp 2								
Kosten für die Anschaffung und								
Unterhaltung eigener Kraftfahrzeuge[2]	11,1	12,3	11,2	12,3	10,8	12,2		
dar. Pkw-Anschaffung[3]	3,9	3,8	3,8	3,9	3,8	4,1		
Kraftstoffe	2,8	3,1	3,0	3,1	2,8	3,0		
Kosten für die Wohnung[4]	21,8	17,6	22,1	18,3	22,5	18,1		
dar. Elektrizität, Gas, Brennstoffe	3,7	4,4	3,7	4,2	3,4	3,9		
Haushaltstyp 3								
Kosten für die Anschaffung und								
Unterhaltung eigener Kraftfahrzeuge[2]	9,0	11,2	9,0	11,0	8,6	10,5		
dar. Pkw-Anschaffung[3]	3,0	3,4	3,1	3,4	3,1	3,4		
Kraftstoffe	2,2	2,9	2,3	2,9	2,2	2,7		
Kosten für die Wohnung[4]	17,6	14,5	17,9	15,1	17,9	15,3		
dar. Elektrizität, Gas, Brennstoffe	2,7	3,7	2,7	3,4	2,5	3,2		

Beginn der Anmerkungen siehe vorige Seite.- [2] Haushalt mit Kraftfahrzeugen.- [3] Über die durchschnittliche Nutzungsdauer errechnete Abschreibung. Neue Bundesländer teilweise geschätzt.- [4] Einschl. Elektrizität, Gas, Brennstoffe.- * Werte für 1999 und 2000 lagen aufgrund der Umstellung der Statistik nicht vor.

Preisindex für die Lebenshaltung aller privaten Haushalte - 1995 = 100

	1992	1993	1994	1995	1996	1997	1998	1999	2000
Preisindex für die Lebenshaltung insgesamt	91,6	95,7	98,3	100	101,4	103,3	104,3	104,9	106,9
Nahrungs- und Genußmittel	96,4	97,6	99,1	100	100,6	102,2	103,4	102,7	102,7
Bekleidung, Schuhe	95,2	97,8	99,2	100	100,7	101,1	101,5	101,8	102,0
Wohnungsmieten	82,7	91,2	96,0	100	103,4	106,3	108,0	109,2	110,6
Wasser, Energie, Wohnungsnebenkosten	93,9	96,9	98,9	100	100,9	102,6	103,3	103,8	106,0
Möbel, Haushaltsgeräte[1]	95,0	97,3	98,8	100	100,7	101,1	101,8	102,1	102,1
Gesundheitspflege	93,1	95,7	98,9	100	101,5	108,7	114,4	110,6	111,0
Verkehr	90,7	94,9	98,3	100	102,4	104,3	104,7	107,6	113,6
Kauf von Fahrzeugen	94,6	98,9	98,9	100	100,9	100,7	102,0	102,7	103,6
Kraftwagen	94,7	99,1	99,0	100	101,0	100,6	102,1	102,8	103,6
Waren und Dienstleistungen[2]	88,3	92,1	98,8	100	102,8	105,8	105,0	109,3	118,8
Kraftstoffe	90,7	91,3	100,7	100	104,3	107,5	102,1	109,1	129,5
Wartung und Reparaturen	87,6	93,2	97,1	100	102,4	104,4	106,1	107,5	109,1
Verkehrsdienstleistungen	85,2	91,0	94,6	100	103,6	106,4	109,3	111,4	114,3
Schienenverkehr[3]	86,6	94,0	94,5	100	105,0	107,0	111,2	113,9	115,3
Straßenverkehr[3]	88,9	93,6	96,0	100	102,4	104,4	106,0	107,9	109,8
Nachrichtenübermittlung	98,4	99,6	100,3	100	100,9	97,9	97,3	88,2	84,5
Freizeit, Unterhaltung, Kultur	95,5	97,9	99,0	100	100,4	102,5	103,1	103,4	104,5
Bildungswesen	79,1	87,4	96,1	100	103,7	107,8	112,9	117,5	119,3
Hotel- und Gaststätten[4]	91,3	96,3	98,6	100	101,1	102,1	103,6	104,2	106,2
Andere Waren und Dienstleistungen	87,2	92,8	96,8	100	100,5	102,3	102,8	104,5	106,8

[1] Einschl. Reparaturen.- [2] Für Privatfahrzeuge.- [3] Personenbeförderung.- [4] Dienstleistungen.

Käufe der privaten Haushalte
von Gütern für Verkehrszwecke - in Mrd. €

Jahr	ins-gesamt	Kraft-fahrzeuge[1]	Kraft-stoffe	Übrige Kfz-Ausgaben[2]	Verkehrs-dienst-leistungen	Nach-richtl: Kfz-Steuer
1950/51[3]	.	.	.	.	.	0,10
1955/56[3]	.	.	.	.	.	0,21
1960	7,40	2,10	.	.	.	0,41
1965	13,72	3,96	.	.	.	0,71
1970	23,58	7,17	.	.	.	1,04
1975	35,41	10,62	8,41	10,43	5,96	1,44
1980	53,02	16,04	14,75	14,36	7,87	1,78
1985	68,13	22,15	18,02	18,54	9,42	1,99
1990	99,43	38,60	20,14	28,90	11,79	2,25
1991*	127,42	55,77	25,66	28,87	17,12	2,58
1992	136,80	58,21	27,29	31,44	19,86	3,08
1993	128,71	50,92	27,92	32,75	17,13	3,23
1994	134,13	51,88	29,48	34,50	18,28	3,25
1995	138,23	53,99	29,67	35,50	19,08	3,74
1996	144,84	58,08	30,83	36,41	19,52	3,72
1997	147,99	59,50	31,75	37,49	19,25	3,91
1998	153,78	64,12	30,60	39,81	19,26	4,11
1999**	163,15	67,65	32,98	42,15	20,36	3,73
2000**	161,76	60,63	37,56	42,59	20,98	3,72

[1] Ab 1991 "Kauf von Fahrzeugen".- [2] Bis 1991 einschließlich Ausgaben für Fahrräder.- [3] Rechnungs-jahr (1.4. Bis 31.3.). Ohne Saarland.- * Ab 1991 hat sich die Abgrenzung der Volkswirtschaftlichen Gesamtrechnung verändert.- ** Vorläufige Werte.

Ausgaben privater Haushalte für Kraftstoffe - in Mio. €

Jahr	Ausgaben Insgesamt	VK	DK	darunter Mehrwertsteuer VK	DK	Mineralölsteuer[1] VK	DK
1950	.	.	.	.	.	.	.
1955	.	.	.	.	.	.	.
1960	1 000	958	42	-	-	369	14
1965	2 610	2 508	101	25	1	1 407	59
1970	4 460	4 275	184	424	18	2 625	105
1975	8 410	8 018	392	794	39	4 248	187
1980	14 750	13 880	870	1 625	102	5 241	309
1985	18 020	16 239	1 781	2 049	224	6 280	595
1990	20 150	17 700	2 450	2 232	309	9 078	1 069
1991	25 662	22 965	2 697	2 995	352	13 129	1 259
1992	27 293	24 395	2 898	3 182	378	15 169	1 504
1993	27 917	24 742	3 174	3 227	414	15 260	1 608
1994	29 481	26 220	3 261	3 420	425	17 137	1 766
1995	29 665	26 345	3 320	3 436	433	17 276	1 822
1996	30 826	27 246	3 580	3 554	467	17 092	1 819
1997	31 751	28 155	3 597	3 672	469	17 085	1 800
1998	30 596	27 297	3 299	3 714	449	17 405	1 794
1999*	32 983	29 261	3 723	4 036	513	18 177	1 969
2000*	37 560	32 856	4 703	4 532	649	18 639	2 213

[1] Ab 1.4.1999 einschl. Ökosteuer.- VK = Vergaserkraftstoff, DK = Dieselkraftstoff.- * Vorläufige Werte.

Steuerbelastung des Kraftfahrzeugverkehrs

Jahr	Insgesamt	Kraft-fahrzeug-steuer[1]	Mineral-ölsteuer	je Liter Vergaser-kraftstoff[2]	je Liter Diesel-kraftstoff[2]	Mineral-ölzoll
	Mio. €	Mio. €	Mio. €	€	€	Mio. €
1950/51[3]	301	183	41	0,01	0,01	77
1955/56[3]	1 161	392	573	0,11	0,07	197
1960	2 378	772	1 196	0,12	0,09	409
1965	4 482	1 342	3 118	0,16	0,15	23
1970	6 894	1 958	4 936	0,18	0,17	4
1975	10 276	2 711	7 555	0,22	0,21	9
1980	12 934	3 367	9 555	0,22	0,21	12
1985	14 896	3 758	11 122	0,26	0,23	16
1990	19 040	4 251	14 778	0,29	0,23	11
1991	26 535	5 630	20 892	0,36	0,26	13
1992	31 085	6 809	24 272	0,42	0,28	5
1993	31 904	7 188	24 716	0,42	0,28	-
1994	35 320	7 244	28 076	0,50	0,32	-
1995	35 615	7 059	28 556	0,50	0,32	-
1996	35 615	7 027	28 588	0,50	0,32	-
1997	36 027	7 372	28 655	0,50	0,32	-
1998	36 740	7 757	28 983	0,50	0,32	-
1999	38 470	7 039	31 431	0,52	0,34	-
2000	40 209	7 015	33 194	0,56	0,38	-

[1] Die Jahressteuer für Personen- und Kombinationskraftwagen betrug bis 30.6.1985 7,36 € je 100 Kubikzentimeter Hubraum. Seit 1.7.1985 gelten nach Abgaswerten und Zulassungsjahren differenzierte fahrzeugspezifische Steuersätze.- [2] Jahresdurchschnitt. Seit 1.4.85 gelten getrennte Steuersätze für unverbleiten und verbleiten Vergaserkraftstoff. Ausgewiesen ist bleifreier Kraftstoff.

Verbleiter Vergaserkraftstoff:
1. 4.1985 bis 31.12.1988 = 0,27 €/l,
1. 1.1989 bis 31.12.1990 = 0,33 €/l,
1. 1.1991 bis 30. 6.1991 = 0,34 €/l,
1. 7.1991 bis 31.12.1993 = 0,47 €/l,
1. 1.1994 bis 31. 3.1999 = 0,55 €/l.
1. 4.1999 bis 31.12.1999 = 0,58 €/l.
Ab 1.1.2000 = 0,61 €/l.

Ab 1.4.1999 einschl. Ökosteuer.- [2] Jahresdurchschnitt.- [3] Ohne Saarland. Jeweils 1.4. bis 31.3.

Mineralölsteueraufkommen[1] der Personenkraftwagen[2] in Mio. €

Jahr	Gesamtaufkommen			darunter: Private Haushalte[3]		
	insgesamt	VK	DK	insgesamt	VK	DK
1950	.	.	.	.	.	.
1955	.	.	.	.	.	.
1960	1 202	1 146	55	383	369	14
1965	2 753	2 632	121	1 466	1 407	59
1970	4 561	4 371	191	2 730	2 625	105
1975	5 796	5 518	278	4 435	4 248	187
1980	7 103	6 642	461	5 550	5 241	309
1985	8 601	7 735	866	6 875	6 280	595
1990	11 764	10 396	1 369	10 147	9 078	1 069
1991	15 944	14 379	1 565	14 388	13 129	1 259
1992	18 605	16 729	1 875	16 673	15 169	1 504
1993	18 762	16 762	2 000	16 868	15 260	1 608
1994	21 547	19 285	2 262	18 903	17 137	1 766
1995	21 762	19 469	2 293	19 097	17 276	1 822
1996	21 739	19 437	2 301	18 911	17 092	1 819
1997	21 707	19 432	2 274	18 885	17 085	1 800
1998	21 669	19 440	2 229	19 199	17 405	1 794
1999*	22 797	20 345	2 452	20 147	18 177	1 969
2000*	23 483	20 743	2 740	20 852	18 639	2 213

[1] Ab 1.4.1999 einschl. Ökosteuer.- [2] Einschl. Kombinationskraftwagen.- [3] Mineralölsteueraufkommen insgesamt.- * Zum Teil vorläufige Werte.- VK = Vergaserkraftstoff, DK = Dieselkraftstoff.

Energieverbrauch in der Bundesrepublik - in Petajoule [1]

Jahr	Primär-Energieverbrauch		End-Energieverbrauch		Anteil des Verkehrs am Energieverbrauch [2]		nachrichtl.: Bunkerungen seegehender Schiffe [3]
	insgesamt	Mineralölanteil in vH	insgesamt	Mineralölanteil in vH	insgesamt in vH	bei Mineralöl in vH	
1950	3 970	4,7	2 541	5,2	17,2	75,6	40
1955	5 374	8,5	3 696	9,8	15,3	62,5	93
1960	6 199	21,0	4 269	24,0	15,5	41,0	108
1965	7 755	40,8	5 398	44,8	16,4	30,4	149
1970	9 880	53,0	6 753	56,1	17,1	28,4	155
1975	10 190	52,1	6 859	57,9	19,8	33,0	116
1980	11 436	47,6	7 529	53,4	22,1	40,3	119
1985	11 284	41,4	7 389	48,9	23,2	46,2	120
1990	11 495	41,0	7 429	48,8	28,1	56,6	84
1991	14 610	38,0	9 316	45,5	26,4	56,8	87
1992	14 314	39,3	9 074	47,2	27,8	57,6	73
1993	14 305	40,2	9 177	48,0	28,3	57,7	92
1994	14 182	40,1	9 035	47,6	28,3	58,1	85
1995	14 269	39,8	9 357	46,2	28,0	59,4	85
1996	14 746	39,4	9 691	45,9	26,9	57,7	84
1997	14 571	39,5	9 540	45,8	27,9	59,0	90
1998	14 460	39,9	9 482	45,9	28,3	60,4	85
1999*	14 193	39,5	9 310	45,2	29,9	64,8	86
2000*	14 180	38,7	9 197	45,0	30,1	65,7	91

[1] 1 Mio. t SKE = 29,308 Petajoule.- [2] Ab 1982 wird der Energieverbrauch der stationären Anlagen nicht mehr vollständig dem Verkehrsbereich zugeordnet.- [3] Ab 1986 einschl. Transitware für internationale Bunker (1986 = 52, 1990 = 15 Petajoule). Ohne Schmierstoffe (2000: 1,6 Petajoule).-
* Vorläufige Werte.

End-Energieverbrauch[1] - nach Wirtschafts- und Verkehrsbereichen - in Petajoule

Jahr	insgesamt	nach Wirtschaftsbereichen			davon		davon						nachrichtl. Bunkerungen seegehender Schiffe[11]
		Industrie	Haus- halte[2]	Verkehr[3]	Schienen- verkehr[3)4)]	Straßen- verkehr[5]	Personen- verkehr	Individual- verkehr[6]	Öffentl. Verkehr[7]	Güter- verkehr[8]	Luft- verkehr[9]	Binnen- schiffahrt[10]	
1955	3 696	1 747	1 385	564	317	212	122	107	15	90	3	32	93
1960	4 269	2 071	1 536	662	250	373	241	224	17	132	10	29	110
1965	5 398	2 307	2 207	884	175	647	455	435	20	192	30	32	149
1970	6 753	2 661	2 934	1 158	118	936	688	665	23	248	67	37	155
1975	6 859	2 462	3 042	1 355	78	1 154	888	859	30	266	85	38	117
1980	7 529	2 581	3 282	1 666	74	1 447	1 087	1 053	34	360	109	36	122
1985	7 389	2 287	3 390	1 712	60	1 497	1 134	1 100	34	363	124	30	122
1990	7 429	2 252	3 086	2 091	59	1 818	1 387	1 352	35	431	187	27	86
1991	9 316	2 694	4 162	2 460	91	2 150	1 577	1 533	44	573	192	28	87
1992	9 074	2 560	3 992	2 522	88	2 198	1 598	1 555	43	600	206	30	73
1993	9 177	2 434	4 148	2 596	84	2 265	1 641	1 597	44	624	217	30	92
1994	9 035	2 463	4 017	2 555	90	2 209	1 559	1 518	41	650	226	30	85
1995	9 357	2 474	4 269	2 614	89	2 266	1 582	1 542	40	684	235	24	85
1996	9 691	2 424	4 641	2 626	90	2 267	1 568	1 528	40	699	246	22	86
1997	9 540	2 440	4 457	2 643	89	2 283	1 564	1 523	40	719	255	17	90
1998	9 482	2 397	4 393	2 692	84	2 330	1 568	1 527	41	757	262	16	85
1999*	9 310	2 380	4 151	2 779	82	2 402	1 578	1 536	42	824	281	13	86
2000*	9 197	2 430	4 022	2 745	82	2 353	1 517	1 476	42	836	298	12	91

[1]) Ohne Bunkerungen seegehender Schiffe.- [2]) Einschl. gewerbl. Kleinverbraucher, Landwirtschaft und militärischer Dienststellen.- [3]) Ab 1985 wird der Energieverbrauch der stationären Anlagen nicht mehr vollständig dem Verkehrsbereich zugeordnet.- [4]) Eisenbahn, U-Bahn, Straßenbahn.- [5]) Errechnet für die Inlandfahrleistung (d.h. ohne der Auslandsstrecken deutscher Kraftfahrzeuge, aber einschl. der Inlandsstrecken ausländischer Kraftfahrzeuge. Ohne Ackerschlepper in der Landwirtschaft.- [6]) Pkw und Kombi, Krafträder, Mopeds, Mofas, Mokicks.- [7]) Kraftomnibusse.- [8]) Lastkraftwagen, Sattelzüge und Zugmaschinen, einschl. der Kfz nicht zur Lastenbeförderung.- [9]) Inlandsabsatz.- [10]) Einschl. Hafen- und Küstenschifffahrt.- [11]) Ab 1990 einschl. Transitware für internationale Bunker (1990 = 15 Petajoule). Ohne Schmierstoffe (2000 = 1,6 Petajoule).- * Vorläufige Werte.

End-Energieverbrauch des Verkehrs[1] - nach Energieträgern - in Petajoule

Jahr	Insgesamt[1]	Nach Energieträgern Mineralöl	davon Vergaserkraftstoff	darunter bleifrei	Dieselkraftstoff[2]	Flugkraftstoffe	Elektrischer Strom	Sonstige Energieträger[3]	nachrichtl. Bunkerungen seegehender Schiffe[4]
1955	564	227	116	—	108	3	10	327	93
1960	662	417	233	—	174	10	14	231	110
1965	884	734	443	—	262	29	21	129	149
1970	1 158	1 076	665	—	344	67	29	53	155
1975	1 355	1 311	853	—	373	85	32	12	117
1980	1 666	1 622	1 025	—	488	109	38	6	119
1985*	1 712	1 670	999	10	547	124	40	1	120
1990	2 091	2 050	1 160	800	703	187	41	0	84
1991	2 460	2 404	1 339	1 044	873	192	55	1	87
1992	2 522	2 466	1 344	1 142	917	204	54	1	73
1993	2 596	2 541	1 351	1 196	972	218	53	1	92
1994	2 555	2 498	1 277	1 178	994	227	55	2	85
1995	2 614	2 553	1 301	1 226	1 019	233	58	2	85
1996	2 626	1 563	1 302	1 272	1 016	245	59	3	86
1997	2 643	2 578	1 298	1 294	1 025	254	61	4	90
1998	2 692	2 629	1 302	1 298	1 065	261	58	5	85
1999**	2 779	2 717	1 302	1 298	1 134	280	57	5	86
2000**	2 745	2 681	1 238	1 238	1 145	297	58	6	91

[1] Ohne Bunkerungen seegehender Schiffe.- [2] Einschl. Heizöl (1975 = 10 Petajoule, ab 1985 = unter 1 Petajoule) und Petroleum (unter 0,1 Petajoule).- [3] Steinkohle (1991 = 0,7 Petajoule), Steinkohlenkoks, Braunkohlenbriketts, Gase (unter 1 Petajoule) sowie (ab 1996) Biodiesel (1996 = 3 Petajoule, 2000 = 6 Petajoule).- [4] Ab 1990 einschl. Transitware für internationale Bunker (1990 = 15 Petajoule). Ohne Schmierstoffe (2000 = 1,6 Petajoule).- * 1985 wird der Energieverbrauch der stationären Anlagen nicht mehr vollständig dem Verkehrsbereich zugeordnet.- **Vorläufige Werte.

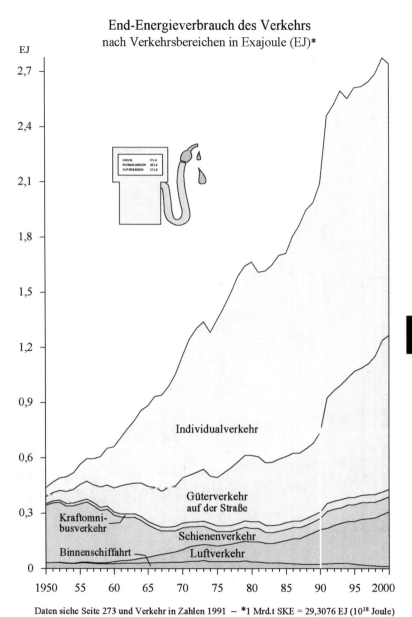

End-Energieverbrauch des Verkehrs[1] - nach ausgewählten Verkehrsbereichen

		1955	1960	1965	1970	1975	1980	1985*	1990	1991
Schienenverkehr[10]										
Lokomotivkohle	1 000 t	9 143	6 450	3 751	1 379	210	111	-	-	23
Dieselkraftstoff[2]	1 000 t	53	315	478	593	582	523	470	426	810
Elektrischer Strom	Mio. kWh	2 652	3 859	5 629	7 928	8 857	10 646	11 161	11 312	15 317
Binnenschiffahrt[3]										
Dieselkraftstoff[2]	1 000 t	277	541	710	860	897	847	699	631	655
Luftfahrt[4]										
Flugkraftstoffe[5]	1 000 t	65	224	701	1 554	1 990	2 552	2 913	4 379	4 496
dar. deutsche Flugzeuge	1 000 t	4	78	293	798	1 101	1 415	1 667	2 570	2 670
ausländische Flugzeuge	1 000 t	61	146	408	756	889	1 137	1 246	1 809	1 825
Straßenverkehr[6]										
Vergaserkraftstoff	1 000 t	2 654	5 336	10 147	15 322	19 430	23 531	22 941	26 639	49 600
dar. Bleifrei	1 000 t									30 762
	1 000 t									23 828
Dieselkraftstoff	1 000 t	2 157	3 160	4 800	6 320	7 060	9 880	11 645	15 395	18 838
Verkehr insgesamt										
Kohle[7]	1 000 t	11 091	7 750	4 463	1 821	428	111	-	-	23
Vergaserkraftstoff	1 000 t	2 654	5 336	10 147	15 322	19 430	23 531	22 941	26 639	30 762
Dieselkraftstoff[2]	1 000 t	2 487	4 016	5 988	7 773	8 539	11 250	12 906	16 450	20 303
Flugkraftstoffe[5]	1 000 t	65	224	701	1 554	1 990	2 553	2 913	4 379	4 496
Gase	Mio. m³	112	102	28	64	5	93	18	5	6
Elektrischer Strom	Mio. kWh	2 652	3 859	5 629	7 928	8 857	10 646	11 161	11 312	15 317
aus öffentlichem Netz	Mio. kWh		2 298	2 934	3 292	3 909	4 399	4 935	5 926	9 454
von Anlagen für die DB[8]	Mio. kWh		1 561	2 695	4 636	4 948	6 247	6 226	5 386	5 863
nachrichtlich: Seeschiffahrt[9]										
schweres Heizöl/Dieselkraftstoff	1 000 t	1 604	2 315	3 501	3 728	2 814	2 886	2 887	2 065	2 110
deutsche Schiffe	1 000 t	513	850	973	1 125	786	808	938	816	752
ausländische Schiffe	1 000 t	1 091	1 465	2 528	2 603	2 028	2 078	1 949	1 249	1 358

[1]) Ohne den Verbrauch militärischer Dienststellen.- [2]) Einschl. Heizöl.- [3]) Einschl. Hafen- und Küstenschiffahrt.- [4]) Lieferungen an die Luftfahrt.- [5]) Flugbenzin, Flugturbinenkraftstoff und Petroleum (ohne Schmieröle und -fette, 1991 = 0,7 Tsd. t).- [6]) Errechnet für die Inlandsfahrleistung, d. h. ohne die Auslandsstrecken deutscher Kraftfahrzeuge, aber einschl. der Inlandsstrecken ausländischer Kraftfahrzeuge. Ohne Ackerschlepper in der Landwirtschaft.- [7]) Steinkohle, Steinkohlenkoks und Braunkohlenbriketts.- Weitere Anmerkungen siehe folgende Seite.

End-Energieverbrauch des Verkehrs[1] - nach ausgewählten Verkehrsbereichen

		1992	1993	1994	1995	1996	1997	1998**	1999**	2000**
Schienenverkehr										
Lokomotivkohle	1 000 t	20	11	8	4	3	3	3	3	2
Dieselkraftstoff[2]	1 000 t	797	796	742	723	688	647	618	580	555
Elektrischer Strom	Mio. kWh	14 895	14 997	15 406	16 191	16 545	16 859	16 082	15 835	16 100
Binnenschiffahrt[3]										
Dieselkraftstoff[2]	1 000 t	699	710	694	548	504	398	365	298	276
Luftfahrt[4]										
Flugkraftstoffe[5]	1 000 t	4 824	5 064	5 261	5 455	5 710	5 930	6 098	6 543	6 885
deutsche Flugzeuge	1 000 t	2 959	.	.	.	.	.	.	.	.
ausländische Flugzeuge	1 000 t	1 867	.	.	.	.	.	.	.	.
Straßenverkehr[6][11]	1 000 t	50 850	51 869	50 785	51 955	52 361	52 708	53 737	55 549	54 304
Vergaserkraftstoff	1 000 t	30 864	31 012	29 491	29 855	29 853	29 798	29 856	29 869	28 410
dar. bleifrei	1 000 t	26 230	27 982	27 406	28 425	29 288	29 786	29 855	29 868	28 409
Dieselkraftstoff	1 000 t	19 986	20 857	21 294	22 100	22 453	22 825	23 786	25 574	25 894
Verkehr insgesamt										
Kohle[7]	1 000 t	20	11	8	4	3	3	3	3	2
Vergaserkraftstoff	1 000 t	30 864	31 012	29 491	29 855	29 853	29 798	29 856	29 869	28 410
Dieselkraftstoff[2]	1 000 t	21 482	22 363	22 730	23 371	23 645	23 870	24 769	26 452	26 653
Flugkraftstoffe[5]	1 000 t	4 824	5 064	5 261	5 455	5 710	5 930	6 098	6 543	6 885
Gase	Mio. m³	10	8	4	3	2	2	2	2	2
Elektrischer Strom	Mio. kWh	14 895	14 997	15 405	16 191	16 545	16 859	16 082	15 835	16 100
aus öffentlichem Netz	Mio. kWh	8 879	8 953	9 367	9 762	9 737	9 611	9 453	9 258	9 500
von Anlagen für die DB[8]	Mio. kWh	6 016	6 044	6 038	6 429	6 808	7 248	6 629	6 577	6 600
nachrichtlich: Seeschiffahrt[9]										
schweres Heizöl/Dieselkraftstoff	1 000 t	1 760	2 216	2 045	2 062	2 043	2 169	2 057	2 097	2 207
deutsche Schiffe	1 000 t	625	754	597	544	325	385	446	492	312
ausländische Schiffe	1 000 t	1 135	1 462	1 448	1 518	1 719	1 784	1 611	1 605	1 895

Beginn der Anmerkungen siehe vorige Seite.- [8] Von Stromerzeugungsanlagen für die Deutsche Bundesbahn. Ohne Eigenverbrauch der Stromerzeugungsanlagen.- [9] Bunkerungen seegehender Schiffe. Ab 1990 einschl. Transitware für internationale Bunker (1990: 365 Tsd. t). Ohne Schmieröle und -fette (2000: 41 Tsd. T).- [10] 1960 ohne Saarland und Berlin-West.- [11] Ab 1996 einschl. Biodiesel (1996 = 55 Tsd. t, 1999 = 106 Tsd. t).- * Ab 1985 wird der Energieverbrauch der stationären Anlagen nicht mehr vollständig dem Verkehrsbereich zugeordnet.- ** Zum Teil vorläufige Werte.

Kraftstoffverbrauch, Kraftstoffpreise, Fahrleistungen im Straßenverkehr

		1955	1960	1965	1970	1975	1980	1985	1990	1991
		Kraftstoffverbrauch und Fahrleistungen der Personen- und Kombinationskraftwagen[1]								
Pkw und Kombi insgesamt										
Durchschnittsverbrauch	l/100 km	.	8,1	8,7	9,6	9,9	10,1	9,9	9,4	9,2
Durchschnittliche Motorleistung	kW	.	.	31	38	46	53	57	60	.
mit Otto-Motor										
Durchschnittsverbrauch	l/100 km	.	8,2	8,7	9,6	10,0	10,2	10,2	9,7	9,5
Gesamtverbrauch	Mio. l	.	5 900	12 554	19 428	24 527	29 523	29 095	34 461	39 610
Durchschnittliche Fahrleistung[2]	1 000 km	.	16,6	16,0	15,0	14,2	13,2	12,2	13,3	12,8
Gesamtfahrleistung	Mio. km	.	71 942	143 909	202 262	245 683	290 300	286 099	354 371	416 323
mit Diesel-Motor										
Durchschnittsverbrauch	l/100 km	.	7,0	8,1	8,6	8,9	9,1	8,2	7,8	7,7
Gesamtverbrauch	Mio. l	.	323	636	914	1 310	2 173	3 806	6 015	6 122
Durchschnittliche Fahrleistung[2]	1 000 km	.	31,0	27,6	24,5	22,9	21,1	19,8	18,7	18,5
Gesamtfahrleistung	Mio. km	.	4 613	7 830	10 650	14 774	24 014	46 352	77 117	80 086
		Kraftstoffverbrauch im Straßenverkehr[1]								
Verkehr insgesamt	Mio. l	.	10 639	19 069	27 646	33 631	42 604	43 514	52 687	62 118
Personenverkehr	Mio. l	.	7 233	13 961	21 129	26 846	32 942	34 183	41 770	47 443
Güterverkehr[3]	Mio. l	.	3 406	5 108	6 517	6 785	9 662	9 331	10 917	14 675
		Kraftstoffpreise[4]								
Benzin[5] (Normal)	/l	0,32	0,31	0,29	0,29	0,42	0,60	0,69	0,58	0,65
Diesel	/l	0,25	0,28	0,27	0,30	0,44	0,57	0,68	0,52	0,55

[1] Errechnet als Inländerfahrleistung (d.h. einschl. der Auslandsstrecken deutscher Kfz, aber ohne die Inlandsstrecken ausländischer Kfz). Nicht enthalten sind der Kraftstoffverbrauch und die Fahrleistungen der Kraftfahrzeuge der Bundeswehr, des Bundesgrenzschutzes und ausländischer Streitkräfte. - [2] Bezogen auf den Fahrzeugbestand einschl. der vorübergehend abgemeldeten Fahrzeuge.- Weitere Anmerkungen siehe folgende Seite.

Kraftstoffverbrauch, Kraftstoffpreise, Fahrleistungen im Straßenverkehr

		1992	1993	1994	1995	1996	1997	1998	1999	2000*
		Kraftstoffverbrauch und Fahrleistungen der Personen- und Kombinationskraftwagen[1]								
Pkw und Kombi insgesamt										
Durchschnittsverbrauch	l/100 km	9,1	9,1	9,0	9,0	8,9	8,8	8,7	8,6	8,5
Durchschnittliche Motorleistung	kW	61	61	62	63	64	65	66	67	68
mit Otto-Motor										
Durchschnittsverbrauch	l/100 km	9,4	9,4	9,3	9,2	9,1	9,0	8,9	8,9	8,8
Gesamtverbrauch	Mio. l	39 902	39 980	38 509	38 855	38 797	38 785	38 802	38 820	36 882
Durchschnittliche Fahrleistung[2]	1 000 km	12,8	12,6	12,0	12,0	12,0	12,0	12,0	11,9	11,4
Gesamtfahrleistung	Mio. km	423 650	426 205	414 092	420 063	424 243	430 434	434 727	438 037	418 948
mit Diesel-Motor										
Durchschnittsverbrauch	l/100 km	7,8	7,8	7,6	7,6	7,6	7,6	7,5	7,5	7,4
Gesamtverbrauch	Mio. l	6 669	7 112	7 137	7 234	7 260	7 175	7 033	7 212	7 241
Durchschnittliche Fahrleistung[2]	1 000 km	18,2	18,0	17,4	17,1	16,9	16,9	17,0	17,1	16,4
Gesamtfahrleistung	Mio. km	86 309	91 618	93 381	94 812	95 156	94 412	93 278	96 324	97 755
		Kraftstoffverbrauch im Straßenverkehr[1]								
Verkehr insgesamt	Mio. l	63 744	64 462	64 222	65 432	65 739	66 091	66 651	68 025	66 231
Personenverkehr	Mio. l	48 228	48 701	47 257	47 710	47 716	47 678	47 595	47 834	45 944
Güterverkehr[3]	Mio. l	15 516	15 761	16 965	17 722	18 023	18 413	19 056	20 191	20 287
		Kraftstoffpreise[4]								
Benzin[5] (Normal)	€/l	0,69	0,69	0,77	0,77	0,80	0,83	0,79	0,84	0,99
Diesel	€/l	0,54	0,56	0,59	0,58	0,62	0,63	0,58	0,64	0,80

Beginn der Anmerkungen siehe vorige Seite.- [3] Mit Lastkraftwagen (Normal- und Spezialaufbau), Sattelzügen, Zugmaschinen sowie übrigen Kraftfahrzeugen.- [4] Durchschnittlicher Tankstellenabgabepreis. Bis 1983 Bedienungstanken, ab 1984 Selbstbedienung. Steuerbelastung auf Basis Inlandsware, d.h. einschl. Mineralölsteuer, Mehrwertsteuer Erdölbevorratungs-Beitrag und (ab 1.4.99) Ökosteuer.- [5] Die Kraftstoffpreise gelten bis 1985 für verbleites Normalbenzin, Normalbenzin; ab 1990 für bleifreies Normalbenzin.- * Zum Teil vorläufige Werte.

Umweltbelastung - Luftverunreinigung

Grundlagen der Ermittlungen sind Emissionsmessungen und Brennstoffanalysen in Verbindung mit Angaben zum Energieverbrauch und zu bestimmten Produktionsgütern.

Die **Kohlenmonoxidbelastung** resultiert im wesentlichen aus dem Kraftfahrzeugverkehr mit Verbrennungsmotoren. Die Konzentration der Kohlenmonoxidbildung schwankt dabei stark nach dem Grad der Kraftstoffverbrennung und ist bei vollständiger Verbrennung am geringsten.

Kohlendioxid entsteht bei der Verbrennung fossiler Energieträger. Neben der Höhe des Energieeinsatzes ist auch dessen Struktur nach Energieträgern für die Emissionen von Bedeutung. Die höchsten Emissionen, bezogen auf eine Energieeinheit, verursacht die Verbrennung von Braun- und Steinkohle. Die niedrigsten Emissionen entstehen bei der Verbrennung von Naturgasen. Mineralöle nehmen eine Mittelstellung ein.

Schwefeldioxid resultiert überwiegend aus der Verbrennung schwefelhaltiger fossiler Energieträger in den Kraftwerken.

Stickstoffoxide entstehen bei der Verbrennung durch den Stickstoffgehalt der Luft. Durch den zunehmenden Kraftfahrzeugverkehr, die Ausstattung der Fahrzeuge mit höher verdichtenden Otto-Motoren und durch motorische Maßnahmen zur Senkung von Kraftstoffverbrauch und Kohlenmonoxidausstoß ist diese Belastung ansteigend.

Bei der Belastung durch **flüchtige organische Verbindungen (VOC)**, handelt es sich u. a. um unverbrannte Brennstoffreste und Reaktionsprodukte aus Herstellungsprozessen oder um Materialverluste durch Lagerung und Verbrauch organischer Produkte wie Farben, Lacke und Verdünnungen.
Die **Staubemissionen** resultieren aufgrund des natürlichen Aschegehaltes vor allem der Kohle aus Feuerungsanlagen, aus der produktionsbedingten Herstellung von Eisen und Stahl und aus dem Umschlag von Schüttgütern.

Umweltbelastung - Luftverunreinigung[1] - nach Art der Emissionen und Emittentengruppen

	Einheit	1980	1985	1990	1991	1993	1995	1997*	1999*
Kohlenmonoxid (CO)	kt	11 006	8 975	7 426	9 515	7 704	6 667	5 832	4 952
Straßenverkehr	vH	68,4	68,5	70,1	61,1	61,1	57,7	54,9	53,0
Übriger Verkehr[2]	vH	2,6	2,7	2,5	2,2	2,4	2,7	2,9	3,4
Haushalte	vH	8,7	9,8	7,8	18,6	17,5	16,4	16,4	16,1
Kleinverbraucher[3]	vH	1,5	1,5	1,5	1,5	1,4	1,5	1,6	1,7
Industrieprozesse[4]	vH	7,0	7,4	8,1	6,9	7,3	9,3	10,4	11,3
Industriefeuerungen[5]	vH	11,4	9,6	9,4	8,0	8,5	10,6	11,9	12,6
Kraft- und Fernheizwerke[6]	vH	0,4	0,5	0,6	1,5	1,6	1,8	1,9	2,1
Gew. und Vert. von Brennst.	vH	0,0	0,0	0,0	0,2	0,1	0,0	0,0	0,0
Stickstoffoxide (NO$_x$ als NO$_2$)	kt	2 617	2 539	1 962	2 493	2 189	1 967	1 781	1 637
Straßenverkehr	vH	41,1	44,9	55,0	48,8	51,7	52,1	50,4	50,9
Übriger Verkehr[2]	vH	7,7	8,0	10,3	9,8	10,6	11,1	12,0	13,0
Haushalte	vH	3,3	3,5	3,7	4,2	4,7	4,8	5,4	5,0
Kleinverbraucher[3]	vH	2,1	1,9	1,8	2,4	2,2	2,2	2,2	2,0
Industrieprozesse[4]	vH	1,6	1,0	0,8	1,0	0,7	0,7	0,7	0,7
Industriefeuerungen[5]	vH	13,5	10,7	11,2	12,8	11,8	12,4	13,3	13,1
Kraft- und Fernheizwerke[6]	vH	30,6	30,0	17,1	21,0	18,3	16,6	16,0	15,3
Schwefeldioxid (SO$_2$)	kt	3 164	2 367	885	3 996	2 945	1 994	1 127	831
Straßenverkehr	vH	2,1	2,2	5,8	1,5	2,3	3,5	2,6	3,1
Übriger Verkehr[2]	vH	0,6	0,6	1,2	0,3	0,4	0,6	0,4	0,6
Haushalte	vH	6,2	5,6	9,4	7,7	7,3	7,2	9,7	9,1
Kleinverbraucher[3]	vH	4,5	4,2	5,8	7,2	4,8	3,9	3,8	3,4
Industrieprozesse[4]	vH	3,5	4,1	9,6	2,3	2,7	4,2	7,1	9,4
Industriefeuerungen[5]	vH	23,7	19,7	34,9	21,9	17,6	17,2	23,4	25,2
Kraft- und Fernheizwerke[6]	vH	59,4	63,6	33,3	59,1	64,8	63,5	53,0	49,2

Quelle: Umweltbundesamt

[1] Ohne natürliche Quellen.- [2] Land-, Forst- und Bauwirtschaft, Militär-, Schienen und Luftverkehr, Binnen- und Küstenschiffahrt, Hochseebunkerungen.- [3] Einschl. militärische Dienststellen.- [4] Ohne energiebedingte Emissionen.- [5] Übriger Umwandlungsbereich, Verarbeitendes Gewerbe und sonstiger Bergbau. Bei Industriekraftwerken nur Wärmeerzeugung.- [6] Bei Industriekraftwerken nur Stromerzeugung.- [7] Aus Energieverbrauch und Industrieprozessen mit Klimarelevanz.- * Vorläufige Werte.- Weitere Anmerkungen siehe folgende Seiten.

Umweltbelastung - Luftverunreinigung[1] - nach Art der Emissionen und Emittentengruppen

	Einheit	1980	1985	1990	1991	1993	1995	1997*	1999*
Kohlendioxid (CO$_2$)[7]	Mio.	**792**	**723**	**709**	**976**	**918**	**904**	**894**	**859**
Straßenverkehr	vH	13,3	15,1	18,6	15,8	17,9	18,2	18,6	20,3
Übriger Verkehr[2]	vH	1,9	2,1	2,4	2,0	2,0	2,0	1,9	2,0
Haushalte	vH	14,8	15,9	13,3	13,4	14,6	14,3	15,8	14,6
Kleinverbraucher[3]	vH	7,8	7,6	6,6	7,6	6,8	6,5	6,0	5,4
Industrieprozesse[4]	vH	3,4	2,8	3,1	2,6	2,7	2,9	2,8	3,0
Industriefeuerungen[5]	vH	24,2	22,1	20,2	18,8	17,2	17,5	17,3	16,8
Kraft- und Fernheizwerke[6]	vH	34,6	34,4	36,0	39,8	38,8	38,6	37,6	38,0
Organische Verbindungen[8]	kt	**2 522**	**2 447**	**2 212**	**2 796**	**2 326**	**2 024**	**1 805**	**1 651**
Straßenverkehr	vH	37,4	38,1	36,2	40,8	35,6	30,3	25,6	20,4
Übriger Verkehr[2]	vH	2,3	2,4	2,2	2,3	2,5	2,7	2,9	3,1
Haushalte	vH	1,3	1,6	1,3	3,5	3,4	3,2	3,3	3,2
Kleinverbraucher[3]	vH	0,2	0,2	0,2	0,3	0,3	0,2	0,3	0,3
Industrieprozesse[4]	vH	6,2	4,6	5,0	4,9	5,5	6,4	7,1	8,4
Industriefeuerungen[5]	vH	0,5	0,4	0,5	0,4	0,3	0,4	0,4	0,5
Kraft- und Fernheizwerke[6]	vH	0,4	0,3	0,3	0,3	0,3	0,3	0,3	0,4
Gew. und Vert. von Brennst.	vH	6,9	7,0	7,8	7,1	5,2	4,5	4,0	3,3
Lösemittelverwendung[10]	vH	44,8	45,4	46,6	40,6	46,9	51,9	55,9	60,6
Staub	kt	**673**	**538**	**402**	**968**	**450**	**329**	**286**	**259**
Straßenverkehr	vH	4,5	6,3	8,7	4,3	10,2	13,7	13,3	13,5
Übriger Verkehr[2]	vH	2,2	2,6	3,7	2,6	4,9	6,1	7,0	7,3
Haushalte	vH	7,3	7,6	6,0	10,7	15,1	14,9	14,3	12,0
Kleinverbraucher[3]	vH	2,2	1,7	1,5	8,5	6,9	4,0	2,1	1,5
Industrieprozesse[4]	vH	33,0	29,0	31,1	15,5	25,6	33,4	36,7	38,4
Industriefeuerungen[5]	vH	5,9	5,8	3,2	16,9	8,0	2,7	2,4	2,3
Kraft- und Fernheizwerke[6]	vH	19,0	16,5	5,7	31,6	18,0	10,3	8,4	7,7
Schüttgutumschlag[11]	vH	25,9	30,5	40,0	9,8	11,3	14,9	15,7	17,1

Anmerkungen 1 bis 7 siehe vorherige Seite.- [8] Flüchtige organische Verbindungen ohne Methan.- [9] Verteilung von Otto-Kraftstoff.- [10] In Industrie, Gewerbe und Haushalten.- [11] Umschlag staubender Güter mit Berücksichtigung von Minderungsmaßnahmen (bis 1985 Grobabschätzung).- [12] Düngemitteleinsatz, Verwendung tierischer Abfälle, Anlagen zur Abwasserstickstoffeliminierung noch nicht erfasst.- [13] Anwendung von Lachgas Narkosemittel.- Weitere Anmerkungen siehe folgende Seite.

Quelle: Umweltbundesamt

Umweltbelastung - Luftverunreinigung[1)] - nach Art der Emissionen und Emittentengruppen

	Einheit	1980	1985	1990	1991	1993	1995	1997*	1999*
Distickstoffoxid (N_2O)									
Verkehr[2)14)]	kt	**175**	**186**	**182**	**209**	**206**	**209**	**201**	**141**
Haushalte	vH	1,7	2,1	5,5	6,2	8,2	8,6	9,2	13,0
Kleinverbraucher[3)]	vH	1,7	1,6	1,1	1,7	1,9	1,9	2,0	2,1
Industrieprozesse[4)]	vH	1,1	1,1	0,5	1,0	1,0	0,5	0,5	0,7
Industriefeuerungen[5)]	vH	38,3	42,4	41,8	39,7	40,5	39,2	36,9	9,2
Kraft- und Fernheizwerke[6)]	vH	2,9	2,1	2,2	2,4	1,9	1,9	2,0	2,8
Land- und Abfallwirtschaft[12) 9)]	vH	5,7	4,8	5,5	6,7	6,3	6,2	6,0	8,5
Produktverwendung[13)]	vH	45,7	43,1	40,7	39,2	37,1	38,7	40,3	59,1
	vH	2,9	2,7	2,7	2,9	2,9	2,9	3,2	4,5
Methan (CH_4)	kt	**4 921**	**4 605**	**4 477**	**5 013**	**4 267**	**3 894**	**3 477**	**3 271**
Straßenverkehr	vH	0,8	0,8	0,8	1,0	0,9	0,7	0,7	0,6
Übriger Verkehr[2)]	vH	0,0	0,0	0,0	0,0	0,0	0,1	0,1	0,1
Haushalte	vH	0,9	0,8	0,6	1,8	1,6	1,5	1,5	1,3
Kleinverbraucher[3)]	vH	0,2	0,1	0,1	0,1	0,1	0,1	0,1	0,1
Industrieprozesse[4)]	vH	0,4	0,3	0,2	0,2	0,2	0,2	0,1	0,1
Industriefeuerungen[5)]	vH	0,3	0,3	0,2	0,3	0,2	0,2	0,2	0,2
Kraft- und Fernheizwerke[6)]	vH	0,2	0,2	0,2	0,2	0,2	0,2	0,2	0,2
Gew. u. Vert. von Brennst.[15)]	vH	34,1	35,1	32,7	29,2	31,5	30,6	30,7	28,2
Landwirtschaft[16)]	vH	31,8	27,1	33,7	33,5	36,9	40,0	43,5	44,9
Abfallwirtschaft[17)]	vH	31,4	35,2	31,4	33,8	28,5	26,4	22,8	24,3
Ammoniak (NH_3)	kt	**572**	**588**	**554**	**673**	**638**	**635**	**626**	**624**
Industrieprozesse[4)]	vH	1,6	1,3	1,1	1,8	1,3	1,3	1,4	1,4
Tierhaltung[18)]	vH	86,9	87,7	86,8	85,1	85,3	83,9	83,6	82,9
Düngeranwendung[19)]	vH	10,8	10,3	9,9	10,4	10,0	11,2	11,4	12,2
Sonstige Quellen[20)]	vH	0,7	0,7	2,2	2,7	3,4	3,3	3,5	3,5
FCKW und Halone	kt	**63**	**61**	**34**	**32**	**13**	**8**	**8**	**8**

Anmerkung 1 bis 13 siehe vorherige Seiten.- [14)] Einschl. Straßenverkehr.- [15)] Bergbau, lokale Gasverteilungsnetze, Erdöl- und Erdgasförderung.- [16)] Fermentation, tierische Abfälle.- [17)] Deponien, Abwasserbehandlung, Klärschlammverwertung.- [18)] Stallemissionen, Lagerung und Ausbringung von Betriebsdünger.- [19)] Anwendung stickstoffhaltiger Mineraldünger.- [20)] Straßenverkehr, Feuerungsanlagen DENOX-Anlagen in Kraftwerken. *Vorläufige Werte.

Quelle: Umweltbundesamt

Luftverunreinigung
Emission von Schwermetallen - in Tonnen pro Jahr

Bezeichnung		1985	1990	1995*
Antimon	Sb	9	5	5
Arsen	As	87	20	33
Beryllium	Be	12	2	2
Blei	Pb	3 800	1 465	624
darunter: im Verkehr		3 020	1 120	240
Cadmium	Cd	20	9	11
Chrom	Cr	123	63	115
Kobalt	Co	25	8	12
Kupfer	Cu	95	47	79
Mangan	Mn	345	215	342
Molybdän	Mo	46	25	28
Nickel	Ni	269	143	159
Palladium	Pd	1	1	2
Platin	Pt	1	1	1
Quecksilber	Hg	52	32	31
Rhodium	Rh	2	2	4
Selen	Se	87	13	25
Tellur	Te	1	1	1
Thallium	Tl	9	4	8
Zink	Zn	883	421	452
Zinn	Sn	9	5	4

*Vorläufige Werte.- Quelle: Umweltbundesamt.

Internationale Kennziffern - Europäische Union (EU)

	1994	1995	1996	1997	1998	1999*	2000*
Bevölkerung - in 1 000							
EU	348 990	371 998	373 062	374 062	374 891	375 889	376 962
A[1]	8 030	8 047	8 059	8 072	8 079	8 122	8 144
B	10 116	10 137	10 157	10 181	10 203	10 229	10 252
D	81 422	81 661	81 896	82 052	82 029	82 813	83 123
DK	5 205	5 228	5 262	5 284	5 301	5 303	5 321
E	39 149	39 210	39 270	39 323	39 371	39 462	39 545
F	57 900	58 139	58 375	58 609	58 847	58 943	59 179
FIN[1]	5 088	5 108	5 125	5 140	5 153	5 163	5 179
GR	10 426	10 454	10 476	10 499	10 522	10 600	10 643
I	57 204	57 301	57 397	57 512	57 588	57 412	57 455
IRL	3 586	3 601	3 626	3 661	3 719	3 615	3 625
L	404	410	416	421	426	430	434
NL	15 383	15 459	15 531	15 611	15 706	15 772	15 868
P	9 902	9 916	9 927	9 946	9 968	9 971	9 993
S[1]	8 781	8 827	8 841	8 846	8 851	8 906	8 932
UK	58 293	58 500	58 704	58 905	59 128	59 148	59 269
Erwerbstätige - in 1 000							
EU	155 233	166 173	167 397	168 211	169 752	.	.
A[1]	3 880	3 842	3 819	3 805	3 838	.	.
B	4 148	4 183	4 188	4 215	4 253	.	.
D	39 267	38 961	39 083	39 162	39 393	.	.
DK	2 759	2 796	2 815	2 828	2 821	.	.
E	15 488	15 561	15 872	16 066	16 226	.	.
F	24 869	25 033	25 342	25 360	25 569	.	.
FIN[1]	2 502	2 429	2 445	2 493	2 511	.	.
GR	4 154	4 201	4 282	4 261	4 445	.	.
I	22 584	22 607	22 788	22 859	23 165	.	.
IRL	1 413	1 434	1 481	1 529	1 621	.	.
L	170	167	171	173	175	.	.
NL	7 224	7 304	7 407	7 605	7 742	.	.
P	4 759	4 753	4 780	4 842	4 999	.	.
S[1]	4 266	4 498	4 409	4 369	4 333	.	.
UK	28 398	28 404	28 515	28 644	28 661	.	.

A = Österreich, B = Belgien, DK = Dänemark, D = Bundesrepublik Deutschland, E = Spanien, F = Frankreich, FIN = Finnland, GR = Griechenland, I = Italien, IRL = Irland, L = Luxemburg, NL = Niederlande, P = Portugal, S = Schweden, UK = Großbritannien.

[1] EU-Mitgliedschaft seit 1995.- * Vorläufige Werte

Internationale Kennziffern - Europäische Union (EU)

	1994	1995	1996	1997	1998	1999	2000
			Bruttoinlandsverbrauch an Energie in Mio. t Rohöleinheiten [2]				
EU	1 199,1	1 312,8	1 345,8	1 331,7	1 361,4	1 373,1	1 383,5
A[1]	22,2	22,4	23,7	23,9	25,3	25,6	25,4
B	50,2	52,3	55,0	55,4	57,1	56,4	60,9
D	332,2	331,7	329,7	324,0	328,1	328,0	325,8
DK	19,3	20,0	22,1	19,0	19,5	19,0	18,2
E	93,3	99,4	95,7	103,0	108,0	114,6	118,5
F	214,3	220,6	232,2	229,4	233,8	240,0	240,4
FIN[1]	24,1	19,5	21,8	23,5	23,0	24,5	23,4
GR	21,4	22,6	23,7	23,9	25,0	25,7	26,9
I	152,2	159,6	160,0	162,0	166,1	165,9	173,1
IRL	10,2	10,2	10,7	11,3	11,6	13,4	13,2
L	3,7	3,3	3,4	3,3	3,2	3,4	3,5
NL	68,6	71,8	75,0	73,5	74,8	73,4	74,9
P	16,9	18,3	17,6	19,0	20,7	22,5	22,7
S[1]	41,2	42,3	44,6	41,4	42,5	42,1	39,3
UK	216,8	218,7	230,5	219,1	222,7	218,7	217,1
			darunter: Rohöl [3]				
EU	520,9	573,5	591,2	577,5	597,8	588,3	583,5
A[1]	11,2	10,7	11,4	11,8	12,1	12,1	11,9
B	20,9	20,5	23,3	23,5	24,6	22,9	26,3
D	131,4	131,2	134,5	133,6	135,4	130,6	127,0
DK	8,6	10,2	10,4	8,7	9,8	9,8	9,3
E	51,6	56,2	53,1	56,7	60,6	63,0	64,1
F	77,0	81,9	88,1	85,6	90,0	91,8	89,4
FIN[1]	10,7	6,7	9,2	9,2	10,3	10,6	10,5
GR	13,1	14,2	14,9	15,4	15,7	15,5	16,2
I	90,6	93,1	93,2	93,5	92,9	88,8	87,9
IRL	5,1	5,3	5,6	5,9	6,7	7,9	7,3
L	1,9	1,7	1,8	1,9	1,9	2,1	2,2
NL	24,7	26,4	26,5	25,6	27,0	27,3	27,9
P	12,6	13,7	12,9	13,9	15,6	16,0	15,5
S[1]	14,7	16,1	17,3	15,3	15,7	15,4	14,9
UK	83,4	85,7	89,1	76,9	79,6	74,4	73,1

[1] EU-Mitgliedschaft seit 1995.- [2] Die Tonne Rohöleinheiten (t RÖE) entspricht dem Energiegehalt einer Tonne Rohöl mit einem unteren Heizwert von 41868 Kilojoule je Kilogramm.-
[3] Einschl. Austauschsaldo des Aussenhandels und Bestandsveränderung abgeleiteter Produkte.- Abkürzungen siehe Seite 285.

Internationale Kennziffern - Europäische Union (EU)

	1993	1994	1995	1996	1997	1998	1999
	\multicolumn{7}{c}{Streckenlänge der Eisenbahnen}						
	\multicolumn{7}{c}{Betriebslänge insgesamt - in 1 000 km}						
EU	134,6	135,1	156,2	156,6	157,1	157,1	155,9
A[1]	5,6	5,6	5,7	5,7	5,7	5,6	5,6
B	3,4	3,4	3,4	3,4	3,4	3,4	3,5
D	40,3	41,4	41,7	40,8	42,2	41,9	41,6
DK	2,3	2,3	2,3	2,3	2,2	2,3	2,3
E	12,6	12,6	12,3	12,3	12,3	12,3	12,3
F	32,6	32,3	31,9	31,9	31,7	31,7	31,4
FIN[1]	5,9	5,9	5,9	5,9	5,9	5,9	5,8
GR	2,5	2,5	2,5	2,5	2,5	2,3	1,6
I	15,9	16,0	16,0	16,0	16,0	16,1	16,1
IRL	1,9	1,9	2,0	2,0	1,9	1,9	1,9
L	0,3	0,3	0,3	0,3	0,3	0,3	0,3
NL	2,8	2,8	2,7	2,7	2,8	2,8	2,8
P	3,1	2,7	2,9	2,9	2,9	2,8	2,8
S[1]	9,8	9,7	9,8	10,9	10,2	11,1	10,8
UK	16,9	16,9	16,9	17,2	17,1	16,7	17,0
	\multicolumn{7}{c}{darunter: elektrifizierte Strecken}						
EU	57,7	58,9	72,2	73,5	74,1	75,1	76,6
A[1]	3,3	3,3	3,4	3,4	3,4	3,4	3,5
B	2,4	2,4	2,4	2,5	2,5	2,5	2,7
D	16,8	17,4	17,8	18,2	18,4	18,6	19,3
DK	0,3	0,4	0,4	0,4	0,6	0,4	0,6
E	6,9	7,0	6,9	6,9	6,9	7,0	7,0
F	13,6	13,7	13,8	14,2	14,1	14,1	14,1
FIN[1]	1,7	2,0	2,1	2,1	2,1	2,2	2,2
GR	-	-	-	-	-	-	-
I	10,0	10,1	10,2	10,3	10,4	10,5	10,7
IRL	0,0	0,0	0,0	0,0	0,0	0,0	0,0
L	0,3	0,3	0,3	0,3	0,3	0,3	0,3
NL	2,0	2,0	2,0	2,0	2,1	2,1	2,1
P	0,5	0,5	0,5	0,6	0,9	0,9	0,9
S[1]	7,3	7,2	7,3	7,4	7,3	8,0	8,1
UK	5,0	5,1	5,1	5,2	5,2	5,2	5,2

[1] EU-Mitgliedschaft seit 1995.- Abkürzungen siehe Seite 285.- Quelle: UIC.

Internationale Kennziffern - Europäische Union (EU)

	1992	1993	1994	1995	1996	1997	1998
\multicolumn{8}{c}{Streckenlänge der Eisenbahnen darunter: zwei- und mehrspurige Strecken [2] - in 1 000 km}							
EU	42,7	43,7	44,6	48,8	49,7	.	.
A[1]	1,7	1,7	1,7	1,8	1,8	1,8	1,8
B	2,1	2,2	2,2	2,2	2,3	2,3	2,3
D	13,2	13,4	13,9	14,3	14,6	14,6	14,6
DK	0,3	0,3	0,3	0,4	0,4	0,5	0,5
E	3,1	3,2	3,3	3,3	3,3	.	.
F	11,2	11,7	11,9	11,9	12,2	12,3	12,3
FIN[1]	0,5	0,5	0,5	0,5	0,5	0,5	0,5
GR	-	-	-	-	-	-	-
I	5,8	5,8	5,9	5,9	6,0	6,1	6,1
IRL	0,0	0,0	0,0	0,0	0,0	0,0	0,0
L	0,1	0,1	0,1	0,1	0,1	0,1	0,1
NL	1,7	1,7	1,7	1,7	1,7	.	.
P	0,4	0,4	0,4	0,4	0,4	0,4	0,4
S[1]	1,3	1,3	1,3	1,4	1,5	1,5	1,5
UK	4,8	4,8	4,9	4,9	4,9	.	.
\multicolumn{8}{c}{Länge der Binnenwasserstraßen - in km}							
EU	22 423	22 721	22 632	29 116	28 846	29 225	28 910
A[1]	351	351	351	351	351	351	351
B	1 513	1 513	1 513	1 513	1 531	1 540	1 569
D	7 341	7 681	7 681	7 343	7 339	7 339	7 300
DK	-	-	-	-	-	-	-
E	-	-	-	-	-	-	-
F	5 867	5 825	5 736	5 962	5 678	6 051	5 732
FIN[1]	6 245	6 245	6 245	6 245	6 245	6 245	6 245
GR	-	-	-	-	-	-	-
I	1 466	1 466	1 466	1 466	1 466	1 463	1 477
IRL	-	-	-	-	-	-	-
L	37	37	37	37	37	37	37
NL	5 046	5 046	5 046	5 046	5 046	5 046	5 046
P	-	-	-	-	-	-	-
S[1]	-	-	-	-	-	-	-
UK	1 153	1 153	1 153	1 153	1 153	1 153	1 153

[1] EU-Mitgliedschaft seit 1995.- [2] Elektrifizierte Strecken.- Abkürzungen siehe Seite 285.

Internationale Kennziffern - Europäische Union (EU)

	1994	1995	1996	1997	1998	1999
	\multicolumn{6}{c}{Straßennetz Autobahnen - in km}					
EU	.	.	**47 610**	**50 217**	**50 066**	**53 007**
A[1]	1 589	1 596	1 607	1 613	1 613	1 634
B	1 665	1 666	1 674	1 679	1 682	1 682
D	11 143	11 190	11 246	11 309	11 427	11 515
DK	786	786	786	825	843	861
E	7 572	7 747	7 747	9 063	8 257	10 317
F	9 000	9 140	9 500	9 900	10 300	11 000
FIN[1]	388	394	431	444	473	512
GR	380	420	470	470	470	470
I	.	.	6 460	6 957	6 957	6 957
IRL	60	70	80	94	115	115
L	121	123	115	118	118	115
NL	2 167	2 178	2 208	2 225	2 235	2 235
P	587	687	710	797	797	797
S[1]	1 141	1 231	1 350	1 428	1 439	1 439
UK	3 168	3 189	3 226	3 295	3 340	3 358
	\multicolumn{6}{c}{übrige Straßen - in 1 000 km}					
EU	.	.	.	.	.	.
A[1]	127,7	128,4	127,4	127,8	131,7	.
B	139,9	141,5	142,4	143,2	144,2	144,2
D	.	.	.	.	.	.
DK	70,5	70,5	70,5	70,5	70,6	70,6
E	333,7	335,5	337,1	337,8	.	.
F	883,5	883,6	883,0	883,0	883,0	882,5
FIN[1]	77,3	77,3	77,4	77,4	77,4	77,4
GR	.	112,8	112,3	112,3	112,3	112,3
I	.	.	.	647,7	647,7	647,7
IRL	92,4	92,4	92,4	92,4	92,4	92,4
L	5,0	5,0	5,0	5,1	5,0	5,1
NL	116,0	119,8	121,9	122,6	123,3	114,3
P	66,9	68,0	68,0	67,9	67,9	67,9
S[1]	.	209,7	209,4	209,3	209,5	209,5
UK	361,7	363,8	365,6	366,6	368,2	368,6

[1] EU-Mitgliedschaft seit 1995.- Abkürzungen siehe Seite 285.

Internationale Kennziffern - Europäische Union (EU)

	1993	1994	1995	1996	1997	1998*	1999*
			Bestand an Kraftfahrzeugen 2)3) insgesamt in 1 000				
EU	.	.	177 380	180 501	184 545	.	.
A[1)]	3 653	3 772	3 894	3 994	4 093	4 206	4 338
B	4 521	4 607	4 686	4 768	4 850	4 959	5 078
D	41 576	42 564	43 319	43 971	44 402	44 758	45 516
DK	1 947	1 942	1 947	2 026	2 093	2 143	2 189
E	16 000	17 000	17 196	17 860	18 553	19 545	.
F	29 055	29 859	30 105	30 558	30 958	31 949	33 090
FIN[1)]	2 134	2 130	2 181	2 210	2 224	2 311	2 386
GR	2 807	2 947	3 081	3 246	3 443	3 654	.
I	.	.	32 863	33 316	33 996	34 301	.
IRL	1 033	1 060	1 083	1 109	1 264	1 276	.
L	223	233	245	248	254	262	286
NL	.	.	6 170	6 260	6 430	.	6 746
P	2 969	3 243	3 439	3 563	3 457	4 297	.
S[1)]	3 882	3 912	3 953	3 981	4 039	4 145	4 235
UK	22 456	22 778	23 217	23 392	24 491	24 796	23 159
			darunter: Personenkraftwagen 2)				
EU	.	.	156 784	160 240	163 781	.	.
A[1)]	3 368	3 480	3 594	3 691	3 783	3 887	4 010
B	4 099	4 175	4 239	4 308	4 373	4 492	4 584
D	38 892	39 765	40 404	40 988	41 372	41 674	42 324
DK	1 679	1 662	1 669	1 737	1 797	1 841	1 877
E	13 102	14 000	14 212	14 754	15 297	16 100	.
F	24 385	24 900	25 100	25 500	25 900	26 810	27 480
FIN[1)]	1 873	1 873	1 901	1 943	1 948	2 021	2 083
GR	1 959	2 074	2 205	2 339	2 500	2 676	.
I	.	.	30 000	30 600	31 000	31 400	.
IRL	891	923	955	987	1 100	1 100	.
L	209	218	229	232	237	244	253
NL	.	.	5 581	5 664	5 810	.	6 051
P	2 210	2 400	2 560	2 671	3 080	3 200	.
S[1)]	3 566	3 594	3 631	3 655	3 703	3 792	3 867
UK	20 162	20 479	20 505	21 172	21 881	22 115	22 785

[1)] EU-Mitgliedschaft seit 1995.- [2)] Stand 1.7.- [3)] Ohne Krafträder und Zugmaschinen.-
* Zum Teil vorläufige Werte.- Abkürzungen siehe S. 285.

Internationale Kennziffern - Europäische Union (EU)

	1993	1994	1995	1996	1997	1998	1999*
			Personenkraftwagen je 1 000 Einwohner				
EU	.	.	477	484	493	.	.
A[1]	.	470	484	496	507	521	534
B	.	455	462	469	476	486	496
D	.	523	530	537	541	546	550
DK	.	373	372	385	396	404	413
E	.	434	439	455	472	496	.
F	.	516	518	523	528	543	561
FIN[1]	.	419	427	431	433	448	462
GR	.	283	295	310	328	347	.
I	.	.	574	580	591	596	.
IRL	.	296	301	306	345	343	.
L	.	577	598	597	603	615	665
NL	.	.	399	403	412	.	428
P	.	327	347	359	348	431	.
S[1]	.	446	448	450	457	468	476
UK	.	391	397	398	416	419	392
			Neuzulassungen von Personenkraftwagen - in 1 000				
EU	.	.	11 712	12 535	.	.	.
A[1]	285	274	280	308	275	296	314
B	375	387	359	397	396	452	504
D	3 194	3 209	3 314	3 496	3 528	3 736	3 802
DK	82	139	135	173	153	163	144
E	745	939	870	978	1 069	1 193	1 503
F	1 721	1 973	1 931	2 132	1 713	1 943	2 148
FIN[1]	56	67	80	96	105	126	137
GR	156	118	134	142	167	184	262
I	.	.	1 735	1 720	2 251	2 404	.
IRL	61	50	30	16	.	.	.
L	29	36	37	43	31	36	41
NL	392	434	458	495	478	529	612
P	248	243	229	270	287	324	.
S[1]	128	160	175	200	259	287	336
UK	1 695	1 809	1 945	2 070	2 171	2 124	2 100

[1] EU-Mitgliedschaft seit 1995.- * Zum Teil vorläufige Werte.- Abkürzungen siehe Seite 285.

Internationale Kennziffern - Europäische Union (EU)

	1994	1995	1996	1997	1998	1999
Straßenverkehrsunfälle mit Personenschaden						
EU	1 194 043	1 268 847	.	1 274 167	1 295 346	.
A[1]	42 015	38 956	38 253	39 695	39 225	42 348
B	53 018	50 744	48 750	50 078	51 167	51 601
D	392 754	388 003	373 082	380 835	377 257	395 689
DK	8 279	8 373	8 080	8 004	7 556	7 605
E	78 474	83 586	85 588	86 067	97 570	97 811
F	132 726	132 949	125 406	125 202	124 387	124 524
FIN[1]	6 245	7 812	7 274	6 980	6 902	6 997
GR	22 222	22 798	.	24 319	24 836	24 231
I	170 679	182 761	183 415	190 031	204 615	.
IRL	6 610	8 117	8 686	8 496	8 239	7 807
L	1 176	974	.	1 017	1 053	1 062
NL	41 391	42 641	41 041	41 036	41 299	42 271
P	45 830	48 339	49 265	49 417	49 319	47 966
S[1]	15 888	15 626	15 312	15 752	15 514	15 834
UK	240 884	237 168	243 032	247 238	246 410	242 610
darunter: innerhalb geschlossener Ortschaften[2]						
EU	.	.	.	.	.	.
A[1]	25 082	23 237	22 290	23 795	23 718	25 138
B	28 894	27 509	26 384	26 713	26 901	27 019
D	248 995	246 617	236 009	243 171	240 208	252 087
DK	5 097	5 140	4 921	.	4 456	4 552
E	44 120	46 369	48 154	49 516	53 182	53 027
F	90 694	91 088	85 125	84 118	82 985	82 953
FIN[1]	3 699	4 639	4 361	4 071	3 935	3 933
GR	15 966	.	.	.	.	.
I	124 965	133 851	134 505	141 733	152 912	.
IRL	3 681	4 818	5 363	5 053	4 739	4 306
L	.	.	.	.	342	421
NL	28 233	29 034	27 891	27 767	28 180	29 152
P	31 886	33 161	32 281	33 743	33 103	31 750
S[1]	9 446	9 015	8 809	9 015	8 879	9 199
UK	177 016	173 996	177 254	179 085	178 528	174 728

[1] EU-Mitgliedschaft seit 1995.- [2] Einschl. Autobahnen.- Abkürzungen siehe Seite 285.-
Quelle: IRTAD-Datenbank - Bundesanstalt für Straßenwesen.

Internationale Kennziffern - Europäische Union (EU)

	1994	1995	1996	1997	1998	1999
	\multicolumn{6}{c}{Getötete im Straßenverkehr}					
EU	44 072	46 047	.	43 416	42 400	.
A[1]	1 338	1 210	1 027	1 105	963	1 079
B	1 692	1 449	1 356	1 364	1 500	1 397
D	9 814	9 454	8 758	8 549	7 792	7 772
DK	546	582	514	489	499	514
E	5 615	5 751	5 483	5 604	5 957	5 783
F	9 019	8 891	8 541	8 444	8 918	8 487
FIN[1]	480	441	404	438	400	431
GR	2 195	2 349	2 063	2 199	2 226	2 116
I	7 104	7 033	6 688	6 724	6 326	.
IRL	404	437	453	472	458	413
L	74	68	.	60	57	58
NL	1 298	1 334	1 180	1 163	1 066	1 090
P	2 504	2 711	2 730	2 521	2 126	1 995
S[1]	589	572	537	541	531	580
UK	3 807	3 765	3 740	3 743	3 581	3 564
	\multicolumn{6}{c}{darunter: innerhalb geschlossener Ortschaften[2]}					
EU	14 520	.	.	.	.	.
A[1]	298	304	238	249	222	250
B	470	410	368	408	410	409
D	188	2 435	2 131	2 064	1 908	1 878
DK	2 594	202	184	170	140	171
E	1 101	1 038	1 019	1 132	1 146	1 074
F	2 893	2 901	2 691	2 667	2 751	2 515
FIN[1]	131	140	105	127	106	102
GR	931	2 349	.	.	.	.
I	2 930	2 866	2 521	2 779	2 799	.
IRL	137	128	143	164	143	118
L	23	.	.	.	.	9
NL	455	566	412	388	370	357
P	1 136	1 234	1 128	1 110	839	840
S[1]	173	181	142	154	168	184
UK	1 662	1 545	1 574	1 514	1 431	1 434

[1] EU-Mitgliedschaft seit 1995.- [2] Einschl. Autobahnen.- Abkürzungen siehe Seite 285.-
Quelle: IRTAD-Datenbank - Bundesanstalt für Straßenwesen.

Internationale Kennziffern - Europäische Union (EU)

	1994	1995	1996	1997	1998	1999
Unfälle mit Personenschaden pro 100 000 Einwohner						
EU	**343**	**341**	.	.	.	.
A[1]	524	484	474	492	485	523
B	524	500	480	492	502	505
D	482	475	456	464	459	482
DK	159	160	153	151	142	143
E	200	213	218	219	247	248
F	229	229	215	214	210	211
FIN[1]	123	153	141	135	134	135
GR	213	218	.	231	.	.
I	298	319	.	330	355	.
IRL	186	224	237	229	222	209
L	293	239	.	.	248	247
NL	269	276	264	263	263	268
P	515	513	522	.	520	.
S[1]	181	177	173	178	175	178
UK	412	404	413	418	415	407
Getötete im Straßenverkehr pro 100 000 Einwohner						
EU	**12,6**	**12,4**	.	.	.	.
A[1]	16,7	15,0	12,7	13,7	11,9	13,3
B	16,8	14,3	13,4	13,4	14,7	13,7
D	12,1	11,6	10,7	10,4	9,5	9,5
DK	10,5	11,2	9,8	9,3	9,4	9,7
E	14,4	14,7	14,0	14,3	15,1	14,7
F	15,6	15,3	14,7	14,4	15,1	14,4
FIN[1]	9,5	8,6	7,9	8,5	7,8	8,3
GR	21,1	22,5	.	20,9	.	.
I	12,4	12,3	.	11,7	11,0	.
IRL	11,4	12,1	12,4	12,8	12,4	11,1
L	18,5	16,7	.	.	13,4	13,5
NL	8,5	8,6	7,6	7,5	6,8	6,9
P	28,1	28,8	28,9	.	25,6	.
S[1]	6,7	6,5	6,1	6,1	6,0	6,5
UK	6,5	6,4	6,4	6,3	6,0	6,0

[1] EU-Mitgliedschaft seit 1995.- Abkürzungen siehe Seite 285.- Quelle: IRTAD-Datenbank - Bundesanstalt für Straßenwesen.

Internationale Kennziffern - Europäische Union (EU)

	1994	1995	1996	1997	1998	1999
\multicolumn{7}{c}{Eisenbahnverkehr [1]}						
\multicolumn{7}{c}{Beförderte Personen - in Mio.}						
EU	4 764	5 028	5 554	5 673	5 681	.
A[2]	190	194	190	184	179	182
B	143	144	142	144	146	147
D	1 596	1 921	1 997	2 000	1 939	1 963
DK	142	140	139	144	149	149
E	352	366	378	395	410	419
F	806	731	778	807	823	850
FIN[2]	44	44	44	50	51	53
GR	11	11	13	13	13	12
I	455	463	468	461	441	432
IRL	26	27	28	30	32	.
L	11	11	11	12	12	.
NL	312	305	307	316	319	329
P	201	184	177	178	178	164
S[2]	94	98	99	107	111	115
UK	708	725	783	832	878	947
\multicolumn{7}{c}{Personenkilometer - Mrd.}						
EU	251,8	257,8	286,1	288,5	290,7	.
A[2]	9,6	9,6	9,7	8,1	8,0	8,0
B	6,6	6,8	6,8	7,0	7,1	7,4
D	66,4	75,0	76,0	73,9	72,4	73,6
DK	4,9	4,8	4,7	5,0	5,4	5,1
E	14,9	15,3	15,6	16,6	17,5	18,1
F	58,9	55,3	59,5	61,8	64,6	66,3
FIN[2]	3,0	3,2	3,3	3,4	3,4	3,4
GR	1,4	1,6	1,7	1,9	1,8	1,6
I	48,9	49,6	50,3	49,5	47,3	41,0
IRL	1,1	1,2	1,3	1,4	1,4	.
L	0,3	0,3	0,3	0,3	0,3	.
NL	14,4	14,0	14,1	14,4	14,8	14,3
P	5,1	4,8	4,5	4,6	4,6	4,3
S[2]	5,9	6,2	6,2	6,8	7,0	7,4
UK	28,9	29,2	32,2	33,8	35,1	38,3

[1] Bis auf Deutschland nur Mitgliedsbahnen der UIC (Union Internationale des Chemins de fer).-

[2] EU-Mitgliedschaft seit 1995.- Abkürzungen siehe Seite 285.

Internationale Kennziffern - Europäische Union (EU)

	1994	1995	1996	1997	1998	1999
			Eisenbahnverkehr [1]			
			Beförderte Tonnen- in Mio.			
EU	707	708	902	943	942	.
A [2]	63	65	70	74	77	74
B	63	60	57	59	61	59
D	322	318	308	316	306	287
DK	9	9	8	8	8	7
E	21	24	24	25	25	25
F	124	120	126	135	137	137
FIN [2]	38	39	38	40	41	40
GR	1	1	2	2	2	2
I	67	74	68	74	76	74
IRL	3	3	3	3	2	3
L	18	15	15	16	17	.
NL	18	21	20	21	24	23
P	7	8	8	9	9	9
S [2]	54	55	53	54	54	50
UK	97	94	102	105	105	.
			Tonnenkilometer - in Mrd.			
EU	176,4	217,4	218,7	236,0	238,6	238,6
A [2]	12,4	13,2	13,3	14,8	15,3	15,3
B	8,1	7,3	7,2	7,5	7,6	7,6
D	69,1	68,0	67,2	72,7	73,6	73,6
DK	1,9	1,8	1,8	1,6	1,6	1,6
E	8,7	9,7	9,8	11,0	11,2	11,2
F	47,2	46,6	49,5	53,9	54,0	54,0
FIN [2]	9,9	9,3	8,8	9,9	9,9	9,9
GR	0,3	0,3	0,3	0,3	0,3	0,3
I	22,6	24,0	23,3	22,9	22,4	22,4
IRL	0,6	0,6	0,6	0,5	0,4	0,4
L	0,6	0,5	0,5	0,6	0,6	0,6
NL	2,8	3,1	3,1	3,4	3,8	3,8
P	1,6	2,0	1,9	2,2	2,0	2,0
S [2]	18,6	18,5	18,0	18,1	18,2	18,2
UK	13,0	12,5	13,3	16,6	17,7	17,7

[1] Bis auf Deutschland nur Mitgliedsbahnen der UIC (Union Internationale des Chemins de fer).-
[2] EU-Mitgliedschaft seit 1995.- [3] Wagenladungsverkehr.- Abkürzungen siehe Seite 285.

Internationale Kennziffern - Europäische Union (EU)

	1994	1995	1996	1997	1998	1999
\multicolumn{7}{c}{**Straßengüterverkehr**}						
\multicolumn{7}{c}{**Beförderte Tonnen - in Mio.**}						
EU	.	.	.	.	.	.
A[1)3)]	33	.	.	.	.	.
B	391	.	.	.	.	.
D[2)]	.	.	.	.	.	.
DK	191	.	.	.	.	.
E	614	.	.	.	.	.
F	1 350	.	.	.	.	.
FIN[1)]	.	405	.	.	.	.
GR	.	.	.	.	.	.
I	958	.	.	.	.	.
IRL	.	.	.	.	.	.
L	35	.	.	.	.	.
NL	476	.	.	.	.	.
P	285	.	.	.	.	.
S[1)]	.	.	.	.	.	.
UK	1 654	.	.	.	.	.
\multicolumn{7}{c}{**Tonnenkilometer [2)] - in Mrd.**}						
EU	**1 033**	**1 136**	**1 149**	**1 199**	**1 254**	.
A[1)3)]	15	15	16	16	16	17
B	33	35	31	34	36	38
D[2)]	273	280	281	302	316	342
DK	15	15	15	15	15	16
E	93	95	93	96	105	111
F	220	227	231	236	247	260
FIN[1)]	26	23	24	25	27	28
GR[4)]	13	15	16	17	17	18
I	187	195	198	207	220	.
IRL	5	6	6	6	6	6
L	2	2	2	2	2	2
NL	41	42	44	45	47	49
P	12	12	12	13	13	14
S[1)]	27	29	31	33	33	33
UK	141	147	150	153	155	153

[1)] EU-Mitgliedschaft seit 1995.- [2)] Verkehrsleistung im Inland.- [3)] Ohne ausländische Fahrzeuge.- Abkürzungen siehe Seite 285.

Internationale Kennziffern - Europäische Union (EU)

	1993	1994	1995	1996	1997	1998	1999
\multicolumn{8}{c}{**Binnenschiffahrt**}							
\multicolumn{8}{c}{**Beförderte Tonnen - in Mio.**}							
EU	**635,7**	**643,3**	.	.	.	.	.
A[1]	6,5	7,7	8,8	9,3	9,2	.	.
B	89,0	90,0	.	107,8	106,2	.	.
D	218,5	235,0	237,9	227,0	233,5	236,4	229,1
DK	-	-	-	-	-	-	-
E	-	-	-	-	-	-	-
F	64,9	62,5	66,1	60,9	58,1	.	.
FIN[1]	1,6	1,9	2,0	1,9	.	.	.
GR	-	-	-	-	-	-	-
I	0,6	0,6	-	-	-	-	-
IRL	-	-	-	-	-	-	-
L	10,2	10,1	.	.	.	.	.
NL	252,5	245,0	.	290,5	317,5	.	.
P	-	-	-	-	-	-	-
S[1]	-	-	-	-	-	-	-
UK	.	.	.	.	.	.	.
\multicolumn{8}{c}{**Tonnenkilometer - in Mrd.**}							
EU	**102,3**	**109,6**	**114,2**	**111,5**	**118,1**	**120,6**	**120,3**
A[1]	1,5	1,8	2,0	2,1	2,1	2,3	2,2
B	5,1	5,6	5,8	5,8	6,1	6,2	6,2
D	57,6	61,8	64,0	61,3	62,2	64,3	62,7
DK	-	-	-	-	-	-	-
E	-	-	-	-	-	-	-
F	6,0	5,6	5,9	5,7	5,7	6,2	6,8
FIN[1]	.	0,5	0,4	0,5	0,4	0,3	0,3
GR	-	-	-	-	-	-	-
I	0,1	0,1	0,1	0,1	0,2	0,1	0,2
IRL	-	-	-	-	-	-	-
L	0,3	0,3	0,3	0,3	0,3	0,3	0,3
NL	33,0	36,0	35,5	35,5	41,0	40,7	41,4
P	-	-	-	-	-	-	-
S[1]	-	-	-	-	-	-	-
UK	0,2	0,2	0,2	0,2	0,2	0,2	0,2

[1] EU-Mitgliedschaft seit 1995. - Abkürzungen siehe Seite 285.

Internationale Kennziffern - Europäische Union (EU)

	1993	1994	1995	1996	1997	1998	1999
			Rohrfernleitungen				
			Beförderte Tonnen - in Mio.				
EU	**434,9**	**443,0**	.	.	.	.	.
A[1]	36,3	37,4	36,4	37,4	36,3	.	.
B	27,0	27,0	.	.	.	.	.
D[2]	83,4	87,4	87,2	89,4	87,4	90,7	89,3
DK	9,1	10,0	.	.	.	.	.
E	23,1	24,2	25,3	26,6	27,3	.	.
F	73,4	74,0	73,7	75,8	.	.	.
FIN[1]	-	-	-	-	-	-	-
GR	-	-	-	-	-	-	-
I	99,6	98,5	.	.	.	.	.
IRL	-	-	-	-	-	-	-
L	-	-	-	-	-	-	-
NL	47,0	47,5	.	.	.	.	.
P	-	-	-	-	-	-	-
S[1]	-	-	-	-	-	-	-
UK	72,3	74,4	.	.	.	.	.
			Tonnenkilometer . in Mrd.				
EU	**76,1**	**76,9**	**83,0**	**84,8**	**85,1**	**88,2**	**89,3**
A[1]	6,7	7,0	6,8	7,1	8,0	8,2	7,6
B	1,3	1,4	1,4	1,5	1,5	1,6	1,6
D[2]	14,3	15,1	14,8	14,5	13,2	14,8	15,0
DK	2,5	3,0	3,1	3,5	3,8	3,9	4,9
E	5,4	5,5	5,9	6,1	6,5	6,9	7,0
F	23,3	22,2	22,3	21,9	22,1	21,6	21,3
FIN[1]	-	-	-	-	-	-	-
GR	-	-	-	-	-	-	-
I	12,2	12,1	12,3	12,6	12,8	13,5	14,1
IRL	-	*	-	*	-	-	-
L	-	-	-	-	-	-	-
NL	5,5	5,6	5,3	6,0	6,0	6,0	6,0
P	-	-	-	-	-	-	-
S[1]	-	-	-	-	-	-	-
UK	11,6	12,0	11,1	11,6	11,2	11,7	11,8

[1] EU-Mitgliedschaft seit 1995.- [2] Transport von rohem Erdöl.- Abkürzungen siehe Seite 285.

Internationale Kennziffern - Niederländische Seehäfen - Güterumschlag in Mio. t

	1992	1993	1994	1995	1996	1997	1998	1999	2000
Güterumschlag insgesamt[1]	378,2	365,5	295,1	380,0	378,1	401,5	404,8	397,0	.
Versand	89,0	88,5	88,1	84,1	84,8	88,7	85,1	92,0	.
Empfang	289,2	277,0	207,0	296,0	293,3	312,9	319,7	305,0	.
darunter:									
Rotterdam - insgesamt	291,6	278,8	293,4	291,2	284,4	303,3	306,9	303,5	322,1
dar. Erdöl	100,5	98,2	95,6	96,9	99,7	98,4	100,6	95,0	97,6
Mineralölprodukte	26,0	24,4	22,9	20,3	18,1	22,4	23,1	21,7	24,8
Stückgut	65,2	65,0	72,5	71,3	71,0	78,9	80,7	84,5	83,9
Versand	63,3	62,4	64,8	61,6	60,5	64,0	61,8	69,1	73,0
dar. Erdöl	5,4	4,8	2,8	2,4	1,0	0,4	0,5	0,7	0,8
Mineralölprodukte	9,7	8,7	8,2	7,8	6,7	7,0	6,7	5,5	7,2
Stückgut	32,3	33,1	37,1	35,6	35,7	40,3	40,2	43,3	43,9
Empfang	228,3	216,4	228,7	229,6	223,9	239,3	245,1	234,4	249,0
dar. Erdöl	95,1	93,4	92,9	94,5	98,7	98,0	100,1	94,3	96,7
Mineralölprodukte	16,3	15,7	14,7	12,5	11,4	15,4	16,4	16,2	17,7
Stückgut	32,9	31,9	35,4	35,8	35,3	38,6	40,5	41,2	40,0
Amsterdam - insgesamt	.	.	.	.	.	56,5	55,7	56,2	64,1
dar. Stückgut	.	.	.	.	.	7,3	6,4	6,5	6,8
Versand	.	.	.	.	.	11,1	9,5	11,0	12,3
dar. Stückgut	.	.	.	.	.	4,4	3,2	3,4	3,6
Empfang	.	.	.	.	.	45,4	46,3	45,2	51,8
dar. Stückgut	.	.	.	.	.	2,9	3,2	3,1	3,3

[1] Einschl. Eigengewichte der Reise- und Transportfahrzeuge, Container, Trailer, Trägerschiffsleichter.- Quelle: Centraal Bureau voor de Statistiek, Heerlen.

Internationale Kennziffern - Belgische Seehäfen - Güterumschlag in Mio. t

	1992	1993	1994	1995	1996	1997	1998	1999	2000
Güterumschlag insgesamt	164,8	160,4	171,1	164,8	160,5	171,6	180,6	178,1	194,4
dar. Stückgut	106,3	109,1	116,8	111,8	113,3	87,0	94,0	91,8	103,8
Versand	60,5	66,4	63,3	62,5	63,2	68,0	68,1	71,5	77,0
dar. Stückgut	47,9	51,7	53,8	49,0	54,7	47,6	.	.	.
Empfang	106,5	98,9	107,8	107,3	97,3	103,5	112,5	106,6	117,4
dar. Stückgut	58,5	57,5	63,0	62,8	58,6	39,4	.	.	.
darunter:									
Antwerpen	103,6	101,8	109,5	108,1	106,5	111,9	119,8	115,7	130,5
dar. Stückgut	45,3	46,8	49,7	50,7	52,3	56,4	63,2	60,3	68,7
Versand	41,5	44,2	46,6	43,0	46,6	48,8	48,0	49,5	55,3
dar. Stückgut	25,9	29,0	30,4	28,9	30,7	32,9	35,6	33,3	38,1
Empfang	62,1	57,6	62,9	65,1	59,9	63,1	71,8	66,2	75,2
dar. Stückgut	19,4	17,8	19,3	21,7	21,6	23,5	27,6	27,0	30,7
Gent	22,8	22,0	23,8	21,6	21,0	23,0	23,6	23,9	24,0
dar. Stückgut	3,1	3,3	3,3	3,1	3,1	3,2	4,1	4,3	4,5
Versand	4,7	4,7	4,5	3,3	3,5	3,7	3,8	5,0	4,1
dar. Stückgut	1,9	2,2	2,2	1,6	1,9	1,7	1,7	1,7	1,6
Empfang	18,1	17,3	19,4	18,3	17,5	19,3	19,8	18,9	20,0
dar. Stückgut	1,2	1,1	1,1	1,5	2,4	1,6	2,4	2,7	2,9
Brügge - Zeebrügge	33,4	31,4	32,9	30,6	28,5	32,4	33,3	35,4	35,5
dar. Stückgut	19,1	19,6	22,4	21,2	20,3	23,1	24,1	25,5	27,9
Versand	11,9	12,8	12,8	11,9	11,3	13,9	18,4	16,0	16,1
dar. Stückgut	10,2	10,5	11,8	11,0	10,5	12,6	13,4	14,2	15,3
Empfang	21,5	18,6	20,1	18,7	17,2	18,5	14,9	19,4	19,4
dar. Stückgut	9,0	9,1	10,6	10,2	13,9	10,5	10,8	11,3	12,6

Quelle: Vlaamse Havencommissie, Brussel.

Internationale Kennziffern - Containerumschlag niederländischer und belgischer Häfen

	1992	1993	1994	1995	1996	1997	1998	1999	2000
Beladene und leere Container - in 1 000									
Rotterdam	2 651,6	2 694,7	2 892,2	3 026,1	3 181,3	3 605,4	3 840,7	3 979,9	3 938,7
Versand	1 327,4	1 380,0	1 438,7	1 503,8	1 565,3	1 737,0	1 879,0	1 966,4	1 970,8
Empfang	1 324,2	1 314,7	1 453,6	1 522,2	1 616,0	1 868,4	1 961,7	2 013,4	1 967,9
Amsterdam	44,1	61,0	58,7	52,4	107,0	53,7	31,7	41,7	47,7
Versand	18,4	24,3	24,7	20,0	40,8	20,5	11,5	15,2	22,2
Empfang	25,7	36,7	34,0	32,4	66,2	33,3	20,2	26,5	25,4
Antwerpen	1 338,1	1 360,4	1 597,3	1 679,5	1 886,9	2 105,0	2 105,0	2 481,5	2 761,4
Versand	684,1	696,9	830,2	855,3	972,2	1 076,7	1 143,3	1 255,0	1 405,7
Empfang	654,1	663,5	767,1	824,2	914,7	1 028,2	1 130,8	1 226,4	1 355,7
Zeebrügge	394,1	373,2	456,6	391,0	394,9	452,8	452,8	568,8	626,2
Versand	195,0	186,7	227,7	197,3	196,7	229,6	264,3	295,4	326,8
Empfang	199,1	186,5	228,9	193,7	198,2	223,2	266,0	273,4	299,4
Beladene Container - Gewicht der Ladung in 1 000 t									
Rotterdam	34 364	35 711	38 606	38 870	41 018	46 336	47 519		
Versand	19 254	20 685	21 973	21 744	22 932	26 173	26 135		
Empfang	15 110	15 026	16 633	17 125	18 086	20 164	21 384		
Amsterdam	558	768	766	789	1 326	653	354		
Versand	256	335	345	336	485	289	147		
Empfang	302	433	422	453	842	364	207		
Antwerpen	19 657	20 330	24 336	25 796	29 460	33 427	35 376	39 442	44 525
Versand	11 338	12 105	14 756	15 122	14 520	19 622	19 941	22 962	26 297
Empfang	8 319	8 225	9 580	10 673	14 940	13 805	15 435	16 480	18 228
Zeebrügge	6 440	6 132	7 397	6 355	6 262	7 636	9 148	9 957	11 610
Versand	3 381	3 348	4 069	3 512	3 507	4 345	5 129	5 787	6 487
Empfang	3 059	2 784	3 328	2 843	2 755	3 291	4 019	4 170	5 123

[1] Container von 20 Fuß und mehr.- Quellen: Centraal Bureau voor de Statistiek, Heerlen; Vlaamse Havencommissie, Brussel.

Internationale Kennziffern - Transitgüterverkehr Österreichs
Versand aus der Bundesrepublik Deutschland nach Verkehrsarten und Zielländern

	1985	1986	1987	1988	1989*	1990	1991	1992	1993	1994**
Versand nach:										
	Straße: Zahl der Fahrzeuge - in 1000									
Italien	323,0	335,0	360,9	380,5	.	347,5	357,4	395,0	399,1	457,6
Schweiz	23,2	28,3	28,9	37,5	.	34,8	37,9	30,8	18,3	23,4
Jugoslawien[1]	26,8	29,6	28,9	31,0	.	53,3	48,4	26,7	31,9	40,1
Sonstige	51,7	48,9	45,0	47,9	.	51,6	48,1	66,8	72,7	103,3
Insgesamt	424,6	441,8	463,6	497,0	.	487,2	491,8	519,3	522,0	624,4
	Straße: Beförderte Güter - in 1000 t									
Italien	6 203,4	6 485,7	6 907,5	7 095,6	.	6 414,6	6 629,4	7 536,6	7 946,0	9 044,9
Schweiz	397,0	510,0	529,8	667,6	.	665,1	738,4	548,5	238,5	350,3
Jugoslawien[1]	312,1	359,4	324,1	378,8	.	660,3	580,1	325,3	387,5	492,8
Sonstige	791,6	751,5	691,5	720,9	.	737,3	639,1	817,5	881,6	1 176,0
Insgesamt	7 704,2	8 106,7	8 453,0	8 863,1	.	8 477,2	8 587,1	9 227,9	9 453,6	11 063,9
	Schiene: Beförderte Güter - in 1000 t									
Italien	2 499,3	2 251,2	2 267,4	2 324,0	.	3 108,6	3 755,6	3 484,1	3 068,6	3 687,6
Schweiz	16,4	6,6	7,4	8,3	.	7,2	22,2	52,3	19,9	27,4
Jugoslawien[1]	581,2	527,2	382,9	408,3	.	652,1	560,6	129,8	250,4	316,7
Sonstige	613,6	402,9	312,6	231,0	.	217,2	374,7	531,5	360,0	529,6
Insgesamt	3 710,5	3 187,9	2 970,3	2 971,5	.	3 985,0	4 713,1	4 197,7	3 698,9	4 561,2
	Anteil des Transitverkehrs von/nach Deutschland am gesamten Transitverkehr - in vH									
Straße - Fahrzeuge	38,8	38,7	38,3	38,0	.	40,2	41,2	41,8	42,1	42,2
Beförderte Güter	38,8	38,7	38,4	38,1	.	40,2	41,6	42,6	43,3	43,2
Schiene - Fahrzeuge	27,0	27,0	26,0	27,2	.	30,2	32,9	32,2	30,8	31,7

[1] Ab 1992: Slowenien. Übrige ehem. Jugoslawien unter Sonstige. - *Ergebnisse der Erhebung 1989 lagen nicht vor.- **Weiterführende Daten liegen aufgrund der Umstellung der Verkehrsstatistik nicht vor. - Quelle: Österreichisches Statistisches Zentralamt.

Internationale Kennziffern - Transitgüterverkehr Österreichs
Empfang in der Bundesrepublik Deutschland nach Verkehrsarten und Herkunftsländern

	1985	1986	1987	1988	1989*	1990	1991	1992	1993	1994**
Empfang aus:										
				Straße: Zahl der Fahrzeuge - in 1 000						
Italien	328,2	351,7	387,0	406,4	.	352,1	390,7	413,3	455,6	556,7
Schweiz	8,3	9,8	.	9,8	.	10,2	11,0	12,1	11,4	17,0
Jugoslawien[1]	35,3	37,0	42,3	46,5	.	62,3	58,0	36,1	40,8	46,4
Sonstige	52,9	53,5	65,1	64,9	.	62,9	62,5	66,0	63,3	71,3
Insgesamt	424,7	452,1	494,4	527,6	.	487,5	522,1	527,4	571,1	691,3
				Straße: Beförderte Güter - in 1 000 t						
Italien	5 600,6	6 019,6	6 571,0	6 808,0	.	5 837,4	6 381,6	6 912,4	7 654,5	9 305,1
Schweiz	95,7	116,6	.	114,4	.	110,1	122,9	134,3	122,7	191,7
Jugoslawien[1]	471,6	492,7	567,3	600,1	.	777,9	693,2	400,9	425,9	493,7
Sonstige	878,8	873,9	997,2	1 013,0	.	958,6	913,8	868,8	785,9	872,3
Insgesamt	7 046,8	7 502,7	8 135,5	8 535,4	.	7 684,1	8 111,5	8 316,4	8 989,0	10 862,9
				Schiene: Beförderte Güter - in 1 000						
Italien	1 122,9	1 161,6	1 138,4	1 178,9	.	1 686,0	1 887,1	1 796,1	1 645,6	2 116,7
Schweiz	.	.	.	.	.	.	.	.	.	.
Jugoslawien[1]	364,9	356,8	357,0	408,8	.	568,4	558,6	141,0	262,7	289,3
Sonstige	715,2	678,7	574,9	527,2	.	508,7	420,8	499,6	302,7	431,1
Insgesamt	2 202,9	2 197,1	2 070,4	2 114,8	.	2 763,1	2 866,5	2 436,7	2 211,0	2 837,2
			Anteil des Transitverkehrs von/nach Deutschland am gesamten Transitverkehr - in vH							
Straße - Fahrzeuge	38,8	38,7	38,3	38,0	.	40,2	41,2	41,8	42,1	42,2
Beförderte Güter	38,8	38,7	38,4	38,1	.	40,2	41,6	42,6	43,3	43,2
Schiene - Fahrzeuge	27,0	27,0	26,0	27,2	.	30,2	32,9	32,2	30,8	31,7

[1] Ab 1992: Slowenien. Übriges ehem. Jugoslawien unter Sonstige.- *Ergebnisse der Erhebung 1989 lagen nicht vor.- **Weiterführende Daten liegen aufgrund der Umstellung der Verkehrsstatistik nicht vor.- Quelle: Österreichisches Statistisches Zentralamt.

Internationale Kennziffern - Transalpiner Güterverkehr der Schweiz

	1991	1992	1993	1994	1995	1996	1997	1998	1999	2000
	\multicolumn{10}{l}{Straße: Gesamtverkehr[1] - Zahl der Fahrzeuge - in 1 000}									
San Bernadino	101	109	109	119	115	124	119	129	138	138
dar. ausländische Fahrzeuge	42	49	48	57	55	62	59	67	68	.
St. Gotthard	603	659	736	807	871	935	964	1 035	1 101	1 187
dar. ausländische Fahrzeuge	350	389	456	516	576	621	623	694	760	.
Simplon	28	20	11	19	21	24	25	27	30	27
dar. ausländische Fahrzeuge	17	11	6	11	12	14	15	16	17	.
Gr. St. Bernhard	67	59	50	41	40	39	36	44	48	52
dar. ausländische Fahrzeuge	48	41	32	24	23	24	19	27	31	.
Insgesamt	799	847	906	985	1 046	1 121	1 145	1 235	1 318	1 404
dar. ausländische Fahrzeuge	457	490	542	608	665	721	716	803	877	.
dar. aus der Bundesrepublik Deutschland				142						
	\multicolumn{10}{l}{Straße: Zahl der Fahrzeuge im Transit - in 1 000}									
San Bernadino	23	28	28	32	36	41	40	46	45	44
St. Gotthard	276	312	368	424	483	522	515	585	652	672
Simplon	2	2	2	2	2	2	2	2	2	3
Gr. St. Bernhard	29	23	17	10	10	10	8	12	14	17
Insgesamt	331	365	414	468	530	575	565	645	714	736
dar. aus der Bundesrepublik Deutschland				127						
	\multicolumn{10}{l}{Beförderte Güter - in Mio. t}									
Straße	4,7	5,1	5,6	6,2	6,5	7,0	7,1	7,7	8,4	8,9
Schiene[1]	17,9	17,4	16,0	17,8	18,1	15,7	18,0	19,3	18,4	20,6
dar. Kombinierter Verkehr	6,0	6,1	6,2	7,3	7,7	7,1	8,6	9,5	8,9	10,0
dar. Wagenladungsverkehr	11,8	11,2	9,8	10,5	10,4	8,6	9,4	9,7	9,5	10,6

[1] Wagenladungen einschl. Container und Huckepack. - Quelle: Eidgenössisches Verkehrs- und Energiewirtschaftdepartement; Berechnungen des DIW.

Internationale Kennziffern - Ausgewählte europäische Flughäfen

	1987	1988	1989	1990	1991	1992	1993	1994	1995	1996	1997	1998	1999	2000*
	\multicolumn{14}{c}{Gestartete und gelandete Luftfahrzeuge - in 1 000}													
London-Heathrow	304	327	345	367	361	406	411	427	437	427	441	451	458	467
-Gatwick	171	180	189	188	163	186	185	192	203	204	239	251	256	260
Paris-Charles de Gaulle	155	179	204	233	252	296	310	319	326	361	403	428	476	518
-Orly	171	184	194	191	193	215	212	217	241	245	242	246	246	244
Frankfurt - Rhein/Main	262	282	301	311	304	328	336	353	370	377	386	406	426	447
Rom - Leonardo da Vinci	141	148	162	174	169	189	194	200	209	231	246	258	261	283
Amsterdam - Schiphol	175	187	192	202	206	268	288	304	322	322	349	393	410	432
Kopenhagen - Kastrup	168	182	199	200	198	213	222	229	342	271	284	281	299	304
Zürich - Kloten	145	160	164	182	175	233	234	242	248	224	276	288	306	325
Stockholm - Arlanda	202	225	249	253	219	225	226	231	225	238	258	268	276	279
Madrid - Barajas	114	129	147	158	164	202	204	212	239	243	262	269	307	358
Palma de Mallorca	82	89	88	87	87	104	105	116	121	127	145	154	167	174
Athen - Hellinikon	113	113	113	113	100	113	119	126	126	127	134	.	172	198
	\multicolumn{14}{c}{Fluggäste - in 1 000}													
London-Heathrow	34 742	37 525	39 611	42 964	40 248	45 176	47 851	51 718	54 459	55 758	57 975	60 660	62 268	64 954
-Gatwick	19 373	20 761	21 183	21 185	18 690	19 969	20 169	21 212	22 548	24 106	26 961	29 173	30 564	32 184
Paris-Charles de Gaulle	16 041	17 887	20 275	22 516	21 975	25 198	26 106	28 680	28 365	31 724	35 294	38 629	43 597	48 246
-Orly	20 427	22 206	24 118	24 342	23 320	25 170	25 372	26 618	26 645	27 365	25 059	24 952	25 349	25 397
Frankfurt - Rhein/Main	23 255	25 115	26 568	29 368	27 872	30 634	32 328	34 978	38 413	38 621	40 142	40 063	43 557	49 278
Rom - Leonardo da Vinci	14 140	14 346	15 564	17 714	16 492	19 010	19 300	20 316	21 129	23 850	25 004	25 255	24 029	26 288
Amsterdam - Schiphol	13 298	14 582	15 338	16 470	16 542	19 145	21 270	23 551	25 341	27 795	31 570	34 420	37 119	36 607
Kopenhagen - Kastrup	10 754	11 262	11 498	12 128	11 949	12 167	12 349	14 118	15 036	15 897	16 837	16 671	17 403	18 430
Zürich - Kloten	10 114	10 825	10 989	12 770	12 150	13 051	13 508	14 507	15 334	16 226	18 269	19 301	20 875	22 627
Stockholm - Arlanda	11 884	13 145	13 875	13 979	12 868	12 948	12 600	14 155	14 013	14 159	15 194	16 410	17 364	18 446
Madrid - Barajas	11 794	13 243	14 246	16 226	16 464	18 440	17 500	18 427	19 956	21 857	23 633	25 254	28 029	32 916
Palma de Mallorca	11 258	11 712	11 516	11 319	11 755	11 942	12 515	14 142	14 736	15 383	16 562	17 660	19 227	19 411
Athen - Hellinikon	10 247	10 183	10 514	10 077	8 486	9 419	9 608	9 574	9 545	10 391	10 962	.	12 800	14 700

[1] Gewerbliche Flugbewegungen. - *Vorläufige Werte. - Quellen: ADV, ICAO, ACI.

Internationale Kennziffern - Mineralölabsatz[1] pro Kopf der Bevölkerung - in Kilogramm

	1987	1988	1989	1990	1991	1992	1993	1994	1995	1996	1997	1998	1999*	2000*
EU-Länder insgesamt	1 358	1 378	1 389	1 388	1 430	1 446	1 422	1 428	1 449	1 466	1 464	1 511	1 486	1 454
Bundesrepublik	1 763	1 767	1 645	1 723	1 564	1 558	1 570	1 549	1 546	1 567	1 552	1 554	1 502	1 464
Belgien	1 741	1 792	1 733	1 718	1 860	1 914	1 850	1 897	1 863	2 093	2 134	2 166	2 128	2 142
Dänemark	1 849	1 718	1 621	1 578	1 605	1 569	1 551	1 646	1 703	1 884	1 808	1 759	1 725	1 665
Finnland[2]	2 076	2 073	2 037	2 002	1 945	1 871	1 830	1 912	1 761	1 745	1 737	1 824	1 836	1 754
Frankreich	1 396	1 387	1 430	1 413	1 475	1 452	1 399	1 385	1 421	1 438	1 436	1 517	1 486	1 455
Griechenland	1 068	1 121	1 170	1 169	1 231	1 255	1 215	1 222	1 264	1 350	1 371	1 416	1 365	1 440
Großbritannien	1 183	1 257	1 278	1 302	1 289	1 289	1 303	1 299	1 272	1 295	1 244	1 250	1 215	1 103
Irland	1 091	1 037	1 045	1 186	1 254	1 356	1 388	1 529	1 536	1 583	1 732	1 938	2 123	2 102
Italien	1 424	1 388	1 465	1 413	1 443	1 534	1 504	1 483	1 536	1 520	1 515	1 568	1 492	1 462
Luxemburg	3 512	3 654	3 975	4 308	4 792	4 758	4 748	4 669	4 249	4 348	4 477	4 911	4 763	5 131
Niederlande	1 307	1 358	1 324	1 361	1 384	1 389	1 334	1 356	1 416	1 368	1 431	1 425	1 458	1 469
Österreich[2]	1 338	1 291	1 306	1 316	1 400	1 331	1 335	1 341	1 296	1 336	1 387	1 411	1 411	1 367
Portugal	859	862	1 082	1 065	1 144	1 260	1 175	1 164	1 269	1 206	1 286	1 442	1 505	1 459
Schweden[2]	1 915	1 906	1 780	1 727	1 629	1 686	1 625	1 736	1 716	1 859	1 711	1 909	1 898	1 893
Spanien	859	974	1 035	1 030	1 044	1 072	1 422	1 428	1 449	1 466	1 464	1 415	1 468	1 513
Westeuropa	1 400	1 414	1 419	1 421	1 430	1 446	1 432	1 438	1 449	1 467	1 451			
Island	2 472	2 403	2 152	2 109	2 190	2 141	2 730	2 741	2 728	2 818	3 078			
Norwegen	2 150	1 886	1 851	1 847	1 771	1 729	1 730	1 779	1 840	1 938	1 886	1 978	1 952	1 787
Schweiz	1 862	1 868	1 759	1 926	1 873	1 887	1 753	1 768	1 645	1 700	1 821	1 750	1 670	1 611
nachrichtlich:														
Japan	1 587	1 699	1 767	1 851	1 906	1 923	1 884	1 987	1 983	2 007	1 962	1 881	1 894	1 883
USA	2 819	2 893	2 887	2 769	2 641	2 654	2 734	2 788	2 749	2 814	2 849	2 807	2 877	2 861

[1] Inlandsabsatz einschließlich Militär.- [2] EU-Mitgliedschaft ab 1995.- *Zum Teil vorläufige Zahlen.

Alphabetisches Sachregister

	Seite
Allgemeine Fahrerlaubnisse	125 - 129
Alpenquerender Transitverkehr	
Österreich	303 - 304
Schweiz	305
Ammoniak - Luftverunreinigung	283
Anlageinvestitionen	22 - 33
Anlagevermögen	34 - 41
Aufwendungen privater Haushalte für die Kraftfahrzeughaltung	259 - 265
Ausbildung - Fahrtzweck	218 - 221
Ausbildungspendler	104 - 106
Ausgaben für den Verkehr	
Ist-Ausgaben des Bundes für den Verkehr	122 - 123
Nettoausgaben des Bundes, der Länder und der Gemeinden für das Straßenwesen	121
Ausgleichszahlungen des Bundes für den Personenverkehr - Deutsche Bahn	62
Außenhandel - Einfuhr nach Verkehrsbereichen	250 - 251
Autoreisezug-Verkehr	56 - 57
Beförderungssätze	
Eisenbahn- und Luftverkehr	255 - 256
Berufs- und Schülerverkehr - Eisenbahnen	210 - 213
Berufsverkehr - Fahrtzweck	218 - 221
Betriebskosten im Verkehr	257
Bevölkerung, Erwerbstätige, Private Haushalte	103
Bevölkerung, Erwerbstätige in der Europäischen Union	285
Binnenhäfen - insgesamt	74 - 75
Binnenhäfen - öffentliche	74 - 75
Anlageinvestitionen	22 - 33
Anlagevermögen	34 - 41
Bruttowertschöpfung	50 - 51
Einnahmen	46 - 47
Erwerbstätige	44 - 45

	Seite
Binnenschifffahrt - auf Wasserstraßen der Bundesrepublik Deutschland	
Energieverbrauch	273, 276 - 277
Güterverkehr	
Durchgangsverkehr	206 - 207
Grenzüberschreitender Verkehr	188 - 193
Transportweite	237
nach Bundesländern	72 - 73
Transportweite	
nach Hauptgütergruppen	237
Verkehrsaufkommen	228 - 231, 299
nach Hauptgütergruppen	236
Verkehrsleistung	230 - 233
nach Hauptgütergruppen	237
Binnenschifffahrt - Binnenflotte der Bundesrepublik	
Abwrackungen von Binnenschiffen	70 - 71
Anlageinvestitionen	22 - 31
Anlagevermögen	34 - 41
Bruttowertschöpfung	48 - 51
Einnahmen	46 - 47, 67
Erwerbstätige	44 - 45, 67
Fahrzeugbestand, Kapazitäten	68 - 69
Frachteinnahmen je tkm	254
Binnenschifffahrt - Güterverkehr in der Europäischen Union	298
Binnenwasserstraßen - Länge	120
in der Europäischen Union	288
Brutto-Anlageinvestitionen	22 - 35
Brutto-Anlagevermögen	37 - 39
Bruttowertschöpfung - Bruttoinlandsprodukt	50 - 51
Bundesautobahnen	
Fahrleistungen	158 - 159
Kraftfahrzeugdichte - Verkehrsstärke	114 - 117
Länge - Fahrbahnbreite - Fläche	108 - 113
Verkehrsunfälle	164 - 171

	Seite
Bundesstraßen	
Fahrleistungen	158 - 159
Kraftfahrzeugdichte - Verkehrsstärke	114 - 117
Länge - Fahrbahnbreite - Fläche	108 - 113
Verkehrsunfälle	164 - 171
Chemische Erzeugnisse - siehe Hauptgütergruppen	
Container-Verkehr	
Deutsche Bundesbahn	60 - 61
Deutsche Seehäfen	84 - 85
Niederländische und belgische Seehäfen	302
Deutsche Bahn (Bundesbahn/Reichsbahn)	52 - 63
Anlageinvestitionen	22 - 31
Anlagevermögen	34 - 41
Autoreisezugverkehr	56 - 57
Bruttowertschöpfung	50 - 51
Einnahmen	46 - 47, 62
Energieverbrauch	54 - 55, 271, 276 - 277
Erwerbstätige	44 - 45, 62
Betriebsleistungen	54 - 55
Fahrzeugbestand	52 - 53
Gepäckverkehr	56 - 57
Gleisanschlussverkehr	60 - 61
Güterverkehr	58 - 59
Kfz-Übersetzverkehr	58 - 59
Kombinierter Ladungsverkehr	60 - 61
Personenverkehr	56 - 57
Streckenlänge	52 - 53
Distickstoffoxid (N_2O)	283
Düngemittel - siehe Hauptgütergruppen	
Durchgangsverkehr	
Güterverkehr	218 - 225
Nord-Ostsee-Kanal	77
Österreich	303 - 304
Schweiz	305
Ein- und Durchfahrten von Lastkraftfahrzeugen	178 - 183
Einkaufsverkehr - Fahrtzweck	218 - 221
Einnahmen - nach Verkehrsbereichen	46 - 47

Eisenbahnen
  Anlageinvestitionen — 22 - 33
  Anlagevermögen — 34 - 41
  Beförderungssätze — 261
  Bruttowertschöpfung — 50 - 51
  Einnahmen — 46 - 47
  Erwerbstätige — 44 - 45
    Bundesbahn, Reichsbahn — 62
    Nichtbundeseigene Eisenbahnen — 66
  Güterverkehr
    Durchgangsverkehr — 206 - 205
    Grenzüberschreitender Verkehr — 188 - 193
      nach Hauptgütergruppen — 194 - 195
    in der Europäischen Union — 295 - 296
    Transportweite
      nach Hauptgütergruppen — 235
    Verkehrsaufkommen — 226 - 229
      nach Hauptgütergruppen — 234
    Verkehrsleistung — 230 - 233
      nach Hauptgütergruppen — 235
  Personenverkehr
    in der Europäischen Union — 287 - 288
    nach Fahrtzwecken — 210 - 221
    Verkehrsaufkommen — 204 - 205, 214 - 215
    Verkehrsleistung — 212 - 213
Eisen, Stahl und NE-Metalle - siehe Hauptgütergruppen
Energieverbrauch
  des Verkehrs — 272 - 277
  in der Bundesrepublik - insgesamt — 272
    nach Energieträgern — 274
  nach Wirtschafts- und Verkehrsbereichen — 273
Erdöl - siehe Hauptgütergruppen
Erwerbstätige — 103, 285
  nach der Art der benutzten Verkehrsmittel — 107
  nach Entfernung für den Weg zur Arbeits- bzw. Ausbildungsstätte — 106
  nach Zeitaufwand für den Weg zur Arbeits- bzw. Ausbildungsstätte — 105
  nach Verkehrsbereichen — 44 - 45
  Pendler — 104

	Seite
Erze und Metallabfälle - siehe Hauptgütergruppen	
Europäische Union - Verkehrsdaten	285 - 304
Fahrerlaubnisse - Führerscheine	125 - 131
auf Probe	131
Erteilungen und Entziehungen	125
nach Altersgruppen	126
nach Erlaubnisklassen	127
Fahrleistungen	
im Straßenverkehr	278 - 279
nach Kraftfahrzeugarten	156 - 159
Fahrräder - Produktion und Bestand	138
Fahrradwege - Länge	112 - 113
Fahrradverkehr	218 - 221
Fahrzeugbestand	
Binnenschifffahrt	68 - 69
Deutsche Bahn (Bundesbahn/Reichsbahn)	52 - 53
Fluggesellschaften der Bundesrepublik	94 - 95
Güterkraftverkehr - gewerblich	93
Handelsflotte	77 - 78
Kraftfahrzeugverkehr	140 - 141
Luftfahrt	124
Nichtbundeseigene Eisenbahnen	64 - 65
Öffentl. Straßenpersonenverkehr	86- 89
Fahrzeuge, Maschinen, Halb- und Fertigwaren	
siehe Hauptgütergruppen	
FCKW und Halone - Luftverunreinigung	283
Fernverkehr ausländischer Lastkraftfahrzeuge	
Durchgangsverkehr	201
Grenzüberschreitender Verkehr	
Ein- und Durchfahrten	178 - 185
Verkehrsaufkommen	226 - 229
Verkehrsleistung	230 - 233
Fluggesellschaften der Bundesrepublik	94 - 95
Anlageinvestitionen	22 - 31
Anlagevermögen	34 - 41
Bruttowertschöpfung	48 - 51
Einnahmen	46 - 47, 94 - 95
Energieverbrauch	273 - 277
Erwerbstätige	44 - 45, 94 - 95

	Seite
Flughäfen	96 - 99
Anlageinvestitionen	22 - 33
Anlagevermögen	34 - 41
ausgewählte europäische Flughäfen	306
Bruttowertschöpfung	48 - 51
Einnahmen	46 - 47, 96 - 97
Erwerbstätige	43 - 44, 98 - 99
Fluggäste	96 - 97
Flugzeuge	
Bestand	124
Starts und Landungen	96 - 97
auf internationalen Flughäfen	306
Frachtraten - Seeschiffahrt	254
Freizeitverkehr - Fahrtzweck	218 - 221
Führerscheine (Fahrerlaubnisse)	125 - 131
Fußwege	218 - 221
Gefahrguttransporte	246 - 251
Gemeindestraßen	
Fahrleistungen	156 - 161
Länge - Fahrbahnbreite - Fläche	108 - 113
Verkehrsunfälle	166 - 169
Gepäckverkehr - Deutsche Bahn	56 - 57
Geschäftsverkehr - Fahrzweck	218 - 221
Gewerblicher Straßengüterfernverkehr	
Verkehrsaufkommen	228 - 231
Verkehrsleistung	232 - 243
Gleisanschlussverkehr, Ganzzugverkehr	
der Deutschen Bahn	58 - 61
Grenzüberschreitender Verkehr	
Ein- und Durchfahrten der Lastkraftfahrzeuge	178 - 183
Güterverkehr	188 - 193
Binnenschifffahrt	198 - 199
Eisenbahn	194 - 195
Seeschifffahrt	200 - 201
Straßengüterverkehr	196 - 197
Kraftfahrzeugverkehr	178
Luftverkehr	184 - 186
Seeschifffahrt nach Fahrtgebieten	202 - 205

	Seite
Gütergruppen - siehe Hauptgütergruppen	
Güterkraftverkehr (Gewerblicher Verkehr)	92 - 93
Anlageinvestitionen	22 - 31
Anlagevermögen	33 - 41
Bruttowertschöpfung	50 - 51
Einnahmen	46 - 47
Erwerbstätige	44 - 45
Güterverkehr	
Durchgangsverkehr	206 - 207
Grenzüberschreitender Verkehr	188 - 205
Transportweite	235, 237, 240 - 241
Verkehrsaufkommen	226 - 229
nach Hauptgütergruppen	234, 236, 238 - 239
Verkehrsleistung	230 - 233
nach Hauptgütergruppen	235, 237, 240 - 241
Gurtanlegequoten	160
Handelsflotte der Bundesrepublik	
Bestand	76 - 77
Hauptgütergruppen	
Güterverkehr	234 - 244
Binnenschifffahrt	236 - 247
Eisenbahnen	234 - 235
Seeschifffahrt	243
Straßengüterverkehr	238 - 241
Grenzüberschreitender Verkehr	194 - 201
Binnenschifffahrt	198 - 199
Eisenbahnen	194 - 195
Seeschifffahrt	200 - 201
Straßengüterverkehr	196 - 197
Transportweite	235, 237, 240 - 241
Verkehrsaufkommen im Güterverkehr	234, 236, 238 - 239
Verkehrsleistung im Güterverkehr	235, 237, 240 - 241
Hauptuntersuchungen von Straßenfahrzeugen (TÜV)	134 - 137
Huckepackverkehr - Bundesbahn	60 - 61

	Seite
Individualverkehr	
Ausgaben der priv. Haushalte	259 - 266, 268 - 269
Kostenentwicklung	259 - 260
Verkehrsaufkommen	210 - 211, 214 - 215
Verkehrsleistung	212 - 215
Internationale Kennziffern	285 - 307
Ist-Ausgaben des Bundes für den Verkehr	121 - 123
Kanalstrecken - Länge	120
Kfz-Übersetzverkehr - Deutsche Bahn	56 - 57
Kohle - siehe Hauptgütergruppen	
Kohlendioxidbelastung (CO_2)	280, 282
Kohlenmonoxidbelastung (CO)	280 - 281
Kombinierter Ladungsverkehr	60 - 61
Kostenentwicklung	
Lohn- und Betriebskosten	263
Investitionsgüter	261
Individualverkehr	259 - 265
Kraftfahrzeuge und Kraftfahrzeuganhänger	
Ausgaben der privaten Haushalte	259 - 265
Bestand	140 - 141
nach Hubraumklassen	146 - 147
nach Höchstgeschwindigkeitsklassen	144
nach kW- und PS-Klassen	150 - 151
nach Nutzlastklassen	154 - 155
schadstoffreduzierte Fahrzeuge	149
in der Europäischen Union	290
Ergebnisse der TÜV-Prüfungen	134 - 137
Fahrleistungen	156 - 159
Neuzulassungen	142 - 143
nach Hubraumklassen	146 - 147
nach Höchstgeschwindigkeitsklassen	144
schadstoffreduzierte Fahrzeuge	149
in der Europäischen Union	291
Kraftfahrzeuganhänger - nach Nutzlastklassen	154 - 155
Kraftfahrzeugdichte nach Straßenkategorien	114 - 117
Kraftfahrzeugsteuer	259 - 261, 268, 270

	Seite
Kraftfahrzeugverkehr	
Fahrleistungen	156 - 159
Grenzüberschreitender Verkehr	178 - 185
Steuerbelastung	270
Verkehrsunfälle	161 - 177
Kraftomnibusverkehr	
Deutsche Bahn (Bundesbahn)	56 - 57
Nichtbundeseigene Eisenbahnen	64 - 66
Öffentl. Straßenpersonenverkehr	86 - 87
nach Bundesländern	88 - 89
Kraftstoffe	
Ausgaben der privaten Haushalte	269
Steueraufkommen und -belastung	270 - 271
Verbrauch und Preise	278 - 279
Kreisstraßen	
Fahrleistungen	158 - 159
Kraftfahrzeugdichte - Verkehrsstärke	114 - 117
Länge - Fahrbahnbreite - Fläche	108 - 113
Verkehrsunfälle	164 - 171
Landesstraßen	
Fahrleistungen	160 - 161
Kraftfahrzeugdichte - Verkehrsstärke	114 - 117
Länge - Fahrbahnbreite - Fläche	108 - 113
Verkehrsunfälle	168 - 171
Land- und forstwirtschaftliche Erzeugnisse	
siehe Hauptgütergruppen	
Lastkraftwagen	
Bestand	140 - 141
nach Nutzlastklassen	154 - 155
Fahrleistungen	156 - 159
Neuzulassungen	142 - 143
Ergebnisse der TÜV-Prüfungen	134 - 137
Leistungsbilanz-Saldo der Bundesrepublik	118 - 119
Lohn- und Betriebskosten im Verkehr	257
Luftfahrt	
Ausgaben des Bundes	122
Energieverbrauch	273 - 277
Fahrzeugbestand	124

	Seite
Luftverkehr	
Grenzüberschreitender Verkehr	184 - 193
Güterverkehr	
Verkehrsaufkommen	226 - 229
Verkehrsleistung	230 - 233
Personenverkehr	210 - 221
nach Fahrtzwecken	218 - 221
Verkehrsaufkommen	210 - 211, 214 - 215
Verkehrsleistung	212 - 215, 218 - 221
Preisentwicklung	256
Luftverunreinigung	280 - 284
Mehrwertsteuer	269
Methan - Luftverunreinigung	283
Mineralölerzeugnisse - siehe Hauptgütergruppen	
Mineralöl - Energieverbrauch	272 - 277
Mineralölsteuer, Mineralölzoll	269 - 271
Mineralölverbrauch pro Kopf	307
Modernitätsgrad - Anlagevermögen	42 - 43
Motorisierter Individualverkehr	
nach Fahrtzwecken	218 - 221
Verkehrsaufkommen	210 - 211, 218 - 219
Verkehrsleistung	220 - 221
Nahrungs- und Futtermittel - siehe Hauptgütergruppen	
Netto-Anlageinvestitionen	34 - 35
Netto-Anlagevermögen	40 - 42
Netto-Ausgaben für das Straßenwesen	123
Nichtbundeseigene Eisenbahnen	63 - 67
Anlageinvestitionen	22 - 31
Anlagevermögen	37 - 41
Bruttowertschöpfung	48 - 51
Einnahmen	46 - 47, 66
Erwerbstätige	44 - 45, 66
Nord-Ostsee-Kanal	77
Obusverkehr	86 - 87
Öffentlicher Personennahverkehr (ÖPNV)	
Verkehrsaufkommen	210 - 211, 214 - 215
Verkehrsleistung	212 - 215

	Seite
Öffentlicher Straßenpersonenverkehr	
einschl. Bahn und Post	
Verkehrsaufkommen	210 - 211, 214 - 215
Verkehrsleistung	212 - 215
ohne Bahn und Post	86 - 91
Anlageinvestitionen	22 - 31
Anlagevermögen	37 - 41
Bruttowertschöpfung	48 - 51
Einnahmen	46 - 47, 90 - 91
Erwerbstätige	44 - 45, 90 - 91
Verkehrsaufkommen	88 - 89
nach Fahrtzwecken	218, 220
Verkehrsleistung	88 - 89
nach Fahrtzwecken	219, 221
Organische Verbindungen - Luftverschmutzung	280, 282
Pendler - nach benutzten Verkehrsmitteln	104 - 107
Personenkraftwagen, Kombinationskraftwagen	
Bestand	140 - 141
nach Bundesländern	152 - 153
nach Höchstgeschwindigkeitsklassen	144
nach Hubraumklassen	146 - 147
nach kW- und PS-Klassen	150 - 151
schadstoffreduzierte Fahrzeuge	149
Ergebnisse der TÜV-Prüfungen	134 - 137
Fahrleistungen	158 - 159
Kraftstoffverbrauch	278 - 279
Löschungen	146 - 147
Mineralölsteueraufkommen	271
Neuzulassungen	141 - 143
nach Bundesländern	152 - 153
nach Hubraumklassen	146 - 147
nach Höchstgeschwindigkeitsklassen	144
schadstoffreduzierte Fahrzeuge	149
Verfügbarkeit	127, 222 - 223
Personenverkehr	
Verkehrsaufkommen	210 - 211, 214 - 215
Verkehrsleistung	212 - 215
Verkehrsverbünde	90 - 91

	Seite
Platzkapazität	
im Öffentlichen Straßenpersonenverkehr	86 - 87
Preisindex für die Lebenshaltung	266 - 267
Private Haushalte	103
Ausgaben für Verkehrszwecke	268 - 269
Kostenentwicklung - monatliche Ausgaben	260 - 265
Preisindex für die Lebenshaltung	266 - 267
Reisezeit	222 - 223
Rohrfernleitungen	100 - 102
Anlageinvestitionen	22 - 31
Anlagevermögen	33 - 41
Bruttowertschöpfung	50 - 51
Einnahmen	46 - 47, 98 - 99
Erwerbstätige	44 - 45, 98 - 99
Grenzüberschreitender Verkehr	188 - 189
in der Europäischen Union	299
Verkehrsaufkommen	228 - 229
Verkehrsleistung	230 - 233
S-Bahnverkehr	
Verkehrsaufkommen und -leistung	56 - 57
Schüler und Studierende	103
als Pendler	104 - 106
Schwefeldioxidbelastung (SO_2)	280 - 281
Seehäfen	80 - 85
Anlageinvestitionen	22 - 33
Anlagevermögen	34 - 41
Bruttowertschöpfung	48 - 51
Containerverkehr	84 - 85
Einnahmen	46 - 47, 80 - 81
Erwerbstätige	44 - 45, 80 - 81
Güterumschlag	80 - 81
Seehäfen Belgiens und der Niederlande	300 - 302
Seeschifffahrt	
Anlageinvestitionen	22 - 33
Anlagevermögen	34 - 41
Bruttowertschöpfung	48 - 51
Einnahmen	46 - 47, 78 - 79

	Seite
Erwerbstätige	44 - 45, 78 - 79

Güterverkehr
  Energieverbrauch ... 272 - 277
  Grenzüberschreitender Verkehr ... 188 - 193
    nach Fahrtgebieten ... 202 - 205
  Handelsschiffe
    Bestand ... 78 - 79
  nach Hauptgütergruppen ... 243
  Verkehrsaufkommen ... 78 - 79, 226 - 229
  Verkehrsleistung ... 78 - 79, 230 - 233
Stadtschnellbahnen (U-Bahn und Hochbahn) ... 86 - 89
Staubbelastung - Luftverschmutzung ... 280, 282
Steine und Erden - siehe Hauptgütergruppen
Stickstoffoxid (NO_x als NO_2) - Luftverunreinigung ... 280 - 281
Straßen
  mit Fahrradwegen ... 112 - 113
  Länge - Fahrbahnbreite - Fläche ... 108 - 113
  Länge - nach Bundesländern ... 109
  Länge - in der Europäischen Union ... 289
Straßenbahnen ... 86 - 89
Straßenbelastung ... 114 - 117
Straßengüterfernverkehr
  Verkehrsaufkommen ... 226 - 229
  Verkehrsleistung ... 230 - 233
Straßengüternahverkehr
  Verkehrsaufkommen ... 226 - 229
  Verkehrsleistung ... 230 - 233
Straßengüterverkehr
  Grenzüberschreitender Verkehr ... 188 - 193
    nach Entfernungsstufen ... 242 - 243
    nach Hauptgütergruppen ... 196
    Ein- und Durchfahrten von Lastkraftfahrzeugen ... 178 - 183
  in der Europäischen Union ... 297
  Verkehrsaufkommen ... 228 - 229
    nach Entfernungsstufen ... 242
    nach Hauptgütergruppen ... 238 - 239
  Verkehrsleistung ... 230 - 233
    nach Entfernungsstufen ... 243
    nach Hauptgütergruppen ... 240 - 241

	Seite
Straßenverkehrsunfälle	161 - 177
Getötete und Verletzte	162 - 165
Getötete - nach Bundesländern	164
Verletzte - nach Bundesländern	165
in der Europäischen Union	292 - 293
mit Personen- und Sachschaden	161
nach Altersgruppen	172
nach Höchstgeschwindigkeitsklassen	173
nach Straßenkategorien	166 - 167
nach Straßenkategorien/Fahrleistungen	170 - 171
nach Verkehrsbeteiligung	170
Unfallursachen	172 - 175
nach Bundesländern	174 - 175
Streckenlängen	
Deutsche Bundesbahn (Bundesbahn/Reichsbahn)	52 - 53
Nichtbundeseigene Eisenbahnen	64 - 65
Öffentlicher Straßenpersonenverkehr	86 - 88
Rohrfernleitungen	102 - 103
Stückgutverkehr	
Verkehrsaufkommen	
Bundesbahn	58 - 59
Eisenbahnen	226 - 229
Verkehrsleistung	
Bundesbahn	58 - 59
Eisenbahnen	230 - 233
Tanker	
Binnenschifffahrt	68 - 69
Seeschifffahrt	78 - 79
Tarife - Frachtsätze	
Eisenbahnverkehr	255
Luftverkehr - Personenverkehr	256
Seeschifffahrt	254
Taxis und Mietwagen	86 - 89

	Seite
Tonnenkilometer	
Binnenschifffahrt	230 - 233
grenzüberschreitender Verkehr	189, 191, 193
nach Hauptgütergruppen	240 - 241
Schiffe der Bundesrepublik	67
Eisenbahnen	232 - 235
Deutsche Bundesbahn	58 - 61
grenzüberschreitender Verkehr	189, 191, 193
nach Hauptgütergruppen	233
Nichtbundeseigene Eisenbahnen	63 - 65
Seeschifffahrt	230 - 233
grenzüberschreitender Verkehr	200 - 205
nach Fahrtgebieten	202 - 205
Schiffe der Bundesrepublik	78 - 79
Straßengüterverkehr	230 - 233
grenzüberschreitender Verkehr	189, 191, 193
nach Hauptgütergruppen	240 - 241
Transitgüterverkehr	
Durchgangsverkehr der Bundesrepublik	206 - 207
Österreich	303 - 304
Schweiz	305
Transportbilanz - mit dem Ausland	118 - 119
Triebfahrzeugkilometer - Bundesbahn	54 - 55
TÜV-Untersuchungen	134 - 137
Umweltbelastung - Luftverunreinigung	280 - 284
Urlaubsverkehr - Fahrtzweck	218 - 221
Verkehrsausgaben	
Netto-Ausgaben für das Straßenwesen	121
Ist-Ausgaben des Bundes	122
Verkehrsbeteiligung - Personenverkehr	222 - 223
Verkehrsinfrastruktur	
Anlageinvestitionen	32 - 33
Anlagevermögen	34 - 35
Verkehrsmittelbenutzung	107
Verkehrsunfälle auf Straßen	161 - 177
Verkehrsverbünde	90 - 91
Verkehrszentralregister	132 - 133
Wasserstraßen - Länge	120

Quellennachweis

Herausgeber | Titel

**Der Bundesminister für Verkehr,
Bau- und Wohnungswesen, Berlin und Bonn
Berlin:**
Tel.: 030 / 2097-0
Tel.: 030 / 20620-0
Fax: 030 / 2097-1400
Fax: 030 / 20620-3708
Bonn:
Tel.: 0228 / 300-0
Fax: 0228 / 300-3428
e-mail: poststelle@bmvbw.bund.de
Internet: http://www.bmvbw.de/

Statistische Daten

**Statistisches Bundesamt,
Wiesbaden**
Tel.: 0611 / 75-2405
Fax: 0611 / 75-3330
e-mail: info@statistik-bund.de
Internet: http://www.statistik-bund.de/

Statistisches Jahrbuch
Wirtschaft und Statistik
Fachserien

Umweltbundesamt, Berlin
Tel.: 030 / 8903-0
Fax: 030 / 8903-2285
Internet: http://www.umweltbundesamt.de/

Daten zur Umwelt

**Kraftfahrt-Bundesamt,
Flensburg**
Tel.: 0461 / 316 0
Fax: 0461 / 316 - 1650
e-mail: kba@kba.de
Internet: http://www.kba.de

Statistische Mitteilungen

Herausgeber	Titel
Bundesamt für Güterverkehr, Köln Tel.: 0221 / 5776-0 Fax: 0221 / 5776-444 e-mail: BAGpress@compuserve.de Internet: http://www.bag.bund.de	Statistische Mitteilungen: Verkehrsleistung deutscher Lastkraftfahrzeuge Der Fernverkehr mit Lastkraftfahrzeugen Der Fernverkehr deutscher Lastkraftfahrzeuge Der grenzüberschreitende Fernverkehr ausländischer Lastkraftfahrzeuge Struktur der Unternehmen des gewerblichen Straßengüterverkehrs und des Werkfernverkehrs
Bundesanstalt für Straßenwesen, Bergisch Gladbach Tel.: 02204 / 43-0 Fax: 02204 / 43-673 e-mail: info@bast.de Internet: http://www.bast.de/	Schriftenreihe Straßenverkehrszählungen Unfall- und Sicherheitsforschung Straßenverkehr
Statistisches Amt der Europäischen Union (EU) Informationsbüro Luxemburg Tel.: (00352) 43 / 013-1 Fax: (00352) 43 / 013-3015 e-mail: eurostat_infodesk@cec.eu.int Internet: http://europa.eu.int/eurostat.html	Statistik kurzgefasst Transport in Figures
Internationaler Eisenbahnverband (UIC), Paris Tel.: (0033) 1 / 14449-2020 Fax: (0033) 1 / 14449-2029 e-mail: info@uic.asso.fr Internet: http:/www.uic.asso.fr	Internationale Eisenbahnstatistik

Herausgeber	Titel
Centraal Bureau voor de Statistiek (CBS), Heerlen (Niederlande) Tel: (0031) 45-570-7070 e-mail: infoservice@cbs.nl Internet: http://www.cbs.nl	Statistisches Taschenbuch
Port of Rotterdam Tel.: (0031) / 10-2 52 18 46 Fax: (0031) / 10-2 52 10 23 Internet: http://www.port.rotterdam.nl	Rotterdam Port Statistics
Vlaamse Havencommissie, Brussel Tel.: (0032) 2 / 2170745 Fax: (0032) 2 / 2707008 e-mail: vhc@serv.be Internet: http://www.serv.be/vhc	Jaarverslag
Deutsche Bundesbank, Frankfurt/Main Tel.: 069 / 95 66 - 3511/3512 Fax: 069 / 95 66 - 3077 Internet: http://www.bundesbank.de/	Monatsberichte einschl. Statistische Beihefte
Deutsche Lufthansa, Köln Tel.: 0221 / 8262653 Fax: 0221 / 8263886 Internet: http://www.lufthansa.com/	Geschäftsbericht Weltluftverkehr
Deutsche Bahn AG Frankfurt/Main Tel.: 069 / 97336204 Fax: 069 / 97337570 e-mail: medienbetreuung@bku.db.de Internet: http://www.db.de	Monatsberichte Statistische Daten
Bundesverband Deutscher Eisenbahnen, Köln	Mitgliederhandbuch Statistische Zahlen
Verband öffentlicher Verkehrsbetriebe	Statistik

Herausgeber	Titel
Verband Deutscher Verkehrsunter-nehmen (VDV), Köln Tel.: 0221 / 579790 Fax: 0221 / 514272 e-mail: admin@vdv.de Internet: http://www.vdv.de	Statistische Übersichten Jahresbericht
Verband Deutscher Reeder, Hamburg Tel.: 040 / 350970 Fax: 040 / 35097211 e-mail: vdr@reederverband.de Internet: http://www.reederverband.de	Daten der deutschen Seeschifffahrt
Bundesverban d Güterkraftverkehr und und Logistik (BGL) e.V. Tel.: 069 / 7919-0 Fax: 069 / 7919-227 e-mail: bgl@bgl-ev.de Internet: http://www.bgl-ev.de	Jahresberichte Verkehrswirtschaftliche Zahlen
Bundesverband Öffentlicher Binnenhäfen, N euss Tel.: 02131 / 908239 Fax: 02131 / 908282 Internet: http://www.binnenhafen.de	Übersicht über die Hafenverkehrszahlen
Verband der Automobilindustrie e.V. (VDA), Frankfurt/Main Tel.: 069 / 75700 Fax: 069 / 7570261 Internet: http://www.vda.de	Tatsachen und Zahlen aus der Kraftverkehrswirtschaft Das Auto International
Mineralölwirtschaftsverband e.V., Hamburg Tel.: 040 / 248490 Fax: 040 / 24849253 e-mail: info@mwv.de Internet: http://www.mwv.de	Jahresbericht Mineralöl-Zahlen

Herausgeber	Titel
ARAL Aktiengesellschaft, Bochum Tel.: 0234 / 3150 Fax: 0234 / 3153838 Internet: http://www.aral.de	ARAL-Verkehrstaschenbuch
Arbeitsgemeinschaft Deutscher Verkehrsflughäfen, Stuttgart Tel.: 0711 / 9484502 Fax: 0711 / 9484746 e-mail: adv-stuttgart@t-online.de Internet: http://www.adv-net.org	Die Verkehrsleistungen der deutschen Verkehrsflughäfen Pressemitteilungen
Arbeitsgemeinschaft Energiebilanzen c/o DIW Tel.: 030 / 897890 Fax: 030 / 89789200 Internet: http://www.diw-berlin.de/	Energiebilanz der Bundesrepublik Deutschland
Institut für Seeverkehrswirtschaft und -logistik, Bremen Tel.: 0421 / 220960 Fax: 0421 / 2209655 Internet: http://www.isl.uni-bremen.de	Statistik der Schifffahrt Shipping Statistics
Eidgenössisches Verkehrs- und Energiewirtschaftsdepartement, Bern Tel.: 004131 / 3225511 Internet: http://www.uvek.admin.ch/	Alpenquerender Güterverkehr
Österreichisches Statistisches Zentralamt, Wien Tel.: 0043 1 / 711287070 e-mail: info@statistik.gv.at Internet: http://www.statistik.at/	Statistische Tabellen

Herausgeber	**Titel**
Bundesverband der Deutschen Binnenschifffahrt e.V., Duisburg Tel.: 0203 / 8000661 Fax: 0203 / 8000621 e-mail: InfoBDB@Binnenschiff.de Internet: http://www.binnenschiff.de	Geschäftsbericht Binnenschifffahrt in Zahlen
Verein für europ. Binnenschifffahrt und Wasserstraßen e.V., Duisburg Tel.: 0203 / 8000627 Fax: 0203 / 8000628	Binnenschifffahrt in Zahlen
OECD, Paris Bonn Centre: Tel.: 0228 / 959120 Fax: 0228 / 9591217 e-mail: stat.contact@oecd.org Internet: http://www.oecd.org	Maritime Transport
Luftfahrt-Bundesamt, Braunschweig Tel.: 0531 / 23550 Fax: 0531 / 2355710 e-Mail: info@lba.de Internet: http://www.lba.de	Jahresbericht
Wasser- und Schifffahrtsdirektion Nord, Kiel Tel.: 0431 / 33940 Fax: 0431 / 3394348 e-mail: info@wsd-nord.de Internet: http://www.wsd-nord.de/	Jahresbericht Nord-Ostseekanal
International Road Federation, Genf Tel.: 0041 / 223060260 Fax: 0041 / 223060270 e-mail: pobox@irfnet.org Internet: http://www.irfnet.org	World Road Statistics

Berechnungen des Deutschen Instituts
für Wirtschaftsforschung (DIW), Berlin
Tel.: 030 / 897890
Fax: 030 / 89789103
Internet: http://www.diw-berlin.de/
e-mail: sradke@diw-berlin.de

Das

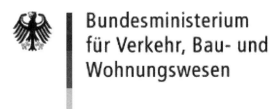 Bundesministerium für Verkehr, Bau- und Wohnungswesen

mit seinen Fachabteilungen für

Wohnungswesen

Eisenbahnen und Wasserstraßen

Luft- und Raumfahrt und Schifffahrt

Straßenbau und Straßenverkehr

Bauwesen und Städtebau

erreichen Sie im Internet unter : www.bmvbw.de

Kompetenz kann man lernen

Lorenz Band 1 und 2
Leitfaden für Spediteure und Logistiker
in Ausbildung und Beruf

Das bewährte Informations- und Nachschlagewerk für alle, die sich in der Speditions- und Transportbranche auskennen müssen.

Bd. 1 Grundlagen des Speditionsgeschäfts • Speditions- und Transportrecht • Besonderheiten der Verkehrsträger • Logistik und Lagerei

Bd. 2 Der Verkehr in der Wirtschaft • Der Spediteur in der arbeitsteiligen Wirtschaft • Speditions- u. Frachtrecht • Die verschiedenen Verkehrsträger • Der Kleingutmarkt • Kombinierter Verkehr • Lagerei und Distribution

Zu beziehen bei:
Deutscher Verkehrs-Verlag GmbH
Postfach 10 16 09
20010 Hamburg • Tel: 040/ 237 14 232 • Fax: 040/ 237 14 244

Kostenlose Probeexemplare anfordern!

DVZ - das Informationspaket zum Thema Transport und Logistik

Die DVZ erscheint 3 x pro Woche und berichtet umfassend über den hochspezialisierten Themenkreis Transport und Logistik. Rufen Sie uns an, unser DVZ-Leserservice berät Sie gerne.

DVZ - Leserservice
Tel.: 040/2 37 14-240

Deutsche Logistik-Zeitung
Nordkanalstr. 36
20097 Hamburg
Fax: 040/2 37 14-333
Internet: www.dvz.de

Neueste Ausgabe

WHO'S WHO
in Transport und Logistik

Wer ist was in Transport und Logistik? Das Who's who gibt Auskunft!

Aktuelle Informationen über berufliche und persönliche Daten von:

- Geschäftsführern, Vorständen, Aufsichtsratsmitgliedern aus Unternehmen der Verkehrswirtschaft,
- Präsidenten, Vorständen und Geschäftsführern von Verbänden und sonstigen Institutionen,
- Ministern, Staatssekretären, Abteilungsleitern und Amtschefs von Ministerien und Behörden.

Außerdem: Die Adressen der wichtigsten Institutionen aus den Bereichen Verkehr, Transport und Logistik mit den Namen der Geschäftsführer und der Vorsitzenden.

3. Auflage 2001, DM 44,- zzgl. MwSt. und Versand

Bestellungen an:
Deutscher Verkehrs-Verlag GmbH • Postfach 101609 • 20010 Hamburg
Telefon: 040/2 37 14-139 • Telefax: 040/2 37 14-244

Das Paletten-Handbuch

Knorre/Hector

79,- DM zzgl. MwSt.

Die ganze Palette des Palettenhandlings

Alles Wissenswerte zum Thema:
- reibungslose Abwicklung des Palettengeschäfts
- Palettenarten und deren Nutzung
- Formen und Handling des Palettentauschs
- Vermeidung von Palettendiebstahl
- gefälschte Paletten
- Sicherheitsaspekte bei Paletten
- offener Pool: mit Rechtsgrundlagen und Tipps für die praktische Durchführung
- Musterverträge und Checklisten zur Optimierung der allgemeinen Geschäftsbedingungen

Zu beziehen bei:
Deutscher Verkehrs-Verlag GmbH
Postfach 10 16 09
20010 Hamburg • Tel: 040/ 237 14 232 • Fax: 040/ 237 14 244

SOFTWARE LOKALISIERUNG ANIMATION

SLA Frank Lemke
Römerweg 4, D-73557 Mutlangen
Tel. (0 71 71) 77 93 96
Fax (0 71 71) 97 96 62
E-Mail: info@sla-software.com
Internet: http://www.sla-software.com

SOFTWARE

Erstellung digitaler Publikationen und elektronischer Kataloge
auf CD-ROM und im Internet

LOKALISIERUNG

Übersetzung von Software und technischer Dokumentation,
DTP inklusive Satz, Belichtung und Druck

ANIMATION

Erstellung von Präsentationen, Grafiken und Clips
für den Online- und Offline-Einsatz
Gestaltung und Betreuung von Web-Seiten